# CONFUCIUS

## ET MENCIUS

LES QUATRE LIVRES

DE PHILOSOPHIE MORALE ET POLITIQUE DE LA CHINE

TRADUITS DU CHINOIS

PAR M. G. PAUTHIER

PARIS

CHARPENTIER, LIBRAIRE-ÉDITEUR

RUE DE L'UNIVERSITÉ

1852

# CONFUCIUS

## ET MENCIUS.

Paris. — Imprimerie de P.-A. BOURDIER et Cie, 30, rue Mazarine.

# CONFUCIUS
## ET MENCIUS.

### LES QUATRE LIVRES
#### DE PHILOSOPHIE MORALE ET POLITIQUE DE LA CHINE

TRADUITS DU CHINOIS

#### PAR M. G. PAUTHIER.

PARIS

CHARPENTIER, LIBRAIRE-ÉDITEUR

28, QUAI DE L'ÉCOLE

1858

# INTRODUCTION.

« Toute grande puissance qui apparaît sur la terre y laisse des traces plus ou moins durables de son passage : des pyramides, des arcs de triomphe, des colonnes, des temples, des cathédrales en portent témoignage à la postérité. Mais les monuments les plus durables, ceux qui exercent la plus puissante influence sur les destinées des nations, ce sont les grandes œuvres de l'intelligence humaine que les siècles produisent de loin en loin, et qui, météores extraordinaires, apparaissent comme des révélations à des points déterminés du temps et de l'espace, pour guider les nations dans les voies providentielles que le genre humain doit parcourir [1]. »

C'est un de ces monuments providentiels dont on donne ici la première traduction française faite sur le texte chinois [2].

---

[1] Avertissement de la traduction française que nous avons donnée en 1837 du *Ta-hio* ou de la *Grande Étude*, avec une version latine et le texte chinois en regard ; accompagné du commentaire complet du Tchou hi et de notes tirées des divers autres commentateurs chinois. Gr. in-8°.

[2] Voyez la note ci-après, p. 33.

Dans un moment où l'Orient semble se réveiller de son sommeil séculaire au bruit que font les puissances européennes qui convoitent déjà ses dépouilles, il n'est peut-être pas inutile de faire connaître les œuvres du plus grand philosophe moraliste de cette merveilleuse contrée, dont les souvenirs touchent au berceau du monde, comme elle touche au berceau du soleil. C'est le meilleur moyen de parvenir à l'intelligence de l'un des phénomènes les plus extraordinaires que présente l'histoire du genre humain.

En Orient, comme dans la plupart des contrées du globe, mais en Orient surtout, le sol a été sillonné par de nombreuses révolutions, par des bouleversements qui ont changé la face des empires. De grandes nations, depuis quatre mille ans, ont paru avec éclat sur cette vaste scène du monde. La plupart sont descendues dans la tombe avec les monuments de leur civilisation, ou n'ont laissé que de faibles traces de leur passage : tel est l'ancien empire de Darius, dont l'antique législation nous a été en partie conservée dans les écrits de Zoroastre, et dont on cherche maintenant à retrouver les curieux et importants vestiges dans les inscriptions cunéiformes de Babylone et de Persépolis. Tel est celui des Pharaons, qui, avant de s'ensevelir sous ses éternelles pyramides, avait jeté à la postérité, comme un défi, l'énigme de sa langue figurative, dont le génie moderne, après deux mille ans de tentatives infructueuses, commence enfin à soulever le voile. Mais d'autres nations, contemporaines de ces grands empires, ont résisté, depuis près de quarante siècles, à toutes les révolutions que la nature et l'homme leur ont fait subir. Restées seules debout et immuables quand tout s'écroulait autour d'elles, elles ressemblent à ces rochers escarpés que les flots des mers battent depuis le jour de la création sans pouvoir les ébranler, portant ainsi témoignage de l'impuissance du temps pour détruire ce qui n'est pas une œuvre de l'homme.

En effet, c'est un phénomène, on peut le dire, extraordinaire, que celui de la nation chinoise et de la nation indienne se conservant immobiles, depuis l'origine la plus reculée des sociétés humaines, sur la scène si mobile et si changeante du monde! On dirait que leurs premiers législateurs, saisissant de leurs bras de fer ces nations à leur berceau, leur ont imprimé une forme indélébile, et les ont coulées, pour ainsi dire, dans un moule d'airain, tant l'empreinte a été forte, tant la forme a été durable! Assurément, il y a là quelques vestiges des lois éternelles qui gouvernent le monde.

La civilisation chinoise est, sans aucun doute, la plus ancienne civilisation de la terre. Elle remonte authentiquement, c'est-à-dire par les preuves de l'histoire chinoise [1], jusqu'à deux mille six cents ans avant notre ère. Les documents recueillis dans le *Chou-king* ou *Livre par excellence* [2], surtout dans les premiers chapitres, sont les do-

---

[1] On peut consulter a ce sujet notre *Description historique, géographique et littéraire de la Chine*, t. I, p. 32 et suiv. F. Didot frères, 1837.

[2] Voyez la traduction de ce livre dans les *Livres sacrés de l'Orient* que nous avons publiés chez MM. F. Didot, en un fort vol. in 8º à deux colonnes, d'où la traduction que nous donnons ici des *Quatre Livres* a été tirée.

cuments les plus anciens de l'histoire des peuples. Il est vrai que le *Chou-king* fut coordonné par KHOUNG-FOU-TSEU (CONFUCIUS) dans la seconde moitié du sixième siècle avant notre ère [1]; mais ce grand philosophe, qui avait un si profond respect pour l'antiquité, n'altéra point les documents qu'il mit en ordre. D'ailleurs, pour les sinologues, le style de ces documents, qui diffère autant du style moderne que le style des Douze Tables diffère de celui de Cicéron, est une preuve suffisante de leur ancienneté.

Ce qui doit profondément étonner à la lecture de ce beau monument de l'antiquité, c'est la haute raison, le sens éminemment moral qui y respirent. Les auteurs de ce livre, et les personnages dans la bouche desquels sont placés les discours qu'il contient, devaient, à une époque si reculée, posséder une grande culture morale, qu'il serait difficile de surpasser, même de nos jours. Cette grande culture morale, dégagée de tout autre mélange impur que celui de la croyance aux indices des sorts, est un fait très-important pour l'histoire de l'humanité; car, ou cette grande culture morale était le fruit d'une civilisation déjà avancée, ou c'était le produit spontané d'une nature éminemment droite et réfléchie : dans l'un et l'autre cas, le fait n'en est pas moins digne des méditations du philosophe et de l'historien.

Les idées contenues dans le *Chou-king* sur la Divinité, sur l'influence bienfaisante qu'elle exerce constamment dans les événements du monde, sont très-pures et dignes

---

[1] Voyez la Preface du P. Gaubil, p. 1 et suiv.

en tout point de la plus saine philosophie. On y remarqua surtout l'intervention constante du Ciel ou de la Raison suprême dans les relations des princes avec les populations, ou des gouvernants avec les gouvernés; et cette intervention est toujours en faveur de ces derniers, c'est-à-dire du peuple. L'exercice de la souveraineté, qui dans nos sociétés modernes n'est le plus souvent que l'exploitation du plus grand nombre au profit de quelques-uns, n'est, dans le *Chou-king*, que l'accomplissement religieux d'un mandat céleste au profit de tous, qu'une noble et grande mission confiée au plus dévoué et au plus digne, et qui était retirée dès l'instant que le mandataire manquait à son mandat. Nulle part peut-être les droits et les devoirs respectifs des rois et des peuples, des gouvernants et des gouvernés, n'ont été enseignés d'une manière aussi élevée, aussi digne, aussi conforme à la raison. C'est bien là qu'est constamment mise en pratique cette grande maxime de la démocratie moderne : *vox populi, vox Dei*, « la voix du peuple est la voix de Dieu. » Cette maxime se manifeste partout, mais on la trouve ainsi formulée à la fin du chapitre *Kao-yao-mo*, § 7 (p. 56 des *Livres sacrés de l'Orient*) :

« Ce que le Ciel voit et entend n'est que ce que le
« peuple voit et entend. Ce que le peuple juge digne de
« récompense et de punition est ce que le Ciel veut pu-
« nir et récompenser. Il y a une communication intime
« entre le Ciel et le peuple. Que ceux qui gouvernent les
« peuples soient donc attentifs et réservés. » On la trouve aussi formulée de cette manière dans le *Ta-hio* ou la *Grande Étude*, ch. x, § 5 (p. 58 du présent volume) :

« Obtiens l'affection du peuple, et tu obtiendras l'em-
« pire ;

« Perds l'affection du peuple, et tu perdras l'empire. »

On ferait plusieurs volumes si l'on voulait recueillir tous les axiomes semblables qui sont exprimés dans les livres chinois, depuis les plus anciens jusqu'aux plus modernes ; et, nous devons le dire, on ne trouverait pas dans tous les écrivains politiques et moraux de la Chine, bien plus nombreux que partout ailleurs, un seul apôtre de la tyrannie et de l'oppression, un seul écrivain qui ait eu l'audace, pour ne pas dire l'impiété, de nier les droits de tous aux dons de Dieu, c'est-à-dire aux avantages qui résultent de la réunion de l'homme en société, et de les revendiquer au profit d'un seul ou d'un petit nombre. Le pouvoir le plus absolu que les écrivains politiques et les moralistes chinois aient reconnu aux chefs du gouvernement n'a jamais été qu'un pouvoir délégué par le Ciel ou la Raison suprême absolue, ne pouvant s'exercer que dans l'intérêt de tous, pour le bien de tous, et jamais dans l'intérêt d'un seul et pour le bien d'un seul. Des limites morales infranchissables sont posées à ce pouvoir absolu ; et s'il lui arrivait de les dépasser, d'enfreindre ces lois morales, d'abuser de son mandat, alors, comme l'a dit un célèbre philosophe chinois du douzième siècle de notre ère, TCHOU-HI, dans son Commentaire sur le premier des *Quatre Livres classiques de la Chine* (voyez p. 58), enseigné dans toutes les écoles et les colléges de l'empire, le peuple serait dégagé de tout respect et de toute obéissance envers ce même pouvoir, qui serait détruit immédiatement, pour faire place à un autre pouvoir légitime, c'est-à-dire s'exerçant uniquement dans les intérêts de tous.

Ces doctrines sont enseignées dans le *Chou-king* ou le *Livre sacré par excellence* des Chinois, ainsi que dans les *Quatre Livres classiques* du grand philosophe Khoung-tseu et de ses disciples, dont nous donnons dans ce volume une traduction complète et aussi littérale que possible. Ces livres, révérés à l'égal des livres les plus révérés dans d'autres parties du monde, et qui ont reçu la sanction de générations et de populations immenses, forment la base du droit public ; ils ont été expliqués et commentés par les philosophes et les moralistes les plus célèbres, et ils sont continuellement dans les mains de tous ceux qui, tout en voulant orner leur intelligence, désirent encore posséder la connaissance de ces grandes vérités morales qui font seules la prospérité et la félicité des sociétés humaines.

Khoung-fou-tseu [que les missionnaires européens, en le faisant connaître et admirer à l'Europe, nommèrent *Confucius*, en latinisant son nom] fut, non pas le premier, mais le plus grand législateur de la Chine. C'est lui qui recueillit et mit en ordre, dans la seconde moitié du sixième siècle avant notre ère, tous les documents religieux, philosophiques, politiques et moraux qui existaient de son temps, et en forma un corps de doctrines, sous le titre de *Y-king*, ou *Livre sacré des permutations* ; *Chou-king*, ou *Livre sacré par excellence* ; *Chi-king*, ou *Livre des Vers* ; *Li-ki*, ou *Livre des Rites*. Les *Sse-chou*, ou *Quatre Livres classiques*, sont ses dits et ses maximes recueillis par ses disciples. Si l'on peut juger de la valeur d'un homme et de la puissance de ses doctrines par l'influence qu'elles ont exercée sur les populations, on peut, avec les Chinois, appeler Khoung-tseu *le plus grand Instituteur du genre humain que les siècles aient jamais produit !*

En effet, il suffit de lire les ouvrages de ce philosophe, composés par lui ou recueillis par ses disciples, pour être de l'avis des Chinois. Jamais la raison humaine n'a été plus dignement représentée. On est vraiment étonné de retrouver dans les écrits de Khoung-tseu l'expression d'une si haute et si vertueuse intelligence, en même temps que celle d'une civilisation aussi avancée. C'est surtout dans le *Lûn-yù* ou les *Entretiens philosophiques* que se manifeste la belle âme de Khoung-tseu. Où trouver, en effet, des maximes plus belles, des idées plus nobles et plus élevées que dans les livres dont nous publions la traduction? On ne doit pas être surpris si les missionnaires européens, qui les premiers firent connaître ces écrits à l'Europe, conçurent pour leur auteur un enthousiasme égal à celui des Chinois.

Ses doctrines étaient simples et fondées sur la nature de l'homme. Aussi disait-il à ses disciples : « *Ma doctrine est simple et facile à pénétrer* [1]. » Sur quoi l'un d'eux ajoutait : « La doctrine de notre maître consiste uniquement
« à posséder la droiture du cœur et à aimer son prochain
« comme soi-même [2]. »

[1] *Lûn-yù*, chap. IV, § 15.
[2] *Id.*, § 16.

Cette doctrine, il ne la donnait pas comme nouvelle, mais comme un dépôt traditionnel des sages de l'antiquité, qu'il s'était imposé la mission de transmettre à la postérité [1]. Cette mission, il l'accomplit avec courage, avec dignité, avec persévérance, mais non sans éprouver de profonds découragements et de mortelles tristesses. Il faut donc que partout ceux qui se dévouent au bonheur de l'humanité s'attendent à boire le calice d'amertume, le plus souvent jusqu'à la lie, comme s'ils devaient expier par toutes les souffrances humaines les dons supérieurs dont leur âme avait été douée pour accomplir leur mission divine !

Cette mission d'*Instituteur du genre humain*, le philosophe chinois l'accomplit, disons-nous, dans toute son étendue, et bien autrement qu'aucun philosophe de l'antiquité classique. Sa philosophie ne consistait pas en spéculations plus ou moins vaines, mais c'était une philosophie surtout pratique, qui s'étendait à toutes les conditions de la vie, à tous les rapports de l'existence sociale. Le grand but de cette philosophie, le but pour ainsi dire unique, était *l'amélioration constante de soi-même et des autres hommes*; de soi-même d'abord, ensuite des autres. L'amélioration ou le perfectionnement de soi-même est d'une nécessité absolue pour arriver à l'amélioration et au perfectionnement des autres. Plus la personne est en évidence, plus elle occupe un rang élevé, plus ses devoirs d'amélioration de soi-même sont grands; aussi KHOUNG-

---

[1] *Lûn-yû*, chap. VII, § 1, 19.

tseu considérait-il le gouvernement des hommes comme la plus haute et la plus importante mission qui puisse être conférée à un mortel, comme un véritable *mandat céleste*. L'étude du cœur humain ainsi que l'histoire lui avaient appris que le pouvoir pervertissait les hommes quand ils ne savaient pas se défendre de ses prestiges, que ses tendances permanentes étaient d'abuser de sa force et d'arriver à l'oppression. C'est ce qui donne aux écrits du philosophe chinois, comme à tous ceux de sa grande école, un caractère si éminemment politique et moral. La vie de Khoung-tseu se consume en cherchant à donner des enseignements aux princes de son temps, à leur faire connaître leurs devoirs ainsi que la mission dont ils sont chargés pour gouverner les peuples et les rendre heureux. On le voit constamment plus occupé de prémunir les peuples contre les passions et la tyrannie des rois que les rois contre les passions et la turbulence des peuples; non pas qu'il regardât les derniers comme ayant moins besoin de connaître leurs devoirs et de les remplir, mais parce qu'il considérait les rois comme seuls responsables du bien et du mal qui arrivaient dans l'empire, de la prospérité ou de la misère des populations qui leur étaient confiées. Il attachait à l'exercice de la souveraineté des devoirs si étendus et si obligatoires, une influence si vaste et si puissante, qu'il ne croyait pas pouvoir trop éclairer ceux qui en étaient revêtus des devoirs qu'ils avaient à remplir pour accomplir convenablement leur mandat. C'est ce qui lui faisait dire : « Gouverner son pays avec la « vertu et la capacité nécessaires, c'est ressembler à

« l'étoile polaire, qui demeure immobile à sa place, tan-
« dis que toutes les autres étoiles circulent autour d'elle
« et la prennent pour guide [1]. »

Il avait une foi si vive dans l'efficacité des doctrines qu'il enseignait aux princes de son temps, qu'il disait :

« Si je possédais le mandat de la royauté, il ne me
« faudrait pas plus d'une génération pour faire régner
« partout la vertu de l'humanité [2]. »

Quoique la politique du premier philosophe et législateur chinois soit essentiellement *démocratique*, c'est-à-dire ayant pour but la culture morale et la félicité du peuple, il ne faudrait pas cependant prendre ce mot dans l'acception qu'on lui donne habituellement. Rien ne s'éloigne peut-être plus de la conception moderne d'un gouvernement *démocratique* que la conception politique du philosophe chinois. Chez ce dernier, les lois morales et politiques qui doivent régir le genre humain sous le triple rapport de l'homme considéré dans sa nature d'être moral perfectible, dans ses relations de famille, et comme membre de la société, sont des lois éternelles, immuables, expression vraie de la véritable nature de l'homme, en harmonie avec toutes les lois du monde visible, transmises et enseignées par des hommes qui étaient eux-mêmes la plus haute expression de la nature morale de l'homme, soit qu'ils aient dû cette perfection à une faveur spéciale du ciel, soit qu'ils l'aient acquise par leurs propres efforts pour s'améliorer et se rendre dignes de devenir les insti-

---

[1] *Lûn-yü*, chap. II, § 1.
[2] *Id.*, chap. XIII, § 12.

tuteurs du genre humain. Dans tous les cas, ces lois ne pouvaient être parfaitement connues et enseignées que par un très-petit nombre d'hommes, arrivés à la plus haute culture morale de l'intelligence à laquelle il soit donné à la nature humaine d'atteindre, et qui aient dévoué leur vie tout entière et sans réserve à la mission noble et sainte de l'enseignement politique pour le bonheur de l'humanité. C'est donc la réalisation des lois morales et politiques qui peuvent constituer véritablement la société et assurer la félicité publique, lois conçues et enseignées par un petit nombre au profit de tous; tandis que dans la conception politique moderne d'un gouvernement démocratique la connaissance des lois morales et politiques qui constituent la société et doivent assurer la félicité publique est supposée dans chaque individu dont se compose cette société, quel que soit son degré de culture morale et intellectuelle; de sorte que, dans cette dernière conception, il arrive le plus souvent que celui qui n'a pas même les lumières nécessaires pour distinguer le juste de l'injuste, dont l'éducation morale et intellectuelle est encore entièrement à faire, ou même dont les penchants vicieux sont les seuls mobiles de sa conduite, est appelé, surtout si sa fortune le lui permet, à donner des lois à celui dont la culture morale et intellectuelle est le plus développée, et dont la mission devrait être l'enseignement de cette même société, régie par les intelligences les plus nombreuses, il est vrai, mais aussi souvent les moins faites pour cette haute mission.

Selon KHOUNG-TSEU, *le gouvernement est ce qui est juste*

*et droit* ¹. C'est la réalisation des lois éternelles qui doivent faire le bonheur de l'humanité, et que les plus hautes intelligences, par une application incessante de tous les instants de leur vie, sont seules capables de connaître et d'enseigner aux hommes. Au contraire, le gouvernement, dans la conception moderne, n'est plus qu'un acte à la portée de tout le monde, auquel tout le monde veut prendre part, comme à la chose la plus triviale et la plus vulgaire, et à laquelle on n'a pas besoin d'être préparé par le moindre travail intellectuel et moral.

Pour faire mieux comprendre les doctrines morales et politiques du philosophe chinois, nous pensons qu'il ne sera pas inutile de présenter ici un court aperçu des *Quatre Livres classiques* dont nous donnons la traduction.

1° LE TA-HIO OU LA GRANDE ÉTUDE. Ce petit ouvrage se compose d'un *texte* attribué à KHOUNG-TSEU, et d'une *Exposition* faite par son disciple *Thseng-tseu*. Le texte, proprement dit, est fort court. Il est nommé *King* ou *Livre par excellence*; mais tel qu'il est, cependant, c'est peut-être, sous le rapport de l'art de raisonner, le plus précieux de tous les écrits de l'ancien philosophe chinois, parce qu'il offre au plus haut degré l'emploi d'une méthode logique, qui décèle dans celui qui en fait usage, sinon la connaissance des procédés syllogistiques les plus profonds, enseignés et mis en usage par les philosophes indiens et grecs, au moins les progrès d'une philosophie qui n'est plus bornée à l'expression aphoristique des idées

---

¹ *Lún-yù*, chap. XII, § 17.

morales, mais qui est déjà passée à l'état scientifique. L'art est ici trop évident pour que l'on puisse attribuer l'ordre et l'enchaînement logique des propositions à la méthode naturelle d'un esprit droit qui n'aurait pas encore eu conscience d'elle-même. On peut donc établir que l'argument nommé *sorite* était déjà connu en Chine environ deux siècles avant Aristote, quoique les lois n'en aient peut-être jamais été formulées dans cette contrée par des traités spéciaux [1].

Toute la doctrine de ce premier traité repose sur un grand principe auquel tous les autres se rattachent et dont ils découlent comme de leur source primitive et naturelle : *le perfectionnement de soi-même.* Ce principe fondamental, le philosophe chinois le déclare obligatoire pour tous les hommes, depuis celui qui est le plus élevé et le plus puissant jusqu'au plus obscur et au plus faible ; et il établit que négliger ce grand devoir, c'est se mettre dans l'impossibilité d'arriver à aucun autre perfectionnement moral.

Après avoir lu ce petit traité, on demeure convaincu que le but du philosophe chinois a été d'enseigner les devoirs du gouvernement politique comme ceux du perfectionnement de soi-même et de la pratique de la vertu par tous les hommes.

2º LE TCHOUNG-YOUNG, OU L'INVARIABILITÉ DANS LE MILIEU. Le titre de cet ouvrage a été interprété de diverses manières par les commentateurs chinois. Les uns l'ont

---

[1] Voyez l'Argument philosophique de l'édition *chinoise-latine* et *française* que nous avons donnée de cet ouvrage. Paris, 1837. Grand in-8º.

entendu comme signifiant *la persévérance de la conduite dans une ligne droite également éloignée des extrêmes,* c'est-à-dire dans la *voie de la vérité* que l'on doit constamment suivre; les autres l'ont considéré comme signifiant *tenir le milieu en se conformant aux temps et aux circonstances,* ce qui nous paraît contraire à la doctrine exprimée dans ce livre, qui est d'une nature aussi métaphysique que morale. *Tseu-sse,* qui le rédigea, était petit-fils et disciple de KHOUNG-TSEU. On voit, à la lecture de ce traité, que *Tseu-sse* voulut exposer les principes métaphysiques des doctrines de son maître, et montrer que ces doctrines n'étaient pas de simples *préceptes dogmatiques* puisés dans le sentiment et la raison, et qui seraient par conséquent plus ou moins obligatoires selon la manière de sentir et de raisonner, mais bien des *principes métaphysiques* fondés sur la nature de l'homme et les lois éternelles du monde. Ce caractère élevé, qui domine tout le *Tchoung-young,* et que des écrivains modernes, d'un mérite supérieur d'ailleurs[1], n'ont pas voulu reconnaître dans les écrits des philosophes chinois, place ce traité de morale métaphysique au premier rang des écrits de ce genre que nous a légués l'antiquité. On peut certainement le mettre à côté, sinon au-dessus de tout ce que la philosophie ancienne nous a laissé de plus élevé et de plus pur. On sera même frappé, en le lisant, de l'analogie qu'il présente, sous certains rapports, avec les doctrines morales de la philosophie stoïque enseignées par Épictète et Marc-Aurèle,

[1] Voyez les Histoires de la philosophie ancienne de Hegel et de H. Ritter.

en même temps qu'avec la métaphysique d'Aristote.

On peut se former une idée de son contenu par l'analyse sommaire que nous allons en donner d'après les commentateurs chinois.

Dans le premier chapitre, *Tseu-sse* expose les idées principales de la doctrine de son maître Khoung tseu, qu'il veut transmettre à la postérité. D'abord il fait voir que la *voie droite*, ou la *règle de conduite morale*, qui oblige tous les hommes, a sa base fondamentale dans le ciel, d'où elle tire son origine, et qu'elle ne peut changer ; que sa substance véritable, son essence propre, existe complétement en nous, et qu'elle ne peut en être séparée ; secondement, il parle du devoir de conserver cette *règle de conduite morale*, de l'entretenir, de l'avoir sans cesse sous les yeux ; enfin il dit que les saints hommes, ceux qui approchent le plus de l'intelligence divine, type parfait de notre imparfaite intelligence, l'ont portée par leurs œuvres à son dernier degré de perfection.

Dans les dix chapitres qui suivent, *Tseu-sse* ne fait, pour ainsi dire, que des citations de paroles de son maître destinées à corroborer et à compléter le sens du premier chapitre. Le grand but de cette partie du livre est de montrer que la *prudence éclairée*, l'*humanité* ou la *bienveillance universelle pour les hommes*, la *force d'âme*, ces *trois vertus universelles et capitales*, sont comme la porte par laquelle on doit entrer dans la *voie droite* que doivent suivre tous les hommes ; c'est pourquoi ces vertus ont été traitées dans la première partie de l'ouvrage (qui comprend les chapitres 2, 3, 4, 5, 6, 7, 8, 9, 10 et 11).

Dans le douzième chapitre, *Tseu-sse* cherche à expliquer le sens de cette expression du premier chapitre, où il est dit que la *voie droite* ou la *règle de conduite morale de l'homme* est tellement obligatoire, que l'on ne peut s'en écarter d'un seul point un seul instant. Dans les huit chapitres qui suivent, *Tseu-sse* cite sans ordre les paroles de son maître Khoung-tseu pour éclaircir le même sujet.

Toute morale qui n'aurait pas pour but le perfectionnement de la nature humaine serait une morale incomplète et passagère. Aussi le disciple de Khoung-tseu, qui veut enseigner la loi éternelle et immuable d'après laquelle les actions des hommes doivent être dirigées, établit, dans le vingtième chapitre, que la loi suprême, la loi de conduite morale de l'homme qui renferme toutes les autres, est la *perfection*. « Il y a un principe certain, « dit-il, pour reconnaître l'état de perfection. *Celui qui* « *ne sait pas distinguer le bien du mal, le vrai du faux,* « *qui ne sait pas reconnaître dans l'homme le mandat du* « *ciel, n'est pas encore arrivé à la perfection.* »

Selon le philosophe chinois, le *parfait*, le vrai, dégagé de tout mélange, est la loi du ciel; la *perfection* ou le *perfectionnement*, qui consiste à employer tous ses efforts pour découvrir et suivre la loi céleste, le vrai principe du mandat du ciel, est la loi de l'homme. Par conséquent, il faut que l'homme atteigne la *perfection* pour accomplir sa propre loi.

Mais, pour que l'homme puisse accomplir sa loi, il faut qu'il la connaisse. « Or, dit *Tseu-sse* (chap. XXII), il n'y

« a dans le monde que les hommes souverainement par-
« faits qui puissent connaître à fond leur propre nature,
« la loi de leur être et les devoirs qui en dérivent; pou-
« vant connaître à fond la loi de leur être et les devoirs qui
« en dérivent, ils peuvent, par cela même, connaître à fond
« la nature des autres hommes, la loi de leur être, et leur
« enseigner tous les devoirs qu'ils ont à observer pour ac-
« complir le mandat du ciel. » Voilà les hommes parfaits,
les saints, c'est-à-dire ceux qui sont arrivés à la *perfection*,
constitués les instituteurs des autres hommes, les seuls capables de leur enseigner leurs devoirs et de les diriger dans la
*droite voie*, la *voie de la perfection morale*. Mais *Tseu-sse*
ne borne point là les facultés de ceux qui sont parvenus à
la *perfection*. Suivant le procédé logique que nous avons
signalé précédemment, il montre que les hommes arrivés à
la *perfection* développent leurs facultés jusqu'à leur plus
haute puissance, s'assimilent aux pouvoirs supérieurs de la
nature, et s'absorbent finalement en eux. « Pouvant con-
« naître à fond, ajoute-t-il, la nature des autres hommes,
« la loi de leur être, et leur enseigner les devoirs qu'ils
« ont à observer pour accomplir le mandat du ciel, ils
« peuvent, par cela même, connaître à fond la nature des
« autres êtres vivants et végétants, et leur faire accomplir
« leur loi de vitalité selon leur propre nature; pouvant
« connaître à fond la nature des êtres vivants et végé-
« tants, et leur faire accomplir leur loi de vitalité selon
« leur propre nature, ils peuvent, par cela même, au
« moyen de leurs facultés intelligentes supérieures, aider
« le ciel et la terre dans la transformation et l'entretien

« des êtres, pour qu'ils prennent leur complet développe-
« ment; pouvant aider le ciel et la terre dans la transfor-
« mation et l'entretien des êtres, ils peuvent, par cela
« même, constituer un troisième pouvoir avec le ciel et
« la terre. » Voilà la loi du ciel.

Mais, selon *Tseu-sse* (chap. XXIII-XXIV), il y a différents degrés de *perfection*. Le plus haut degré est à peine
compatible avec la nature humaine, ou plutôt ceux qui
l'ont atteint sont devenus supérieurs à la nature humaine.
Ils peuvent prévoir l'avenir, la destinée des nations, leur
élévation, leur chute, et ils sont assimilés aux intelligences immatérielles, aux êtres supérieurs à l'homme. Cependant ceux qui atteignent un degré de *perfection* moins
élevé, plus accessible à la nature de l'homme (chap. XXIII),
opèrent un grand bien dans le monde par la salutaire influence de leurs bons exemples. On doit donc s'efforcer
d'atteindre à ce second degré de *perfection*.

« Le *parfait* (chap. XXV) est par lui-même parfait, ab-
« solu; la *loi du devoir* est par elle-même loi du de-
« voir.

« Le *parfait* est le commencement et la fin de tous les
« êtres; sans le parfait, les êtres ne seraient pas. » C'est
pourquoi *Tseu-sse* place le perfectionnement de soi-même
et des autres au premier rang des devoirs de l'homme.
« Réunir le perfectionnement intérieur et le perfection-
« nement extérieur constitue la règle du devoir. »

« C'est pour cela, dit-il (chap. XXVI), que l'homme
« souverainement parfait ne cesse jamais d'opérer le bien
« et de travailler au perfectionnement des autres hom-

« mes. » Ici le philosophe chinois exalte tellement la puissance de l'homme parvenu à la *perfection*, qu'il l'assimile à celle du ciel et de la terre (chap. XXVI et XXVII). C'est un caractère propre à la philosophie de l'Orient [1], et que l'on ne retrouve point dans la philosophie de l'antiquité classique, d'attribuer à l'homme parvenu à la *perfection* philosophique des pouvoirs surnaturels qui le placent au rang des puissances surhumaines.

*Tseu-sse*, dans le vingt-neuvième chapitre de son livre, est amené, par la méthode de déduction, à établir que les lois qui doivent régir un empire ne peuvent pas être proposées par des sages qui ne seraient pas revêtus de la dignité souveraine, parce qu'autrement, quoique excellentes, elles n'obtiendraient pas du peuple le respect nécessaire à leur sanction, et ne seraient point observées. Il en conclut que cette haute mission est réservée au souverain, qui doit établir ses lois selon les lois du ciel et de la terre, et d'après les inspirations des intelligences supérieures. Mais voyez à quel rare et sublime condition il accorde le droit de donner des institutions aux hommes et de leur commander ! « Il n'y a dans l'univers (chap. XXXI) que
« l'homme souverainement saint qui, par la faculté de
« connaître à fond et de comprendre parfaitement les lois
« primitives des êtres vivants, soit digne de posséder l'au-
« torité souveraine et de commander aux hommes ; qui,
« par sa faculté d'avoir une âme grande, magnanime, affa-

---

[1] Voyez aussi notre traduction des Essais de Colebrooke sur la *Philosophie des Hindous*. 1 vol. in-8º.

« ble et douce, soit capable de posséder le pouvoir de ré-
« pandre des bienfaits avec profusion; qui, par sa faculté
« d'avoir une âme élevée, ferme, imperturbable et con-
« stante, soit capable de faire régner la justice et l'équité ;
« qui, par sa faculté d'être toujours honnête, simple,
« grave, droit et juste, soit capable de s'attirer le respect
« et la vénération; qui, par sa faculté d'être revêtu des
« ornements de l'esprit et des talents que donne une étude
« assidue, et de ces lumières que procure une exacte in-
« vestigation des choses les plus cachées, des principes
« les plus subtils, soit capable de discerner avec exactitude
« le vrai du faux, le bien du mal. »

Il ajoute : « Que cet homme souverainement saint ap-
« paraisse avec ses vertus, ses facultés puissantes, et les
« peuples ne manqueront pas de lui témoigner leur véné-
« ration; qu'il parle, et les peuples ne manqueront pas
« d'avoir foi en ses paroles; qu'il agisse, et les peuples ne
« manqueront pas d'être dans la joie... Partout où les
« vaisseaux et les chars peuvent parvenir, où les forces de
« l'industrie humaine peuvent faire pénétrer, dans tous
« les lieux que le ciel couvre de son dais immense, sur
« tous les points que la terre enserre, que le soleil et la
« lune éclairent de leurs rayons, que la rosée et les nua-
« ges du matin fertilisent, tous les êtres humains qui vi-
« vent et qui respirent ne peuvent manquer de l'aimer et
« de le révérer. »

Mais ce n'est pas tout d'être *souverainement saint*, pour
donner des lois aux peuples et pour les gouverner: il faut
encore être *souverainement parfait* (chap. XXXII), pour

pouvoir distinguer et fixer les devoirs des hommes entre eux. La loi de l'homme souverainement parfait ne peut être connue que par l'homme souverainement saint ; la vertu de l'homme souverainement saint ne peut être pratiquée que par l'homme souverainement parfait : il faut donc être l'un et l'autre pour être digne de posséder l'autorité souveraine.

3° Le LUN-YU, ou les ENTRETIENS PHILOSOPHIQUES. La lecture de ces *Entretiens philosophiques* de KHOUNG-TSEU et de ses disciples rappelle, sous quelques rapports, les dialogues de Platon, dans lesquels Socrate, son maître, occupe le premier plan, mais avec toute la différence des lieux et des civilisations. Il y a assurément beaucoup moins d'art, si toutefois il y a de l'art, dans les entretiens du philosophe chinois, recueillis par quelques-uns de ses disciples, que dans les dialogues poétiques du philosophe grec. On pourrait plutôt comparer les *dits* de KHOUNG-TSEU à ceux de Socrate, recueillis par son autre disciple Xénophon. Quoi qu'il en soit, l'impression que l'on éprouve à la lecture des *Entretiens* du philosophe chinois avec ses disciples n'en est pas moins grande et moins profonde, quoiqu'un peu monotone peut-être. Mais cette monotonie même a quelque chose de la sérénité et de la majesté d'un enseignement moral qui fait passer successivement sous les yeux les divers côtés de la nature humaine en la contemplant d'une région supérieure. Et après cette lecture on peut se dire comme le philosophe chinois : « Celui qui se livre à l'étude du vrai et « du bien, qui s'y applique avec persévérance et sans re-

« lâche, n'en éprouve-t-il pas une grande satisfaction[1]? »

On peut dire que c'est dans ces *Entretiens philosophiques* que se révèle à nous toute la belle âme de Khoung-tseu, sa passion pour la vertu, son ardent amour de l'humanité et du bonheur des hommes. Aucun sentiment de vanité ou d'orgueil, de menace ou de crainte, ne ternit la pureté et l'autorité de ses paroles : « Je ne naquis point doué de
« la science, dit-il; je suis un homme qui a aimé les
« anciens et qui a fait tous ses efforts pour acquérir leurs
« connaissances[2]. »

« Il était complétement exempt de quatre choses,
« disent ses disciples : il était sans amour-propre, sans
« préjugés, sans égoïsme et sans obstination[3]. » L'étude, c'est-à-dire la recherche du bien, du vrai, de la vertu, était pour lui le plus grand moyen de perfectionnement. « J'ai passé, disait-il, des journées entières sans nourri-
« ture, et des nuits entières sans sommeil, pour me
« livrer à la méditation, et cela sans utilité réelle : l'étude
« est bien préférable. »

Il ajoutait : « L'homme supérieur ne s'occupe que de
« la droite voie, et non du boire et du manger. Si vous
« cultivez la terre, la faim se trouve souvent au milieu
« de vous; si vous étudiez, la félicité se trouve dans le
« sein même de l'étude. L'homme supérieur ne s'in-
« quiète que de ne pas atteindre la droite voie; il ne
« s'inquiète pas de la pauvreté[4]. »

---

[1] *Lûn-yû*, chap. i, § 1.
[2] *Id.*, chap. v, § 19.
[3] *Id.*, chap. ix, § 4.
[4] *Id.*, chap. xv, § 30 et 31.

Avec quelle admiration il parle de l'un de ses disciples, qui, au sein de toutes les privations, ne s'en livrait pas moins avec persévérance à l'étude de la sagesse !

« Oh ! qu'il était sage *Hoeï !* Il avait un vase de bambou
« pour prendre sa nourriture, une simple coupe pour
« boire, et il demeurait dans l'humble réduit d'une rue
« étroite et abandonnée ; un autre homme que lui n'au-
« rait pu supporter ses privations et ses souffrances. Cela
« ne changeait pas cependant la sérénité de *Hoeï !* Oh !
« qu'il était sage *Hoeï* [1] ! »

S'il savait honorer la pauvreté, il savait aussi flétrir énergiquement la vie matérielle, oisive et inutile. « Ceux
« qui ne font que boire et que manger, disait-il, pendant
« toute la journée, sans employer leur intelligence à
« quelque objet digne d'elle, font pitié. N'y a-t-il pas le
« métier de bateleur ? Qu'ils le pratiquent ; ils seront des
« sages en comparaison [2] ! »

C'est une question résolue souvent par l'affirmative, que les anciens philosophes grecs avaient eu deux doctrines, l'une publique et l'autre secrète ; l'une pour le vulgaire (*profanum vulgus*), et l'autre pour les initiés. La même question ne peut s'élever à l'égard de KHOUNG-TSEU ; car il déclare positivement qu'il n'a point de doctrine secrète. « Vous, mes disciples, tous tant que vous êtes,
« croyez-vous que j'aie pour vous des doctrines cachées ?
« Je n'ai point de doctrines cachées pour vous. Je n'ai
« rien fait que je ne vous l'aie communiqué, ô mes dis-

---

[1] *Lûn yû*, chap. VI, § 9.
[2] *Id.*, chap. XVII, § 22.

« ciples ! C'est la manière d'agir de *Khieou* (de lui-
« même [1]). »

Il serait très-difficile de donner une idée sommaire du *Lûn-yù*, à cause de la nature de l'ouvrage, qui présente, non pas un traité systématique sur un ou plusieurs sujets, mais des réflexions amenées à peu près sans ordre sur toutes sortes de sujets. Voici ce qu'a dit un célèbre commentateur chinois du *Lûn-yù* et des autres livres classiques, *Tching-tseu*, qui vivait sur la fin du onzième siècle de notre ère :

« Le *Lûn-yù* est un livre dans lequel sont déposées les
« paroles destinées à transmettre la doctrine de la raison;
« doctrine qui a été l'objet de l'étude persévérante des
« hommes qui ont atteint le plus haut degré de sainteté...
« Si l'on demande quel est le but du *Lûn-yù*, je répon-
« drai : Le but du *Lûn-yù* consiste à faire connaître la
« vertu de l'humanité ou de la bienveillance universelle
« pour les hommes ; c'est le point principal des discours
« de KHOUNG-TSEU. Il y enseigne les devoirs de tous ; seu-
« lement, comme ses disciples n'avaient pas les mêmes
« moyens pour arriver aux mêmes résultats (ou à la pra-
« tique des devoirs qu'ils devaient remplir), il répond
« diversement à leurs questions. » Le *Lûn-yù* est divisé en deux livres, formant ensemble vingt chapitres. Il y eut, selon les commentateurs chinois, trois copies manuscrites du *Lûn-yù* : l'une conservée par les hommes instruits de la province de *Thsi*; l'autre par ceux de *Lou*, la province

---

[1] *Lûn-yù*, chap. VI, § 23.

natale de KHOUNG-TSEU, et la troisième fut trouvée cachée dans un mur après l'incendie des livres : cette dernière copie fut nommée *Kou-lûn*, c'est-à-dire l'*Ancien Lûn*. La copie de *Thsi* comprenait *vingt-deux* chapitres ; l'ancienne copie (*Kou-lûn*), *vingt et un* ; et la copie de *Lou*, celle qui est maintenant suivie, *vingt*. Les deux chapitres en plus de la copie de *Thsi* ont été perdus ; le chapitre en plus de l'ancienne copie vient seulement d'une division différente de la même matière.

4° MENG-TSEU. Ce quatrième des livres classiques porte le nom de son auteur, qui est placé par les Chinois immédiatement après KHOUNG-TSEU, dont il a exposé et développé les doctrines. Plus vif, plus pétulant que ce dernier, pour lequel il avait la plus haute admiration, et qu'il regardait comme le plus grand instituteur du genre humain que les siècles aient jamais produit, il disait : « Depuis qu'il existe des hommes, il n'y en a jamais eu de comparables à KHOUNG-TSEU[1]. » A l'exemple de ce grand maître, il voyagea avec ses disciples (il en avait dix-sept) dans les différents petits États de la Chine, se rendant à la cour des princes, avec lesquels il philosophait et auxquels il donnait souvent des leçons de politique et de sagesse dont ils ne profitaient pas toujours. Comme KHOUNG-TSEU (ainsi que nous l'avons déjà dit ailleurs[2]), il avait pour but le bonheur de ses compatriotes et de l'humanité tout

---

[1] *Meng-tseu*, chap. III, p. 249 de notre traduction. Ce témoignage est corroboré dans *Meng-tseu* par celui de trois des plus illustres disciples du philosophe, que *Meng-tseu* rapporte au même endroit.

[2] *Description de la Chine*, t. I, p. 187.

entière. En communiquant la connaissance de ses principes d'abord aux princes et aux hommes qui occupaient un rang élevé dans la société, et ensuite à un grand nombre de disciples que sa renommée attirait autour de lui, il s'efforçait de propager le plus possible ces mêmes doctrines au sein de la multitude, et d'inculquer dans l'esprit des grands, des princes, que la stabilité de leur puissance dépendait uniquement de l'amour et de l'affection qu'ils auraient pour leurs peuples. Sa politique paraît avoir eu une expression plus décidée et plus hardie que celle de son maître. En s'efforçant de faire comprendre aux gouvernants et aux gouvernés leurs devoirs réciproques, il tendait à soumettre tout l'empire chinois à la domination de ses principes. D'un côté il enseignait aux peuples le droit divin que les rois avaient à régner, et de l'autre il enseignait aux rois que c'était leur devoir de consulter les désirs du peuple, et de mettre un frein à l'exercice de leur tyrannie ; en un mot, de se rendre *le père et la mère du peuple*. MENG-TSEU était un homme de principes indépendants, et, contrôle vivant et incorruptible du pouvoir, il ne laissait jamais passer un acte d'oppression, dans les États avec lesquels il avait des relations, sans le blâmer sévèrement.

MENG-TSEU possédait une connaissance profonde du cœur humain, et il a déployé dans son ouvrage une grande souplesse de talent, une grande habileté à découvrir les mesures arbitraires des princes régnants et les abus des fonctionnaires publics. Sa manière de philosopher est celle de Socrate et de Platon, mais avec plus de vigueur et de saillies spirituelles. Il prend son adversaire, quel qu'il soit, prince ou autre, corps à corps, et, de déduction en déduction, de conséquence en conséquence, il le mène droit à la sottise ou à l'absurde. Il le serre de si près, qu'il ne peut lui échapper. Aucun écrivain oriental ne pourrait peut être offrir plus d'attraits à un lecteur européen, surtout à un lecteur français, que MENG-TSEU, parce que (ceci n'est pas un paradoxe) ce qu'il y a de plus saillant en lui, quoique Chinois, c'est la vivacité de son esprit. Il manie parfaitement l'ironie, et cette arme, dans ses mains, est plus dangereuse et plus aiguë que dans celles du sage Socrate.

Voici ce que dit un écrivain chinois du livre de MENG-
« TSEU : Les sujets traités dans cet ouvrage sont de diver-
« ses natures. Ici, les vertus de la vie individuelle et de
« parenté sont examinées ; là, l'ordre des affaires est
« discuté. Ici, les devoirs des supérieurs, depuis le sou-
« verain jusqu'au magistrat du dernier degré, sont pres-
« crits pour l'exercice d'un bon gouvernement ; là, les
« travaux des étudiants, des laboureurs, des artisans, des
« négociants, sont exposés aux regards ; et, dans le cours
« de l'ouvrage, les lois du monde physique, du ciel, de
« la terre et des montagnes, des rivières, des oiseaux, des
« quadrupèdes, des poissons, des insectes, des plantes,
« des arbres, sont occasionnellement décrites. Bon
« nombre des affaires que MENG-TSEU traita dans le cours
« de sa vie, dans son commerce avec les hommes ; ses
« discours d'occasion avec des personnes de tous rangs ;
« ses instructions à ses élèves ; ses vues ainsi que ses

« explications des livres anciens et modernes, toutes
« ces choses sont incorporées dans cette publication.
« Il rappelle aussi les faits historiques, les dits des an-
« ciens sages pour l'instruction de l'humanité. »

M. Abel Rémusat a ainsi caractérisé les deux plus célèbres philosophes de la Chine :

« Le style de MENG-TSEU, moins élevé et moins concis
« que celui du prince des lettres (KHOUNG-TSEU), est aussi
« noble, plus fleuri et plus élégant. La forme du dialogue,
« qu'il a conservée à ses entretiens philosophiques avec
« les grands personnages de son temps, comporte plus
« de variété qu'on ne peut s'attendre à en trouver dans les
« apophthegmes et les maximes de Confucius. Le carac-
« tère de leur philosophie diffère aussi sensiblement. Con-
« fucius est toujours grave, même austère ; il exalte les
« gens de bien, dont il fait un portrait idéal, et ne parle
« des hommes vicieux qu'avec une froide indignation.
« Meng-tseu, avec le même amour pour la vertu, semble
« avoir pour le vice plus de mépris que d'horreur ; il l'at-
« taque par la force de la raison, et ne dédaigne pas même
« l'arme du ridicule. Sa manière d'argumenter se rappro-
« che de cette ironie qu'on attribue à Socrate. Il ne con-
« teste rien à ses adversaires ; mais, en leur accordant
« leurs principes, il s'attache à en tirer des conséquences
« absurdes qui les couvrent de confusion. Il ne ménage
« même pas les grands et les princes de son temps, qui
« souvent ne feignaient de le consulter que pour avoir
« occasion de vanter leur conduite, ou pour obtenir de
« lui les éloges qu'ils croyaient mériter. Rien de plus pi-

« quant que les réponses qu'il leur fait en ces occasions ;
« rien surtout de plus opposé à ce caractère servile et
« bas qu'un préjugé trop répandu prête aux Orientaux, et
« aux Chinois en particulier. Meng-tseu ne ressemble en
« rien à Aristippe : c'est plutôt à Diogène, mais avec plus
« de dignité et de décence. On est quelquefois tenté de
« blâmer sa vivacité, qui tient de l'aigreur ; mais on l'ex-
« cuse en le voyant toujours inspiré par le zèle du bien
« public [1]. »

Quel que soit le jugement que l'on porte sur les deux plus célèbres philosophes de la Chine et sur leurs ouvrages, dont nous donnons la traduction dans ce volume, il n'en restera pas moins vrai qu'ils méritent au plus haut degré l'attention du philosophe et de l'historien, et qu'ils doivent occuper un des premiers rangs parmi les plus rares génies qui ont éclairé l'humanité et l'ont guidée dans le chemin de la civilisation. Bien plus, nous pensons que l'on ne trouverait pas dans l'histoire du monde une figure à opposer à celle du grand philosophe chinois, pour l'influence si longue et si puissante que ses doctrines et ses écrits ont exercée sur ce vaste empire qu'il a illustré par sa sagesse et son génie. Et tandis que les autres nations de la terre élevaient de toutes parts des temples à des êtres inintelligents ou à des dieux imaginaires, la nation chinoise en élevait à l'apôtre de la sagesse et de l'humanité, de la morale et de la vertu ; au grand missionnaire de l'intelligence humaine, dont les enseignements soutiennent depuis

---

[1] Vie de *Meng-tseu*, Nouv. Mélanges asiatiques, t. II p. 119.

plus de deux mille ans, et se concilient maintenant l'admiration et l'amour de plus de trois cent millions d'âmes[1].

Avant que de terminer, nous devons dire que ce n'est pas le désir d'une vaine gloire qui nous a fait entreprendre la traduction dont nous donnons aujourd'hui une édition nouvelle[2], mais bien l'espérance de faire partager aux personnes qui la liront une partie des impressions morales que nous avons éprouvées nous-même en la composant. Oh! c'est assurément une des plus douces et des plus nobles impressions de l'âme que la contemplation de cet enseignement si lointain et si pur, dont l'humanité, quel que soit son prétendu progrès dans la civilisation, a droit de s'enorgueillir. On ne peut lire les ouvrages des deux pre-

---

[1] Nous renvoyons, pour les détails biographiques que l'on pourrait désirer sur KHOUNG-TSEU et MENG-TSEU, à notre *Description de la Chine* déjà citée, t. I, p. 120 et suiv., où l'on trouvera aussi le portrait de ces deux philosophes.

[2] La traduction que nous publions des *Quatre Livres classiques de la Chine* est la première traduction française qui ait été faite sur le texte chinois, excepté toutefois les deux premiers livres : le *Ta-hio* ou la *Grande Étude*, et le *Tchoung-young* ou l'*Invariabilité dans le milieu*, qui avaient déjà été traduits en français par quelques missionnaires (*Mémoires sur les Chinois*, t. I, p. 436-481) et par M. A. Rémusat (*Notices et Extraits des manuscrits de la Bibliothèque du roi*, t. X, p. 269 et suiv.). La traduction des missionnaires n'est qu'une longue paraphrase enthousiaste dans laquelle on reconnaît à peine le texte original. Celle du *Tchoung-young* de M. Rémusat, qui est accompagnée du texte chinois et d'une version latine, est de beaucoup préférable. La traduction française de l'abbé Pluquet, publiée en 1784, sous le titre de : *Les Livres classiques de l'empire de la Chine*, a été faite sur la traduction latine du P. Noel, publiée à Prague, en 1711, sous ce titre : *Sinensis imperii libri classici sex*. Nous avons cru inutile de la consulter pour faire notre propre traduction, attendu que nous nous sommes constamment efforcé de nous appuyer uniquement sur le texte et les commentaires chinois. (Voyez, pour plus de détails, les *Livres sacrés de l'Orient*, p. XXVIII.)

miers philosophes chinois sans se sentir meilleur, ou du moins sans se sentir raffermi dans les principes du vrai comme dans la pratique du bien, et sans avoir une plus haute idée de la dignité de notre nature. Dans un temps où le sentiment moral semble se corrompre et se perdre, et la société marcher aveuglément dans la voie des seuls instincts matériels, il ne sera peut-être pas inutile de répéter les enseignements de haute et divine raison que le plus grand philosophe de l'antiquité orientale a donnés au monde. Nous serons assez récompensé des peines que notre traduction nous a coûté, si nous avons atteint le but que nous nous sommes proposé en la composant.

G. Pauthier.

四書

# LES SSE CHOU

ou

## LES QUATRE LIVRES DE PHILOSOPHIE

MORALE ET POLITIQUE

## DE LA CHINE.

大學

# LE TA HIO

ou

# LA GRANDE ÉTUDE

OUVRAGE DE

KHOUNG-FOU-TSEU (CONFUCIUS)

ET DE SON DISCIPLE THSÊNG-TSEU.

PREMIER LIVRE CLASSIQUE.

---

## PRÉFACE

DU COMMENTAIRE SUR LE TA HIO,

PAR LE DOCTEUR TCHOU-HI.

---

Le livre de la *Grande Étude* est cette Grande Étude que dans l'antiquité on enseignait aux hommes, et qu'on leur proposait pour règle de conduite ; or les hommes tirant du ciel leur origine, il en résulte qu'il n'en est aucun qui n'ait été doué par lui des sentiments de charité ou d'humanité, de justice, de convenance et de sagesse. Cependant, quoique tous les hommes possèdent certaines dispositions naturelles et constitutives qu'ils ont reçues en naissant, il en est quelques-uns qui n'ont pas le pouvoir ou la faculté de les cultiver et de les bien diriger. C'est pourquoi ils ne peuvent pas tous avoir en eux les moyens de connaître les dispositions existantes de leur propre nature, et ceux de leur donner leur complet développement.

Il en est qui, possédant une grande perspicacité, une intelligence pénétrante, une connaissance intuitive, une sagesse profonde, peuvent développer toutes les facultés de leur nature, et ils se distinguent au milieu de la foule qui les environne ; alors le ciel leur a certainement donné le mandat d'être les chefs et les instituteurs des générations infinies ; il les a chargés de la mission de les gouverner et de les instruire, afin de les faire retourner à la pureté primitive de leur nature.

Voilà comment [les anciens empereurs] *Fou-hi, Chin-noung, Hoang-ti, Yao* et *Chun* occupèrent successivement les plus hautes dignités que confère le ciel ; comment les ministres d'État furent attentifs à suivre et à propager leurs instructions, et d'où les magistrats qui président aux lois civiles et à la musique derivèrent leurs enseignements.

Après l'extinction des trois premières dynasties, les institutions qu'elles avaient fondées s'étendirent graduellement. Ainsi il arriva par la suite que dans les palais des rois, comme dans les grandes villes et même jusque dans les plus petits villages, il n'y avait aucun lieu où l'on ne se livrât à l'étude. Dès que les jeunes gens avaient atteint l'âge de huit ans, qu'ils fussent les fils des rois, des princes ou de la foule du peuple, ils entraient tous à la *Petite École*[1], et là on leur enseignait à arroser, à balayer, à répondre promptement et avec soumission à ceux qui les appelaient ou les interrogeaient ; à entrer et à sortir selon les règles de la bienséance ; à recevoir les hôtes avec politesse et à les reconduire de même. On leur enseignait aussi les usages du monde et des cérémonies, la musique ; l'art de lancer des flèches, de diriger des chars, ainsi que celui d'écrire et de compter.

Lorsqu'ils avaient atteint l'âge de quinze ans, alors, depuis l'héritier présomptif de la dignité impériale et tous les autres fils de l'empereur, jusqu'aux fils des princes, des premiers ministres, des gouverneurs de provinces, des lettrés ou docteurs de l'empire promus à des dignités, ainsi que tous ceux d'entre les enfants du peuple qui brillaient par des talents supérieurs, entraient à la *Grande École*[2], et on leur enseignait les moyens de pénétrer et d'approfondir les principes des choses, de rectifier les mouvements de leur cœur, de se corriger, de se perfectionner eux-mêmes, et de gouverner les hommes. Voilà comment les doctrines que l'on enseignait dans les collèges étaient divisées en *grandes* et *petites*. Par cette division et cette composition des études, leur propagation s'étendit au loin, et le mode d'enseigner se maintint dans les limites précises de cet ordre de subordination, c'est ce qui en fit un véritable enseignement. En outre, toute la base de cette institution résidait dans

---

[1] *Siao hio.*
[2] *Ta hio.*

la personne du prince, qui en pratiquait tous les devoirs. On ne demandait aucun salaire aux enfants du peuple, et on n'exigeait rien d'eux que ce dont ils avaient besoin pour vivre journellement. C'est pourquoi, dans ces âges passés, il n'y avait aucun homme qui ne se livrât à l'étude. Ceux qui étudiaient ainsi se gardaient bien de ne pas s'appliquer à connaître les dispositions naturelles que chacun d'eux possédait réellement, la conduite qu'il devait suivre dans les fonctions qu'il avait à remplir ; et chacun d'eux faisait ainsi tous ses efforts, épuisait toutes ses facultés, pour atteindre à sa véritable destination. Voilà comment il est arrivé que, dans les temps florissants de la haute antiquité, le gouvernement a été si glorieux dans ceux qui occupaient les emplois élevés, les mœurs si belles, si pures dans les inférieurs, et pourquoi il a été impossible aux siècles qui leur ont succédé d'atteindre à ce haut degré de perfection.

Sur le déclin de la dynastie des Tchéou, lorsqu'il ne paraissait plus de souverains doués de sainteté et de vertu, les règlements des grandes et petites Écoles n'étaient plus observés ; les saines doctrines étaient dédaignées et foulées aux pieds ; les mœurs publiques tombaient en dissolution. Ce fut à cette époque de dépravation générale qu'apparut avec éclat la sainteté de KHOUNG-TSEU ; mais il ne put alors obtenir des princes qu'ils le plaçassent dans les fonctions élevées de ministre ou instituteur des hommes, pour leur faire observer ses règlements et pratiquer sa doctrine. Dans ces circonstances, il recueillit dans la solitude les lois et institutions des anciens rois, les étudia soigneusement et les transmit [à ses disciples] pour éclairer les siècles à venir. Les chapitres intitulés *Khio-li, Chao-i, Neï-tse* [1] concernent les devoirs des élèves, et appartiennent véritablement à la *Petite Étude*, dont ils sont comme des ruisseaux détachés ou des appendices ; mais parce que les instructions concernant la *Petite Étude* [ou l'*Étude* propre aux enfants] avaient été complètement développées dans les ouvrages ci-dessus, le livre qui nous occupe a été destiné à exposer et rendre manifeste à tous les lois claires, évidentes, de la *Grande Étude* [ou l'*Étude* propre aux esprits mûrs]. En dehors du livre et comme frontispice, sont posés les grands principes qui doivent servir de base à ces enseignements, et dans le livre ces mêmes principes sont expliqués et développés en paragraphes séparés. Mais quoique dans une multitude de trois mille disciples il n'y en ait eu aucun qui n'eût souvent entendu les enseignements du maître, cependant le contenu de ce livre fut transmis à la postérité par les seuls disciples de *Thsêng tseu*, qui en avait reçu lui même les maximes de son maître KHOUNG-TSEU, et qui, dans une exposition concise, en avait expliqué et développé le sens.

---

[1] Chapitres du *Li-ki*, ou *Livre des Rites*.

Après la mort de *Méng-tseu*, il ne se trouva plus personne pour enseigner et propager cette doctrine des anciens ; alors, quoique le livre qui la contenait continuât d'exister, ceux qui la comprenaient étaient fort rares. Ensuite il est arrivé de là que les lettrés dégénérés s'étant habitués à écrire des narrations, à compiler, à faire des discours élégants, leurs œuvres concernant la *Petite Étude* furent au moins doubles de celles de leurs prédécesseurs; mais leurs préceptes différents furent d'un usage complétement nul.

Les doctrines du *Vide* et de la *Non-entité* [1], du *Repos absolu* et de l'*Extinction finale* [2], vinrent ensuite se placer bien au-dessus de celle de la *Grande Étude;* mais elles manquaient de base véritable et solide. Leur autorité, leurs prétentions, leurs artifices ténébreux, leurs fourberies, en un mot, les discours de ceux qui les prêchaient pour s'attirer une renommée glorieuse et un vain nom, se sont répandus abondamment parmi les hommes, de sorte que l'erreur, en envahissant le siecle, a abusé les peuples et a fermé toute voie à la charité et à la justice. Bien plus, le trouble et la confusion de toutes les notions morales sont sortis de leur sein, au point que les sages mêmes ne pouvaient être assez heureux pour obtenir d'entendre et d'apprendre les devoirs les plus importants de la grande doctrine, et que les hommes du commun ne pouvaient également être assez heureux pour obtenir dans leur ignorance d'être éclairés sur les principes d'une bonne administration ; tant les ténèbres de l'ignorance s'étaient épaissies et avaient obscurci les esprits ! Cette maladie s'était tellement augmentée dans la succession des années, elle etait devenue tellement invétérée, qu'a la fin de l'époque des cinq dynasties [vers 950 de notre ère] le désordre et la confusion étaient au comble.

Mais il n'arrive rien sur cette terre que le ciel ne ramène de nouveau dans le cercle de ses revolutions : la dynastie des Soung s'éleva, et la vertu fut bientôt florissante ; les principes du bon gouvernement et l'education reprirent leur eclat. A cette époque, apparurent dans la province du *Ho-nan* deux docteurs de la famille *Tching*, lesquels, dans le dessein de transmettre a la posterité les écrits de *Méng-tseu* et de ses disciples, les réunirent et en formèrent un corps d'ouvrage. Ils commencèrent d'abord par manifester une grande véneration pour ce livre [le *Ta hio* ou la *Grande Étude*], et ils le remirent en lumière, afin qu'il frappât les yeux de tous. A cet effet, ils le retirerent du rang secondaire où il était placé [3], en mirent en ordre les matériaux, et lui rendirent ses beautés primitives. Ensuite la doctrine qui avait été anciennement exposée dans le livre de la *Grande Étude* pour instruire les hommes, le véritable sens

---

[1] Celle des *Tao-sse*, qui a *Lao-tseu* pour fondateur.
[2] Celle des *Bouddhistes*, qui a *Fo* ou *Bouddha* pour fondateur.
[3] Il formait un des chapitres du *Li-ki*.

du saint texte original [de Khoung-tseu] et de l'explication de son sage disciple furent de nouveau examinés et rendus au siècle dans toute leur splendeur. Quoique moi *Hi*, je ne sois ni habile ni pénétrant, j'ai été assez heureux cependant pour retirer quelque fruit de mes propres études sur ce livre, et pour entendre la doctrine qui y est contenue. J'avais vu qu'il existait encore dans le travail des deux docteurs *Tching* des choses incorrectes, inégales, que d'autres en avaient été détachées ou perdues : c'est pourquoi, oubliant mon ignorance et ma profonde obscurité, je l'ai corrigé et mis en ordre autant que je l'ai pu, en remplissant les lacunes qui y existaient, et en y joignant des notes pour faire saisir le sens et la liaison des idées [1] ; enfin, en suppléant ce que les premiers éditeurs et commentateurs avaient omis ou seulement indiqué d'une manière trop concise, en attendant que, dans la suite des temps, il vienne un sage capable d'accomplir la tâche que je n'ai fait qu'effleurer. Je sais parfaitement que celui qui entreprend plus qu'il ne lui convient n'est pas exempt d'encourir pour sa faute le blâme de la postérité. Cependant, en ce qui concerne *le gouvernement des États, la conversion des peuples, l'amélioration des mœurs*, celui qui étudiera mon travail sur le mode et les moyens de se corriger ou se perfectionner soi-même et de gouverner les hommes, dira assurément qu'il ne lui aura pas été d'un faible secours.

Du règne nommé *Chun-hi*, année *Kui-yeo* [1191 de notre ère], second mois lunaire *Kia-tseu*, dans la ville de *Sin-ngan*, ou de la *Paix nouvelle* [vulgairement nommée *Hoeï-tcheou*]. Préface de *Tchou-hi*.

[1] Il ne faudrait pas croire que cet habile commentateur ait fait des changements au texte ancien du livre ; il n'a fait que transposer quelquefois des chapitres de l'Explication, et suppléer par des notes aux lacunes des mots ou des idées ; mais il a eu toujours soin d'en avertir dans le cours de l'ouvrage, et ses additions explicatives sont imprimées en plus petits caractères ou en lignes plus courtes que celles du texte primitif.

# AVERTISSEMENT

## DU DOCTEUR TCHING-TSEU.

---

Le docteur *Tching-tseu* a dit : Le *Ta hio* [ou la *Grande Étude*] est un livre laissé par Khoung-tseu et son disciple [*Thséng-tseu*], afin que ceux qui commencent à étudier les sciences morales et politiques s'en servent comme d'une porte pour entrer dans le sentier de la sagesse. On peut voir maintenant que les hommes de l'antiquité, qui faisaient leurs études dans un ordre méthodique, s'appuyaient uniquement sur le contenu de ce livre ; et ceux qui veulent étudier le *Lun-yu* et le *Mêng-tseu* doivent commencer leurs études par le *Ta hio :* alors ils ne courent pas le risque de s'égarer.

# LA GRANDE ÉTUDE.

1. La loi de la Grande Étude, ou de la philosophie pratique, consiste à développer et remettre en lumière le principe lumineux de la raison que nous avons reçu du ciel, à renouveler les hommes, et à placer sa destination définitive dans la perfection, ou le souverain bien.

2. Il faut d'abord connaître le but auquel on doit tendre, ou sa destination définitive, et prendre ensuite une détermination; la détermination étant prise, on peut ensuite avoir l'esprit tranquille et calme; l'esprit étant tranquille et calme, on peut ensuite jouir de ce repos inaltérable que rien ne peut troubler; étant parvenu à jouir de ce repos inaltérable que rien ne peut troubler, on peut ensuite méditer et se former un jugement sur l'essence des choses; ayant médité et s'étant formé un jugement sur l'essence des choses, on peut ensuite atteindre à l'état de perfectionnement désiré.

3. Les êtres de la nature ont une cause et des effets; les actions humaines ont un principe et des conséquences : connaître les causes et les effets, les principes et les conséquences, c'est approcher très-près de la méthode rationnelle avec laquelle on parvient à la perfection.

4. Les anciens princes qui désiraient développer et remettre en lumière dans leurs États le principe lumineux de la raison que nous recevons du ciel s'attachaient auparavant à bien gouverner leurs royaumes; ceux qui désiraient bien gouverner leurs royaumes s'attachaient auparavant à mettre le bon ordre dans leurs familles; ceux qui désiraient mettre le bon ordre dans leurs familles s'attachaient auparavant à se corriger eux-mêmes; ceux qui

désiraient se corriger eux-mêmes s'attachaient auparavant à donner de la droiture à leur âme; ceux qui désiraient donner de la droiture à leur âme s'attachaient auparavant à rendre leurs intentions pures et sincères; ceux qui désiraient rendre leurs intentions pures et sincères s'attachaient auparavant à perfectionner le plus possible leurs connaissances morales; perfectionner le plus possible ses connaissances morales consiste à pénétrer et approfondir les principes des actions.

5. Les principes des actions étant pénétrés et approfondis, les connaissances morales parviennent ensuite à leur dernier degré de perfection; les connaissances morales étant parvenues à leur dernier degré de perfection, les intentions sont ensuite rendues pures et sincères; les intentions étant rendues pures et sincères, l'âme se pénètre ensuite de probité et de droiture; l'âme étant pénétrée de probité et de droiture, la personne est ensuite corrigée et améliorée; la personne étant corrigée et améliorée, la famille est ensuite bien dirigée; la famille étant bien dirigée, le royaume est ensuite bien gouverné; le royaume étant bien gouverné, le monde ensuite jouit de la paix et de la bonne harmonie.

6. Depuis l'homme le plus élevé en dignité jusqu'au plus humble et au plus obscur, devoir égal pour tous : corriger et améliorer sa personne, ou le *perfectionnement de soi-même*, est la base fondamentale de tout progrès et de tout développement moral.

7. Il n'est pas dans la nature des choses que ce qui a sa base fondamentale en désordre et dans la confusion puisse avoir ce qui en dérive nécessairement dans un état convenable.

Traiter légèrement ce qui est le principal ou le plus important, et gravement ce qui n'est que secondaire, est une méthode d'agir qu'il ne faut jamais suivre [1].

---

[1] Le texte entier de l'ouvrage consiste en quinze cent quarante-six caractères.

Le *King* ou *Livre par excellence*, qui précède, ne forme qu'un chapitre ; il contient les propres paroles de KHOUNG-TSEU, que son disciple *Thsêng-tseu* a commentées dans les dix sections ou chapitres suivants, composés de ses idées recueillies par ses disciples.

Les tablettes en bambou des anciennes copies avaient été réunies d'une manière fautive et confuse ; c'est pour cela que *Tching-tseu* détermina leur place, et corrigea en l'examinant la composition du livre. Par la disposition qu'il établit, l'ordre et l'arrangement ont été arrêtés comme il suit.

---

# EXPLICATION DE THSÊNG-TSEU.

## CHAPITRE PREMIER.

Sur le devoir de developper et de rendre à sa clarté primitive le principe lumineux de notre raison.

1. Le *Khang-kao* [1] dit : Le roi *Wen* parvint à *développer et faire briller dans tout son éclat le principe lumineux de la raison que nous recevons du ciel.*

Toute l'Exposition [de *Thsêng-tseu*] est composée de citations variées qui servent de commentaire au *King* [ou texte original de KHOUNG-TSEU], lorsqu'il n'est pas complètement narratif. Ainsi les principes posés dans le texte sont successivement developpés dans un enchaînement logique. Le sang circule bien partout dans les veines. Depuis le commencement jusqu'a la fin, le grave et le léger sont employés avec beaucoup d'art et de finesse. La lecture de ce livre est agréable et pleine de suavité. On doit le méditer longtemps, et l on ne parviendra même jamais à en épuiser le sens.
*(Note du Commentateur.)*

[1] Il forme aujourd'hui un des chapitres du *Chou-king*.

2. Le *Taï-kia* [1] dit : Le roi *Tching-thang* avait sans cesse les regards fixés sur *ce don brillant de l'intelligence que nous recevons du ciel.*

3. Le *Ti-tien* [2] dit : *Yao* put *développer et faire briller dans tout son éclat le principe sublime de l'intelligence que nous recevons du ciel.*

4. Tous ces exemples indiquent que l'on doit cultiver sa nature rationnelle et morale.

Voilà le premier chapitre du Commentaire. Il explique ce que l'on doit entendre par *développer et remettre en lumière le principe lumineux de la raison que nous recevons du ciel.*

## CHAPITRE II.

### Sur le devoir de renouveler ou d'éclairer les peuples.

1. Des caractères gravés sur la baignoire du roi *Tching-thang* disaient : Renouvelle-toi complétement chaque jour; fais-le de *nouveau,* encore de *nouveau,* et toujours de *nouveau.*

2. Le *Khang-kao* dit : Fais que le peuple *se renouvelle.*

3. Le *Livre des Vers* dit :
« Quoique la famille des *Tcheou* possédât depuis long-
« temps une principauté royale,
« Elle obtint du ciel (dans la personne de *Wen-wang*)
« une investiture *nouvelle.* »

4. Cela prouve qu'il n'y a rien que le sage ne pousse jusqu'au dernier degré de la perfection.

Voilà le second chapitre du Commentaire. Il explique ce que l'on doit entendre par *renouveler les peuples.*

[1,2] Ils forment aujourd'hui des chapitres du *Chou-king.*

## CHAPITRE III.

Sur le devoir de placer sa destination définitive dans la perfection ou le souverain bien.

1. Le *Livre des Vers* dit :
« C'est dans un rayon de mille *li* (cent lieues) de la ré-
« sidence royale
« Que le peuple aime à *fixer sa demeure*. »
2. Le *Livre des Vers* dit :
« L'oiseau jaune au chant plaintif *mien-mân*
« *Fixe sa demeure* dans le creux touffu des mon-
« tagnes. »
Le philosophe [Khoung-tseu] a dit :
*En fixant là sa demeure,* il prouve qu'il connaît le lieu de sa *destination;* et l'homme [la plus intelligente des créatures [1]] ne pourrait pas en savoir autant que l'oiseau !
3. Le *Livre des Vers* dit :
« Que la vertu de *Wen-wang* était vaste et profonde !
« Comme il sut joindre la splendeur à la sollicitude la
« plus grande pour l'accomplissement de ses différentes
*destinations!* »
Comme prince, il *plaçait sa destination* dans la pratique de l'humanité ou de la bienveillance universelle pour les hommes; comme sujet, il *plaçait sa destination* dans les égards dus au souverain; comme fils, il *plaçait sa destination* dans la pratique de la piété filiale; comme père, il *plaçait sa destination* dans la tendresse paternelle; comme entretenant des relations ou contractant des en-

---

[1] C'est l'explication que donne le *Ji-kiang*, en développant le commentaire laconique de *Tchou-hi* : « L'homme est de tous les êtres le plus intelligent; s'il ne pouvait pas choisir le souverain bien pour s'y fixer, c'est qu'il ne serait pas même aussi intelligent que l'oiseau. »

gagements avec les hommes, il *plaçait sa destination* dans la pratique de la sincérité et de la fidélité [1].

4. Le *Livre des Vers* dit :

« Regarde là-bas sur les bords du *Ki*.

« Oh! qu'ils sont beaux et abondants, les verts bam-
« bous!

« Nous avons un prince orné de science et de sagesse [2];

« Il ressemble à l'artiste qui coupe et travaille l'ivoire,

« A celui qui taille et polit les pierres précieuses.

« Oh! qu'il paraît grave et silencieux!

« Comme sa conduite est austère et digne!

« Nous avons un prince orné de science et de sagesse;

« Nous ne pourrons jamais l'oublier! »

5. *Il ressemble à l'artiste qui coupe et travaille l'ivoire*, indique l'étude ou l'application de l'intelligence à la recherche des principes de nos actions; *il ressemble à celui qui taille et polit les pierres précieuses*, indique le *perfectionnement de soi-même*. L'expression *Oh! qu'il paraît grave et silencieux!* indique la crainte, la sollicitude qu'il éprouve pour atteindre à la perfection. *Comme sa conduite est austère et digne!* exprime combien il mettait de soin à rendre sa conduite digne d'être imitée. *Nous avons un prince orné de science et de sagesse; nous ne pourrons jamais l'oublier!* indique cette sagesse accomplie, cette perfection morale que le peuple ne peut oublier.

6. Le *Livre des Vers* dit :

« Comme la mémoire des anciens rois (*Wen* et *Wou*)
« est restée dans le souvenir des hommes! »

Les sages et les princes qui les suivirent imitèrent leur sagesse et leur sollicitude pour le bien-être de leur postérité. Les populations jouirent en paix, par la suite, de

---

[1] Le *Ji-kiang* s'exprime ainsi : « *Tchou-tseu* dit : Chaque homme possède en soi le principe de sa *destination* obligatoire ou de ses devoirs de conduite, et atteindre à sa *destination* est du devoir du saint homme. »

[2] *Tcheou-koung*, qui vivait en 1150 avant notre ère, l'un des plus sages et des plus savants hommes qu'ait eus la Chine.

ce qu'ils avaient fait pour leur bonheur, et elles mirent à profit ce qu'ils firent de bien et de profitable dans une division et une distribution équitable des terres[1]. C'est pour cela qu'ils ne seront point oubliés dans les siècles à venir.

Voilà le troisième chapitre du Commentaire. Il explique ce que l'on doit entendre par *placer sa destination définitive dans la perfection ou le souverain bien*[2].

## CHAPITRE IV.

Sur le devoir de connaître et de distinguer les causes et les effets.

1. Le Philosophe a dit : Je puis écouter des plaidoiries et juger des procès comme les autres hommes ; mais ne serait-il pas plus nécessaire de faire en sorte d'empêcher les procès ? Ceux qui sont fourbes et méchants, il ne faudrait pas leur permettre de porter leurs accusations mensongères et de suivre leurs coupables desseins. On parviendrait par là à se soumettre entièrement les mauvaises intentions des hommes. C'est ce qui s'appelle *connaître la racine ou la cause*.

Voilà le quatrième chapitre du Commentaire. Il explique ce que l'on doit entendre par *la racine et les branches*, ou *la cause et les effets*.

---

[1] C'est l'explication que donnent de ce passage plusieurs commentateurs : « Par le partage des champs labourables et leur distribution en portions d'un *li* (un dixième de lieue carrée), chacun eut de quoi s'occuper et s'entretenir habituellement ; c'est là le profit qu'ils en ont tiré. » (Commentaire, *Ho kiang*.)

[2] Dans ce chapitre sont faites plusieurs citations du *Livre des Vers*, qui seront continuées dans les suivants. Les anciennes éditions sont fautives à cet endroit. Elles placent ce chapitre après celui sur le *devoir de rendre ses intentions pures et sincères*.

(TCHOU-HI.)

## CHAPITRE V.

Sur le devoir de perfectionner ses connaissances morales en pénétrant les principes des actions.

1. Cela s'appelle *connaître la racine ou la cause.*
2. Cela s'appelle *la perfection de la connaissance.*

Voilà ce qui reste du cinquième chapitre du Commentaire. Il expliquait ce que l'on doit entendre par *perfectionner ses connaissances morales en pénétrant les principes des actions*; il est maintenant perdu. Il y a quelque temps, j'ai essayé de recourir aux idées de *Tching-tseu* [autre commentateur du *Ta hio*, un peu plus ancien que *Tchou-hi*] pour suppléer à cette lacune, en disant :

Les expressions suivantes du texte, *perfectionner ses connaissances morales consiste à pénétrer le principe et la nature des actions*, signifient que, si nous désirons *perfectionner nos connaissances morales*, nous devons nous livrer à une investigation profonde des actions, et scruter à fond leurs principes ou leur raison d'être ; car l'intelligence spirituelle de l'homme n'est pas évidemment incapable de *connaître* [ou est adéquate à la *connaissance*] ; et les êtres de la nature, ainsi que les actions humaines, ne sont pas sans avoir un principe, une cause ou une raison d'être [1]. Seulement ces principes, ces causes, ces raisons d'être n'ont pas encore été soumis à d'assez profondes investigations. C'est pourquoi la science des hommes n'est pas complète, absolue ; c'est aussi pour cela que la *Grande Étude* commence par enseigner aux hommes que ceux d'entre eux qui étudient la philosophie morale doivent soumettre à une longue et profonde investigation les êtres de la nature et les actions humaines, afin qu'en partant de ce qu'ils savent déjà des principes des actions ils puissent augmenter leurs con-

---

[1] Le *Ji-kiang* s'exprime ainsi sur ce passage : « Le cœur où le principe pensant de l'homme est éminemment immatériel, éminemment intelligent ; il est bien loin d'être dépourvu de tout savoir naturel, et toutes les actions humaines sont bien loin de ne pas avoir une cause ou une raison d'être également naturelle. »

naissances, et pénétrer dans leur nature la plus intime[1]. En s'appliquant ainsi à exercer toute son énergie, toutes ses facultés intellectuelles, pendant longtemps, on arrive un jour à avoir une connaissance, une compréhension intime des vrais principes des actions; alors la nature intrinsèque et extrinsèque de toutes les actions humaines, leur essence la plus subtile, comme leurs parties les plus grossières, sont pénétrées; et, pour notre intelligence ainsi exercée et appliquée par des efforts soutenus, tous les principes des actions deviennent clairs et manifestes. Voilà ce qui est appelé *la pénétration des principes des actions;* voilà ce qui est appelé *la perfection des connaissances morales.*

## CHAPITRE VI.

#### Sur le devoir de rendre ses intentions pures et sincères.

1. Les expressions *rendre ses intentions pures et sincères* signifient : Ne dénature point tes inclinations droites, comme celles de fuir une odeur désagréable, et d'aimer un objet agréable et séduisant. C'est ce qui est appelé la satisfaction de soi-même. C'est pourquoi le sage veille attentivement sur ses intentions et ses pensées secrètes.

2. Les hommes vulgaires qui vivent à l'écart et sans témoins commettent des actions vicieuses; il n'est rien de mauvais qu'ils ne pratiquent. S'ils voient un homme sage

---

[1] Le commentaire *Ho-kiang* s'exprime ainsi : « Il n'est pas dit [dans le texte primitif] qu'il faut chercher à connaître, à scruter profondément les principes, les causes; mais il est dit qu'il faut chercher à apprécier parfaitement les actions : en disant qu'il faut chercher à connaître, à scruter profondément les principes, les causes, alors on entraîne facilement l'esprit dans un chaos d'incertitudes inextricables; en disant qu'il faut chercher à apprécier parfaitement les actions, alors on conduit l'esprit à la recherche de la vérité. »

Pascal a dit : « C'est une chose étrange que les hommes aient voulu comprendre les principes des choses, et arriver jusqu'à connaître tout ! car il est sans doute qu'on ne peut former ce dessein sans une présomption ou sans une capacité infinie comme la nature. »

qui veille sur soi-même, ils feignent de lui ressembler, en cachant leur conduite vicieuse et en faisant parade d'une vertu simulée. L'homme qui les voit est comme s'il pénétrait leur foie et leurs reins ; alors à quoi leur a-t-il servi de dissimuler? C'est là ce qu'on entend par le proverbe : *La vérité est dans l'intérieur, la forme à l'extérieur.* C'est pourquoi le sage doit veiller attentivement sur ses intentions et ses pensées secrètes.

3. *Thsêng-tseu* a dit : De ce que dix yeux le regardent, de ce que dix mains le désignent, combien n'a-t-il pas à redouter, ou à veiller sur lui-même !

4. Les richesses ornent et embellissent une maison, la vertu orne et embellit la personne ; dans cet état de félicité pure, l'âme s'agrandit, et la substance matérielle qui lui est soumise profite de même. C'est pourquoi le sage doit *rendre ses intentions pures et sincères* [1].

Voilà le sixième chapitre du Commentaire. Il explique ce que l'on doit entendre par *rendre ses intentions pures et sincères.*

[1] « Il est dit dans le *King* : *Désirant rendre ses intentions pures et sincères, ils s'attachaient d'abord à perfectionner au plus haut degré leurs connaissances morales.* Il est encore dit : *Les connaissances morales étant portées au plus haut degré, les intentions sont ensuite rendues pures et sincères.* Or l'essence propre de l'intelligence est d'être éclairée ; s'il existe en elle des facultés qui ne soient pas encore développées, alors ce sont ces facultés qui sont mises au jour par le perfectionnement des connaissances morales ; il doit donc y avoir des personnes qui ne peuvent pas véritablement faire usage de toutes leurs facultés, et qui, s'il en est ainsi, se trompent elles-mêmes. De cette manière, quelques hommes sont éclairés par eux-mêmes, et ne font aucun effort pour devenir tels ; alors ce sont ces hommes qui éclairent les autres ; en outre, ils ne cessent pas de l'être, et ils n'aperçoivent aucun obstacle qui puisse les empêcher d'approcher de la vertu. C'est pourquoi ce chapitre sert de développement au précédent, pour rendre cette vérité évidente. Ensuite il y aura à examiner le commencement et la fin de l'usage des facultés, et a établir que leur ordre ne peut pas être troublé, et que leurs opérations ne peuvent pas manquer de se manifester. C'est ainsi que le philosophe raisonne. » (TCHOU-HI.)

## CHAPITRE VII.

*Sur le devoir de se perfectionner soi-même en pénétrant son âme de probité et de droiture.*

1. Ces paroles, *se corriger soi-même de toutes passions vicieuses consiste à donner de la droiture à son âme,* veulent dire : Si l'âme est troublée par la passion de la colère, alors elle ne peut obtenir cette *droiture;* si l'âme est livrée à la crainte, alors elle ne peut obtenir cette *droiture;* si l'âme est agitée par la passion de la joie et du plaisir, alors elle ne peut obtenir cette *droiture;* si l'âme est accablée par la douleur, alors elle ne peut obtenir cette *droiture.*

2. L'âme n'étant point maîtresse d'elle-même, on regarde, et on ne voit pas; on écoute, et on n'entend pas; on mange, et on ne connaît point la saveur des aliments. Cela explique pourquoi l'action de *se corriger soi-même de toutes passions vicieuses consiste dans l'obligation de donner de la droiture à son âme.*

Voilà le septième chapitre du Commentaire. Il explique ce que l'on doit entendre par *se corriger soi-même de toute habitude, de toutes passions vicieuses, en donnant de la droiture à son âme* [1].

[1] Ce chapitre se rattache aussi au précédent, afin d'en lier le sens à celui du chapitre suivant. Or, *les intentions étant rendues pures et sincères,* alors la vérité est sans mélange d'erreur, le bien sans mélange de mal, et l'on possède véritablement la vertu. Ce qui peut la conserver dans l'homme, c'est le cœur ou la faculté intelligente dont il est doué pour dompter ou maintenir son corps. Quelques-uns ne savent-ils pas seulement rendre leurs intentions pures et sincères, sans pouvoir examiner soigneusement les facultés de l'intelligence qui sait les conserver telles? alors ils ne possedent pas encore la verité intérieurement, et ils doivent continuer à améliorer, à perfectionner leurs personnes.

Depuis ce chapitre jusqu'à la fin, tout est parfaitement conforme aux anciennes éditions. (Tchou-hi.)

## CHAPITRE VIII.

*Sur le devoir de mettre le bon ordre dans sa famille, en se perfectionnant soi-même.*

1. Ce que signifient ces mots, *mettre le bon ordre dans sa famille consiste auparavant à se corriger soi-même de toutes passions vicieuses,* le voici : Les hommes sont partiaux envers leurs parents et ceux qu'ils aiment; ils sont aussi partiaux ou injustes envers ceux qu'ils méprisent et qu'ils haïssent; envers ceux qu'ils respectent et qu'ils révèrent, ils sont également partiaux ou serviles; ils sont partiaux ou trop miséricordieux [1] envers ceux qui inspirent la compassion et la pitié ; ils sont aussi partiaux ou hautains envers ceux qu'ils traitent avec supériorité. C'est pourquoi aimer et reconnaître les défauts de ceux que l'on aime, haïr et reconnaître les bonnes qualités de ceux que l'on hait, est une chose bien rare sous le ciel [2].

2. De là vient le proverbe qui dit : *Les pères ne veulent*

---

[1] C'est le sens que donnent les commentateurs chinois. L'*Explication du Kiang-i-pi tchi* dit : « Envers les hommes qui sont dans la peine et la misère, qui sont épuisés par la souffrance, quelques-uns s'abandonnent à une excessive indulgence, et ils sont *partiaux*. »

[2] Le *Ji kiang* s'exprime ainsi sur ce chapitre : « Thsèng-tseu dit : Ce que le saint Livre (le texte de Khoung tseu) appelle *mettre le bon ordre dans sa famille consiste auparavant à se corriger soi-même de toutes passions vicieuses,* signifie : Que la personne étant le fondement, la base de la famille, celui qui veut *mettre le bon ordre dans sa famille* doit savoir que tout consiste dans les sentiments d'amitié et d'aversion, d'amour et de haine qui sont en nous, et qu'il s'agit seulement de ne pas être *partial* et *injuste* dans l'expression de ces sentiments. L'homme se laisse toujours naturellement entraîner aux sentiments qui naissent en lui, et, s'il est dans le sein d'une famille, il perd promptement la règle de ses devoirs naturels. C'est pourquoi; dans ce qu'il aime et dans ce qu'il hait, il arrive aussitôt à la *partialité* et à l'*injustice*, et sa *personne n'est point corrigée et améliorée.* »

*pas reconnaître les défauts de leurs enfants, et les laboureurs la fertilité de leurs terres.*

3. Cela prouve qu'un homme qui ne s'est pas *corrigé lui-même de ses penchants injustes* est incapable de *mettre le bon ordre dans sa famille.*

Voilà le huitième chapitre du Commentaire. Il explique ce que l'on doit entendre par *mettre le bon ordre dans sa famille, en se corrigeant soi-même de toute habitude, de toutes passions vicieuses.*

## CHAPITRE IX.

Sur le devoir de bien gouverner un Etat, en mettant le bon ordre dans sa famille.

1. Les expressions du texte, *pour bien gouverner un royaume, il est nécessaire de s'attacher auparavant à mettre le bon ordre dans sa famille,* peuvent s'expliquer ainsi : Il est impossible qu'un homme qui ne peut pas instruire sa propre famille puisse instruire les hommes. C'est pourquoi le fils de prince [1], sans sortir de sa famille, se perfectionne dans l'art d'instruire et de gouverner un royaume. La piété filiale est le principe qui le dirige dans ses rapports avec le souverain ; la déférence est le principe qui le dirige dans ses rapports avec ceux qui sont plus âgés que lui ; la bienveillance la plus tendre est le principe qui le dirige dans ses rapports avec la multitude [2].

[1] La glose du *Kiang-i-pi-tchi* dit que c'est le fils d'un prince possédant un royaume qui est ici désigné.
[2] En dégageant complétement la pensée du philosophe de sa forme chinoise, on voit qu'il assimile le gouvernement de l'État à celui de la famille, et qu'a ses yeux celui qui possède toutes les vertus exigées d'un chef de famille possède également toutes les vertus exigées d'un souverain. C'est aussi ce que dit le *Commentaire impérial (Ji kiang)* : « Ces trois vertus : la *piété filiale,* la *déférence* envers les frères aînés, la *bienveillance* ou l'affection pour ses

2. Le *Khang-kao* dit : Il est comme une mère qui embrasse tendrement son nouveau-né [1]. Elle s'efforce de toute son âme à prévenir ses désirs naissants ; si elle ne les devine pas entièrement, elle ne se méprend pas beaucoup sur l'objet de ses vœux. Il n'est pas dans la nature qu'une mère apprenne à nourrir un enfant pour se marier ensuite.

parents, sont des vertus avec lesquelles le prince orne sa personne, tout en instruisant sa famille ; elles sont généralement la source des bonnes mœurs, et en les etendant, en en faisant une grande application, on en fait par conséquent la règle de toutes ses actions. Voilà comment le fils du prince, sans sortir de sa famille, se forme dans l'art d'instruire et de gouverner un royaume. »

[1] Le *Commentaire impérial* (*Ji-kiang*) s'exprime ainsi sur ce passage : « Autrefois *Wou-wang* écrivit un livre pour donner des avertissements a *Kang-chou* (son frere cadet, qu'il envoyait gouverner un État dans la province du *Ho nan*). Il dit : Si l on exerce les fonctions de prince, il faut aimer, chérir les cent familles (tout le peuple chinois) comme une tendre mère aime et chérit son jeune enfant au berceau. Or dans les premiers temps que son jeune enfant vient de naître, chaque mere ne peut pas apprendre par des paroles sorties de sa bouche ce que l'enfant désire ; la mère, qui par sa nature est appelée à lui donner tous ses soins et a ne le laisser manquer de rien, s'applique avec la plus grande sincérité du cœur, et beaucoup plus souvent qu'il est nécessaire, a chercher a savoir ce qu'il désire, et elle le trouve ensuite. Il faut qu'elle cherche à savoir ce que son enfant désire ; et quoiqu'elle ne puisse pas toujours réussir à deviner tous ses vœux, cependant son cœur est satisfait, et le cœur de son enfant doit aussi être satisfait : ils ne peuvent pas s'éloigner l'un de l autre. Or le cœur de cette mère, qui chérit ainsi son jeune enfant au berceau, le fait naturellement et de lui-même : toutes les meres ont les mêmes sentiments maternels ; elles n'ont pas besoin d'attendre qu'on les instruise de leur devoir pour pouvoir ainsi aimer leurs enfants. Aussi n'a-t-on jamais vu dans le monde qu'une jeune femme apprenne d'abord les regles des soins à donner à un jeune enfant au berceau, pour se marier ensuite. Si l'on sait une fois que les tendres soins qu'une mère prodigue à son jeune enfant lui sont ainsi inspirés par ses sentiments naturels, on peut savoir egalement que ce sont les mêmes sentiments de tendresse naturelle qui doivent diriger un prince dans *ses rapports avec la multitude*. N'en est-il pas de même dans *ses rapports avec le souverain et avec ses aînés ?* Alors c'est ce qui est dit, que *sans sortir de sa famille on peut se perfectionner dans l'art d'instruire et de gouverner un royaume.* »

3. Une seule famille ayant de l'humanité et de la charité suffira pour faire naître dans la nation ces mêmes vertus de charité et d'humanité ; une seule famille ayant de la politesse et de la condescendance suffira pour rendre une nation condescendante et polie ; un seul homme, le prince [1], étant avare et cupide, suffira pour causer du désordre dans une nation. Tel est le principe ou le mobile de ces vertus et de ces vices. C'est ce que dit le proverbe : *Un mot perd l'affaire; un homme détermine le sort d'un empire.*

4. *Yao* et *Chun* gouvernèrent l'empire avec humanité, et le peuple les imita. *Kie* et *Tcheou*[2] gouvernèrent l'empire avec cruauté, et le peuple les imita. Ce que ces derniers ordonnaient était contraire à ce qu'ils aimaient, et le peuple ne s'y soumit pas. C'est pour cette raison que le prince doit lui-même pratiquer toutes les vertus, et ensuite engager les autres hommes à les pratiquer. S'il ne les possède pas et ne les pratique pas lui-même, il ne doit pas les exiger des autres hommes. Que n'ayant rien de bon, rien de vertueux dans le cœur, on puisse être capable de commander aux hommes ce qui est bon et vertueux, cela est impossible et contraire à la nature des choses.

5. C'est pourquoi *le bon gouvernement d'un royaume consiste dans l'obligation préalable de mettre le bon ordre dans sa famille.*

6. Le *Livre des Vers* dit :

« Que le pêcher est beau et ravissant !

« Que son feuillage est fleuri et abondant !

« Telle une jeune fiancée se rendant à la demeure de « son époux,

---

[1] Par *un seul homme* on indique le *prince*. (Glose.)

[2] On peut voir ce qui a été dit de ces souverains de la Chine dans notre *Résumé de l'histoire et de la civilisation chinoises, depuis les temps les plus anciens jusqu'à nos jours*, p. 33 et suiv., et p. 61, 70. On peut aussi y recourir pour toutes les autres informations historiques que nous n'avons pas cru devoir reproduire ici.

« Et se conduisant convenablement envers les per-
« sonnes de sa famille ! »

*Conduisez-vous convenablement envers les personnes de votre famille,* ensuite vous pourrez instruire et diriger une nation d'hommes.

7. Le *Livre des Vers* dit :

« Faites ce qui est convenable entre frères et sœurs de
« différents âges. »

Si vous faites ce qui est convenable entre frères de différents âges, alors vous pourrez instruire de leurs devoirs mutuels les frères aînés et les frères cadets d'un royaume [1].

8. Le *Livre des Vers* dit :

« Le prince dont la conduite est toujours pleine d'é-
« quité et de sagesse

« Verra les hommes des quatre parties du monde
« imiter sa droiture. »

Il remplit ses devoirs de père, de fils, de frère aîné et de frère cadet, et ensuite le peuple l'imite.

9. C'est ce qui est dit dans le texte : *L'art de bien gou-*

---

[1] Dans la politique de ces philosophes chinois, chaque famille est une nation ou État en petit, et toute nation ou tout État n'est qu'une grande famille : l'une et l'autre doivent être gouvernées par les mêmes principes de sociabilité et soumises aux mêmes devoirs. Ainsi, comme un homme qui ne montre pas de vertus dans sa conduite et n'exerce point d'empire sur ses passions n'est pas capable de bien administrer une famille, de même un prince qui n'a pas les qualités qu'il faut pour bien administrer une famille est également incapable de bien gouverner une nation. Ces doctrines ne sont point constitutionnelles, parce qu'elles sont en opposition avec la doctrine que *le chef de l'État règne et ne gouverne pas,* et qu'elles lui attribuent un pouvoir exorbitant sur ses sujets, celui d'un père sur ses enfants, pouvoir dont les princes, en Chine, sont aussi portés à abuser que partout ailleurs ; mais, d'un autre côté, ce caractère d'assimilation au père de famille leur impose des devoirs qu'ils trouvent quelquefois assez gênants pour se décider à les enfreindre : alors, d'après la même politique, les membres de la grande famille ont le droit, sinon toujours la force, de déposer les mauvais rois qui ne gouvernent pas en vrais pères de famille. On en a vu des exemples.

*verner une nation consiste à mettre auparavant le bon ordre dans sa famille.*

Voilà le neuvième chapitre du Commentaire. Il explique ce que l'on doit entendre par *bien gouverner le royaume en mettant le bon ordre dans sa famille.*

## CHAPITRE X.

### Sur le devoir d'entretenir la paix et la bonne harmonie dans le monde, en bien gouvernant les royaumes.

1. Les expressions du texte, *faire jouir le monde de la paix et de l'harmonie consiste à bien gouverner son royaume*, doivent être ainsi expliquées : Que celui qui est dans une position supérieure, ou le prince, traite ses père et mère avec respect, et le peuple aura de la piété filiale ; que le prince honore la supériorité d'âge entre les frères, et le peuple aura de la déférence fraternelle ; que le prince ait de la commisération pour les orphelins, et le peuple n'agira pas d'une manière contraire. C'est pour cela que le prince a en lui la règle et la mesure de toutes les actions.

2. Ce que vous réprouvez dans ceux qui sont au-dessus de vous, ne le pratiquez pas envers ceux qui sont au-dessous ; ce que vous réprouvez dans vos inférieurs, ne le pratiquez pas envers vos supérieurs ; ce que vous réprouvez dans ceux qui vous précèdent, ne le faites pas à ceux qui vous suivent ; ce que vous réprouvez dans ceux qui vous suivent, ne le faites pas à ceux qui vous précèdent ; ce que vous réprouvez dans ceux qui sont à votre droite, ne le faites pas à ceux qui sont à votre gauche ; ce que vous réprouvez dans ceux qui sont à votre gauche, ne le faites pas à ceux qui sont à votre droite : voilà ce qui est appelé la raison et la règle de toutes les actions.

3. Le *Livre des Vers* dit :
« Le seul prince qui inspire de la joie,

« C'est celui qui est le père et la mère du peuple ! »

Ce que le peuple aime, l'aimer ; ce que le peuple hait, le haïr : voilà ce qui est appelé *être le père et la mère du peuple.*

4. Le *Livre des Vers* dit :

« Voyez au loin cette grande montagne du Midi,

« Avec ses rochers escarpés et menaçants !

« Ainsi, ministre *Yn*, tu brillais dans ta fierté !

« Et le peuple te contemplait avec terreur ! »

Celui qui possède un empire ne doit pas négliger de veiller attentivement sur lui-même, pour pratiquer le bien et éviter le mal ; s'il ne tient compte de ses principes, alors la ruine de son empire en sera la conséquence [1].

5. Le *Livre des Vers* dit :

« Avant que les princes de la dynastie de *Yn* [ou *Chang*]
« eussent perdu l'affection du peuple,

« Ils pouvaient être comparés au Très-Haut.

« Nous pouvons considérer dans eux

« Que le mandat du ciel n'est pas facile à conserver. »

Ce qui veut dire :

« Obtiens l'affection du peuple, et tu obtiendras l'em-
« pire ;

« Perds l'affection du peuple, et tu perdras l'empire [2].

---

[1] On veut dire [dans ce paragraphe] que celui qui est dans la position la plus élevée de la société [le souverain] ne doit pas ne pas prendre en sérieuse considération ce que les hommes ou les populations demandent et attendent de lui ; s'il ne se conformait pas dans sa conduite aux droites règles de la raison, et qu'il se livrât de préférence aux actes vicieux [aux actions contraires à l'intérêt du peuple] en donnant un libre cours à ses passions d'amitié et de haine, alors sa propre personne serait exterminée et le gouvernement périrait ; c'est là la grande ruine de l'empire [dont il est parlé dans le texte]. (TCHOU-HI.)

[2] Le *Ho-kiang* dit à ce sujet : « La fortune du prince dépend du ciel, et la volonté du ciel existe dans le peuple. Si le prince obtient l'affection et l'amour du peuple, le Très-Haut le regardera avec complaisance et affermira son trône ; mais s'il perd l'affection et l'amour du peuple, le Très-Haut le regardera avec colère, et il perdra son royaume. »

6. C'est pourquoi un prince doit, avant tout, veiller attentivement sur son principe rationnel et moral. S'il possède les vertus qui en sont la conséquence, il possédera le cœur des hommes; s'il possède le cœur des hommes, il possédera aussi le territoire; s'il possède le territoire, il en aura les revenus; s'il en a les revenus, il pourra en faire usage pour l'administration de l'État. Le principe rationnel et moral est la base fondamentale; les richesses ne sont que l'accessoire.

7. Traiter légèrement la base fondamentale ou le principe rationnel et moral, et faire beaucoup de cas de l'accessoire ou des richesses, c'est pervertir les sentiments du peuple et l'exciter par l'exemple au vol et aux rapines.

8. C'est pour cette raison que si un prince ne pense qu'à amasser des richesses, alors le peuple, pour l'imiter, s'abandonne à toutes ses passions mauvaises; si, au contraire, il dispose convenablement des revenus publics, alors le peuple se maintient dans l'ordre et la soumission.

9. C'est aussi pour cela que si un souverain ou des magistrats publient des décrets et des ordonnances contraires à la justice, ils éprouveront une résistance opiniâtre à leur exécution et aussi par des moyens contraires à la justice; s'ils acquièrent des richesses par des moyens violents et contraires à la justice, ils les perdront aussi par des moyens violents et contraires à la justice.

10. Le *Khang-kao* dit : « Le mandat du ciel qui donne
« la souveraineté à un homme ne la lui confère pas pour
« toujours. » Ce qui signifie qu'en pratiquant le bien ou la justice, on l'obtient, et qu'en pratiquant le mal ou l'injustice, on la perd.

11. Les Chroniques de *Thsou* disent :
« La nation de *Thsou* ne regarde pas les parures en or
« et en pierreries comme précieuses; mais, pour elle, les
« hommes vertueux, les bons et sages ministres sont les
« seules choses qu'elle estime être précieuses. »

12. *Kieou-fan* a dit :
« Dans les voyages que j'ai faits au dehors, je n'ai trouvé

« aucun objet précieux ; l'humanité et l'amitié pour ses
« parents sont ce que j'ai trouvé seulement de précieux. »

13. Le *Thsin-tchi* dit :

« Que n'ai-je un ministre d'une droiture parfaite, quand
« même il n'aurait d'autre habileté qu'un cœur simple et
« sans passions : il serait comme s'il avait les plus grands
« talents ! Lorsqu'il verrait des hommes de haute capacité,
« il les produirait, et n'en serait pas plus jaloux que s'il
« possédait leurs talents lui-même. S'il venait à distinguer
« un homme d'une vertu et d'une intelligence vastes, il
« ne se bornerait pas à en faire l'éloge du bout des lèvres,
« il le rechercherait avec sincérité et l'emploierait dans
« les affaires. Je pourrais me reposer sur un tel ministre
« du soin de protéger mes enfants, leurs enfants et le
« peuple. Quel avantage n'en résulterait-il pas pour le
« royaume [1] !

« Mais si un ministre est jaloux des hommes de talent,
« et que par envie il éloigne ou tienne à l'écart ceux qui
« possèdent une vertu et une habileté éminentes, en ne les
« employant pas dans les charges importantes, et en leur
« suscitant méchamment toutes sortes d'obstacles, un tel
« ministre, quoique possédant des talents, est incapable
« de protéger mes enfants, leurs enfants et le peuple. Ne
« pourrait-on pas dire alors, que ce serait un danger im-
« minent, propre à causer la ruine de l'empire ? »

14. L'homme vertueux et plein d'humanité peut seul
éloigner de lui de tels hommes, et les rejeter parmi les
barbares des quatre extrémités de l'empire, ne leur per-
mettant pas d'habiter dans le royaume du milieu.

Cela veut dire que l'homme juste et plein d'humanité

---

[1] On voit par ces instructions de *Mou-koung*, prince du petit royaume de *Thsin*, tirées du *Chou-king*, quelle importance on attachait déjà en Chine, 650 ans avant notre ère, au bon choix des ministres, pour la prospérité et le bonheur d'un État. Partout l'expérience éclaire les hommes. Mais malheureusement ceux qui les gouvernent ne savent pas ou ne veulent pas toujours en profiter.

seul est capable d'aimer et de haïr convenablement les hommes [1].

15. Voir un homme de bien et de talent, et ne pas lui donner de l'élévation ; lui donner de l'élévation, et ne pas le traiter avec toute la déférence qu'il mérite, c'est lui faire injure. Voir un homme pervers, et ne pas le repousser ; le repousser, et ne pas l'éloigner à une grande distance, c'est une chose condamnable pour un prince.

16. Un prince qui aime ceux qui sont l'objet de la haine générale, et qui hait ceux qui sont aimés de tous, fait ce que l'on appelle un outrage à la nature de l'homme. Des calamités redoutables atteindront certainement un tel prince.

17. C'est en cela que les souverains ont une grande règle de conduite à laquelle ils doivent se conformer ; ils l'acquièrent, cette règle, par la sincérité et la fidélité, et ils la perdent par l'orgueil et la violence.

18. Il y a un grand principe pour accroître les revenus (de l'État ou de la famille). Que ceux qui produisent ces revenus soient nombreux, et ceux qui les dissipent, en petit nombre ; que ceux qui les font croître par leur travail se donnent beaucoup de peine, et que ceux qui les consomment le fassent avec modération : alors, de cette manière, les revenus seront toujours suffisants [2].

---

[1] « Je n admire point un homme qui possède une vertu dans toute sa perfection, s'il ne possède en même temps dans un pareil degré la vertu opposée, tel qu'était Épaminondas, qui avait l'extrême valeur jointe a l'extrême bénignité ; car autrement ce n'est pas monter, c'est tomber. On ne montre pas sa grandeur pour être en une extrémité, mais bien en touchant les deux à la fois, et remplissant tout l'entre-deux. » (PASCAL.)

[2] *Liu-chi* a dit : « Si dans un royaume le peuple n'est pas paresseux et avide d'amusements, alors ceux qui produisent les revenus sont nombreux ; si la cour n'est pas son séjour de prédilection, alors ceux qui mangent ou dissipent ces revenus sont en petit nombre ; si on n'enlève pas aux laboureurs le temps qu'ils consacrent a leurs travaux, alors ceux qui travaillent, qui labourent et qui sement se donne ont beaucoup de peine pour faire produire la terre ; si l'on a

19. L'homme humain et charitable acquiert de la considération à sa personne, en usant généreusement de ses richesses ; l'homme sans humanité et sans charité augmente ses richesses aux dépens de sa considération.

20. Lorsque le prince aime l'humanité et pratique la vertu, il est impossible que le peuple n'aime pas la justice ; et lorsque le peuple aime la justice, il est impossible que les affaires du prince n'aient pas une heureuse fin ; il est également impossible que les impôts dûment exigés ne lui soient pas exactement payés.

21. *Meng-hien-tseu*[1] a dit : Ceux qui nourrissent des coursiers et possèdent des chars à quatre chevaux n'élèvent pas des poules et des pourceaux, qui sont le gain des pauvres. Une famille qui se sert de glace dans la cérémonie des ancêtres ne nourrit pas des bœufs et des moutons. Une famille de cent chars, ou un prince, n'entretient pas des ministres qui ne cherchent qu'à augmenter les impôts pour accumuler des trésors. S'il avait des ministres qui ne cherchassent qu'à augmenter les impôts pour amasser des richesses, il vaudrait mieux qu'il eût des ministres ne pensant qu'à dépouiller le trésor du souverain. — Ce qui veut dire que ceux qui gouvernent un

soin de calculer ses revenus pour régler sur eux ses dépenses, alors l'usage que l'on en fera sera modéré. »

[1] *Meng-hien-tseu* était un sage *Ta-fou*, ou mandarin, du royaume de *Lou*, dont la postérité s'est éteinte dans son second petit-fils. *Ceux qui nourrissent des coursiers et possèdent des chars à quatre chevaux*, ce sont les mandarins ou magistrats civils, *Ta-fou*, qui passent les premiers examens des lettres à des périodes fixes. *Une famille qui se sert de glace dans la cérémonie des ancêtres*, ce sont les grands de l'ordre supérieur nommés *King*, qui se servaient de *glace* dans les cérémonies funèbres qu'ils faisaient en l'honneur de leurs ancêtres. *Une famille de cent chars*, ce sont les grands de l'État qui possédaient des fiefs séparés dont ils tiraient les revenus. Le prince devrait plutôt perdre ses propres revenus, ses propres richesses, que d'avoir des ministres qui fissent éprouver des vexations et des dommages au peuple. C'est pourquoi *il vaut mieux* que [le prince] *ait des ministres qui dépouillent le trésor du souverain* que des *ministres qui surchargent le peuple d'impôts pour accumuler des richesses.*

royaume ne doivent point faire leur richesse privée des revenus publics, mais qu'ils doivent faire de la justice et de l'équité leur seule richesse.

22. Si ceux qui gouvernent les États ne pensent qu'à amasser des richesses pour leur usage personnel, ils attireront indubitablement auprès d'eux des hommes dépravés ; ces hommes leur feront croire qu'ils sont des ministres bons et vertueux, et ces hommes dépravés gouverneront le royaume. Mais l'administration de ces indignes ministres appellera sur le gouvernement les châtiments divins et les vengeances du peuple. Quand les affaires publiques sont arrivées à ce point, quels ministres, fussent-ils les plus justes et les plus vertueux, détourneraient de tels malheurs ? Ce qui veut dire que ceux qui gouvernent un royaume ne doivent point faire leur richesse privée des revenus publics, mais qu'ils doivent faire de la justice et de l'équité leur seule richesse.

Voilà le dixième chapitre du Commentaire. Il explique ce que l'on doit entendre par *faire jouir le monde de la paix et de l'harmonie en bien gouvernant l'empire*[1].

L'Explication tout entière consiste en dix chapitres. Les quatre premiers chapitres exposent l'ensemble général de l'ou-

---

[1] « Le sens de ce chapitre est qu'il faut faire tous ses efforts pour être d'accord avec le peuple dans son amour et son aversion, ou partager ses sympathies, et qu'il ne faut pas s'appliquer uniquement à faire son bien-être matériel. Tout cela est relatif à la règle de conduite la plus importante que l'on puisse s'imposer. Celui qui peut agir ainsi traite alors bien les sages, se plaît dans les avantages qui en résultent ; chacun obtient ce à quoi il peut prétendre, et le monde vit dans la paix et l'harmonie. » (*Glose*.)

*Thoung-yang-hiu-chi* a dit : « Le grand but, le sens principal de ce chapitre signifie que le gouvernement d'un empire consiste dans l'application des règles de droiture et d'équité naturelles que nous avons en nous, a tous les actes du gouvernement ainsi qu'au choix des hommes que l'on emploie, qui, par leur bonne ou mauvaise administration, conservent ou perdent l'empire. Il faut que, dans ce qu'ils aiment et dans ce qu'ils haïssent, ils se conforment toujours au sentiment du peuple. »

vrage, et en montrent le but. Les six autres chapitres exposent plus en détail les diverses branches du sujet de l'ouvrage. Le cinquième chapitre enseigne le devoir d'être vertueux et éclairé. Le sixième chapitre pose la base fondamentale du perfectionnement de soi-même. Ceux qui commencent l'étude de ce livre doivent faire tous leurs efforts pour surmonter les difficultés que ce chapitre présente à sa parfaite intelligence; ceux qui le lisent ne doivent pas le regarder comme très-facile à comprendre et en faire peu de cas.

中 庸

# TCHOUNG-YOUNG

ou

## L'INVARIABILITÉ DANS LE MILIEU

RECUEILLI PAR TSEU-SSE,

PETIT-FILS ET DISCIPLE DE KHOUNG-TSEU.

DEUXIÈME LIVRE CLASSIQUE.

---

AVERTISSEMENT

DU DOCTEUR TCHING-TSEU

Le docteur *Tching-tseu* a dit : Ce qui ne dévie d'aucun côté est appelé *milieu* (*tchoung*) ; ce qui ne change pas est appelé *invariable* (*young*). Le *milieu* est la droite voie, ou la droite règle du monde ; l'*invariabilité* en est la raison fixe. Ce livre comprend les règles de l'intelligence qui ont été transmises par les disciples de Khoung-tseu à leurs propres disciples. *Tseu-sse* (petit-fils de Khoung-tseu) craignit que, dans la suite des temps, ces règles de l'intelligence ne se corrompissent ; c'est pourquoi il les consigna dans ce livre pour les transmettre lui-même à *Méng-tseu*. *Tseu-sse*, au commencement de son livre, parle de la raison qui est une pour tous les hommes ; dans le milieu, il fait des digressions sur toutes sortes de sujets ; et à la fin, il revient sur la raison unique, dont il réunit tous les éléments. S'étend-il dans des digressions variées, alors il parcourt les six points fixes du monde (l'est, l'ouest, le nord, le sud, le nadir et le zénith); se resserre-t-il dans son exposition, alors il se concentre et s'enveloppe pour ainsi dire dans les voiles du mystère. La saveur de ce livre est inépuisable, tout est fruit dans son étude. Celui qui sait parfaitement le lire, s'il le médite avec une attention soutenue, et qu'il en saisisse le sens profond, alors, quand même il mettrait toute sa vie ses maximes en pratique, il ne parviendrait pas à les épuiser.

## CHAPITRE PREMIER.

1. Le *mandat* du ciel ( ou le principe des opérations vitales et des actions intelligentes conférées par le ciel aux êtres vivants[1] ) s'appelle *nature rationnelle*; le principe qui nous dirige dans la conformité de nos actions avec la nature rationnelle s'appelle *règle de conduite morale* ou *droite voie*; le système coordonné de la règle de conduite morale ou droite voie s'appelle *Doctrine des devoirs* ou *Institutions*.

2. La *règle de conduite morale* qui doit diriger les actions est tellement obligatoire, que l'on ne peut s'en écarter d'un seul point, un seul instant. Si l'on pouvait s'en écarter, ce ne serait plus une règle de conduite immuable. C'est pourquoi l'homme supérieur, ou celui qui s'est identifié avec la droite voie[2], veille attentivement dans son cœur sur les principes qui ne sont pas encore discernés par tous les hommes, et il médite avec précaution sur ce qui n'est pas encore proclamé et reconnu comme doctrine.

3. Rien n'est plus évident pour le sage que les choses cachées dans le secret de la conscience; rien n'est plus manifeste pour lui que les causes les plus subtiles des actions. C'est pourquoi l'homme supérieur veille attentivement sur les inspirations secrètes de sa conscience.

[1] *Commentaire.*
[2] *Glose.*

4. Avant que la joie, la satisfaction, la colère, la tristesse se soient produites dans l'âme (avec excès), l'état dans lequel on se trouve s'appelle *milieu*. Lorsqu'une fois elles se sont produites dans l'âme, et qu'elles n'ont encore atteint qu'une certaine limite, l'état dans lequel on se trouve s'appelle *harmonique*. Ce *milieu* est la grande base fondamentale du monde ; l'*harmonie* en est la loi universelle et permanente.

5. Lorsque le *milieu* et l'*harmonie* sont portés au point de perfection, le ciel et la terre sont dans un état de tranquillité parfaite, et tous les êtres reçoivent leur complet développement.

Voilà le premier chapitre du livre dans lequel *Tseu-sse* expose les idées principales de la doctrine qu'il veut transmettre à la postérité. D'abord il montre clairement que la *voie droite* ou la *règle de conduite morale* tire sa racine fondamentale, sa source primitive, du ciel, et qu'elle ne peut changer ; que sa substance véritable existe complétement en nous, et qu'elle ne peut en être séparée. Secondement, il parle du devoir de la conserver, de l'entretenir, de l'avoir sans cesse sous les yeux ; enfin il dit que les saints hommes, ceux qui approchent le plus de l'intelligence divine, l'ont portée par leurs bonnes œuvres à son dernier degré de perfection. Or il veut que ceux qui étudient ce livre reviennent sans cesse sur son contenu, qu'ils cherchent en eux-mêmes les principes qui y sont enseignés, et s'y attachent après les avoir trouvés, afin de repousser tout désir dépravé des objets extérieurs, et d'accomplir les actes vertueux que comporte leur nature originelle. Voilà ce que *Yang-chi*[1] appelait la substance nécessaire ou le corps obligatoire du livre. Dans les dix chapitres qui suivent, *Tseu-sse* ne fait, pour ainsi dire, que des citations des paroles de son maître, destinées à corroborer et à compléter le sens de ce premier chapitre.

---

[1] Le philosophe *Yang-tseu*.

## CHAPITRE II.

1. Le philosophe Tchoung-ni (Khoung-tseu) dit : L'homme d'une vertu supérieure persévère invariablement dans le milieu ; l'homme vulgaire, ou sans principes, est constamment en opposition avec ce milieu invariable.

2. L'homme d'une vertu supérieure persévère sans doute invariablement dans le milieu ; par cela même qu'il est d'une vertu supérieure, il se conforme aux circonstances pour tenir le milieu. L'homme vulgaire et sans principes tient aussi quelquefois le milieu ; mais, par cela même qu'il est un homme sans principes, il ne craint pas de le suivre témérairement en tout et partout (sans se conformer aux circonstances [1]).

Voilà le second chapitre.

## CHAPITRE III.

1. Le Philosophe (Khoung-tseu) disait : Oh ! que la limite de la persévérance dans le milieu est admirable ! Il y a bien peu d'hommes qui sachent s'y tenir longtemps !

Voilà le troisième chapitre.

## CHAPITRE IV.

1. Le Philosophe disait : La voie droite n'est pas suivie ; j'en connais la cause : les hommes instruits la dépassent ; les ignorants ne l'atteignent pas. La voie droite n'est pas évidente pour tout le monde, je le sais : les

---

[1] *Glose.*

hommes d'une vertu forte vont au delà ; ceux d'une vertu faible ne l'atteignent pas.

2. De tous les hommes, il n'en est aucun qui ne boive et ne mange ; mais bien peu d'entre eux savent discerner les saveurs !

Voilà le quatrième chapitre.

## CHAPITRE V.

1. Le Philosophe disait : Qu'il est à déplorer que la voie droite ne soit pas suivie !

Voilà le cinquième chapitre. Ce chapitre se rattache au précédent, qu'il explique, et l'exclamation sur la *voie droite* qui n'est pas suivie sert de transition pour relier le sens du chapitre suivant. (TCHOU-HI.)

## CHAPITRE VI.

1. Le Philosophe disait : Que la sagesse et la pénétration de *Chun* étaient grandes ! Il aimait à interroger les hommes et à examiner attentivement en lui-même les réponses de ceux qui l'approchaient ; il retranchait les mauvaises choses et divulguait les bonnes. Prenant les deux extrêmes de ces dernières, il ne se servait que de leur milieu envers le peuple. C'est en agissant ainsi qu'il devint le grand *Chun* !

Voilà le sixième chapitre.

## CHAPITRE VII.

1. Le Philosophe disait : Tout homme qui dit : *Je sais*

*distinguer les mobiles des actions humaines,* présume trop de sa science ; entraîné par son orgueil, il tombe bientôt dans mille piéges, dans mille filets qu'il ne sait pas éviter. Tout homme qui dit : *Je sais distinguer les mobiles des actions humaines,* choisit l'état de persévérance dans la voie droite également éloignée des extrêmes; mais il ne peut le conserver seulement l'espace d'une lune.

Voilà le septième chapitre. Il y est parlé indirectement du grand sage du chapitre précédent. En outre, il y est question de la sagesse qui n'est point éclairée, pour servir de transition au chapitre suivant. (Tchou-hi.)

## CHAPITRE VIII.

1. Le Philosophe disait : *Hoei* [1], lui, était véritablement un homme ! Il choisit l'état de persévérance dans la voie droite également éloignée des extrêmes. Une fois qu'il avait acquis une vertu, il s'y attachait fortement, la cultivait dans son intérieur et ne la perdait jamais.

Voilà le huitième chapitre.

## CHAPITRE IX.

1. Le Philosophe disait : Les États peuvent être gouvernés avec justice; les dignités et les émoluments peuvent être refusés; les instruments de gains et de profits peuvent être foulés aux pieds : la persévérance dans la voie droite également éloignée des extrêmes ne peut être gardée !

Voilà le neuvième chapitre. Il se rattache au chapitre précédent, et il sert de transition au chapitre suivant. (Tchou-hi.)

[1] Le plus aimé de ses disciples, dont le petit nom était *Yan-youan.*

## CHAPITRE X.

1. *Tseu-lou* [disciple de Khoung-tseu] interrogea son maître sur la force de l'homme.

2. Le Philosophe répondit. Est-ce sur la force virile des contrées méridionales, ou sur la force virile des contrées septentrionales? Parlez-vous de votre propre force?

3. Avoir des manières bienveillantes et douces pour instruire les hommes; avoir de la compassion pour les insensés qui se révoltent contre la raison : voilà la force virile propre aux contrées méridionales; c'est à elle que s'attachent les sages.

4. Faire sa couche de lames de fer et de cuirasses de peaux de bêtes sauvages; contempler sans frémir les approches de la mort : voilà la force virile propre aux contrées septentrionales, et c'est à elle que s'attachent les braves.

5. Cependant, que la force d'âme du sage qui vit toujours en paix avec les hommes et ne se laisse point corrompre par les passions est bien plus forte et bien plus grande! Que la force d'âme de celui qui se tient sans dévier dans la voie droite également éloignée des extrêmes est bien plus forte et bien plus grande! Que la force d'âme de celui qui, lorsque son pays jouit d'une bonne administration qui est son ouvrage, ne se laisse point corrompre ou aveugler par un sot orgueil, est bien plus forte et bien plus grande! Que la force d'âme de celui qui, lorsque son pays sans lois manque d'une bonne administration, reste immuable dans la vertu jusqu'à la mort, est bien plus forte et bien plus grande!

Voilà le dixième chapitre.

## CHAPITRE XI.

1. Le Philosophe disait : Rechercher les principes des choses qui sont dérobées à l'intelligence humaine ; faire des actions extraordinaires qui paraissent en dehors de la nature de l'homme ; en un mot, opérer des prodiges pour se procurer des admirateurs et des sectateurs dans les siècles à venir : voilà ce que je ne voudrais pas faire.

2. L'homme d'une vertu supérieure s'applique à suivre et à parcourir entièrement la voie droite. Faire la moitié du chemin, et défaillir ensuite, est une action que je ne voudrais pas imiter.

3. L'homme d'une vertu supérieure persévère naturellement dans la pratique du milieu également éloigné des extrêmes. Fuir le monde, n'être ni vu ni connu des hommes, et cependant n'en éprouver aucune peine, tout cela n'est possible qu'au saint.

Voilà le onzième chapitre. Les citations des paroles de KHOUNG-TSEU par *Tseu-sse*, faites dans l'intention d'éclaircir le sens du premier chapitre, s'arrêtent ici. Or le grand but de cette partie du livre est de montrer que la *prudence éclairée*, l'*humanité* ou la *bienveillance universelle pour les hommes*, la *force d'âme*, ces trois vertus universelles et capitales, sont la porte par où l'on entre dans la voie droite que doivent suivre tous les hommes. C'est pourquoi ces vertus ont été traitées dans la première partie de l'ouvrage, en les illustrant par l'exemple des actions du grand *Chun*, de *Yan-youan* (ou *Hoeï*, le disciple chéri de KHOUNG-TSEU), et de *Tseu-lou* (autre disciple du même philosophe). Dans *Chun*, c'est la *prudence éclairée;* dans *Yan-youan*, c'est l'*humanité* ou la bienveillance pour tous les hommes ; dans *Tseu-lou*, c'est la *force d'âme* ou la *force virile*. Si l'une de ces trois vertus manque, alors il n'est plus possible d'établir la règle de conduite morale ou la voie droite, et de rendre la vertu parfaite. On verra le reste dans le vingtième chapitre. (TCHOU-HI.)

## CHAPITRE XII.

1. La voie droite [ou la règle de conduite morale du sage] est d'un usage si étendu, qu'elle peut s'appliquer à toutes les actions des hommes ; mais elle est d'une nature tellement subtile, qu'elle n'est pas manifeste pour tous.

2. Les personnes les plus ignorantes et les plus grossières de la multitude, hommes et femmes, peuvent atteindre à cette science simple de se bien conduire ; mais il n'est donné à personne, pas même à ceux qui sont parvenus au plus haut degré de sainteté, d'atteindre à la perfection de cette science morale ; il reste toujours quelque chose d'inconnu [qui dépasse les plus nobles intelligences sur cette terre [1]]. Les personnes les plus ignorantes et les plus grossières de la multitude, hommes et femmes, peuvent pratiquer cette règle de conduite morale dans ce qu'elle a de plus général et de plus commun ; mais il n'est donné à personne, pas même à ceux qui sont parvenus au plus haut degré de sainteté, d'atteindre à la perfection de cette règle de conduite morale ; il y a encore quelque chose que l'on ne peut pratiquer. Le ciel et la terre sont grands sans doute ; cependant l'homme trouve encore en eux des imperfections. C'est pourquoi le sage, en considérant ce que la règle de conduite morale de l'homme a de plus grand, dit que le monde ne peut la contenir ; et, en considérant ce qu'elle a de plus petit, il dit que le monde ne peut la diviser.

3. Le *Livre des Vers* dit [2] :

« L'oiseau *youan* s'envole jusque dans les cieux, le
« poisson plonge jusque dans les abîmes. »

Ce qui veut dire que la règle de conduite morale de l'homme est la loi de toutes les intelligences ; qu'elle illu-

---

[1] *Glose.*
[2] Livre *Ta-ya*, ode *Han-lou.*

mine l'univers dans le plus haut des cieux comme dans les plus profonds abîmes!

4. La règle de conduite morale du sage a son principe dans le cœur de tous les hommes, d'où elle s'élève à sa plus haute manifestation pour éclairer le ciel et la terre de ses rayons éclatants !

Voilà le douzième chapitre. Il renferme les paroles de *Tseu-sse*, destinées à expliquer le sens de cette expression du premier chapitre, où il est dit que *l'on ne peut s'écarter de la règle de conduite morale de l'homme*. Dans les huit chapitres suivants, *Tseu-sse* cite sans ordre les paroles de KHOUNG-TSEU pour éclaircir le même sujet. (TCHOU-HI.)

## CHAPITRE XIII.

1. Le Philosophe a dit : La voie droite ou la règle de conduite que l'on doit suivre n'est pas éloignée des hommes. Si les hommes se font une règle de conduite éloignée d'eux [c'est-à-dire, qui ne soit pas conforme à leur propre nature], elle ne doit pas être considérée comme une règle de conduite.

2. Le *Livre des Vers* dit :

« L'artisan qui taille un manche de cognée sur un
« autre manche
« N'a pas son modèle éloigné de lui. »

Prenant le manche modèle pour tailler l'autre manche, il le regarde de côté et d'autre, et, après avoir confectionné le nouveau manche, il les examine bien tous les deux pour voir s'ils diffèrent encore l'un de l'autre. De même le sage se sert de l'homme ou de l'humanité pour gouverner et diriger les hommes; une fois qu'il les a ramenés au bien, il s'arrête là [2].

---

[1] Livre *Koué foung*, ode *Fa-ko*.
[2] Il ne lui impose pas une perfection contraire à sa nature.

3. Celui dont le cœur est droit, et qui porte aux autres les mêmes sentiments qu'il a pour lui-même, ne s'écarte pas de la loi morale du devoir prescrite aux hommes par leur nature rationnelle; il ne fait pas aux autres ce qu'il désire qui ne lui soit pas fait à lui-même.

4. La règle de conduite morale du sage lui impose quatre grandes obligations : moi, je n'en puis pas seulement remplir complétement une. Ce qui est exigé d'un fils, qu'il soit soumis à son père, je ne puis pas même l'observer encore; ce qui est exigé d'un sujet, qu'il soit soumis à son prince, je ne puis pas même l'observer encore; ce qui est exigé d'un frère cadet, qu'il soit soumis à son frère aîné, je ne puis pas même l'observer encore; ce qui est exigé des amis, qu'ils donnent la préférence en tout à leurs amis, je ne puis pas l'observer encore. L'exercice de ces vertus constantes, éternelles; la circonspection dans les paroles de tous les jours; ne pas négliger de faire tous ses efforts pour parvenir à l'entier accomplissement de ses devoirs; ne pas se laisser aller à un débordement de paroles superflues; faire en sorte que les paroles répondent aux œuvres, et les œuvres aux paroles : en agissant de cette manière, comment le sage ne serait-il pas sincère et vrai?

Voilà le treizième chapitre.

## CHAPITRE XIV.

1. L'homme sage qui s'est identifié avec la loi morale [en suivant constamment la ligne moyenne également éloignée des extrêmes] agit selon les devoirs de son état, sans rien désirer qui lui soit étranger.

2. Est-il riche, comblé d'honneurs, il agit comme doit agir un homme riche et comblé d'honneurs. Est-il pauvre et méprisé, il agit comme doit agir un homme pauvre et méprisé. Est-il étranger et d'une civilisation différente, il agit comme doit agir un homme étranger et de civilisation

différente. Est-il malheureux, accablé d'infortunes, il agit comme doit agir un malheureux accablé d'infortunes. Le sage qui s'est identifié avec la loi morale conserve toujours assez d'empire sur lui-même pour accomplir les devoirs de son état dans quelque condition qu'il se trouve.

3. S'il est dans un rang supérieur, il ne tourmente pas ses inférieurs; s'il est dans un rang inférieur, il n'assiége pas de sollicitations basses et cupides ceux qui occupent un rang supérieur. Il se tient toujours dans la droiture, et ne demande rien aux hommes; alors la paix et la sérénité de son âme ne sont pas troublées. Il ne murmure pas contre le ciel, et il n'accuse pas les hommes de ses infortunes.

4. C'est pourquoi le sage conserve une âme toujours égale, en attendant l'accomplissement de la destinée céleste. L'homme qui est hors de la voie du devoir se jette dans mille entreprises téméraires pour chercher ce qu'il ne doit pas obtenir.

5. Le Philosophe a dit : L'archer peut être, sous un certain point de vue, comparé au sage : s'il s'écarte du but auquel il vise, il rentre en lui-même pour en chercher la cause.

Voilà le quatorzième chapitre.

## CHAPITRE XV.

1. La voie morale du sage peut être comparée à la route du voyageur, qui doit commencer à lui pour s'éloigner ensuite; elle peut aussi être comparée au chemin de celui qui gravit un lieu élevé en partant du lieu bas où il se rouve.

2. Le *Livre des Vers* dit [1] :

« Une femme et des enfants qui aiment l'union et l'har-
« monie

---

[1] Livre *Siao-ya*, ode *Tch'ang-ti*.

« Sont comme les accords produits par le *Khin* et le
« *Che.*

« Quand les frères vivent dans l'union et l'harmonie, la
« joie et le bonheur règnent parmi eux. Si le bon ordre
« est établi dans votre famille, votre femme et vos enfants
« seront heureux et satisfaits. »

3. Le Philosophe a dit : Quel contentement et quelle joie doivent éprouver un père et une mère à la tête d'une semblable famille !

Voilà le quinzième chapitre.

## CHAPITRE XVI.

1. Le Philosophe a dit : Que les facultés des puissances subtiles du ciel et de la terre sont vastes et profondes !

2. On cherche à les percevoir, et on ne les voit pas ; on cherche à les entendre, et on ne les entend pas ; identifiées à la substance des choses, elles ne peuvent en être séparées.

3. Elles font que, dans tout l'univers, les hommes purifient et sanctifient leur cœur, se revêtent de leurs habits de fête pour offrir des sacrifices et des oblations à leurs ancêtres. C'est un océan d'intelligences subtiles ! Elles sont partout au-dessus de nous, à notre gauche, à notre droite ; elles nous environnent de toutes parts !

4. Le *Livre des Vers* dit [1] :

« L'arrivée des esprits subtils

« Ne peut être déterminée ;

« A plus forte raison si on les néglige. »

5. Ces esprits cependant, quelque subtils et imperceptibles qu'ils soient, se manifestent dans les formes corporelles des êtres ; leur essence étant une essence réelle,

[1] Livre *Ta-ya*, ode *Y-tchi.*

vraie, elle ne peut pas ne pas se manifester sous une forme quelconque.

Voilà le seizième chapitre. *On ne peut ni voir ni entendre ces esprits subtils ;* c'est-à-dire, qu'ils sont dérobés à nos regards par leur propre nature. Identifiés avec la substance des choses telles qu'elles existent, ils sont donc aussi d'un usage général. Dans les trois chapitres qui précèdent celui-ci, il est parlé de choses d'un usage restreint, particulier; dans les trois chapitres suivants, il est parlé de choses d'un usage général ; dans ce chapitre-ci, il est parlé tout à la fois de choses d'un usage général, obscures et abstraites; il comprend le général et le particulier. (Tchou-hi.)

## CHAPITRE XVII.

1. Le Philosophe a dit : Qu'elle était grande la piété filiale de *Chun !* il fut un saint par sa vertu ; sa dignité fut la dignité impériale; ses possessions s'étendaient aux quatre mers[1]; il offrit les sacrifices impériaux à ses ancêtres dans le temple qui leur était consacré ; ses fils et ses petits-fils conservèrent ses honneurs dans une suite de siècles[2].

2. C'est ainsi que sa grande vertu fut, sans aucun doute, le principe qui lui fit obtenir sa dignité impériale, ses revenus publics, sa renommée, et la longue durée de sa vie.

3. C'est ainsi que le ciel, dans la production continuelle des êtres, leur donne sans aucun doute leurs développements selon leurs propres natures, ou leurs tendances naturelles : l'arbre debout, il le fait croître, le développe ; l'arbre tombé, mort, il le dessèche, le réduit en poussière.

---

[1] C'est-à-dire, aux douze provinces (*Tcheou*) dans lesquelles était alors compris l'empire chinois. (*Glose*).
[2] *Glose.*

4. Le *Livre des Vers* dit[1] :

« Que le prince qui gouverne avec sagesse soit loué !
« Sa brillante vertu resplendit de toutes parts ;
« Il traite comme ils le méritent les magistrats et le
« peuple ;
« Il tient ses biens et sa puissance du ciel ;
« Il maintient la paix, la tranquillité et l'abondance en
« distribuant [les richesses qu'il a reçues] ;
« Et le ciel les lui rend de nouveau ! »

5. Il est évident par là que la grande vertu des sages leur fait obtenir le mandat du ciel pour gouverner les hommes.

Voilà le dix-septième chapitre. Ce chapitre tire son origine de la persévérance dans la voie droite, de la constance dans les bonnes œuvres ; il a été destiné à montrer au plus haut degré leur dernier résultat ; il fait voir que les effets de la voie du devoir sont effectivement très-étendus, et que ce par quoi ils sont produits est d'une nature subtile et cachée. Les deux chapitres suivants présentent aussi de pareilles idées.

(TCHOU-HI.)

## CHAPITRE XVIII.

1. Le Philosophe a dit : Le seul d'entre les hommes qui n'ait pas éprouvé les chagrins de l'âme fut certainement *Wen-wang*. Il eut *Wang-ki* pour père, et *Wou-wang* fut son fils. Tout le bien que le père avait entrepris fut achevé par le fils.

2. *Wou-wang* continua les bonnes œuvres de *Tai-wang*, de *Wang-ki* et de *Wen-wang*. Il ne revêtit qu'une fois ses habits de guerre, et tout l'empire fut à lui. Sa personne ne perdit jamais sa haute renommée dans tout l'empire ; sa dignité fut celle de fils du Ciel [c'est-à-dire d'empereur] ;

---

[1] Livre *Ta-ya*, ode *Kia-lo*.

ses possessions s'étendirent aux quatre mers. Il offrit les sacrifices impériaux à ses ancêtres dans le temple qui leur était consacré ; ses fils et ses petits-fils conservèrent ses honneurs et sa puissance dans une suite de siècles.

3. *Wou-wang* était déjà très-avancé en âge lorsqu'il accepta le mandat du Ciel qui lui conférait l'empire. *Tcheou-koung* accomplit les intentions vertueuses de *Wen-wang* et de *Wou-wang*. Remontant à ses ancêtres, il éleva *Tai-wang* et *Wang-ki* au rang de roi, qu'ils n'avaient pas possédé, et il leur offrit les sacrifices selon le rite impérial. Ces rites furent étendus aux princes tributaires, aux grands de l'empire revêtus de dignités, jusqu'aux lettrés et aux hommes du peuple sans titres et dignités. Si le père avait été un grand de l'empire, et que le fils fût un lettré, celui-ci faisait des funérailles à son père selon l'usage des grands de l'empire, et il lui sacrifiait selon l'usage des lettrés ; si son père avait été un lettré, et que le fils fût un grand de l'empire, celui-ci faisait des funérailles à son père selon l'usage des lettrés, et il lui sacrifiait selon l'usage des grands de l'empire. Le deuil d'une année s'étendait jusqu'aux grands ; le deuil de trois années s'étendait jusqu'à l'empereur. Le deuil du père et de la mère devait être porté trois années sans distinction de rang : il était le même pour tous.

Voilà le dix-huitième chapitre.

## CHAPITRE XIX.

1. Le Philosophe a dit : Oh ! que la piété filiale de *Wou-wang* et de *Tcheou-koung* s'étendit au loin !

2. Cette même piété filiale sut heureusement suivre les intentions des anciens sages qui les avaient précédés, et transmettre à la postérité le récit de leurs grandes entreprises.

3. Au printemps, à l'automne, ces deux princes déco-

raient avec soin le temple de leurs ancêtres; ils disposaient soigneusement les vases et ustensiles anciens les plus précieux [au nombre desquels étaient le grand sabre à fourreau de pourpre, et la sphère céleste de *Chun*[1]]; ils exposaient aux regards les robes et les différents vêtements des ancêtres, et ils leur offraient les mets de la saison.

4. Ces rites étant ceux de la salle des ancêtres, c'est pour cette raison que les assistants étaient soigneusement placés à gauche ou à droite, selon que l'exigeait leur dignité ou leur rang; les dignités et les rangs étaient observés : c'est pour cette raison que les hauts dignitaires étaient distingués du commun des assistants; les fonctions cérémoniales étaient attribuées à ceux qui méritaient de les remplir : c'est pour cette raison que l'on savait distinguer les sages des autres hommes ; la foule s'étant retirée de la cérémonie, et la famille s'étant réunie dans le festin accoutumé, les jeunes gens servaient les plus âgés : c'est pour cette raison que la solennité atteignait les personnes les moins élevées en dignité. Pendant les festins, la couleur des cheveux était observée : c'est pour cette raison que les assistants étaient placés selon leur âge.

5. Ces princes, *Wou-wang* et *Tcheou-koung*, succédaient à la dignité de leurs ancêtres; ils pratiquaient leurs rites ; ils exécutaient leur musique ; ils respectaient ce qu'ils avaient respecté; ils chérissaient ce qu'ils avaient aimé ; ils les servaient morts comme ils les auraient servis vivants; ils les honoraient ensevelis dans la tombe comme s'ils avaient encore été près d'eux : n'est-ce pas là le comble de la piété filiale ?

6. Les rites du sacrifice au ciel et du sacrifice à la terre étaient ceux qu'ils employaient pour rendre leurs hommages au suprême Seigneur[2]; les rites du temple des an-

---

[1] On peut voir la gravure de cette sphère, et la description des cérémonies indiquées ci-dessus, dans la *Description de la Chine*, par le traducteur, tome 1, p. 89 et suiv.
[2] « Le ciel et la terre qui est au milieu. » (*Glose.*)

cêtres étaient ceux qu'ils employaient pour offrir des sacrifices à leurs prédécesseurs. Celui qui sera parfaitement instruit des rites du sacrifice au ciel et du sacrifice à la terre, et qui comprendra parfaitement le sens du grand sacrifice quinquennal nommé *Ti*, et du grand sacrifice automnal nommé *Tchang*, gouvernera aussi facilement le royaume que s'il regardait dans la paume de sa main.

Voilà le dix-neuvième chapitre.

## CHAPITRE XX.

1. *Ngai-koung* interrogea Kuoung-tseu sur les principes constitutifs d'un bon gouvernement.

2. Le Philosophe dit : Les lois gouvernementales des rois *Wen* et *Wou* sont consignées tout entières sur les tablettes de bambou. Si leurs ministres existaient encore, alors leurs lois administratives seraient en vigueur; leurs ministres ont cessé d'être, et leurs principes pour bien gouverner ne sont plus suivis.

3. Ce sont les vertus, les qualités réunies des ministres d'un prince qui font la bonne administration d'un État; comme la vertu fertile de la terre, réunissant le mou et le dur, produit et fait croître les plantes qui couvrent sa surface. Cette bonne administration dont vous me parlez ressemble aux roseaux qui bordent les fleuves; elle se produit naturellement sur un sol convenable.

4. Ainsi la bonne administration d'un État dépend des ministres qui lui sont préposés. Un prince qui veut imiter la bonne administration des anciens rois doit choisir ses ministres d'après ses propres sentiments, toujours inspirés par le bien public; pour que ses sentiments aient toujours le bien public pour mobile, il doit se conformer à la grande loi du devoir; et cette grande loi du devoir doit être cherchée dans l'humanité, cette belle vertu du cœur,

qui est le principe de l'amour pour tous les hommes.

5. Cette humanité, c'est l'homme lui-même; l'amitié pour les parents en est le premier devoir. La justice, c'est l'équité; c'est rendre à chacun ce qui lui convient : honorer les hommes sages en forme le premier devoir. L'art de savoir distinguer ce que l'on doit aux parents de différents degrés, celui de savoir comment honorer les sages selon leurs mérites, ne s'apprennent que par les rites ou principes de conduite inspirés par le ciel [1].

6. C'est pourquoi le prince ne peut pas se dispenser de corriger et perfectionner sa personne. Dans l'intention de corriger et perfectionner sa personne, il ne peut pas se dispenser de rendre à ses parents ce qui leur est dû. Dans l'intention de rendre à ses parents ce qui leur est dû, il ne peut pas se dispenser de connaître les hommes sages pour les honorer et pour qu'ils puissent l'instruire de ses devoirs. Dans l'intention de connaître les hommes sages, il ne peut pas se dispenser de connaître le ciel, ou la loi qui dirige dans la pratique des devoirs prescrits.

7. Les devoirs les plus universels pour le genre humain sont au nombre de cinq, et l'homme possède trois facultés naturelles pour les pratiquer. Les cinq devoirs sont : les relations qui doivent exister entre le prince et ses ministres, le père et ses enfants, le mari et la femme, les frères aînés et les frères cadets, et l'union des amis entre eux; lesquelles cinq relations constituent la loi naturelle du devoir la plus universelle pour les hommes. La conscience, qui est la lumière de l'intelligence pour distinguer le bien et le mal; l'humanité, qui est l'équité du cœur; le courage moral, qui est la force d'âme, sont les trois grandes et universelles facultés morales de l'homme; mais ce dont on

---

[1] Il y a ici dans l'édition de TCHOU-HI un paragraphe qui se trouve plus loin, et que la plupart des autres éditeurs chinois ont supprimé, parce qu'il n'a aucun rapport avec ce qui précède et ce qui suit, et qu'il paraît là déplacé et faire un double emploi. Nous l'avons aussi supprimé en cet endroit.

doit se servir pour pratiquer les cinq grands devoirs se réduit à une seule et unique condition.

8. Soit qu'il suffise de naître pour connaître ces devoirs universels, soit que l'étude ait été nécessaire pour les apprendre, soit que leur connaissance ait exigé de grandes peines, lorsqu'on est parvenu à cette connaissance, le résultat est le même ; soit que l'on pratique naturellement et sans efforts ces devoirs universels, soit qu'on les pratique dans le but d'en retirer des profits ou des avantages personnels, soit qu'on les pratique difficilement et avec efforts, lorsqu'on est parvenu à l'accomplissement des œuvres méritoires, le résultat est le même.

9. Le Philosophe a dit : Celui qui aime l'étude, ou l'application de son intelligence à la recherche de la loi du devoir, est bien près de la science morale ; celui qui fait tous ses efforts pour pratiquer ses devoirs est bien près de ce dévouement au bonheur des hommes que l'on appelle humanité ; celui qui sait rougir de sa faiblesse dans la pratique de ses devoirs est bien près de la force d'âme nécessaire pour leur accomplissement.

10. Celui qui sait ces trois choses connaît alors les moyens qu'il faut employer pour bien régler sa personne, ou se perfectionner soi-même ; connaissant les moyens qu'il faut employer pour régler sa personne, il connaît alors les moyens qu'il faut employer pour faire pratiquer la vertu aux autres hommes ; connaissant les moyens qu'il faut employer pour faire pratiquer la vertu aux autres hommes, il connaît alors les moyens qu'il faut employer pour bien gouverner les empires et les royaumes.

11. Tous ceux qui gouvernent les empires et les royaumes ont neuf règles invariables à suivre, à savoir : se régler ou se perfectionner soi-même, révérer les sages, aimer ses parents, honorer les premiers fonctionnaires de l'État ou les ministres, être en parfaite harmonie avec tous les autres fonctionnaires et magistrats, traiter et chérir le peuple comme un fils, attirer près de soi tous les savants et les artistes, accueillir agréablement les **hommes qui**

viennent de loin, les étrangers¹, et traiter avec amitié tous les grands vassaux.

12. Dès l'instant que le prince aura bien réglé et amélioré sa personne, aussitôt les devoirs universels seront accomplis envers lui-même ; dès l'instant qu'il aura révéré les sages, aussitôt il n'aura plus de doute sur les principes du vrai et du faux, du bien et du mal ; dès l'instant que ses parents seront l'objet des affections qui leur sont dues, aussitôt il n'y aura plus de dissensions entre ses oncles, ses frères aînés et ses frères cadets ; dès l'instant qu'il honorera convenablement les fonctionnaires supérieurs ou ministres, aussitôt il verra les affaires d'État en bon ordre ; dès l'instant qu'il traitera comme il convient les fonctionnaires et magistrats secondaires, aussitôt les docteurs, les lettrés s'acquitteront avec zèle de leurs devoirs dans les cérémonies ; dès l'instant qu'il aimera et traitera le peuple comme un fils, aussitôt ce même peuple sera porté à imiter son supérieur ; dès l'instant qu'il aura attiré près de lui tous les savants et les artistes, aussitôt ses richesses seront suffisamment mises en usage ; dès l'instant qu'il accueillera agréablement les hommes qui viennent de loin, aussitôt les hommes des quatre extrémités de l'empire accourront en foule dans ses États pour prendre part à ses bienfaits ; dès l'instant qu'il traitera avec amitié ses grands vassaux, aussitôt il sera respecté dans tout l'empire.

13. Se purifier de toutes souillures, avoir toujours un extérieur propre et décent et des vêtements distingués ; ne se permettre aucun mouvement, aucune action contrairement aux rites prescrits² : voilà les moyens qu'il faut employer pour bien régler sa personne ; repousser loin de soi les flatteurs, fuir les séductions de la beauté, mépri-

¹ La *Glose* dit que ce sont *les marchands étrangers* (chang), *les commerçants* (kou), *les hôtes ou visiteurs* (pin), *et les étrangers au pays* (hu).
² « Regarder, écouter, parler, se mouvoir, sortir, entrer, se lever, s'asseoir, sont des mouvements qui doivent être conformes aux rites. » (*Glose.*)

ser les richesses, estimer à un haut prix la vertu et les hommes qui la pratiquent : voilà les moyens qu'il faut employer pour donner de l'émulation aux sages ; honorer la dignité de ses parents, augmenter leurs revenus, aimer et éviter ce qu'ils aiment et évitent : voilà les moyens qu'il faut employer pour faire naître l'amitié entre les parents ; créer assez de fonctionnaires inférieurs pour exécuter les ordres des supérieurs : voilà le moyen qu'il faut employer pour exciter le zèle et l'émulation des ministres ; augmenter les appointements des hommes pleins de fidélité et de probité : voilà le moyen d'exciter le zèle et l'émulation des autres fonctionnaires publics ; n'exiger de services du peuple que dans les temps convenables, diminuer les impôts : voilà les moyens d'exciter le zèle et l'émulation des familles ; examiner chaque jour si la conduite des hommes que l'on emploie est régulière, et voir tous les mois si leurs travaux répondent à leurs salaires : voilà les moyens d'exciter le zèle et l'émulation des artistes et des artisans ; reconduire les étrangers quand ils s'en vont, aller au-devant de ceux qui arrivent pour les bien recevoir, faire l'éloge de ceux qui ont de belles qualités et de beaux talents, avoir compassion de ceux qui en manquent : voilà les moyens de bien recevoir les étrangers ; prolonger la postérité des grands feudataires sans enfants, les réintégrer dans leurs principautés perdues, rétablir bon ordre dans les États troublés par les séditions, les secourir dans les dangers, faire venir à sa cour les grands vassaux, et leur ordonner de faire apporter par les gouverneurs de province les présents d'usage aux époques fixées ; traiter grandement ceux qui s'en vont, et généreusement ceux qui arrivent, en n'exigeant d'eux que de légers tributs : voilà les moyens de se faire aimer des grands vassaux.

14. Tous ceux qui gouvernent les empires ont ces neuf règles invariables à suivre ; les moyens à employer pour les pratiquer se réduisent à un seul.

15. Toutes les actions vertueuses, tous les devoirs qui

ont été résolus d'avance, sont par cela même accomplis; s'ils ne sont pas résolus d'avance, ils sont par cela même dans un état d'infraction. Si l'on a déterminé d'avance les paroles que l'on doit prononcer, on n'éprouve par cela même aucune hésitation. Si l'on a déterminé d'avance ses affaires, ses occupations dans le monde, par cela même elles s'accomplissent facilement. Si l'on a déterminé d'avance sa conduite morale dans la vie, on n'éprouvera point de peines de l'âme. Si l'on a déterminé d'avance la loi du devoir, elle ne faillira jamais.

16. Si celui qui est dans un rang inférieur n'obtient pas la confiance de son supérieur, le peuple ne peut pas être bien administré ; il y a un principe certain dans la détermination de ce rapport : *Celui qui n'est pas sincère et fidèle avec ses amis n'obtiendra pas la confiance de ses supérieurs.* Il y a un principe certain pour déterminer les rapports de sincérité et de fidélité avec les amis : *Celui qui n'est pas soumis envers ses parents n'est pas sincère et fidèle avec ses amis.* Il y a un principe certain pour déterminer les rapports d'obéissance envers les parents : *Si en faisant un retour sur soi-même on ne se trouve pas entièrement dépouillé de tout mensonge, de tout ce qui n'est pas la vérité ; si l'on ne se trouve pas parfait enfin, on ne remplit pas complétement ses devoirs d'obéissance envers ses parents.* Il y a un principe certain pour reconnaître l'état de perfection : *Celui qui ne sait pas distinguer le bien du mal, le vrai du faux ; qui ne sait pas reconnaître dans l'homme le mandat du ciel, n'est pas encore arrivé à la perfection.*

17. Le parfait, le vrai, dégagé de tout mélange, est la loi du ciel ; la perfection ou le perfectionnement, qui consiste à employer tous ses efforts pour découvrir la loi céleste, le vrai principe du mandat du ciel, est la loi de l'homme. L'homme *parfait* [*ching-tche*] atteint cette loi sans aucun secours étranger ; il n'a pas besoin de méditer, de réfléchir longtemps pour l'obtenir ; il parvient à elle avec calme et tranquillité ; c'est là le *saint homme* [*ching-*

*jin*]. Celui qui tend constamment à son perfectionnement est le sage qui sait distinguer le bien du mal, qui choisit le bien et s'y attache fortement pour ne jamais le perdre.

18. Il doit beaucoup étudier pour apprendre tout ce qui est bien ; il doit interroger avec discernement, pour chercher à s'éclairer dans tout ce qui est bien ; il doit veiller soigneusement sur tout ce qui est bien, de crainte de le perdre, et le méditer dans son âme ; il doit s'efforcer toujours de connaître tout ce qui est bien, et avoir grand soin de le distinguer de tout ce qui est mal ; il doit ensuite fermement et constamment pratiquer ce bien.

19. S'il y a des personnes qui n'étudient pas, ou qui, si elles étudient, ne profitent pas, qu'elles ne se découragent point, ne s'arrêtent point ; s'il y a des personnes qui n'interrogent pas les hommes instruits, pour s'éclairer sur les choses douteuses ou qu'elles ignorent, ou si, en les interrogeant, elles ne peuvent devenir plus instruites, qu'elles ne se découragent point ; s'il y a des personnes qui ne méditent pas, ou qui, si elles méditent, ne parviennent pas à acquérir une connaissance claire du principe du bien, qu'elles ne se découragent point ; s'il y a des personnes qui ne distinguent pas le bien du mal, ou qui, si elles le distinguent, n'en ont pas cependant une perception claire et nette, qu'elles ne se découragent point ; s'il y a des personnes qui ne pratiquent pas le bien, ou qui, si elles le pratiquent, ne peuvent y employer toutes leurs forces, qu'elles ne se découragent point : ce que d'autres feraient en une fois, elles le feront en dix ; ce que d'autres feraient en cent, elles le feront en mille.

20. Celui qui suivra véritablement cette règle de persévérance, quelque ignorant qu'il soit, il deviendra nécessairement éclairé ; quelque faible qu'il soit, il deviendra nécessairement fort.

Voilà le vingtième chapitre. Il contient les paroles de KHOUNG-TSEU, destinées à offrir les exemples de vertu du grand *Chun*, de *Wen-wang,* de *Wou-wang* et de *Tcheou-koung,* pour les continuer. *Tseu-sse,* dans ce chapitre, éclaircit ce qu'ils ont transmis par la tradition ; il le rapporte et le met en ordre. Il fait même plus, car il embrasse les devoirs d'un usage général, ainsi que les devoirs moins accessibles des hommes qui tendent à la perfection, en même temps que ceux qui concernent les petits et les grands, afin de compléter le sens du douzième chapitre. Dans le chapitre précédent, il est parlé de la perfection, et le philosophe expose ce qu'il entend par ce terme ; ce qu'il appelle le *parfait* est véritablement le nœud central et fondamental de ce livre. (TCHOU-HI.)

## CHAPITRE XXI.

1. La haute lumière de l'intelligence qui naît de la perfection morale, ou de la vérité sans mélange, s'appelle vertu naturelle ou sainteté primitive. La perfection morale qui naît de la haute lumière de l'intelligence s'appelle instruction ou sainteté acquise. La perfection morale suppose la haute lumière de l'intelligence ; la haute lumière de l'intelligence suppose la perfection morale.

Voilà le vingt et unième chapitre, par lequel *Tseu-sse* a lié le sens du chapitre précédent à celui des chapitres suivants, dans lesquels il expose la doctrine de son maître KHOUNG-TSEU, concernant la *loi du ciel* et la *loi de l'homme.* Les onze chapitres qui suivent renferment les paroles de *Tseu-sse,* destinées à éclaircir et à développer le sens de celui-ci.

## CHAPITRE XXII.

1. Il n'y a dans le monde que les hommes souverainement parfaits qui puissent connaître à fond leur propre nature, la loi de leur être, et les devoirs qui en dérivent ; pouvant connaître à fond leur propre nature et les devoirs qui en dérivent, ils peuvent par cela même connaître à

fond la nature des autres hommes, la loi de leur être, et leur enseigner tous les devois qu'ils ont à observer pour accomplir le mandat du ciel ; pouvant connaître à fond la nature des autres hommes, la loi de leur être, et leur enseigner les devoirs qu'ils ont à observer pour accomplir le mandat du ciel, ils peuvent par cela même connaître à fond la nature des autres êtres vivants et végétants, et leur faire accomplir leur loi de vitalité selon leur propre nature ; pouvant connaître à fond la nature des êtres vivants et végétants, et leur faire accomplir leur loi de vitalité selon leur propre nature, ils peuvent par cela même, au moyen de leurs facultés intelligentes supérieures, aider le ciel et la terre dans les transformations et l'entretien des êtres, pour qu'ils prennent leur complet développement ; pouvant aider le ciel et la terre dans les transformations et l'entretien des êtres, ils peuvent par cela même constituer un troisième pouvoir avec le ciel et la terre.

Voilà le vingt-deuxième chapitre. Il y est parlé de la loi du ciel. (Tchou-hi.)

## CHAPITRE XXIII.

1. Ceux qui viennent immédiatement après ces hommes souverainement parfaits par leur propre nature sont ceux qui font tous leurs efforts pour rectifier leurs penchants détournés du bien ; ces penchants détournés du bien peuvent revenir à l'état de perfection ; étant arrivés à l'état de perfection, alors ils produisent des effets extérieurs visibles ; ces effets extérieurs visibles étant produits, alors ils se manifestent ; étant manifestés, alors ils jetteront un grand éclat ; ayant jeté un grand éclat, alors ils émouvront les cœurs ; ayant ému les cœurs, alors ils opéreront de nombreuses conversions ; ayant opéré de nombreuses conversions, alors ils effaceront jusqu'aux

dernières traces du vice : il n'y a dans le monde que les hommes souverainement parfaits qui puissent être capables d'effacer ainsi les dernières traces du vice dans le cœur des hommes.

Voilà le vingt-troisième chapitre. Il y est parlé de la loi de l'homme.

## CHAPITRE XXIV.

1. Les facultés de l'homme souverainement parfait sont si puissantes, qu'il peut, par leur moyen, prévoir les choses à venir. L'élévation des familles royales s'annonce assurément par d'heureux présages; la chute des dynasties s'annonce assurément aussi par de funestes présages; ces présages heureux ou funestes se manifestent dans la grande herbe nommée *chi*, sur le dos de la tortue, et excitent en elle de tels mouvements, qu'ils font frissonner ses quatre membres. Quand des événements heureux ou malheureux sont prochains, l'homme souverainement parfait prévoit avec certitude s'ils seront heureux; il prévoit également avec certitude s'ils seront malheureux; c'est pourquoi l'homme souverainement parfait ressemble aux intelligences surnaturelles.

Voilà le vingt-quatrième chapitre. Il y est parlé de la loi du ciel.

## CHAPITRE XXV.

1. Le *parfait* est par lui-même parfait absolu; *la loi du devoir* est par elle-même loi de devoir.

2. Le *parfait* est le commencement et la fin de tous les êtres; sans le parfait ou la perfection, les êtres ne seraient pas. C'est pourquoi le sage estime cette perfection au-dessus de tout.

3. L'homme parfait ne se borne pas à se perfectionner lui-même et s'arrêter ensuite; c'est pour cette raison qu'il s'attache à perfectionner aussi les autres êtres. Se perfectionner soi-même est sans doute une vertu; perfectionner les autres êtres est une haute science; ces deux perfectionnements sont des vertus de la nature ou de la faculté rationnelle pure. Réunir le perfectionnement extérieur et le perfectionnement intérieur constitue la règle du devoir. C'est ainsi que l'on agit convenablement selon les circonstances.

Voilà le vingt-cinquième chapitre. Il y est parlé de la loi de l'homme.

## CHAPITRE XXVI.

1. C'est pour cela que l'homme souverainement parfait ne cesse jamais d'opérer le bien, ou de travailler au perfectionnement des autres hommes.

2. Ne cessant jamais de travailler au perfectionnement des autres hommes, alors il persévère toujours dans ses bonnes actions; persévérant toujours dans ses bonnes actions, alors tous les êtres portent témoignage de lui.

3. Tous les êtres portant témoignage de lui, alors l'influence de la vertu s'agrandit et s'étend au loin; étant agrandie et étendue au loin, alors elle est vaste et profonde; étant vaste et profonde, alors elle est haute et resplendissante.

4. La vertu de l'homme souverainement parfait est vaste et profonde : c'est pour cela qu'il a en lui la faculté de contribuer à l'entretien et au développement des êtres; elle est haute et resplendissante : c'est pour cela qu'il a en lui la faculté de les éclairer de sa lumière; elle est grande et persévérante : c'est pour cela qu'il a en lui la faculté de contribuer à leur perfectionnement, et de s'identifier par ses œuvres avec le ciel et la terre.

5. Les hommes souverainement parfaits, par la grandeur et la profondeur de leur vertu, s'assimilent avec la terre; par sa hauteur et son éclat, ils s'assimilent avec le ciel; par son étendue et sa durée, ils s'assimilent avec l'espace et le temps sans limite.

6. Celui qui est dans cette haute condition de sainteté parfaite ne se montre point, et cependant, comme la terre, il se révèle par ses bienfaits; il ne se déplace point, et cependant, comme le ciel, il opère de nombreuses transformations; il n'agit point, et cependant, comme l'espace et le temps, il arrive au perfectionnement de ses œuvres.

7. La puissance ou la loi productive du ciel et de la terre peut être exprimée par un seul mot; son action dans l'un et l'autre n'est pas double : c'est la perfection; mais alors sa production des êtres est incompréhensible.

8. La raison d'être, ou la loi du ciel et de la terre, est vaste, en effet; elle est profonde! elle est sublime! elle est éclatante! elle est immense! elle est éternelle!

9. Si nous portons un instant nos regards vers le ciel, nous n'apercevons d'abord qu'un petit espace scintillant de lumière; mais si nous pouvions nous élever jusqu'à cet espace lumineux, nous trouverions qu'il est d'une immensité sans limites; le soleil, la lune, les étoiles, les planètes y sont suspendus comme à un fil; tous les êtres de l'univers en sont couverts comme d'un dais. Maintenant, si nous jetons un regard sur la terre, nous croirons d'abord que nous pouvons la tenir dans la main; mais si nous la parcourons, nous la trouverons étendue, profonde; soutenant la haute montagne fleurie [1] sans fléchir sous son poids; enveloppant les fleuves et les mers dans son sein, sans en être inondée, et contenant tous les êtres. Cette montagne ne nous semble qu'un petit fragment de rocher; mais si nous explorons son étendue, nous la

---

[1] Montagne de la province du *Chen-si*.

trouverons vaste et élevée; les plantes et les arbres croissant à sa surface, des oiseaux et des quadrupèdes y faisant leur demeure, et renfermant elle-même dans son sein des trésors inexploités. Et cette eau que nous apercevons de loin nous semble pouvoir à peine remplir une coupe légère; mais si nous parvenons à sa surface, nous ne pouvons en sonder la profondeur; des énormes tortues, des crocodiles, des hydres, des dragons, des poissons de toute espèce vivent dans son sein; des richesses précieuses y prennent naissance.

10. Le *Livre des Vers* dit [1] :

« Il n'y a que le mandat du ciel

« Dont l'action éloignée ne cesse jamais. »

Voulant dire par là que c'est cette action incessante qui le fait le mandat du ciel.

« Oh! comment n'aurait-elle pas été éclatante,

« La pureté de la vertu de *Wou-wang ?* »

Voulant dire aussi par là que c'est par cette même pureté de vertu qu'il fut *Wou-wang*, car elle ne s'éclipsa jamais.

Voilà le vingt-sixième chapitre. Il y est parlé de la loi du ciel.

## CHAPITRE XXVII.

1. Oh! que la loi du devoir de l'homme saint est grande!

2. C'est un océan sans rivages! elle produit et entretient tous les êtres; elle touche au ciel par sa hauteur.

3. Oh! qu'elle est abondante et vaste! elle embrasse trois cents rites du premier ordre et trois mille du second.

4. Il faut attendre l'homme capable de suivre une telle loi, pour qu'elle soit ensuite pratiquée.

---

[1] Livre *Tcheou-soung,* ode *Weï-thian-tchi-ming.*

5. C'est pour cela qu'il est dit : « Si l'on ne possède pas la suprême vertu des saints hommes, la suprême loi du devoir ne sera pas complétement pratiquée. »

6. C'est pour cela aussi que le sage, identifié avec la loi du devoir, cultive avec respect sa nature vertueuse, cette raison droite qu'il a reçue du ciel, et qu'il s'attache à rechercher et à étudier attentivement ce qu'elle lui prescrit. Dans ce but, il pénètre jusqu'aux dernières limites de sa profondeur et de son étendue, pour saisir ses préceptes les plus subtils et les plus inaccessibles aux intelligences vulgaires. Il développe au plus haut degré les hautes et pures facultés de son intelligence, et il se fait une loi de suivre toujours les principes de la droite raison. Il se conforme aux lois déjà reconnues et pratiquées anciennement de la nature vertueuse de l'homme, et il cherche à en connaître de nouvelles, non encore déterminées ; il s'attache avec force à tout ce qui est honnête et juste, afin de réunir en lui la pratique des rites, qui sont l'expression de la loi céleste.

7. C'est pour cela que s'il est revêtu de la dignité souveraine, il n'est point rempli d'un vain orgueil ; s'il se trouve dans l'une des conditions inférieures, il ne se constitue point en état de révolte. Que l'administration du royaume soit équitable, sa parole suffira pour l'élever à la dignité qu'il mérite ; qu'au contraire le royaume soit mal gouverné, qu'il y règne des troubles et des séditions, son silence suffira pour sauver sa personne.

Le *Livre des Vers* dit [1] :

« Parce qu'il fut intelligent et prudent observateur des
« événements,

« C'est pour cela qu'il conserva sa personne. »
Cela s'accorde avec ce qui est dit précédemment.

Voilà le vingt-septième chapitre. Il y est parlé de la loi de l'homme.

---

[1] Livre *Ta-ya*, ode *Tching-ming*.

## CHAPITRE XXVIII.

1. Le Philosophe a dit : L'homme ignorant et sans vertu, qui aime à ne se servir que de son propre jugement; l'homme sans fonctions publiques, qui aime à s'arroger un pouvoir qui ne lui appartient pas; l'homme né dans le siècle et soumis aux lois de ce siècle, qui retourne à la pratique des lois anciennes, tombées en désuétude ou abolies, et tous ceux qui agissent d'une semblable manière, doivent s'attendre à éprouver de grands maux.

2. Excepté le fils du Ciel, ou celui qui a reçu originairement un mandat pour être le chef de l'empire [1], personne n'a le droit d'établir de nouvelles cérémonies, personne n'a le droit de fixer de nouvelles lois somptuaires, personne n'a le droit de changer ou de corriger la forme des caractères de l'écriture en vigueur.

3. Les chars de l'empire actuel suivent les mêmes ornières que ceux des temps passés; les livres sont écrits avec les mêmes caractères; et les mœurs sont les mêmes qu'autrefois.

4. Quand même il posséderait la dignité impériale des anciens souverains, s'il n'a pas leurs vertus, personne ne doit oser établir de nouvelles cérémonies et une nouvelle musique. Quand même il posséderait leurs vertus, s'il n'est pas revêtu de leur dignité impériale, personne ne doit également oser établir de nouvelles cérémonies et une nouvelle musique.

5. Le Philosophe a dit : J'aime à me reporter aux usages et coutumes de la dynastie des *Hia*; mais le petit État de *Khi*, où cette dynastie s'est éteinte, ne les a pas suffisamment conservés. J'ai étudié les usages et coutumes de la dynastie de *Yin* [ou *Chang*]; ils sont encore

---

[1] C'est ainsi que s'exprime la *Glose*.

en vigueur dans l'État de *Soûng*. J'ai étudié les usages et coutumes de la dynastie des *Tcheou*; et comme ce sont celles qui sont aujourd'hui en vigueur, je dois aussi les suivre.

Voilà le vingt-huitième chapitre. Il se rattache au chapitre précédent, et il n'y a rien de contraire au suivant. Il y est aussi question de la loi de l'homme. (Tchou-hi.)

## CHAPITRE XXIX.

1. Il y a trois affaires que l'on doit regarder comme de la plus haute importance dans le gouvernement d'un empire : *l'établissement des rites ou cérémonies, la fixation des lois somptuaires, et l'altération dans la forme des caractères de l'écriture*; et ceux qui s'y conforment commettent peu de fautes.

2. Les lois, les règles d'administration des anciens temps, quoique excellentes, n'ont pas une autorité suffisante, parce que l'éloignement des temps ne permet pas d'établir convenablement leur authenticité; manquant d'authenticité, elles ne peuvent obtenir la confiance du peuple; le peuple ne pouvant accorder une confiance suffisante aux hommes qui les ont écrites, il ne les observe pas. Celles qui sont proposées par des sages non revêtus de la dignité impériale, quoique excellentes, n'obtiennent pas le respect nécessaire; n'obtenant pas le respect qui est nécessaire à leur sanction, elles n'obtiennent pas également la confiance du peuple; n'obtenant pas la confiance du peuple, le peuple ne les observe pas.

3. C'est pourquoi la loi du devoir d'un prince sage, dans l'établissement des lois les plus importantes, a sa base fondamentale en lui-même; l'autorité de sa vertu et de sa haute dignité s'impose à tout le peuple; il conforme son administration à celle des fondateurs des trois premières dynasties, et il ne se trompe point; il établit ses lois

9

selon celles du ciel et de la terre, et elles n'éprouvent aucune opposition; il cherche la preuve de la vérité dans les esprits et les intelligences supérieurs, et il est dégagé de nos doutes; il est cent générations à attendre le saint homme, et il n'est pas sujet à nos erreurs.

4. *Il cherche la preuve de la vérité dans les esprits et les intelligences supérieurs*, et par conséquent il connaît profondément la loi du mandat céleste. *Il est cent générations à attendre le saint homme, et il n'est pas sujet à nos erreurs;* par conséquent, il connaît profondément les principes de la nature humaine.

5. C'est pourquoi le prince sage n'a qu'à agir, et pendant des siècles ses actions sont la loi de l'empire; il n'a qu'à parler, et pendant des siècles ses paroles sont la règle de l'empire. Les peuples éloignés ont alors espérance en lui; ceux qui l'avoisinent ne s'en fatigueront jamais.

6. Le *Livre des Vers* dit [1] :

« Dans ceux-là il n'y a pas de haine.

« Dans ceux-ci il n'y a point de satiété.

« Oh! oui, matin et soir

« Il sera à jamais l'objet d'éternelles louanges! »

Il n'y a jamais eu de sages princes qui n'aient été tels après avoir obtenu une pareille renommée dans le monde.

Voilà le vingt-neuvième chapitre. Il se rattache à ces paroles du chapitre précédent : *Placé dans le rang supérieur* [ou revêtu de la dignité impériale], *il n'est point rempli d'orgueil.* Il y est aussi parlé de la loi de l'homme.

## CHAPITRE XXX.

1. Le philosophe KHOUNG-TSEU rappelait avec vénération les temps des anciens empereurs *Yao* et *Chun;* mais il se réglait principalement sur la conduite des souve-

---

[1] Livre *Tcheou soung,* ode *Tching-lou.*

rains plus récents *Wen* et *Wou*. Prenant pour exemple de ses actions les lois naturelles et immuables qui régissent les corps célestes au-dessus de nos têtes, il imitait la succession régulière des saisons qui s'opère dans le ciel ; à nos pieds, il se conformait aux lois de la terre et de l'eau fixes ou mobiles.

2. On peut le comparer au ciel et à la terre, qui contiennent et alimentent tout, qui couvrent et enveloppent tout ; on peut le comparer aux quatre saisons, qui se succèdent continuellement sans interruption ; on peut le comparer au soleil et à la lune, qui éclairent alternativement le monde.

3. Tous les êtres de la nature vivent ensemble de la vie universelle, et ne se nuisent pas les uns aux autres ; toutes les lois qui règlent les saisons et les corps célestes s'accomplissent en même temps sans se contrarier entre elles. L'une des facultés partielles de la nature est de faire couler un ruisseau ; mais ses grandes énergies, ses grandes et souveraines facultés produisent et transforment tous les êtres. Voilà, en effet, ce qui rend grands le ciel et la terre !

Voilà le trentième chapitre. Il traite de la loi du ciel.
(TCHOU-HI.)

## CHAPITRE XXXI.

1. Il n'y a dans l'univers que l'homme souverainement saint qui, par la faculté de connaître à fond et de comprendre parfaitement les lois primitives des êtres vivants, soit digne de posséder l'autorité souveraine et de commander aux hommes ; qui, par sa faculté d'avoir une âme grande, magnanime, affable et douce, soit capable de posséder le pouvoir de répandre des bienfaits avec profusion ; qui, par sa faculté d'avoir une âme élevée, ferme, imperturbable et constante, soit capable de faire régner

la justice et l'équité ; qui, par sa faculté d'être toujours honnête, simple, grave, droit et juste, soit capable de s'attirer le respect et la vénération ; qui, par sa faculté d'être revêtu des ornements de l'esprit, et des talents que procure une étude assidue, et de ces lumières que donne une exacte investigation des choses les plus cachées, des principes les plus subtils, soit capable de discerner avec exactitude le vrai du faux, le bien du mal.

2. Ses facultés sont si amples, si vastes, si profondes, que c'est comme une source immense d'où tout sort en son temps.

3. Elles sont vastes et étendues comme le ciel ; la source cachée d'où elles découlent est profonde comme l'abîme. Que cet homme souverainement saint apparaisse avec ses vertus, ses facultés puissantes, et les peuples ne manqueront pas de lui témoigner leur vénération ; qu'il parle, et les peuples ne manqueront pas d'avoir foi en ses paroles ; qu'il agisse, et les peuples ne manqueront pas d'être dans la joie.

4. C'est ainsi que la renommée de ses vertus est un océan qui inonde l'empire de toutes parts ; elle s'étend même jusqu'aux barbares des régions méridionales et septentrionales ; partout où les vaisseaux et les chars peuvent aborder, où les forces de l'industrie humaine peuvent faire pénétrer, dans tous les lieux que le ciel couvre de son dais immense, sur tous les points que la terre enserre, que le soleil et la lune éclairent de leurs rayons, que la rosée et les nuages du matin fertilisent ; tous les êtres humains qui vivent et qui respirent ne peuvent manquer de l'aimer et de le révérer. C'est pourquoi il est dit : *Que ses facultés, ses vertus puissantes l'égalent au ciel.*

Voilà le trente et unième chapitre. Il se rattache au chapitre précédent ; il y est parlé des énergies ou facultés partielles de la nature dans la production des êtres. Il y est aussi question de la loi du ciel. (Tchou-hi.)

## CHAPITRE XXXII.

1. Il n'y a dans l'univers que l'homme souverainement parfait par la pureté de son âme qui soit capable de distinguer et de fixer les devoirs des cinq grandes relations qui existent dans l'empire entre les hommes; d'établir sur des principes fixes et conformes à la nature des êtres la grande base fondamentale des actions et des opérations qui s'exécutent dans le monde; de connaître parfaitement les créations et les annihilations du ciel et de la terre. Un tel homme souverainement parfait a en lui-même le principe de ses actions.

2. Sa bienveillance envers tous les hommes est extrêmement vaste; ses facultés intimes sont extrêmement profondes; ses connaissances des choses célestes sont extrêmement étendues.

3. Mais, à moins d'être véritablement très-éclairé, profondément intelligent, saint par ses œuvres, instruit des lois divines, et pénétré des quatre grandes vertus célestes [*l'humanité, la justice, la bienséance et la science des devoirs*], comment pourrait-on connaître ses mérites?

Voilà le trente-deuxième chapitre. Il se rattache au chapitre précédent, et il y est parlé des grandes énergies ou facultés de la nature dans la production des êtres; il y est aussi question de la loi du ciel. Dans le chapitre qui précède celui-ci, il est parlé des vertus de l'homme souverainement saint; dans celui-ci, il est parlé de la loi de l'homme souverainement parfait. Ainsi la loi de l'homme souverainement parfait ne peut être connue que par l'homme souverainement saint; la vertu de l'homme souverainement saint ne peut être pratiquée que par l'homme souverainement parfait; alors ce ne sont pas effectivement deux choses différentes. Dans ce livre, il est parlé du saint homme comme ayant atteint le point le plus extrême de la loi céleste; arrivé là, il est impossible d'y rien ajouter.

(TCHOU-HI.)

## CHAPITRE XXXIII.

1. Le *Livre des Vers* dit [1] :

« Elle couvrait sa robe brodée d'or d'un surtout gros-
« sier. »

Elle haïssait le faste et la pompe de ses ornements. C'est ainsi que les actions vertueuses du sage se dérobent aux regards, et cependant se révèlent de plus en plus chaque jour, tandis que les actions vertueuses de l'homme inférieur se produisent avec ostentation et s'évanouissent chaque jour. La conduite du sage est sans saveur comme l'eau, mais cependant elle n'est point fastidieuse ; elle est retirée, mais cependant elle est belle et grave ; elle paraît confuse et désordonnée, mais cependant elle est régulière. Le sage connaît les choses éloignées, c'est-à-dire le monde, les empires et les hommes, par les choses qui le touchent, par sa propre personne ; il connaît les passions des autres par les siennes propres, par les mouvements de son cœur ; il connaît les plus secrets mouvements de son cœur par ceux qui se révèlent dans les autres. C'est ainsi qu'il peut entrer dans le chemin de la vertu.

2. Le *Livre des Vers* dit [2] :

« Quoique le poisson en plongeant se cache dans
« l'eau,

« Cependant la transparence de l'onde le trahit, et on
« peut le voir tout entier. »

C'est ainsi que le sage en s'examinant intérieurement ne trouve rien dans son cœur qu'il ait à se reprocher et dont il ait à rougir. Ce que le sage ne peut trouver en lui, n'est-ce pas ce que les autres hommes n'aperçoivent pas en eux ?

3. Le *Livre des Vers* dit [3] :

---

[1] Livre *Kouè-foung*, ode *Chi-jin*.
[2] Livre *Siao ya*, ode *Tching-youë*.
[3] Livre *Ta-ya*, ode I.

« Sois attentif sur toi-même jusque dans ta maison ;

« Prends bien garde de ne rien faire, dans le lieu le
« plus secret, dont tu puisses rougir. »

C'est ainsi que le sage s'attire encore le respect, lors même qu'il ne se produit pas en public ; il est encore vrai et sincère, lors même qu'il garde le silence.

4. Le *Livre des Vers* dit [1] :

« Il se rend avec recueillement et en silence au temple
« des ancêtres,

« Et pendant tout le temps du sacrifice il ne s'élève
« aucune discussion sur la préséance des rangs et des de-
« voirs. »

C'est ainsi que le sage, sans faire de largesses, porte les hommes à pratiquer la vertu ; il ne se livre point à des mouvements de colère, et il est craint du peuple à l'égal des haches et des coutelas.

5. Le *Livre des Vers* dit [2] :

« Sa vertu recueillie ne se montrait pas, tant elle était
« profonde!

« Cependant tous ses vassaux l'imitèrent ! »

C'est pour cela qu'un homme plein de vertus s'attache fortement à pratiquer tout ce qui attire le respect, et par cela même il fait que tous les États jouissent entre eux d'une bonne harmonie.

6. Le *Livre des Vers* [3] met dans la bouche du souverain suprême ces paroles :

« J'aime et je chéris cette vertu brillante qui est l'ac-
« complissement de la loi naturelle de l'homme,

« Et qui ne se révèle point par beaucoup de pompe et
« de bruit. »

Le Philosophe disait à ce sujet : La pompe extérieure et le bruit servent bien peu pour la conversion des peuples.

---

[1] Livre *Chang-soung*, ode *Lieï-tsou*.
[2] Livre *Tcheou-soung*, ode *Lieï-wen*.
[3] Livre *Ta-ya*, ode *Hoang-i*.

Le *Livre des Vers* dit [1] :

« La vertu est légère comme le duvet le plus fin. »

Le duvet léger est aussi l'objet d'une comparaison :

« Les actions, les opérations secrètes du ciel suprême
« N'ont ni son ni odeur. »

C'est le dernier degré de l'immatérialité.

Voilà le trente-troisième chapitre. *Tseu-sse* ayant, dans les précédents chapitres, porté l'exposé de sa doctrine au dernier degré de l'évidence, revient sur son sujet pour en sonder la base. Ensuite il enseigne qu'il est de notre devoir de donner une attention sérieuse à nos actions et à nos pensées intérieures secrètes ; il poursuit, et dit qu'il faut faire tous nos efforts pour atteindre à cette solide vertu qui attire le respect et la vénération de tous les hommes, et procure une abondance de paix et de tranquillité dans tout l'empire. Il exalte ses effets admirables, merveilleux, qui vont jusqu'à la rendre dénuée des attributs matériels du son et de l'odeur ; et il s'arrête là. Ensuite il reprend les idées les plus importantes du Livre, et il les explique en les résumant. Son intention, en revenant ainsi sur les principes les plus essentiels pour les inculquer davantage dans l'esprit des hommes, est très-importante et très-profonde. L'étudiant ne doit-il pas épuiser tous les efforts de son esprit pour les comprendre ? (TCHOU-HI.)

---

[1] Livre *Ta-ya,* ode *Tching-min.*

論語

# LE LUN-YU

ou

# LES ENTRETIENS PHILOSOPHIQUES.

TROISIÈME LIVRE CLASSIQUE.

## CHANG-LUN,

PREMIER LIVRE

### CHAPITRE PREMIER,

COMPOSÉ DE 16 ARTICLES.

1. Le philosophe KHOUNG-TSEU a dit : Celui qui se livre à l'étude du vrai et du bien, qui s'y applique avec persévérance et sans relâche, n'en éprouve-t-il pas une grande satisfaction ?

N'est-ce pas aussi une grande satisfaction que de voir arriver près de soi, des contrées éloignées, des hommes attirés par une communauté d'idées et de sentiments ?

Être ignoré ou méconnu des hommes, et ne pas s'en indigner, n'est-ce pas le propre de l'homme éminemment vertueux ?

2. *Yeou-tseu* (disciple de KHOUNG-TSEU) dit : Il est rare que celui qui pratique les devoirs de la piété filiale et de la déférence fraternelle aime à se révolter contre ses supé-

rieurs ; mais il n'arrive jamais que celui qui n'aime pas à se révolter contre ses supérieurs aime à susciter des troubles dans l'empire.

L'homme supérieur ou le sage applique toutes les forces de son intelligence à l'étude des principes fondamentaux ; les principes fondamentaux étant bien établis, les règles de conduite, les devoirs moraux s'en déduisent naturellement. La piété filiale, la déférence fraternelle, dont nous avons parlé, ne sont-elles pas le principe fondamental de l'humanité ou de la bienveillance universelle pour les hommes ?

3. Khoung-tseu dit : Des expressions ornées et fleuries, un extérieur recherché et plein d'affectation, s'allient rarement avec une vertu sincère.

4. *Thsêng-tseu* dit : Je m'examine chaque jour sur trois points principaux : N'aurais-je pas géré les affaires d'autrui avec le même zèle et la même intégrité que les miennes propres ? n'aurais-je pas été sincère dans mes relations avec mes amis et mes condisciples ? n'aurais-je pas conservé soigneusement et pratiqué la doctrine qui m'a été transmise par mes instituteurs ?

5. Khoung-tseu dit : Celui qui gouverne un royaume de mille chars [1] doit obtenir la confiance du peuple, en apportant toute sa sollicitude aux affaires de l'État ; il doit prendre vivement à cœur les intérêts du peuple en modérant ses dépenses, et n'exiger les corvées des populations qu'en temps convenable.

6. Khoung-tseu dit : Il faut que les enfants aient de la piété filiale dans la maison paternelle, et de la déférence fraternelle au dehors. Il faut qu'ils soient attentifs dans leurs actions, sincères et vrais dans leurs paroles envers tous les hommes, qu'ils doivent aimer de toute la force et l'étendue de leur affection, en s'attachant particulière-

---

[1] Un *royaume de mille chars* est un royaume feudataire, dont le territoire est assez étendu pour lever une armée de *mille chars de guerre.* » (*Glose.*)

ment aux personnes vertueuses. Et si, après s'être bien acquittés de leurs devoirs, ils ont encore des forces de reste, ils doivent s'appliquer à orner leur esprit par l'étude et à acquérir des connaissances et des talents.

7. *Tseu-hia* (disciple de Khoung-tseu) dit : Être épris de la vertu des sages au point d'échanger pour elle tous les plaisirs mondains¹ ; servir ses père et mère autant qu'il est en son pouvoir de le faire ; dévouer sa personne au service de son prince ; et, dans les relations que l'on entretient avec ses amis, porter toujours une sincérité et une fidélité à toute épreuve : quoique celui qui agirait ainsi puisse être considéré comme dépourvu d'instruction, moi je l'appellerai certainement un homme instruit.

8. Khoung-tseu dit : Si l'homme supérieur n'a point de gravité dans sa conduite, il n'inspirera point de respect ; et s'il étudie, ses connaissances ne seront pas solides. Observez constamment la sincérité et la fidélité ou la bonne foi ; ne contractez pas des liaisons d'amitié avec des personnes inférieures à vous-mêmes moralement et pour les connaissances ; si vous commettez quelques fautes, ne craignez pas de vous corriger.

9. *Theng-tseu* dit : Il faut être attentif à accomplir dans toutes leurs parties les rites funéraires envers ses parents décédés, et offrir les sacrifices prescrits : alors le peuple, qui se trouve dans une condition inférieure, frappé de cet exemple, retournera à la pratique de cette vertu salutaire.

10. *Tseu-kin* interrogea *Tseu-koung*, en disant : Quand le philosophe votre maître est venu dans ce royaume, obligé d'étudier son gouvernement, a-t-il lui-même demandé des informations, ou, au contraire, est-on venu les lui donner ? *Tseu-koung* répondit : Notre maître est bienveillant, droit, respectueux, modeste et condescendant ; ses qualités lui ont suffi pour obtenir toutes les informations qu'il a pu désirer. La manière de prendre des infor-

---

¹ La *Glose* entend par *Sse*, *les plaisirs des femmes*.

mations de notre maître ne diffère-t-elle pas de celle de tous les autres hommes ?

11. Khoung-tseu dit : Pendant le vivant de votre père, observez avec soin sa volonté ; après sa mort, ayez toujours les yeux fixés sur ses actions ; pendant les trois années qui suivent la mort de son père, le fils qui, dans ses actions, ne s'écarte point de sa conduite peut être appelé *doué de piété filiale.*

12. *Yeou-tseu* dit : Dans la pratique usuelle de la politesse [ou de cette éducation distinguée qui est la loi du ciel [1] ], la déférence ou la condescendance envers les autres doit être placée au premier rang. C'était la règle de conduite des anciens rois, dont ils tirent un si grand éclat ; tout ce qu'ils firent, les grandes comme les petites choses, en dérivent. Mais il est cependant une condescendance que l'on ne doit pas avoir quand on sait que ce n'est que de la condescendance ; n'étant pas de l'essence même de la véritable politesse, il ne faut pas la pratiquer.

13. *Yeou-tseu* dit : Celui qui ne promet que ce qui est conforme à la justice peut tenir sa parole ; celui dont la crainte et le respect sont conformes aux lois de la politesse éloigne de lui la honte et le déshonneur. Par la même raison, si l'on ne perd pas en même temps les personnes avec lesquelles on est uni par des liens étroits de parenté, on peut devenir un chef de famille.

14. Khoung-tseu dit : L'homme supérieur, quand il est à table, ne cherche pas à assouvir son appétit ; lorsqu'il est dans sa maison, il ne cherche pas les jouissances de l'oisiveté et de la mollesse ; il est attentif à ses devoirs et vigilant dans ses paroles ; il aime à fréquenter ceux qui ont des principes droits, afin de régler sur eux sa conduite. Un tel homme peut être appelé *philosophe,* ou qui se plaît dans l'étude de la sagesse [2].

15. *Tseu-koung* dit : Comment trouvez-vous l'homme

---

[1] Commentaire de *Tchou-hi*.
[2] En chinois *hao-hio,* littéralement : *aimant, chérissant l'étude.*

pauvre qui ne s'avilit point par une adulation servile; l'homme riche qui ne s'enorgueillit point de sa richesse?

KHOUNG-TSEU dit : Un homme peut encore être estimable sans leur ressembler; mais ce dernier ne sera jamais comparable à l'homme qui trouve du contentement dans sa pauvreté, ou qui, étant riche, se plaît néanmoins dans la pratique des vertus sociales.

*Thou-koung* dit : On lit dans le *Livre des Vers* [1] :
« Comme l'artiste qui coupe et travaille l'ivoire,
« Comme celui qui taille et polit les pierres précieuses. »
Ce passage ne fait-il pas allusion à ceux dont il vient d'être question?

KHOUNG-TSEU répondit : *Sse* (surnom de *Tseu-koung*) commence à pouvoir citer dans la conversation des passages du *Livre des Vers*; il interroge les événements passés pour connaître l'avenir.

16. KHOUNG-TSEU dit : Il ne faut pas s'affliger de ce que les hommes ne nous connaissent pas, mais au contraire de ne pas les connaître nous-mêmes.

## CHAPITRE II.

### COMPOSÉ DE 24 ARTICLES.

1. Le Philosophe [2] dit : Gouverner son pays avec la vertu et la capacité nécessaires, c'est ressembler à l'étoile polaire, qui demeure immobile à sa place, tandis que toutes les autres étoiles circulent autour d'elle et la prennent pour guide.

2. Le Philosophe dit : Le sens des trois cents odes du

---

[1] Ode *Khi-ngao*, section *Vei-foung*.
[2] Nous emploierons dorénavant ce mot pour rendre le mot chinois *tseu*, lorsqu'il est isolé, terme dont on qualifie en Chine ceux qui se sont livrés à l'étude de la sagesse, et dont le chef et le modèle est KHOUNG-*tseu*, ou KHOUNG-FOU-*tseu*.

*Livre des Vers* est contenu dans une seule de ses expressions : « Que vos pensées ne soient point perverses. »

3. Le Philosophe dit : Si on gouverne le peuple selon les lois d'une bonne administration, et qu'on le maintienne dans l'ordre par la crainte des supplices, il sera circonspect dans sa conduite, sans rougir de ses mauvaises actions. Mais si on le gouverne selon les principes de la vertu, et qu'on le maintienne dans l'ordre par les seules lois de la politesse sociale [qui n'est que la loi du ciel], il éprouvera de la honte d'une action coupable, et il avancera dans le chemin de la vertu.

4. Le Philosophe dit : A l'âge de quinze ans, mon esprit était continuellement occupé à l'étude; à trente ans, je m'étais arrêté dans des principes solides et fixes; à quarante, je n'éprouvais plus de doutes et d'hésitation; à cinquante, je connaissais la loi du ciel [c'est-à-dire la loi constitutive que le ciel a conférée à chaque être de la nature pour accomplir régulièrement sa destinée [1]]; à soixante, je saisissais facilement les causes des événements; à soixante et dix, je satisfaisais aux désirs de mon cœur, sans toutefois dépasser la mesure.

5. *Meng-i-tseu* (grand du petit royaume de *Lou*) demanda ce que c'était que l'obéissance filiale.

Le Philosophe dit qu'elle consistait à ne pas s'opposer aux principes de la raison.

*Fan-tchi* (un des disciples de Khoung-tseu), en conduisant le char de son maître, fut interpellé par lui de cette manière : *Meng-sun* [2] me questionnait un jour sur la piété filiale; je lui répondis qu'elle consistait à ne pas s'opposer aux principes de la raison.

*Fan-tchi* dit : Qu'entendez-vous par là? Le Philosophe répondit : Pendant la vie de ses père et mère, il faut leur rendre les devoirs qui leur sont dus, selon les principes de la raison naturelle qui nous est inspirée par le ciel (*li*);

---

[1] *Commentaire.*

[2] Celui dont il vient d'être question.

lorsqu'ils meurent, il faut aussi les ensevelir selon les cérémonies prescrites par les rites [qui ne sont que l'expression sociale de la raison céleste], et ensuite leur offrir des sacrifices également conformes aux rites.

6. *Meng-wou-pe* demanda ce que c'était que la piété filiale. Le Philosophe dit : Il n'y a que les pères et les mères qui s'affligent véritablement de la maladie de leurs enfants.

7. *Tseu-yeou* demanda ce que c'était que la piété filiale. Le Philosophe dit : Maintenant, ceux qui sont considérés comme ayant de la piété filiale sont ceux qui nourrissent leurs père et mère; mais ce soin s'étend également aux chiens et aux chevaux, car on leur procure aussi leur nourriture. Si on n'a pas de vénération et de respect pour ses parents, quelle différence y aurait-il dans notre manière d'agir?

8. *Tseu-hia* demanda ce que c'était que la piété filiale. Le Philosophe dit : C'est dans la manière d'agir et de se comporter que réside toute la difficulté. Si les pères et mères ont des travaux à faire, et que les enfants les exemptent de leurs peines; si ces derniers ont le boire et le manger en abondance, et qu'ils leur en cèdent une partie, est-ce là exercer la piété filiale?

9. Le Philosophe dit : Je m'entretiens avec *Hoeï* (disciple chéri du Philosophe) pendant toute la journée, et il ne trouve rien à m'objecter, comme si c'était un homme sans capacité. De retour chez lui, il s'examine attentivement en particulier, et il se trouve alors capable d'illustrer ma doctrine. *Hoeï* n'est pas un homme sans capacité.

10. LePhilosophe dit : Observez attentivement les actions d'un homme; voyez quels sont ses penchants; examinez attentivement quels sont ses sujets de joie. Comment pourrait-il échapper à vos investigations? Comment pourrait-il plus longtemps vous en imposer?

11. Le Philosophe dit : Rendez-vous complétement maître de ce que vous venez d'apprendre, et apprenez tou-

jours de nouveau; vous pourrez alors devenir un instituteur des hommes.

12. Le Philosophe dit : L'homme supérieur n'est pas un vain ustensile employé aux usages vulgaires.

13. *T'seu-koung* demanda quel était l'homme supérieur. Le Philosophe dit : C'est celui qui d'abord met ses paroles en pratique, et ensuite parle conformément à ses actions.

14. Le Philosophe dit : L'homme supérieur est celui qui a une bienveillance égale pour tous, et qui est sans égoïsme et sans partialité. L'homme vulgaire est celui qui n'a que des sentiments d'égoïsme, sans disposition bienveillante pour tous les hommes en général.

15. Le Philosophe dit : Si vous étudiez sans que votre pensée soit appliquée, vous perdrez tout le fruit de votre étude; si, au contraire, vous vous abandonnez à vos pensées sans les diriger vers l'étude, vous vous exposez à de graves inconvénients.

16. Le Philosophe dit : Opposez-vous aux principes différents des véritables [1]; ils sont dangereux et portent à la perversité [2].

17. Le Philosophe dit : *Yeou*, savez-vous ce que c'est que la science? Savoir que l'on sait ce que l'on sait, et savoir que l'on ne sait pas ce que l'on ne sait pas : voilà la véritable science.

18. *T'seu-tchang* étudia dans le but d'obtenir les fonctions de gouverneur. Le Philosophe lui dit : Écoutez beaucoup, afin de diminuer vos doutes; soyez attentif à ce que vous dites, afin de ne rien dire de superflu : alors vous commettrez rarement des fautes. Voyez beaucoup, afin de diminuer les dangers que vous pourriez courir en n'étant

---

[1] Ce sont des principes, des doctrines contraires a ceux des saints hommes. (Tchou-hi.)

[2] Le commentateur *Tching-tseu* dit que les paroles ou la doctrine de *Fo*, ainsi que celles de *Yang* et de *Mé*, ne sont pas conformes à la raison.

pas informé de ce qui se passe. Veillez attentivement sur vos actions, et vous aurez rarement du repentir. Si dans vos paroles il vous arrive rarement de commettre des fautes, et si dans vos actions vous trouvez rarement une cause de repentir, vous possédez déjà la charge à laquelle vous aspirez.

19. *Ngai-koung* (prince de *Lou*) fit la question suivante : Comment ferai-je pour assurer la soumission du peuple? KHOUNG-TSEU lui répondit : Élevez, honorez les hommes droits et intègres; abaissez, destituez les hommes corrompus et pervers : alors le peuple vous obéira. Élevez, honorez les hommes corrompus et pervers; abaissez, destituez les hommes droits et intègres : et le peuple vous désobéira.

20. *Ki-kang* (grand du royaume de *Lou*) demanda comment il faudrait faire pour rendre le peuple respectueux, fidèle, et pour l'exciter à la pratique de la vertu. Le Philosophe dit : Surveillez-le avec dignité et fermeté, et alors il sera respectueux; ayez de la piété filiale et de la commisération, et alors il sera fidèle; élevez aux charges publiques et aux honneurs les hommes vertueux, et donnez de l'instruction à ceux qui ne peuvent se la procurer par eux-mêmes, alors il sera excité à la vertu.

21. Quelqu'un parla ainsi à KHOUNG-TSEU : Philosophe, pourquoi n'exercez-vous pas une fonction dans l'administration publique? Le Philosophe dit : On lit dans le *Chou-king* [1] : « S'agit-il de la piété filiale? Il n'y a que la piété filiale et la concorde entre les frères de différents âges qui doivent être principalement cultivées par ceux qui occupent des fonctions publiques ; ceux qui pratiquent ces vertus remplissent par cela même des fonctions publiques d'ordre et d'administration. » Pourquoi considérer seulement ceux qui occupent des emplois publics comme remplissant des fonctions publiques?

22. Le Philosophe dit : Un homme dépourvu de sincé-

---

[1] Voyez la traduction de ce *Livre* dans notre volume intitulé *Les Livres sacrés de l'Orient*.

rité et de fidélité est un être incompréhensible à mes yeux. C'est un grand char sans flèche, un petit char sans timon; comment peut-il se conduire dans le chemin de la vie?

23. *Tseu-tchang* demanda si les événements de dix générations pouvaient être connus d'avance.

Le Philosophe dit : Ce que la dynastie des *Yn* (ou des *Chang*) emprunta à celle des *Hia*, en fait de rites et de cérémonies, peut être connu ; ce que la dynastie des *Tcheou* (sous laquelle vivait le Philosophe) emprunta à celle des *Yn*, en fait de rites et de cérémonies, peut être connu Qu'une autre dynastie succède à celle des *Tcheou* [1], alors même les événements de cent générations pourront être prédits [2].

24. Le Philosophe dit : Si ce n'est pas au génie auquel on doit sacrifier que l'on sacrifie, l'action que l'on fait n'est qu'une tentative de séduction avec un dessein mauvais; si l'on voit une chose juste, et qu'on ne la pratique pas, on commet une lâcheté.

## CHAPITRE III.

#### COMPOSÉ DE 26 ARTICLES.

1. KHOUNG-TSEU dit que *Ki-chi* (grand du royaume de *Lou*) employait huit troupes de musiciens à ses fêtes de famille; s'il peut se permettre d'agir ainsi, que n'est-il pas capable de faire [3]?

2. Les trois familles (des grands du royaume de *Lou*) se servaient de la musique *Young-tchi*. Le Philosophe dit :

---

[1] Cette supposition même est hardie de la part du Philosophe.

[2] Selon les commentateurs chinois, qui ne font que confirmer ce qui résulte clairement du texte, le Philosophe dit a son disciple que l'étude du passé peut seule faire prévoir l'avenir, et que par son moyen on peut arriver à connaître la loi des événements sociaux.

[3] Il était permis aux empereurs, par les rites, d'avoir *huit* troupes de musiciens dans les fêtes ; aux princes, *six* ; et aux *ta-fou* ou ministres, *quatre*. *Ki-chi* usurpait le rang de prince.

« Il n'y a que les princes qui assistent à la cérémonie;
« Le fils du Ciel (l'empereur) conserve un air profondé-
« ment recueilli et réservé. » (Passage du *Livre des Vers.*)
Comment ces paroles pourraient-elles s'appliquer à la salle des trois familles?

3. Le Philosophe dit : Être homme, et ne pas pratiquer les vertus que comporte l'humanité, comment serait-ce se conformer aux rites? Être homme, et ne pas posséder les vertus que comporte l'humanité [1], comment jouerait-on dignement de la musique?

4. *Ling-fang* (habitant du royaume de *Lou*) demanda quel était le principe fondamental des rites [ou de la raison céleste, formulé en diverses cérémonies sociales [2]].

Le Philosophe dit : C'est là une grande question, assurément! En fait de rites, une stricte économie est préférable à l'extravagance; en fait de cérémonies funèbres, une douleur silencieuse est préférable à une pompe vaine et stérile.

5. Le Philosophe dit : Les barbares du nord et de l'occident (les *I* et les *Joung*) ont des princes qui les gouvernent; ils ne ressemblent pas à nous tous, hommes de *Hia* (de l'empire des *Hia*), qui n'en avons point.

6. *Ki-chi* alla sacrifier au mont *Tai-chan* (dans le royaume de *Lou*). Le Philosophe interpella *Yen-yéou* [3], en lui disant : Ne pouvez-vous pas l'en empêcher? Ce dernier lui répondit respectueusement : Je ne le puis. Le Philosophe s'écria : Hélas! hélas! ce que vous avez dit relativement au mont *Tai-chan* me fait voir que vous êtes inférieur à *Ling-fang* (pour la connaissance des devoirs du cérémonial [4]).

7. Le Philosophe dit : L'homme supérieur n'a de que-

---

[1] *Jin*, la *droite raison du monde. (Comm.)*

[2] C'est ainsi que les commentateurs chinois entendent le mot *li*.

[3] Disciple du Philosophe, et aide-assistant de *Ki-chi*.

[4] Il n'y avait que le chef de l'État qui avait le droit d'aller sacrifier au mont *Taï chan*.

relles ou de contestations avec personne. S'il lui arrive d'en avoir, c'est quand il faut tirer au but. Il cède la place à son antagoniste vaincu, et il monte dans la salle ; il en descend ensuite pour prendre une tasse avec lui (en signe de paix.) Voilà les seules contestations de l'homme supérieur.

8. *Tseu-hia* fit une question en ces termes :

« Que sa bouche fine et délicate a un sourire agréable !

« Que son regard est doux et ravissant ! Il faut que le « fond du tableau soit préparé pour peindre. » (Paroles du *Livre des Vers*.) Quel est le sens de ces paroles?

Le Philosophe dit : Préparez d'abord le fond du tableau pour y appliquer ensuite les couleurs. *Tseu-hia* dit : Les lois du rituel sont donc secondaires? Le Philosophe dit : Vous avez saisi ma pensée, ô *Chang!* Vous commencez maintenant à comprendre mes entretiens sur la poésie.

9. Le Philosophe dit : Je puis parler des rites et des cérémonies de la dynastie *Hia*; mais *Ki* est incapable d'en comprendre le sens caché. Je puis parler des rites et des cérémonies de la dynastie *Yn*; mais *Sung* est incapable d'en saisir le sens caché : le secours des lois et l'opinion des sages ne suffisent pas pour en connaître les causes. S'ils suffisaient, alors nous pourrions en saisir le sens le plus caché.

10. Le Philosophe dit : Dans le grand sacrifice royal nommé *T'i*, après que la libation a été faite pour demander la descente des esprits, je ne désire plus rester spectateur de la cérémonie.

11. Quelqu'un ayant demandé quel était le sens du grand sacrifice royal, le Philosophe dit : Je ne le connais pas. Celui qui connaîtrait ce sens, tout ce qui est sous le ciel serait pour lui clair et manifeste ; il n'éprouverait pas plus de difficultés à tout connaître qu'à poser le doigt dans la paume de sa main.

12. Il faut sacrifier aux ancêtres comme s'ils étaient présents ; il faut adorer les esprits et les génies comme s'ils étaient présents. Le Philosophe dit : Je ne fais pas les cé-

rémonies du sacrifice comme si ce n'était pas un sacrifice.

13. *Wang-sun-kia* demanda ce que l'on entendait en disant qu'il valait mieux adresser ses hommages au génie des grains qu'au génie du foyer. Le Philosophe dit : Il n'en est pas ainsi; dans cette supposition, celui qui a commis une faute envers le ciel [1] ne saurait pas à qui adresser sa prière.

14. Le Philosophe dit : Les fondateurs de la dynastie des *Tcheou* examinèrent les lois et la civilisation des deux dynasties qui les avaient précédés; quels progrès ne firent-ils pas faire à cette civilisation! Je suis pour les *Tcheou*.

15. Quand le Philosophe entra dans le grand temple, il s'informa minutieusement de chaque chose; quelqu'un s'écria : Qui dira maintenant que le fils de l'homme de *Tséou* [2] connaît les rites et les cérémonies? Lorsqu'il est entré dans le grand temple, il s'est informé minutieusement de chaque chose. Le Philosophe, ayant entendu ces paroles, dit : Cela même est conforme aux rites.

16. Le Philosophe dit : En tirant à la cible, il ne s'agit pas de dépasser le but, mais de l'atteindre; toutes les forces ne sont pas égales; c'était là la règle des anciens.

17. *Tseu-koung* désira abolir le sacrifice du mouton, qui s'offrait le premier jour de la douzième lune. Le Philosophe dit : *Sse*, vous n'êtes occupés que du sacrifice du mouton; moi, je ne le suis que de la cérémonie.

18. Le Philosophe dit : Si quelqu'un sert (maintenant) le prince comme il doit l'être, en accomplissant les rites, les hommes le considèrent comme un courtisan et un flatteur.

19. *Ting* (prince de *Lou*) demanda comment un prince doit employer ses ministres, et les ministres servir le prince. KHOUNG-TSEU répondit avec déférence : Un prince doit employer ses ministres selon qu'il est prescrit dans les rites; les ministres doivent servir le prince avec fidélité.

---

[1] « Envers la raison (*li*). » (*Comm.*)
[2] L'homme de *Tséou*, c'est-à-dire le père de KHOUNG-TSEU.

20. Le Philosophe dit : Les modulations joyeuses de l'ode *Kouan-tseu* n'excitent pas des désirs licencieux ; les modulations tristes ne blessent pas les sentiments.

21. *Ngaï-koung* (prince de *Lou*) questionna *Tsaï-ngo*, disciple de KHOUNG-TSEU, relativement aux autels ou tertres de terre érigés en l'honneur des génies. *Tsaï-ngo* répondit avec déférence : Les familles princières de la dynastie *Hia* érigèrent ces autels autour de l'arbre *pin* ; les hommes de la dynastie *Yn*, autour des *cyprès* ; ceux de la dynastie *Tcheou*, autour du *châtaignier* : car on dit que le *châtaignier* a la faculté de rendre le peuple craintif[1].

Le Philosophe, ayant entendu ces mots, dit : Il ne faut pas parler des choses accomplies, ni donner des avis concernant celles qui ne peuvent pas se faire convenablement ; ce qui est passé doit être exempt de blâme.

22. Le Philosophe dit : *Kouan-tchoung* (grand ou *tafou* de l'État de *Thsi*) est un vase de bien peu de capacité. Quelqu'un dit : *Kouan-tchoung* est donc avare et parcimonieux ? [Le Philosophe] répliqua : *Kouan-chi* (le même) a trois grands corps de bâtiment nommés *Kouei*, et dans le service de ses palais il n'emploie pas plus d'un homme pour un office : est-ce là de l'avarice et de la parcimonie ?

Alors, s'il en est ainsi, *Kouan-tchoung* connaît-il les rites ?

[Le Philosophe] répondit : Les princes d'un petit État ont leurs portes protégées par des palissades ; *Kouan-chi* a aussi ses portes protégées par des palissades. Quand deux princes d'un petit État se rencontrent, pour fêter leur bienvenue, après avoir bu ensemble, ils renversent leurs coupes ; *Kouan-chi* a aussi renversé sa coupe. Si *Kouan-chi* connaît les rites ou usages prescrits, pourquoi vouloir qu'il ne les connaisse pas ?

23. Le Philosophe, s'entretenant un jour sur la musique avec le *Taï-sse*, ou intendant de la musique du royaume de *Lou*, dit : En fait de musique, vous devez être parfai-

---

[1] Le nom même du châtaignier, *li*, signifie *craindre*.

tement instruit ; quand on compose un air, toutes les notes ne doivent-elles pas concourir à l'ouverture ? en avançant, ne doit-on pas chercher à produire l'harmonie, la clarté, la régularité, dans le but de compléter le chant ?

24. Le résident de *Y* demanda avec prière d'être introduit [près du Philosophe], disant : « Lorsque des hommes « supérieurs sont arrivés dans ces lieux, je n'ai jamais été « empêché de les voir. » Ceux qui suivaient le Philosophe l'introduisirent, et quand le résident sortit il leur dit : Disciples du Philosophe, en quelque nombre que vous soyez, pourquoi gémissez-vous de ce que votre maître a perdu sa charge dans le gouvernement ? L'empire [1] est sans lois, sans direction, depuis longtemps ; le ciel va prendre ce grand homme pour en faire un héraut [2] rassemblant les populations sur son passage, et pour opérer une grande réformation.

25. Le Philosophe appelait le chant de musique nommé *Tchao* (composé par *Chun*) parfaitement beau, et même parfaitement propre à inspirer la vertu. Il appelait le chant de musique nommé *Vou, guerrier*, parfaitement beau, mais nullement propre à inspirer la vertu.

26. Le Philosophe dit : Occuper le rang suprême, et ne pas exercer des bienfaits envers ceux que l'on gouverne ; pratiquer les rites et usages prescrits sans aucune sorte de respect, et les cérémonies funèbres sans douleur véritable : voilà ce que je ne puis me résigner à voir.

---

[1] Littéralement : *tout ce qui est sous le ciel* (*Thian-hia, le monde*).

[2] Tel est le sens que comportent les deux mots chinois *mou to*, littéralement : *clochette avec battant de bois*, dont se servaient les hérauts dans les anciens temps, pour rassembler la multitude dans le but de lui faire connaître un message du prince. (*Comment.*) Le texte porte littéralement : *le ciel va prendre votre maître pour en faire une clochette avec un battant de bois*. Nous avons dû traduire en le paraphrasant, pour en faire comprendre le sens.

## CHAPITRE IV.

#### COMPOSÉ DE 26 ARTICLES.

1. Le Philosophe dit : L'humanité ou les sentiments de bienveillance envers les autres sont admirablement pratiqués dans les campagnes ; celui qui, choisissant sa résidence, ne veut pas habiter parmi ceux qui possèdent si bien l'humanité ou les sentiments de bienveillance envers les autres, peut-il être considéré comme doué d'intelligence ?

2. Le Philosophe dit : Ceux qui sont dépourvus d'*humanité*[1] ne peuvent se maintenir longtemps vertueux dans la pauvreté, ne peuvent se maintenir longtemps vertueux dans l'abondance et les plaisirs. Ceux qui sont pleins d'humanité aiment à trouver le repos dans les vertus de l'humanité ; et ceux qui possèdent la science trouvent leur profit dans l'humanité.

3. Le Philosophe dit : Il n'y a que l'homme plein d'humanité qui puisse aimer véritablement les hommes et les haïr d'une manière convenable[2].

4. Le Philosophe dit : Si la pensée est sincèrement dirigée vers les vertus de l'humanité, on ne commettra point d'actions vicieuses.

5. Le Philosophe dit : Les richesses et les honneurs sont l'objet du désir des hommes ; si on ne peut les obtenir par des voies honnêtes et droites, il faut y renoncer. La pauvreté et une position humble ou vile sont l'objet de la haine et du mépris des hommes ; si on ne peut en sortir par des voies honnêtes et droites, il faut y rester. Si l'homme supérieur abandonne les vertus de l'humanité,

---

[1] Nous emploierons désormais ce terme pour rendre le caractère chinois *jin*, qui comprend toutes les vertus attachées à l'*humanité*.

[2] La même idée est exprimée presque avec les mêmes termes dans le *Ta-hio*, chap. x, § 14.

comment pourrait-il rendre sa réputation de sagesse parfaite? L'homme supérieur ne doit pas un seul instant [1] agir contrairement aux vertus de l'humanité. Dans les moments les plus pressés, comme dans les plus confus, il doit s'y conformer.

6. Le Philosophe dit : Je n'ai pas encore vu un homme qui aimât convenablement les hommes pleins d'humanité, qui eût une haine convenable pour les hommes vicieux et pervers. Celui qui aime les hommes pleins d'humanité ne met rien au-dessus d'eux; celui qui hait les hommes sans humanité pratique l'humanité; il ne permet pas que les hommes sans humanité approchent de lui.

Y a-t-il des personnes qui puissent faire un seul jour usage de toutes leurs forces pour la pratique des vertus de l'humanité? [S'il s'en est trouvé] je n'ai jamais vu que leurs forces n'aient pas été suffisantes [pour accomplir leur dessein], et, s'il en existe, je ne les ai pas encore vues.

7. Le Philosophe dit : Les fautes des hommes sont relatives à l'état de chacun. En examinant attentivement ces fautes, on arrivera à connaître si leur humanité était une véritable humanité.

8. Le Philosophe dit : Si le matin vous avez entendu la voix de la raison céleste, le soir vous pourrez mourir [2].

9. Le Philosophe dit : L'homme d'étude dont la pensée est dirigée vers la pratique de la raison, mais qui rougit de porter de mauvais vêtements et de se nourrir de mauvais aliments, n'est pas encore apte à entendre la sainte parole de la justice.

10. Le Philosophe dit : L'homme supérieur, dans toutes les circonstances de la vie, est exempt de préjugés et d'obstination; il ne se règle que d'après la justice.

[1] Littéralement : *intervalle d'un repas.*
[2] Le caractère *Tao* de cette admirable sentence, que nous avons traduit par *voix de la raison divine*, est expliqué ainsi par *Tchou hi*. La raison ou le principe des devoirs dans les actions de la vie : *sse we thang jan tchi li.*

11. Le Philosophe dit · L'homme supérieur fixe ses pensées sur la vertu; l'homme vulgaire les attache à la terre. L'homme supérieur ne se préoccupe que de l'observation des lois; l'homme vulgaire ne pense qu'aux profits.

12. Le Philosophe dit : Appliquez-vous uniquement aux gains et aux profits, et vos actions vous feront recueillir beaucoup de ressentiments.

13. Le Philosophe dit : L'on peut, par une réelle et sincère observation des rites, régir un royaume; et cela n'est pas difficile à obtenir. Si l'on ne pouvait pas, par une réelle et sincère observation des rites, régir un royaume, à quoi servirait de se conformer aux rites?

14. Le Philosophe dit : Ne soyez point inquiets de ne point occuper d'emplois publics; mais soyez inquiets d'acquérir les talents nécessaires pour occuper ces emplois. Ne soyez point affligés de ne pas encore être connus; mais cherchez à devenir dignes de l'être.

15. Le Philosophe dit : *San!* (nom de *Thsêng-tseu*) ma doctrine est simple et facile à pénétrer. *Thsêng-tseu* répondit : Cela est certain.

Le Philosophe étant sorti, ses disciples demandèrent ce que leur maître avait voulu dire. *Thsêng-tseu* répondit : « La doctrine de notre maître consiste uniquement à « avoir la droiture du cœur et à aimer son prochain « comme soi-même [1]. »

16. Le Philosophe dit : L'homme supérieur est influencé par la justice; l'homme vulgaire est influencé par l'amour du gain.

17. Le Philosophe dit : Quand vous voyez un sage, réfléchissez en vous-mêmes si vous avez les mêmes vertus que lui. Quand vous voyez un pervers, rentrez en vous-mêmes, et examinez attentivement votre conduite.

18. Le Philosophe dit : En vous acquittant de vos de-

---

[1] En chinois, *tchoung* et *chou*. On croira difficilement que notre traduction soit exacte; cependant nous ne pensons pas que l'on puisse en faire une plus fidèle.

voirs envers vos père et père, ne faites que très-peu d'observations ; si vous voyez qu'ils ne sont pas disposés à suivre vos remontrances, ayez pour eux les mêmes respects, et ne vous opposez pas à leur volonté ; si vous éprouvez de leur part de mauvais traitements, n'en murmurez pas.

19. Le Philosophe dit : Tant que votre père et votre mère subsistent, ne vous éloignez pas d'eux ; si vous vous éloignez, vous devez leur faire connaître la contrée où vous allez vous rendre.

20. Le Philosophe dit : Pendant trois années (depuis sa mort), ne vous écartez pas de la voie qu'a suivie votre père ; votre conduite pourra être alors appelée de la piété filiale.

21. Le Philosophe dit : L'âge de votre père et de votre mère ne doit pas être ignoré de vous ; il doit faire naître en vous tantôt de la joie, tantôt de la crainte.

22. Le Philosophe dit : Les anciens ne laissaient point échapper de vaines paroles, craignant que leurs actions n'y répondissent point.

23. Le Philosophe dit : Ceux qui se perdent en restant sur leurs gardes sont bien rares !

24. Le Philosophe dit : L'homme supérieur aime à être lent dans ses paroles, mais rapide dans ses actions.

25. Le Philosophe dit : La vertu ne reste pas comme une orpheline abandonnée ; elle doit nécessairement avoir des voisins.

26. *Tseu-yeou* dit : Si dans le service d'un prince il arrive de le blâmer souvent, on tombe bientôt en disgrâce. Si dans les relations d'amitié on blâme souvent son ami, on éprouvera bientôt son indifférence.

## CHAPITRE V.

### COMPOSÉ DE 27 ARTICLES.

1. Le Philosophe dit que *Kong-'chi-tchang* (un de ses

disciples) pouvait se marier, quoiqu'il fût dans les prisons, parce qu'il n'était pas criminel; et il se maria avec la fille du Philosophe.

Le Philosophe dit à *Nan-young* (un de ses disciples) que si le royaume était gouverné selon les principes de la droite raison, il ne serait pas repoussé des emplois publics; que si, au contraire, il n'était pas gouverné par les principes de la droite raison, il ne subirait aucun châtiment : et il le maria avec la fille de son frère aîné.

2. Le Philosophe dit que *Tseu-tsien* (un de ses disciples) était un homme d'une vertu supérieure. Si le royaume de *Lou* ne possédait aucun homme supérieur, où celui-ci aurait-il pris sa vertu éminente?

3. *Tseu-koung* fit une question en ces termes : Que pensez-vous de moi? Le Philosophe répondit : Vous êtes un vase. — Et quel vase? reprit le disciple. — Un vase chargé d'ornements [1], dit le Philosophe.

4. Quelqu'un dit que *Young* (un des disciples de KHOUNG-TSEU) était plein d'humanité, mais qu'il était dénué des talents de la parole. Le Philosophe dit : A quoi bon faire usage de la faculté de parler avec adresse? Les discussions de paroles que l'on a avec les hommes nous attirent souvent leur haine. Je ne sais pas s'il a les vertus de l'humanité; pourquoi m'informerais-je s'il sait parler avec adresse?

5. Le Philosophe pensait à faire donner à *Tsi-tiao-kai* (un de ses disciples) un emploi dans le gouvernement. Ce dernier dit respectueusement à son maître : Je suis encore tout à fait incapable de comprendre parfaitement les doctrines que vous nous enseignez. Le Philosophe fut ravi de ces paroles.

---

[1] Vase *hou lien*, richement orné, dont on faisait usage pour mettre le grain dans le temple des ancêtres. On peut voir les nos 21, 22, 23 (43e planche) des vases que l'auteur de cette traduction a fait graver, et publier dans le 1er volume de sa *Description historique, géographique et littéraire de l'empire de la Chine*. Paris, F. Didot. 1837.

6. Le Philosophe dit : La voie droite (sa doctrine) n'est point fréquentée. Si je me dipose à monter un bateau pour aller en mer, celui qui me suivra, n'est-ce pas *Yeou* (surnom de *Tseu-lou*)? *Tseu-lou*, entendant ces paroles, fut ravi de joie. Le Philosophe dit : *Yeou*, vous me surpassez en force et en audace, mais non en ce qui consiste à saisir la raison des actions humaines.

7. *Meng-wou-pe* (premier ministre du royaume de *Lou*) demanda si *Tseu-lou* était humain. Le Philosophe dit : Je l'ignore. Ayant répété sa demande, le Philosophe répondit : S'il s'agissait de commander les forces militaires d'un royaume de mille chars, *Tseu-lou* en serait capable; mais je ne sais pas quelle est son humanité.

— Et *Kieou*, qu'en faut-il penser? Le Philosophe dit : *Kieou*? s'il s'agissait d'une ville de mille maisons, ou d'une famille de cent chars, il pourrait en être le gouverneur : je ne sais pas quelle est son humanité.

— Et *Tchi* (un des disciples de KHOUNG-TSEU), qu'en faut-il penser? Le Philosophe dit : *Tchi*, ceint d'une ceinture officielle, et occupant un poste à la cour, serait capable, par son élocution fleurie, d'introduire et de reconduire les hôtes : je ne sais pas quelle est son humanité.

8. Le Philosophe interpella *Tseu-koung*, en disant : Lequel de vous, ou de *Hoei*, surpasse l'autre en qualités ? [*Tseu-koung*] répondit avec respect : Moi *Sse*, comment oserais-je espérer d'égaler seulement *Hoei*? *Hoei* n'a besoin que d'entendre une partie d'une chose pour en comprendre de suite les dix parties; moi *Sse*, d'avoir entendu cette seule partie, je ne puis en comprendre que deux [sur dix].

Le Philosophe dit : Vous ne lui ressemblez pas; je vous accorde que vous ne lui ressemblez pas.

9. *Tsai-yu* se reposait ordinairement sur un lit pendant le jour. Le Philosophe dit : Le bois pourri ne peut être sculpté ; un mur de boue ne peut être blanchi : à quoi servirait-il de réprimander *Yu?*

Le Philosophe dit : Dans le commencement de mes relations avec les hommes, j'écoutais leurs paroles, et je croyais qu'ils s'y conformaient dans leurs actions. Maintenant, dans mes relations avec les hommes, j'écoute leurs paroles, mais j'examine leurs actions. *Tsai-yu* a opéré en moi ce changement.

10. Le Philosophe dit : Je n'ai pas encore vu un homme qui fût inflexible dans ses principes. Quelqu'un lui répondit avec respect : Et *Chin-tchang*? Le Philosophe dit : *Chang* est adonné au plaisir : comment serait-il inflexible dans ses principes ?

11. *Tseu-koung* dit : Ce que je ne désire pas que les hommes me fassent, je désire également ne pas le faire aux autres hommes. Le Philosophe dit : *Sse,* vous n'avez pas encore atteint ce point de perfection.

12. *Tseu-koung* dit : On peut souvent entendre parler notre maître sur les qualités et les talents nécessaires pour faire un homme parfaitement distingué; mais il est bien rare de l'entendre discourir sur la nature de l'homme et sur la raison céleste.

13. *Tseu-lou* avait entendu (dans les enseignements de son maître) quelque maxime morale qu'il n'avait pas encore pratiquée; il craignait d'en entendre encore de semblables.

14. *Tseu-koung* fit une question en ces termes : Pourquoi *Khoung-wen-tseu* est-il appelé *lettré,* ou *d'une éducation distinguée (wen)*? Le Philosophe dit : Il est intelligent, et il aime l'étude; il ne rougit pas d'interroger ses inférieurs (pour en recevoir d'utiles informations) ; c'est pour cela qu'il est appelé *lettré,* ou *d'une éducation distinguée.*

15. Le Philosophe dit que *Tseu-tchan* (grand de l'État de *Tching*) possédait les qualités, au nombre de quatre, d'un homme supérieur : ses actions étaient empreintes de gravité et de dignité; en servant son supérieur, il était respectueux ; dans les soins qu'il prenait pour la subsistance du peuple, il était plein de bienveillance et de sollicitude; dans la distribution des emplois publics, il était juste et équitable.

16. Le Philosophe dit : *Ngan-ping-tchoung* (grand de l'État de *Thsi*) savait se conduire parfaitement dans ses relations avec les hommes ; après un long commerce avec lui, les hommes continuaient à le respecter.

17. Le Philosophe dit : *Tchang-wen-tchoung* (grand du royaume de *Lou*) logea une grande tortue dans une demeure spéciale, dont les sommités représentaient des montagnes, et les poutres des herbes marines. Que doit-on penser de son intelligence ?

18. *Tseu tchang* fit une question en ces termes : Le mandarin *Tseu-wen* fut trois fois promu aux fonctions de premier ministre (*ling-yin*) sans manifester de la joie, et il perdit par trois fois cette charge sans montrer aucun regret. Comme ancien premier ministre, il se fit un devoir d'instruire de ses fonctions le nouveau premier ministre. Que doit-on penser de cette conduite? Le Philosophe dit qu'elle fut droite et parfaitement honorable. [Le disciple] reprit : Était-ce de l'humanité? [Le Philosophe] répondit : Je ne le sais pas encore ⋅ pourquoi [dans sa conduite toute naturelle] vouloir trouver la grande vertu de l'humanité?

*Tsoui-tseu* (grand du royaume de *Thsi*), ayant assassiné le prince de *Thsi*, *Tchin-wen-tseu* (également grand dignitaire, *ta-fou*, de l'État de *Thsi*), qui possédait dix quadriges (ou quarante chevaux de guerre), s'en défit, et se retira dans un autre royaume. Lorsqu'il y fut arrivé, il dit : « Ici aussi il y a des grands comme notre *Tsoui-tseu*. » Il s'éloigna de là, et se rendit dans un autre royaume. Lorsqu'il y fut arrivé, il dit encore : « Ici aussi il y a des grands comme notre *Tsoui-tseu*. » Et il s'éloigna de nouveau. Que doit-on penser de cette conduite ? Le Philosophe dit : Il était pur. — Était-ce de l'humanité? [Le Philosophe] dit : Je ne le sais pas encore; pourquoi [dans sa conduite toute naturelle] vouloir trouver la grande vertu de l'humanité?

19. *Ki-wen-tseu* (grand du royaume de *Lou*) réfléchissait trois fois avant d'agir. Le Philosophe, ayant entendu ces paroles, dit : Deux fois peuvent suffire.

20. Le Philosophe dit : *Ning-wou-tseu* (grand de l'État de *Wei*), tant que le royaume fut gouverné selon les principes de la droite raison, affecta de montrer sa science ; mais lorsque le royaume ne fut plus dirigé par les principes de la droite raison, alors il affecta une grande ignorance. Sa science peut être égalée ; sa [feinte] ignorance ne peut pas l'être.

21. Le Philosophe étant dans l'État de *Tchin*, s'écria : Je veux m'en retourner ! je veux m'en retourner ! les disciples que j'ai dans mon pays ont de l'ardeur, de l'habileté, du savoir, des manières parfaites ; mais ils ne savent pas de quelle façon ils doivent se maintenir dans la voie droite.

22. Le Philosophe dit : *Pe-i* et *Chou-tsi*[1] ne pensent point aux fautes que l'on a pu commettre autrefois [si l'on a changé de conduite] ; aussi il est rare que le peuple éprouve des ressentiments contre eux.

23. Le Philosophe dit : Qui peut dire que *Wei-sang-kao* était un homme droit? Quelqu'un lui ayant demandé du vinaigre, il alla en chercher chez son voisin pour le lui donner.

24. Le Philosophe dit : Des paroles fleuries, des manières affectées, et un respect exagéré, voilà ce dont *Tso-kieou-ming* rougit. Moi Khieou (petit nom du Philosophe) j'en rougis également. Cacher dans son sein de la haine et des ressentiments en faisant des démonstrations d'amitié à quelqu'un, voilà ce dont *Tso-kieou-ming* rougit. Moi Khieou, j'en rougis également.

25. *Yen-youan* et *Ki-lou* étant à ses côtés, le Philosophe leur dit : Pourquoi l'un et l'autre ne m'exprimez-vous pas votre pensée? *Tseu-lou* dit : Moi, je désire des chars, des chevaux, des pelisses fines et légères, pour les partager avec mes amis. Quand même ils me les prendraient, je n'en éprouverais aucun ressentiment.

*Yen-youan* dit : Moi, je désire de ne pas m'enorgueillir

---

[1] Deux fils du prince *Kou-tchou*.

de ma vertu ou de mes talents, et de ne pas répandre le bruit de mes bonnes actions.

*Tseu-lou* dit : Je désirerais entendre exprimer la pensée de notre maître. Le Philosophe dit : Je voudrais procurer aux vieillards un doux repos ; aux amis et à ceux avec lesquels on a des relations, conserver une fidélité constante ; aux enfants et aux faibles, donner des soins tout maternels[1].

26. Le Philosophe dit : Hélas ! je n'ai pas encore vu un homme qui ait pu apercevoir ses défauts et qui s'en soit blâmé intérieurement.

27. Le Philosophe dit : Dans un village de dix maisons, il doit y avoir des hommes aussi droits, aussi sincères que KHIEOU (lui-même) ; mais il n'y en a point qui aime l'étude comme lui.

## CHAPITRE VI.

### COMPOSÉ DE 28 ARTICLES.

1. Le Philosophe dit : *Young* peut remplir les fonctions de celui qui se place sur son siége, la face tournée vers le midi (c'est-à-dire gouverner un État).

*Tchoung-koung* (*Young*) dit : Et *Tsang-pe-tseu ?* Le Philosophe dit : Il le peut ; il a le jugement libre et pénétrant.

*Tchoung-koung* dit : Se maintenir toujours dans une situation digne de respect, et agir d'une manière grande et libérale dans la haute direction des peuples qui nous sont confiés, n'est-ce pas là aussi ce qui rend propre à gouverner ? Mais si on n'a que de la libéralité, et que toutes ses actions répondent à cette disposition de caractère, n'est-ce pas manquer des conditions nécessaires et ne posséder que l'excès d'une qualité ?

---

[1] « Laissez venir a moi les petits enfants. » (*Évangile.*)

Le Philosophe dit : Les paroles de *Young* sont conformes à la raison.

2. *Ngai-kong* demanda quel était celui des disciples du Philosophe qui avait le plus grand amour de l'étude.

KHOUNG-TSEU répondit avec déférence : Il y avait *Yan-hoei* qui aimait l'étude avec passion ; il ne pouvait éloigner de lui l'ardent désir de savoir ; il ne commettait pas deux fois la même faute. Malheureusement sa destinée a été courte, et il est mort jeune. Maintenant il n'est plus[1] ! je n'ai pas appris qu'un autre eût un aussi grand amour de l'étude.

3. *Tseu-hoa* ayant été envoyé (par le Philosophe) dans le royaume de *Tchi*, *Yan-tseu* demanda du riz pour la mère de *Tseu-hoa*, qui était momentanément privée de la présence de son fils. Le Philosophe dit : Donnez-lui-en une mesure. Le disciple en demanda davantage. Donnez-lui-en une mesure et demie, répliqua-t-il. *Yan-tseu* lui donna cinq *ping* de riz (ou huit mesures).

Le Philosophe dit : *Tchi* (*Tseu-hoa*), en se rendant dans l'État de *Thsi*, montait des chevaux fringants, portait des pelisses fines et légères ; j'ai toujours entendu dire que l'homme supérieur assistait les nécessiteux, et n'augmentait pas les richesses du riche.

*Youan-sse* (un des disciples du Philosophe) ayant été fait gouverneur d'une ville, on lui donna neuf cents mesures de riz pour ses appointements. Il les refusa.

Le Philosophe dit : Ne les refusez pas ; donnez-les aux habitants des villages voisins de votre demeure.

4. Le Philosophe, interpellant *Tchoung-koung*, dit : Le petit d'une vache de couleur mêlée, qui aurait le poil jaune et des cornes sur la tête, quoiqu'on puisse désirer ne l'employer à aucun usage, [les génies] des montagnes et des rivières le rejetteraient-ils ?

5. Le Philosophe dit : Quant à *Hoei*, son cœur pendant trois mois ne s'écarta point de la grande vertu de l'huma-

---

[1] *Yan-hoei* mourut à trente-deux ans.

nité. Les autres hommes agissent ainsi pendant un jour ou un mois ; et voilà tout !

6. *Ki-kang-tseu* demanda si *Tchoung-yeou* pourrait occuper un emploi supérieur dans l'administration publique. Le Philosophe dit : *Yeou* est certainement propre à occuper un emploi dans l'administration publique ; pourquoi ne le serait-il pas ? — Il demanda ensuite : Et *Sse* est-il propre à occuper un emploi supérieur dans l'administration publique ? — *Sse* a un esprit pénétrant, très-propre à occuper un emploi supérieur dans l'administration publique ; pourquoi non ? — Il demanda encore : *Kieou* est-il propre à occuper un emploi supérieur dans l'administration publique ? — *Kieou*, avec ses talents nombreux et distingués, est très-propre à occuper un emploi supérieur dans l'administration publique ; pourquoi non ?

7. *Ki-chi* envoya un messager à *Min-tseu-kien* (disciple de Khoung-tseu), pour lui demander s'il voudrait être gouverneur de *Pi*. *Min-tseu-kien* répondit : Veuillez remercier pour moi votre maître ; et s'il m'envoyait de nouveau un messager, il me trouverait certainement établi sur les bords de la rivière *Wan* (hors de ses États).

8. *Pe-nieou* (disciple de Khoung-tseu) étant malade, le Philosophe demanda à le voir. Il lui prit la main à travers la croisée, et dit : Je le perds ! c'était la destinée de ce jeune homme qu'il eût cette maladie ; c'était la destinée de ce jeune homme qu'il eût cette maladie !

9. Le Philosophe dit : Oh ! qu'il était sage, *Hoeï* ! il avait un vase de bambou pour prendre sa nourriture, une coupe pour boire, et il demeurait dans l'humble réduit d'une rue étroite et abandonnée ; un autre homme que lui n'aurait pu supporter ses privations et ses souffrances. Cela ne changeait pas cependant la sérénité de *Hoeï* : oh ! qu'il était sage, *Hoeï* !

10. *Yan-kieou* dit : Ce n'est pas que je ne me plaise dans l'étude de votre doctrine, maître ; mais mes forces sont insuffisantes. Le Philosophe dit : Ceux dont les forces sont insuffisantes font la moitié du chemin et

s'arrêtent ; mais vous, vous manquez de bonne volonté.

11. Le Philosophe, interpellant *Tseu-hia*, lui dit : Que votre savoir soit le savoir d'un homme supérieur, et non celui d'un homme vulgaire.

12. Lorsque *Tseu-yeou* était gouverneur de la ville de *Wou*, le Philosophe lui dit : Avez-vous des hommes de mérite ? Il répondit : Nous avons *Tan-tai*, surnommé *Mie-ming*, lequel en voyageant ne prend point de chemin de traverse, et qui, excepté lorsqu'il s'agit d'affaires publiques, n'a jamais mis les pieds dans la demeure de *Yen* (*Tseu-yeou*).

13. Le Philosophe dit : *Meng-tchi-fan* (grand de l'État de *Lou*) ne se vantait pas de ses belles actions. Lorsque l'armée battait en retraite, il était à l'arrière-garde ; mais lorsqu'on était près d'entrer en ville, il piquait son cheval et disait : Ce n'est pas que j'aie eu plus de courage que les autres pour rester en arrière ; mon cheval ne voulait pas avancer.

14. Le Philosophe dit : Si l'on n'a pas l'adresse insinuante de *To*, intendant du temple des ancêtres, et la beauté de *Soung-tchao*, il est difficile, hélas ! d'avancer dans le siècle où nous sommes.

15. Le Philosophe dit : Comment sortir d'une maison sans passer par la porte? pourquoi donc les hommes ne suivent-ils pas la droite voie ?

16. Le Philosophe dit : Si les penchants naturels de l'homme dominent son éducation, alors ce n'est qu'un rustre grossier ; si, au contraire, l'éducation domine les penchants naturels de l'homme [dans lesquels sont comprises la droiture, la bonté de cœur, etc.], alors ce n'est qu'un homme politique. Mais lorsque l'éducation et les penchants naturels sont dans d'égales proportions, ils forment l'homme supérieur.

17. Le Philosophe dit : La nature de l'homme est droite ; si cette droiture du naturel vient à se perdre pendant la vie, on a repoussé loin de soi tout bonheur.

18. Le Philosophe dit : Celui qui connaît les principes

de la droite raison n'égale pas celui qui les aime ; celui qui les aime n'égale pas celui qui en fait ses délices et les pratique.

19. Le Philosophe dit : Les hommes au-dessus d'une intelligence moyenne peuvent être instruits dans les plus hautes connaissances du savoir humain ; les hommes au-dessous d'une intelligence moyenne ne peuvent pas être instruits des hautes connaissances du savoir humain.

20. *Fan-tchi* demanda ce que c'était que le savoir. Le Philosophe dit : Employer toutes ses forces pour faire ce qui est juste et convenable aux hommes; révérer les esprits et les génies, et s'en tenir toujours à la distance qui leur est due : voilà ce que l'on peut appeler *savoir*. Il demanda ce que c'était que l'humanité. L'humanité [dit le Philosophe], c'est ce qui est d'abord difficile à pratiquer, et que l'on peut cependant acquérir par beaucoup d'efforts : voilà ce qui peut-être appelé *humanité*.

21. Le Philosophe dit : L'homme instruit est [comme] une eau limpide qui réjouit ; l'homme humain est [comme] une montagne qui réjouit. L'homme instruit a en lui un grand principe de mouvement; l'homme humain un principe de repos. L'homme instruit a en lui des motifs instantanés de joie ; l'homme humain a pour lui l'éternité.

22. Le Philosophe dit : L'État de *Thsi*, par un changement ou une révolution, arrivera à la puissance de l'État de *Lou*; l'État de *Lou*, par une révolution, arrivera au gouvernement de la droite raison.

23. Le Philosophe dit : Lorsqu'une coupe à anses a perdu ses anses, est-ce encore une coupe à anses, est-ce encore une coupe à anses ?

24. *Tsai-ngo* fit une question en ces termes : Si un homme plein de la vertu de l'humanité se trouvait interpellé en ces mots : « Un homme est tombé dans un puits, » pratiquerait-il la vertu de l'humanité, s'il l'y suivait ? Le Philosophe dit : Pourquoi agirait-il ainsi ? Dans ce cas, l'homme supérieur doit s'éloigner; il ne doit pas se précipiter lui-même dans le puits; il ne doit point s'abuser

sur l'étendue du devoir, qui ne l'oblige point à perdre la vie [pour agir contrairement aux principes de la raison].

25. Le Philosophe dit : L'homme supérieur doit appliquer toute son étude à former son éducation, à acquérir des connaissances ; il doit attacher une grande importance aux rites ou usages prescrits. En agissant ainsi, il pourra ne pas s'écarter de la droite raison.

26. Le Philosophe ayant fait une visite à *Nan-tseu* (femme de *Ling-koung*, prince de l'État de *Wei*), *Tseu-lou* n'en fut pas satisfait. KHOUNG-TSEU s'inclina en signe de résignation, et dit : « Si j'ai mal agi, que le ciel me rejette, que le ciel me rejette. »

27. Le Philosophe dit : L'invariabilité dans le milieu est ce qui constitue la vertu ; n'en est-ce pas le faîte même ? Les hommes rarement y persévèrent.

28. *Tseu-koung* dit : S'il y avait un homme qui manifestât une extrême bienveillance envers le peuple, et ne s'occupât que du bonheur de la multitude, qu'en faudrait-il penser ? pourrait-on l'appeler homme doué de la vertu de l'humanité ? Le Philosophe dit : Pourquoi se servir [pour le qualifier] du mot *humanité ?* ne serait-il pas plutôt un *saint ? Yao* et *Chun* sembleraient même bien au-dessous de lui.

L'homme qui a la vertu de l'humanité désire s'établir lui-même, et ensuite établir les autres hommes ; il désire connaître les principes des choses, et ensuite les faire connaître aux autres hommes.

Avoir assez d'empire sur soi-même pour juger des autres par comparaison avec nous, et agir envers eux comme nous voudrions que l'on agît envers nous-mêmes, c'est ce que l'on peut appeler la doctrine de l'*humanité ;* il n'y a rien au delà.

## CHAPITRE VII.

### COMPOSÉ DE 37 ARTICLES.

1. Le Philosophe dit : Je commente, j'éclaircis (les an-

ciens ouvrages), mais je n'en compose pas de nouveaux. J'ai foi dans les anciens, et je les aime ; j'ai la plus haute estime pour notre *Lao-pang*[1].

2. Le Philosophe dit : Méditer en silence et rappeler à sa mémoire les objets de ses méditations ; se livrer à l'étude, et ne pas se rebuter ; instruire les hommes, et ne pas se laisser abattre : comment parviendrai-je à posséder ces vertus ?

3. Le Philosophe dit : La vertu n'est pas cultivée ; l'étude n'est pas recherchée avec soin ; si l'on entend professer des principes de justice et d'équité, on ne veut pas les suivre ; les méchants et les pervers ne veulent pas se corriger : voilà ce qui fait ma douleur !

4. Lorsque le Philosophe se trouvait chez lui, sans préoccupation d'affaires, que ses manières étaient douces et persuasives ! que son air était affable et prévenant !

5. Le Philosophe dit : Oh ! combien je suis déchu de moi-même ! depuis longtemps, je n'ai plus vu en songe *Tcheou-koung*[2].

6. Le Philosophe dit : Que la pensée soit constamment fixée sur les principes de la droite voie ;

Que l'on tende sans cesse à la vertu de l'humanité ;

Que l'on s'applique, dans les moments de loisir, à la culture des arts[3].

7. Le Philosophe dit : Dès l'instant qu'une personne est venue me voir, et m'a offert les présents d'usage[4], je n'ai jamais manqué de l'instruire.

8. Le Philosophe dit : Si un homme ne fait aucun effort pour développer son esprit, je ne le développerai point moi-même. Si un homme ne veut faire aucun usage de sa faculté de parler, je ne pénétrerai pas le sens de ses expressions ; si, après avoir fait connaître l'angle d'un

---

[1] Sage, *ta-fou*, de la dynastie des *Chang*.
[2] Voyez notre *Description de la Chine*, t. I, p. 84 et suiv.
[3] Ces arts sont, selon le Commentaire, les rites, la musique, l'art de tirer de l'arc, l'équitation, l'écriture et l'arithmétique.
[4] Des morceaux de viande salée et séchée au soleil.

carré, on ne sait pas la dimension des trois autres angles, alors je ne renouvelle pas la démonstration.

9. Quand le Philosophe se trouvait à table avec une personne qui éprouvait des chagrins de la perte de quelqu'un, il ne pouvait manger pour satisfaire son appétit. Le Philosophe, dans ce jour (de deuil), se livrait lui-même à la douleur, et il ne pouvait chanter.

10. Le Philosophe, interpellant *Yen-youan*, lui dit : Si on nous emploie dans les fonctions publiques, alors nous remplissons notre devoir ; si on nous renvoie, alors nous nous reposons dans la vie privée. Il n'y a que vous et moi qui agissions ainsi.

*Tseu-lou* dit : Si vous conduisiez trois corps d'armée ou *kiun* de douze mille cinq cents hommes chacun, lequel de nous prendriez-vous pour lieutenant ?

Le Philosophe dit : Celui qui de ses seules mains nous engagerait au combat avec un tigre ; qui, sans motifs, voudrait passer un fleuve à gué ; qui prodiguerait sa vie sans raison et sans remords : je ne voudrais pas le prendre pour lieutenant. Il me faudrait un homme qui portât une vigilance soutenue dans la direction des affaires ; qui aimât à former des plans et à les mettre à exécution.

11. Le Philosophe dit : Si, pour acquérir des richesses par des moyens honnêtes, il me fallait faire un vil métier, je le ferais ; mais si les moyens n'étaient pas honnêtes, j'aimerais mieux m'appliquer à ce que j'aime.

12. Le Philosophe portait la plus grande attention sur l'ordre, la guerre et la maladie.

13. Le Philosophe, étant dans le royaume de *Thsi*, entendit la musique nommée *Tchao* (de *Chun*). Il en éprouva tant d'émotion, que pendant trois lunes il ne connut pas le goût des aliments. Il dit : Je ne me figure pas que depuis la composition de cette musique on soit jamais arrivé à ce point de perfection.

14. *Yen-yeou* dit : Notre maître aidera-t-il le prince de *Wei* ? *Tseu-koung* dit : Pour cela, je le lui demanderai.

Il entra (dans l'appartement de son maître), et dit : Que pensez-vous de *Pe-i* et de *Chou-tsi?* Le Philosophe dit : Ces hommes étaient de véritables sages de l'antiquité. Il ajouta : N'éprouvèrent-ils aucun regret? — Ils cherchèrent à acquérir la vertu de l'humanité, et ils obtinrent cette vertu : pourquoi auraient-ils éprouvé des regrets? En sortant (*Tseu-koung*) dit : Notre maître n'assistera pas (le prince de *Wei*).

15. Le Philosophe dit : Se nourrir d'un peu de riz, boire de l'eau, n'avoir que son bras courbé pour appuyer sa tête, est un état qui a aussi sa satisfaction. Être riche et honoré par des moyens iniques, c'est pour moi comme le nuage flottant qui passe.

16. Le Philosophe dit : S'il m'était accordé d'ajouter à mon âge de nombreuses années, j'en demanderais cinquante pour étudier le *Y-king,* afin que je pusse me rendre exempt de fautes graves.

17. Les sujets dont le Philosophe parlait habituellement étaient le *Livre des Vers*, le *Livre des Annales* et le *Livre des Rites.* C'étaient les sujets constants de ses entretiens.

18. *Ye-kong* interrogea *Tseu-lou* sur KHOUNG-TSEU. *Tseu-lou* ne lui répondit pas.

Le Philosophe dit : Pourquoi ne lui avez-vous pas répondu? C'est un homme qui, par tous les efforts qu'il fait pour acquérir la science, oublie de prendre de la nourriture ; qui, par la joie qu'il éprouve de l'avoir acquise, oublie les peines qu'elle lui a causées, et qui ne s'inquiète pas de l'approche de la vieillesse. Je vous en instruis.

19. Le Philosophe dit : Je ne naquis point doué de la science. Je suis un homme qui a aimé les anciens, et qui a fait tous ses efforts pour acquérir leurs connaissances.

20. Le Philosophe ne parlait, dans ses entretiens, ni des choses extraordinaires, ni de la bravoure, ni des troubles civils, ni des esprits.

21. Le Philosophe dit : Si nous sommes trois qui voyagions ensemble, je trouverai nécessairement deux insti-

tuteurs [dans mes compagnons de voyage]; je choisirai l'homme de bien pour l'imiter, et l'homme pervers pour me corriger.

22. Le Philosophe dit : Le ciel a fait naître la vertu en moi; que peut donc me faire *Hoan-toui*?

23. Vous, mes disciples, tous tant que vous êtes, croyez-vous que j'aie pour vous des doctrines cachées? Je n'ai point de doctrines cachées pour vous. Je n'ai rien fait que je ne vous l'aie communiqué, ô mes disciples! C'est la manière d'agir de KHIEOU (de lui-même).

24. Le Philosophe employait quatre sortes d'enseignements : la littérature, la pratique des actions vertueuses, la droiture ou la sincérité, et la fidélité.

25. Le Philosophe dit : Je ne puis parvenir à voir un saint homme; tout ce que je puis, c'est de voir un sage.

Le Philosophe dit : Je ne puis parvenir à voir un homme véritablement vertueux ; tout ce que je puis, c'est de parvenir à voir un homme constant et ferme dans ses idées.

Manquer de tout, et agir comme si l'on possédait avec abondance ; être vide, et se montrer plein ; être petit, et se montrer grand, est un rôle difficile à soutenir constamment.

26. Le Philosophe pêchait quelquefois à l'hameçon, mais non au filet; il chassait aux oiseaux avec une flèche, mais non avec des pièges.

27. Le Philosophe dit : Comment se trouve-t-il des hommes qui agissent sans savoir ce qu'ils font? je ne voudrais pas me comporter ainsi. Il faut écouter les avis de beaucoup de personnes, choisir ce que ces avis ont de bon et le suivre; voir beaucoup et réfléchir mûrement sur ce que l'on a vu : c'est le second pas de la connaissance.

28. Les *Heou-hiang* (habitants d'un pays ainsi nommé) étaient difficiles à instruire. Un de leurs jeunes gens étant venu visiter les disciples du Philosophe, ils délibérèrent s'ils le recevraient parmi eux.

Le Philosophe dit : Je l'ai admis à entrer [au nombre de

mes disciples] ; je ne l'ai pas admis à s'en aller. D'où vient cette opposition de votre part? cet homme s'est purifié, s'est renouvelé lui-même afin d'entrer à mon école ; louez-le de s'être ainsi purifié ; je ne réponds pas de ses actions passées ou futures.

29. Le Philosophe dit : L'humanité est-elle si éloignée de nous ! je désire posséder l'humanité, et l'humanité vient à moi.

30. Le juge du royaume de *Tchin* demanda si *Tchao-kong* connaissait les rites. KHOUNG-TSEU dit : Il connaît les rites.

KHOUNG-TSEU s'étant éloigné, [le juge] salua *Ou-ma-ki*, et, le faisant entrer, il lui dit : J'ai entendu dire que l'homme supérieur ne donnait pas son assentiment aux fautes des autres ; cependant un homme supérieur y a donné son assentiment. Le prince s'est marié avec une femme de la famille *Ou,* du même nom que le sien, et il l'a appelée *Ou-meng-tseu.* Un prince doit connaître les rites et coutumes : pourquoi, lui, ne les connaît-il pas?

*Ou-ma-ki* avertit le Philosophe, qui s'écria : Que KHIEOU est heureux ! s'il commet une faute, les hommes sont sûrs de la connaître.

31. Lorsque le Philosophe se trouvait avec quelqu'un qui savait bien chanter, il l'engageait à chanter la même pièce une seconde fois, et il l'accompagnait de la voix.

32. Le Philosophe dit : En littérature, je ne suis pas l'égal d'autres hommes. Si je veux que mes actions soient celles d'un homme supérieur, alors je ne puis jamais atteindre à la perfection.

33. Le Philosophe dit : Si je pense à un homme qui réunisse la sainteté à la vertu de l'humanité, comment oserais-je me comparer à lui ! Tout ce que je sais, c'est que je m'efforce de pratiquer ces vertus sans me rebuter, et de les enseigner aux autres sans me décourager et me laisser abattre. C'est là tout ce que je vous puis dire de moi. *Kong-si-hoa* dit : Il est juste d'ajouter que nous, vos disciples, nous ne pouvons pas même apprendre ces choses.

34. Le Philosophe étant très-malade, *Tseu-lou* le pria de permettre à ses disciples d'adresser pour lui leurs prières [1] aux esprits et aux génies. Le Philosophe dit : Cela convient-il ? *Tseu-lou* répondit avec respect : Cela convient. Il est dit dans le livre intitulé *Loui* : « Adressez vos « *prières* aux esprits et aux génies d'en haut et d'en bas « [ du ciel et de la terre ]. » Le Philosophe dit : La prière de Khieou [ la sienne ] est permanente.

35. Le Philosophe dit : Si l'on est prodigue et adonné au luxe, alors on n'est pas soumis. Si l'on est trop parcimonieux, alors on est vil et abject. La bassesse est cependant encore préférable à la désobéissance.

36. Le Philosophe dit : L'homme supérieur a de l'équanimité et de la tranquillité d'âme. L'homme vulgaire éprouve sans cesse du trouble et de l'inquiétude.

37. Le Philosophe était d'un abord aimable et prévenant; sa gravité sans roideur et la dignité de son maintien inspiraient du respect sans contrainte.

## CHAPITRE VIII.

#### COMPOSÉ DE 21 ARTICLES.

1. Le Philosophe dit : C'est *Taï-pé* [2] qui pouvait être appelé souverainement vertueux ! on ne trouvait rien à ajouter à sa vertu. Trois fois il refusa l'empire, et le peuple ne voyait rien de louable dans son action désintéressée.

2. Le Philosophe dit : Si la déférence et le respect envers les autres ne sont pas réglés par les rites ou l'éducation, alors ce n'est plus qu'une chose fastidieuse ; si la vigilance et la sollicitude ne sont pas réglées par l'éducation, alors

---

[1] Le mot chinois, selon le commentateur, implique l'idée d'*éviter le mal* et d'*avancer dans la vertu* avec l'assistance des esprits. Si l'on n'a aucun motif de *prier*, alors on ne doit pas *prier*.

[2] Fils aîné de *Taï-wang*, des *Tchéou*.

ce n'est qu'une timidité outrée ; si le courage viril n'est pas réglé par l'éducation, alors ce n'est que de l'insubordination ; si la droiture n'est pas réglée par l'éducation, alors elle entraîne dans une grande confusion.

Si ceux qui sont dans une condition supérieure traitent leurs parents comme ils doivent l'être, alors le peuple s'élèvera à la vertu de l'humanité. Pour la même raison, s'ils ne négligent et n'abandonnent pas leurs anciens amis, alors le peuple n'agira pas d'une manière contraire.

3. *Thsêng-tseu*, étant dangereusement malade, fit venir auprès de lui ses disciples, et leur dit : Découvrez-moi les pieds, découvrez-moi les mains. Le *Livre des Vers* dit :

« Ayez la même crainte et la même circonspection

« Que si vous contempliez sous vos yeux un abîme
« profond,

« Que si vous marchiez sur une glace fragile ! » Maintenant ou plus tard, je sais que je dois vous quitter, mes chers disciples.

4. *Thsêng-tseu* étant malade, *Meng-king-tseu* (grand du royaume de *Lou*) demanda des nouvelles de sa santé. *Thsêng-tseu* prononça ces paroles : « Quand l'oiseau est
« près de mourir, son chant devient triste ; quand l'homme
« est près de mourir, ses paroles portent l'empreinte de
« la vertu. »

Les choses que l'homme supérieur met au-dessus de tout, dans la pratique de la raison, sont au nombre de trois : dans sa démarche et dans son attitude, il a soin d'éloigner tout ce qui sentirait la brutalité et la rudesse ; il fait en sorte que la véritable expression de sa figure représente autant que possible la réalité et la sincérité de ses sentiments ; que dans les paroles qui lui échappent de la bouche et dans l'intonation de sa voix, il éloigne tout ce qui pourrait être bas ou vulgaire et contraire à la raison. Quant à ce qui concerne les vases en bambou [ choses moins importantes ], il faut que quelqu'un préside à leur conservation.

5. *Thsêng-tseu* dit : Posséder la capacité et les talents,

et prendre avis de ceux qui en sont dépourvus; avoir beaucoup, et prendre avis de ceux qui n'ont rien; être riche, et se comporter comme si l'on était pauvre; être plein, et paraître vide ou dénué de tout; se laisser offenser sans en témoigner du ressentiment : autrefois j'avais un ami qui se conduisait ainsi dans la vie.

6. *Thsêng-tseu* dit : L'homme à qui l'on peut confier un jeune orphelin de six palmes (*tchi*) de haut [1], à qui l'on peut remettre l'administration et le commandement d'un royaume de cent *li* d'étendue, et qui, lorsque apparaît un grand déchirement politique, ne se laisse pas arracher à son devoir, n'est-ce pas un homme supérieur? Oui, c'est assurément un homme supérieur!

7. *Thsêng-tseu* dit : Les lettrés ne doivent pas ne pas avoir l'âme ferme et élevée; car leur fardeau est lourd, et leur route longue.

L'humanité est le fardeau qu'ils ont à porter (ou le devoir qu'ils ont à remplir) : n'est-il pas, en effet, bien lourd et bien important? C'est à la mort seulement qu'on cesse de le porter : la route n'est-elle pas bien longue?

8. Le Philosophe dit : Élevons notre esprit par la lecture du *Livre des Vers;* établissons nos principes de conduite sur le *Livre des Rites;* perfectionnons-nous par la *Musique.*

9. Le Philosophe dit : On peut forcer le peuple à suivre les principes de la justice et de la raison; on ne peut pas le forcer à les comprendre.

10. L'homme qui se plaît dans les actions courageuses et viriles, s'il éprouve les privations et les souffrances de la misère, causera du trouble et du désordre; mais l'homme qui est dépourvu des vertus de l'humanité, les souffrances et les privations même lui manquant, causera beaucoup plus de troubles et de désordres.

11. Le Philosophe dit : Supposé qu'un homme soit doué de la beauté et des talents de *Tcheou-koung,* mais qu'il soit

---

[1] L'héritier du trône.

en même temps hautain et d'une avarice sordide, ce qui lui reste de ses qualités ne vaut pas la peine qu'on y fasse attention.

12. Le Philosophe dit : Il n'est pas facile de trouver une personne qui pendant trois années se livre constamment à l'étude [ de la sagesse ] sans avoir en vue les émoluments qu'elle peut en retirer.

13. Le Philosophe dit : Celui qui a une foi inébranlable dans la vérité, et qui aime l'étude avec passion, conserve jusqu'à la mort les principes de la vertu, qui en sont la conséquence.

Si un État se trouve en danger de révolution [ par suite de son mauvais gouvernement ], n'allez pas le visiter ; un pays qui est livré au désordre ne peut pas y rester. Si un empire se trouve gouverné par les principes de la droiture et de la raison, allez le visiter ; s'il n'est pas gouverné par les principes de la raison, restez ignorés dans la retraite et la solitude.

Si un Etat est gouverné par les principes de la raison, la pauvreté et la misère sont un sujet de honte ; si un État n'est pas gouverné par les principes de la raison, la richesse et les honneurs sont alors les sujets de honte [1].

14. Le Philosophe dit : Si vous n'occupez pas des fonctions dans un gouvernement, ne donnez pas votre avis sur son administration.

15. Le Philosophe dit : Comme le chef de musique nommé *Tchi*, dans son chant qui commence par ces mots: *Kouan-tsiu-tchi-louan*, avait su charmer l'oreille par la grâce et la mélodie !

16. Le Philosophe dit : Être courageux et hardi sans droiture, hébété sans attention, inepte sans sincérité : je ne connais pas de tels caractères.

17. Le Philosophe dit : Étudiez toujours comme si vous ne pouviez jamais atteindre [au sommet de la science], comme si vous craigniez de perdre le fruit de vos études.

[1] Ces admirables principes n'ont pas besoin de commentaire.

18. Le Philosophe dit : Oh ! quelle élévation, quelle sublimité dans le gouvernement de *Chun* et de *Yu !* et cependant il n'était encore rien à leurs yeux.

19. Le Philosophe dit : Oh ! qu'elle était grande la conduite de *Yao* dans l'administration de l'empire ! qu'elle était élevée et sublime ! il n'y a que le ciel qui pouvait l'égaler en grandeur ; il n'y a que *Yao* qui pouvait imiter ainsi le ciel ! Ses vertus étaient si vastes et si profondes, que le peuple ne trouvait point de noms pour leur donner !

Oh ! quelle grandeur ! quelle sublimité dans ses actions et ses mérites ! et que les monuments qu'il a laissés de sa sagesse sont admirables !

20. *Chun* avait cinq ministres; et l'empire était bien gouverné.

*Wou-wang* disait : J'ai pour ministres dix hommes d'État habiles dans l'art de gouverner.

Khoung-tseu dit : Les hommes de talent sont rares et difficiles à trouver ; n'est-ce pas la vérité ? A partir de l'époque de *Chang* (*Yao*) et de *Yu* (*Chun*) jusqu'à ces ministres (de *Wou-wang*), pleins de mérites, il y a eu une femme, ainsi que neuf hommes de talent ; et voilà tout.

De trois parties qui formaient l'empire, (*Wen-wang*) en eut deux, avec lesquelles il continua à servir la dynastie de *Yn*. La vertu du fondateur de la dynastie des *Tcheou* peut être appelée une vertu sublime.

21. Le Philosophe dit : Je ne vois aucun défaut dans *Yu !* il était sobre dans le boire et le manger, et souverainement pieux envers les esprits et les génies. Ses vêtements ordinaires étaient mauvais et grossiers ; mais comme ses robes et ses autres habillements de cérémonie étaient beaux et parés ! Il habitait une humble demeure ; mais il employa tous ses efforts à faire élever des digues et creuser des canaux pour l'écoulement des eaux. Je ne vois aucun défaut dans *Yu*.

## CHAPITRE IX.

### COMPOSÉ DE 30 ARTICLES.

1. Le Philosophe parlait rarement du gain, du destin [ou mandat du ciel, *ming*] et de l'humanité [la plus grande des vertus].

2. Un homme du village de *Ta-hiang* dit : Que KHOUNG-TSEU est grand ! cependant ce n'est pas son vaste savoir qui a fait sa renommée.

Le Philosophe, ayant entendu ces paroles, interpella ses disciples en leur disant : Que dois-je entreprendre de faire ? Prendrai-je l'état de voiturier, ou apprendrai-je celui d'archer ? Je serai voiturier.

3. Le Philosophe dit : Autrefois on portait un bonnet d'étoffe de lin, pour se conformer aux rites ; maintenant on porte un bonnet de soie, comme plus économique ; je veux suivre la multitude. Autrefois on s'inclinait respectueusement au bas des degrés de la salle de réception pour saluer son prince, en se conformant aux rites ; maintenant on salue en haut des degrés. Ceci est de l'orgueil. Quoique je m'éloigne en cela de la multitude, je suivrai le mode ancien.

4. Le Philosophe était complétement exempt de quatre choses : il était sans amour-propre, sans préjugés, sans obstination et sans égoïsme.

5. Le Philosophe éprouva des inquiétudes et des frayeurs à *Kouang*. Il dit : *Wen-wang* n'est plus ; la mise en lumière de la pure doctrine ne dépend-elle pas maintenant de moi ?

Si le ciel avait résolu de laisser périr cette doctrine, ceux qui ont succédé à *Wen-wang*, qui n'est plus, n'auraient pas eu la faculté de la faire revivre et de lui rendre son ancien éclat. Le ciel ne veut donc pas que cette doctrine périsse. Que me veulent donc les hommes de *Kouang* ?

6. Un *Taï-tsaï*, ou grand fonctionnaire public, interrogea

un jour *Tseu-koung* en ces termes : Votre maître est-il un saint ? N'a-t-il pas un grand nombre de talents ?

*Tseu-koung* dit : Certainement le ciel lui a départi presque tout ce qui constitue la sainteté, et, en outre, un grand nombre de talents.

Le Philosophe, ayant entendu parler de ces propos, dit : Ce grand fonctionnaire me connaît-il ? Quand j'étais petit, je me suis trouvé dans des circonstances pénibles et difficiles ; c'est pourquoi j'ai acquis un grand nombre de talents pour la pratique des affaires vulgaires. L'homme supérieur possède-t-il un grand nombre de ces talents ? Non, il n'en possède pas un grand nombre.

*Lao* (un des disciples de KHOUNG-TSEU) dit : Le Philosophe répétait souvent : « Je ne fus pas employé jeune « dans les charges publiques ; c'est pourquoi je m'appli- « quai à l'étude des arts. »

7. Le Philosophe dit : Suis-je véritablement en possession de la science ? je n'en sais rien[1]. Mais s'il se rencontre un ignorant qui me fasse des questions, tant vides soient-elles, j'y réponds de mon mieux, en épuisant le sujet sous toutes ses faces.

8. Le Philosophe dit : L'oiseau nommé *Foung* ou *Foung-ling* ne vient pas, le fleuve ne fait pas sortir de son sein le [tableau sur lequel est figuré le dragon]. C'en est fait de moi.

9. Lorsque le Philosophe voyait quelqu'un en habits de deuil, ou portant le bonnet et la robe de magistrat, ou aveugle, quand même il eût été plus jeune que lui, il se levait à son approche [s'il se trouvait assis]. S'il passait devant lui assis, le Philosophe accélérait le pas.

10. *Yen-youan* s'écria en soupirant : Si je considère la doctrine de notre maître, je ne vois rien de plus élevé ; si je cherche à la pénétrer, je ne trouve rien de plus impénétrable ; si je la regarde comme devant mes yeux et me précédant, aussitôt elle m'échappe et me fuit.

---

[1] *Wou-tchi-ye*: non scio equidem.

Mon maître m'a cependant conduit pas à pas ; il a développé graduellement mon esprit, car il savait admirablement captiver les hommes par ses paroles ; il a étendu beaucoup mes connaissances dans les sciences qui constituent l'éducation, et il m'a surtout fait étudier le *Livre des Rites.*

Si je voulais m'arrêter, je ne le pouvais pas. Quand j'avais épuisé toutes mes forces, [cette doctrine] était toujours là comme fixée devant moi à une certaine distance. Quoique j'aie désiré ardemment de l'atteindre, je n'ai pu y parvenir.

11. Le Philosophe étant très-malade, *Tseu-lou* lui envoya un disciple pour lui servir de ministre.

Dans un intervalle [de souffrance] que lui laissa la maladie, le Philosophe dit : N'y a-t-il pas déjà longtemps que *Yeou* (*Tseu-lou*) se conduit d'une manière peu conforme à la raison ? Je n'ai pas de ministres, et cependant j'ai quelqu'un qui en fait les fonctions ; qui trompé-je, de moi ou du ciel ?

Plutôt que de mourir entre les mains d'un ministre, n'aurait-il pas mieux valu pour moi de mourir entre les mains de mes disciples ? Quoique, dans ce dernier cas, je n'eusse pas obtenu de grandes funérailles, je serais mort dans la droite voie !

12. *Tseu-koung* dit : Si j'avais un beau joyau dans les circonstances actuelles, devrais-je le renfermer et le cacher dans une boîte, ou chercher à le vendre un bon prix ? Le Philosophe dit : Vendez-le ! vendez-le ! Mais j'attendrais quelqu'un qui pût l'estimer sa valeur.

13. Le Philosophe temoigna le désir d'aller habiter parmi les *Kieou-i*, ou les neuf tribus barbares des régions orientales. Quelqu'un dit : Ce serait une condition vile et abjecte ; comment avoir un pareil désir ? Le Philosophe dit : Où l'homme supérieur, le sage, habite, comment y aurait-il bassesse et abjection ?

14. Le Philosophe dit : Lorsque du royaume de *Wei* je retournai dans celui de *Lou*, je corrigeai et rectifiai la

musique. Les chants compris sous les noms de *Ya* et de *Soung* [deux divisions du *Livre des Vers*] furent remis chacun à la place qu'ils doivent occuper.

15. Le Philosophe dit : Quand vous êtes hors de chez vous, rendez vos devoirs à vos magistrats supérieurs. Quand vous êtes chez vous, faites votre devoir envers vos père et mère et vos frères. Dans les cérémonies funèbres, ne vous permettez aucune négligence. Ne vous livrez à aucun excès dans l'usage du vin. Comment pourrais-je tolérer une conduite contraire?

16. Le Philosophe, étant sur le bord d'une rivière, dit : Comme elle coule avec majesté ! elle ne s'arrête ni jour ni nuit !

17. Le Philosophe dit : Je n'ai encore vu personne qui aimât autant la vertu que l'on aime la beauté du corps.

18. Le Philosophe dit : Soit une comparaison : je veux former un monticule de terre ; avant d'avoir rempli un panier, je puis m'arrêter ; je m'arrête. Soit une autre comparaison : je veux niveler un terrain ; quoique j'aie déjà transporté un panier de terre, j'ai toujours la liberté de discontinuer ou d'avancer ; je puis agir d'une façon ou d'une autre.

19. Le Philosophe dit : Dans le cours de nos entretiens, celui dont l'esprit ne se lassait point, ne s'engourdissait point, c'était *Hoeï*.

20. Le Philosophe, parlant de *Yen-youan* (*Hoeï*), disait : Hélas ! je le vis toujours avancer et jamais s'arrêter.

21. Le Philosophe dit : L'herbe pousse, mais ne donne point de fleurs ; si elle donne des fleurs, elle ne produit point de graines mûres. Voilà où en est le sage !

22. Le Philosophe dit : Dès l'instant qu'un enfant est né, il faut respecter ses facultés ; la science qui lui viendra par la suite ne ressemble en rien à son état présent. S'il arrive à l'âge de quarante ou de cinquante ans sans avoir rien appris, il n'est plus digne d'aucun respect.

23. Le Philosophe dit : Un langage sincère et conforme à la droite raison n'obtiendra-t-il pas l'assentiment universel ? C'est un changement de conduite, une conversion à la vertu, qui est honorable et bien par-dessus tout. Un langage insinuant et flatteur ne causera-t-il pas de la satisfaction à celui qui l'entend ? c'est la recherche du vrai qui est honorable et bien par-dessus tout. Eprouver de la satisfaction en entendant un langage flatteur, et ne pas rechercher le vrai ; donner son assentiment à un langage sincère et conforme à la droite raison, et ne pas se convertir à la vertu : c'est ce que je n'ai jamais approuvé et pratiqué moi-même.

24. Le Philosophe dit : Mettez toujours au premier rang la droiture du cœur et la fidélité ; ne contractez point d'amitié avec ceux qui ne vous ressemblent pas ; si vous commettez une faute, alors ne craignez pas de changer de conduite.

25. Le Philosophe dit : A une armée de trois divisions (un corps de 37,500 hommes) on peut enlever son général [et la mettre en déroute] ; à l'homme le plus abject ou le plus vulgaire on ne peut enlever sa pensée !

26. Le Philosophe dit : S'il y a quelqu'un qui, vêtu d'habits les plus humbles et les plus grossiers, puisse s'asseoir sans rougir à côté de ceux qui portent les vêtements les plus précieux et les plus belles fourrures, c'est *Yeou !*

« Sans envie de nuire et sans désirs ambitieux,

« A quelle action simple et vertueuse n'est-on pas « propre[1] ? »

*Tseu-lou (Yeou)* avait sans cesse la maxime précédente à la bouche. Le Philosophe dit : C'est à l'étude et à la pratique de la droite raison qu'il faut surtout s'appliquer ; comment suffirait-il de faire le bien ?

27. Le Philosophe dit : Quand la saison de l'hiver arrive, c'est alors que l'on reconnaît le pin et le cyprès [dont

[1] Paroles du *Livre des Vers.*

les feuilles ne tombent pas], tandis que les autres feuilles tombent.

28. Celui qui est instruit et éclairé par la raison n'hésite point ; celui qui possède la vertu de l'humanité n'éprouve point de regret ; celui qui est fort et courageux n'a point de crainte.

29. Le Philosophe dit : On peut s'appliquer de toutes ses forces à l'étude, sans pouvoir rencontrer les vrais principes de la raison, la véritable doctrine ; on peut rencontrer les vrais principes de la raison, sans pouvoir s'y établir d'une manière fixe ; on peut s'y établir d'une manière fixe, sans pouvoir déterminer leur valeur d'une manière certaine, relativement aux temps et aux circonstances.

30. « Les fleurs du prunier sont agitées de côté et
« d'autre,
« Et je pense à leur porter un appui.
« Comment ne penserais-je pas à toi.
« O ma demeure, dont je suis si éloigné[1] ! »

Le Philosophe dit : On ne doit jamais penser à la distance, quelle qu'elle soit, qui nous sépare [de la vertu].

## CHAPITRE X.

###### COMPOSÉ DE 18 ARTICLES.

1. KHOUNG-TSEU, lorsqu'il résidait encore dans son village, était extrêmement sincère et droit ; mais il avait tant de modestie, qu'il paraissait dépourvu de la faculté de parler.

Lorsqu'il se trouva dans le temple des ancêtres et à la cour de son souverain, il parla clairement et distincte-

---

[1] Citation d'un ancien *Livre des Vers*. Les deux premiers vers n'ont aucun sens, selon TCHOU-HI ; ils servent seulement d'exorde aux deux suivants.

ment; et tout ce qu'il dit portait l'empreinte de la réflexion et de la maturité.

2. A la cour, il parla aux officiers inférieurs avec fermeté et droiture; aux officiers supérieurs, avec une franchise polie.

Lorsque le prince était présent, il conservait une attitude respectueuse et digne.

3. Lorsque le prince le mandait à sa cour, et le chargeait de recevoir les hôtes[1], son attitude changeait soudain. Sa démarche était grave et mesurée, comme s'il avait eu des entraves aux pieds.

S'il venait à saluer les personnes qui se trouvaient auprès de lui, soit à droite, soit à gauche, sa robe, devant et derrière, tombait toujours droite et bien disposée.

Son pas était accéléré en introduisant les hôtes, et il tenait les bras étendus comme les ailes d'un oiseau.

Quand l'hôte était parti, il se faisait un devoir d'aller rendre compte [au prince] de sa mission en lui disant : « L'hôte n'est plus en votre présence. »

4. Lorsqu'il entrait sous la porte du palais, il inclinait le corps, comme si la porte n'avait pas été assez haute pour le laisser passer.

Il ne s'arrêtait point en passant sous la porte, et dans sa marche il ne foulait point le seuil de ses pieds.

En passant devant le trône, sa contenance changeait tout à coup; sa démarche était grave et mesurée, comme s'il avait eu des entraves. Ses paroles semblaient aussi embarrassées que ses pieds.

Prenant sa robe avec les deux mains, il montait ainsi dans la salle du palais, le corps incliné, et retenait son haleine comme s'il n'eût pas osé respirer.

En sortant, après avoir fait un pas, il se relâchait peu à peu de sa contenance grave et respectueuse, et prenait un air riant; et quand il atteignait le bas de l'escalier,

---

[1] Les princes ou grands vassaux qui gouvernent le royaume.
(TCHOU-HI.)

laissant retomber sa robe, il étendait de nouveau les bras comme les ailes d'un oiseau; et en repassant devant le trône, sa contenance changeait de nouveau, et sa démarche était grave et mesurée, comme s'il avait eu des entraves aux pieds.

5. En recevant la marque distinctive de sa dignité [comme envoyé de son prince], il inclina profondément le corps comme s'il n'avait pu la supporter. Ensuite il l'éleva en haut avec les deux mains, comme s'il avait voulu la présenter à quelqu'un, et la baissa jusqu'à terre, comme pour la remettre à un autre; présentant dans sa contenance et son attitude l'apparence de la crainte, et dans sa démarche tantôt lente, tantôt rapide, comme les différents mouvements de son âme.

En offrant les présents royaux selon l'usage, il avait une contenance grave et affable; en offrant les autres présents, son air avait encore quelque chose de plus affable et de plus prévenant.

6. Le Philosophe ne portait point de vêtements avec des parements pourpre ou bleu foncé.

Il ne faisait point ses habillements ordinaires d'étoffe rouge ou violette.

Dans la saison chaude, il portait une robe d'étoffe de chanvre fine ou grossière, sous laquelle il en mettait toujours une autre pour faire ressortir la première.

Ses vêtements noirs (d'hiver) étaient fourrés de peaux d'agneau; ses vêtements blancs, de peaux de daim; ses vêtements jaunes, de peaux de renard.

La robe qu'il portait chez lui eut pendant longtemps la manche droite plus courte que l'autre.

Son vêtement de nuit ou de repos était toujours une fois et demie aussi long que son corps.

Il portait dans sa maison des vêtements épais faits de poil de renard.

Excepté dans les temps de deuil, aucun motif ne l'empêchait de porter attaché à ses vêtements tout ce qui était d'usage.

S'il ne portait pas le vêtement propre aux sacrifices et aux cérémonies, nommé *wei-chang*, sa robe était toujours un peu ouverte sur le côté.

Il n'allait pas faire de visites de condoléance avec une robe garnie de peaux d'agneau et un bonnet noir.

Le premier jour de chaque lune, il mettait ses habits de cour, et se rendait au palais [pour présenter ses devoirs au prince].

7. Dans les jours d'abstinence, il se couvrait constamment d'une robe blanche de lin.

Dans ces mêmes jours d'abstinence, il se faisait toujours un devoir de changer sa manière de vivre ; il se faisait aussi un devoir de changer le lieu où il avait l'habitude de reposer.

8. Quant à la nourriture, il ne rejetait pas le riz cuit à l'eau, ni les viandes de bœuf ou de poisson découpées en petits morceaux.

Il ne mangeait jamais de mets corrompus par la chaleur, ni de poisson ni des autres viandes déjà entrées en putréfaction. Si la couleur en était altérée, il n'en mangeait pas ; si l'odeur en était mauvaise, il n'en mangeait pas ; s'ils avaient perdu leur saveur, il n'en mangeait pas ; si ce n'était pas des produits de la saison, il n'en mangeait pas.

La viande qui n'était pas coupée en lignes droites, il ne la mangeait pas. Si un mets n'avait pas la sauce qui lui convenait, il n'en mangeait pas.

Quand même il aurait eu beaucoup de viande à son repas, il faisait en sorte de n'en prendre jamais une quantité qui excédât celle de son pain ou de son riz. Il n'y avait que pour sa boisson qu'il n'était pas réglé ; mais il n'en prenait jamais une quantité qui pût porter le trouble dans son esprit.

Si le vin était acheté sur un marché public, il n'en buvait pas ; si on lui présentait de la viande sèche achetée sur les marchés, il n'en mangeait pas.

Il ne s'abstenait pas de gingembre dans ses aliments.

Il ne mangeait jamais beaucoup.

Quand on offrait les sacrifices et les oblations dans les palais du prince, il ne retenait pas pour lui, même pour une nuit, la viande qu'il avait reçue. Quand il y offrait lui-même les oblations de viande à ses ancêtres, il ne passait pas trois jours sans la servir ; si les trois jours étaient passés, on ne la mangeait plus.

En mangeant, il n'entretenait point de conversation ; en prenant son repos au lit, il ne parlait point.

Quand même il n'eût pris que très-peu d'aliments, et des plus communs, soit des végétaux, ou du bouillon, il en offrait toujours une petite quantité comme oblation ou libation ; et il faisait cette cérémonie avec le respect et la gravité convenables.

9. Si la natte sur laquelle il devait s'asseoir n'était pas étendue régulièrement, il ne s'asseyait pas dessus.

10. Quand des habitants de son village l'invitaient à un festin, il ne sortait de table que lorsque les vieillards qui portaient des bâtons étaient eux-mêmes sortis.

Quand les habitants de son village faisaient la cérémonie nommée *nô*, pour chasser les esprits malins, il se revêtait de sa robe de cour, et allait s'asseoir parmi les assistants du côté oriental de la salle.

11. Quand il envoyait quelqu'un prendre des informations dans d'autres États, il lui faisait deux fois la révérence, et l'accompagnait jusqu'à une certaine distance.

*Kang-tseu* lui ayant envoyé un certain médicament, il le reçut avec un témoignage de reconnaissance ; mais il dit : KHIEOU ne connaît pas assez ce médicament, il n'ose pas le goûter.

12. Son écurie ayant été incendiée, le Philosophe, de retour de la cour, dit : Le feu a-t-il atteint quelque personne ? je ne m'inquiète pas des chevaux.

13. Lorsque le prince lui envoyait en présent des aliments[1], il se faisait aussitôt un devoir de les placer régu-

---

[1] Cet usage s'est maintenu en Chine jusqu'à nos jours. Voyez les

lièrement sur sa table et de les goûter. Lorsque le prince lui envoyait un présent de chair crue, il la faisait toujours cuire, et il l'offrait ensuite [ aux mânes de ses ancêtres ]. Si le prince lui envoyait en présent un animal vivant, il se faisait un devoir de le nourrir et de l'entretenir avec soin. S'il était invité par le prince à dîner à ses côtés, lorsque celui-ci se disposait à faire une oblation, le Philosophe en goûtait d'abord.

S'il était malade, et que le prince allât le voir, il se faisait mettre la tête à l'orient, se revêtait de ses habits de cour, et se ceignait de sa plus belle ceinture.

Lorsque le prince le mandait près de lui, sans attendre son attelage, qui le suivait, il s'y rendait à pied.

14. Lorsqu'il entrait dans le grand temple des ancêtres, il s'informait minutieusement de chaque chose.

15. Si quelqu'un de ses amis venait à mourir, n'ayant personne pour lui rendre les devoirs funèbres, il disait : Le soin de ses funérailles m'appartient.

Recevait-il des présents de ses amis, quoique ce fussent des chars et des chevaux, s'il n'y avait pas de viande qu'il pût offrir comme oblation à ses ancêtres, il ne les remerciait par aucune marque de politesse.

16. Quand il se livrait au sommeil, il ne prenait pas la position d'un homme mort ; et lorsqu'il était dans sa maison, il se dépouillait de sa gravité habituelle.

Si quelqu'un lui faisait une visite pendant qu'il portait des habits de deuil, quand même c'eût été une personne de sa connaissance particulière, il ne manquait jamais de changer de contenance et de prendre un air convenable ; s'il rencontrait quelqu'un en bonnet de cérémonie, ou qui fût aveugle, quoique lui-même ne portât que ses vêtements ordinaires, il ne manquait jamais de lui témoigner de la déférence et du respect.

Quand il rencontrait une personne portant des vête-

diverses relations d'ambassades européennes à la cour de l'empereur de la Chine.

ments de deuil, il la saluait en descendant de son attelage ; il agissait de même lorsqu'il rencontrait les personnes qui portaient les tablettes sur lesquelles étaient inscrits les noms des citoyens [1].

Si l'on avait préparé pour le recevoir un festin splendide, il ne manquait jamais de changer de contenance et de se lever de table pour s'en aller.

Quand le tonnerre se faisait entendre tout à coup, ou que se levaient des vents violents, il ne manquait jamais de changer de contenance [de prendre un air de crainte respectueux envers le ciel] [2].

17. Quand il montait sur son char, il se tenait debout ayant les rênes en main.

Quand il se tenait au milieu, il ne regardait point en arrière, ni ne parlait sans un motif grave ; il ne montrait rien du bout du doigt.

18. Il disait : Lorsque l'oiseau aperçoit le visage du chasseur, il se dérobe à ses regards, et il va se reposer dans un lieu sûr.

Il disait encore : « Que le faisan qui habite là au som-
« met de la colline sait bien choisir son temps [pour pren-
« dre sa nourriture] ! » *Tseu-lou* ayant vu le faisan, voulut le prendre ; mais celui-ci poussa trois cris, et s'envola.

---

[1] Quels beaux sentiments, et comme ils relevent la dignité de l'homme !

[2] *Commentaire chinois.*

# HIA-MENG.

## SECOND LIVRE.

---

### CHAPITRE PREMIER.

COMPOSÉ DE 28 ARTICLES.

1. MENG-TSEU dit : Quand même vous auriez la pénétration de *Li-leou*[1], et l'habileté de *Koung-chou-tseu*[2], si vous ne faites pas usage du compas et de la règle, vous ne pourrez façonner des objets ronds et carrés. Quand même vous auriez l'ouïe aussi fine que *Sse-kouang*, si vous ne faites pas usage des six règles musicales, vous ne pourrez mettre en harmonie les cinq tons ; quand même vous suivriez les principes de *Yao* et de *Chun*, si vous n'employez pas un mode de gouvernement humain et libéral[3], vous ne pourrez pas gouverner pacifiquement l'empire.

---

[1] *Li-leou*, homme qui vivait du temps de *Hoang-ti*, et fameux par sa vue excessivement perçante. (*Commentaire.*)

[2] Son petit nom était *Pan*, homme du royaume de *Lou*, dont l'intelligence et le génie étaient extrêmes. (*Commentaire.*) Un autre commentateur chinois ajoute que cet homme avait construit pour sa mère un homme en bois qui remplissait les fonctions de cocher, de façon qu'une fois le ressort étant lâché, aussitôt le char était emporté rapidement comme par un mouvement qui lui était propre.

[3] *Jin-tching*, HUMANUM REGIMEN. La Glose explique ces mots en disant que *c'est l'observation et la pratique de lois propres à instruire le peuple et à pourvoir à ses besoins.*

avec le témoignage de ses père et mère et de ses frères.

5. *Nan-young* trois fois par jour répétait l'ode *Pekouei* du *Livre des Vers*, Khoung-tseu lui donna la fille de son frère en mariage.

6. *Ki-kang-tseu* demanda lequel des disciples du Philosophe avait le plus d'application et d'amour pour l'étude. Khoung-tseu répondit avec déférence : C'était *Yan-hoei* qui aimait le plus l'étude! mais, malheureusement, sa destinée a été courte ; il est mort avant le temps. Maintenant c'en est fait ; il n'est plus !

7. *Yan-youan* étant mort, *Yan-lou* (père de *Yan-youan*) pria qu'on lui remît le char du Philosophe pour le vendre, afin de faire construire un tombeau pour son fils avec le prix qu'il en retirerait.

Le Philosophe dit : Qu'il ait du talent ou qu'il n'en ait pas, chaque père reconnaît toujours son fils pour son fils. *Li* (ou *Pe-yu*, fils de Khoung-tseu) étant mort, il n'eut qu'un cercueil intérieur, et non un tombeau. Je ne puis pas aller à pied pour faire construire un tombeau [à *Yan-youan*] ; puisque je marche avec les grands dignitaires, je ne dois pas aller à pied.

8. *Yan-youan* étant mort, le Philosophe dit : Hélas! le ciel m'accable de douleurs ! hélas ! le ciel m'accable de douleurs !

9. *Yan-youan* étant mort, le Philosophe le pleura avec excès. Les disciples qui le suivaient dirent : Notre maître se livre trop à sa douleur.

[Le Philosophe] dit : N'ai-je pas éprouvé une perte extrême ?

Si je ne regrette pas extrêmement un tel homme, pour qui donc éprouverais-je une pareille douleur ?

10. *Yan-youan* étant mort, ses condisciples désirèrent lui faire de grandes funérailles. Le Philosophe dit : Il ne le faut pas.

Ses condisciples lui firent des funérailles somptueuses.

Le Philosophe dit : *Hoei* (*Yan-youan*) me considérait comme son père; moi, je ne puis le considérer comme mon fils : la cause n'en vient pas de moi, mais de mes disciples.

11. *Ki-lou* demanda comment il fallait servir les esprits et les génies. Le Philosophe dit : Quand on n'est pas encore en état de servir les hommes, comment pourrait-on servir les esprits et les génies ? — Permettez-moi, ajouta-t-il, que j'ose vous demander ce que c'est que la mort ? [Le Philosophe] dit : Quand on ne sait pas encore ce que c'est que la vie, comment pourrait-on connaître la mort.

12. *Min-tseu* se tenait près du Philosophe, l'air calme et serein ; *Tseu-lou*, l'air austère et hardi ; *Jan-yeou* et *Tseu-koung*, l'air grave et digne. Le Philosophe en était satisfait.

En ce qui concerne *Yeou* (ou *Tseu-lou*, dit-il), il ne lui arrivera pas de mourir de sa mort naturelle [1].

13. Les habitants du royaume de *Lou* voulaient construire un grenier public.

*Min-tseu-kian* dit : Pourquoi l'ancien ne servirait-il pas encore, et pourquoi agir comme vous le faites ? Qu'est-il besoin de le changer et d'en construire un autre [qui coûtera beaucoup de sueurs au peuple] [2] ?

Le Philosophe dit : Cet homme n'est pas un homme à vaines paroles ; s'il parle, c'est toujours à propos et dans un but utile.

14. Le Philosophe dit : Comment les sons de la guitare [3] de *Yeou* (*Tseu-lou*) peuvent-ils parvenir jusqu'à la porte de KHIEOU ? [A cause de cela] les disciples du Philosophe ne portaient plus le même respect à *Tseu-lou*. Le Philosophe dit : *Yeou* est déjà monté dans la grande salle, quoiqu'il ne soit pas encore entré dans la demeure intérieure.

15. *Tseu-koung* demanda lequel de *Sse* ou de *Chang*

---

[1] A cause de son esprit aventureux et hardi.
[2] Commentaire de Tchou-hi.
[3] Instrument de musique nommé *sse* en chinois. On en peut voir la figure dans notre ouvrage cité. *Planche* 2.

était le plus sage. Le Philosophe dit : *Sse* dépasse le but ; *Chang* ne l'atteint pas.

— Il ajouta : Cela étant ainsi, alors *Sse* est-il supérieur à *Chang?*

Le Philosophe dit : Dépasser, c'est comme ne pas atteindre.

16. *Ki-chi* était plus riche que *Tcheou-koung*, et cependant *Kieou* levait pour lui des tributs plus considérables, et il ne faisait que de les augmenter sans cesse.

Le Philosophe dit : Il n'est pas de ceux qui fréquentent mes leçons. Les petits enfants doivent publier ses crimes au bruit du tambour, et il leur est permis de le poursuivre de leurs railleries.

17. *Tchai* est sans intelligence.

*San* a l'esprit lourd et peu pénétrant.

*Sse* est léger et inconstant.

*Yeou* a les manières peu polies.

18. Le Philosophe dit : *Hoei*, lui, approchait beaucoup de la voie droite! il fut souvent réduit à la plus extrême indigence.

*Sse* ne voulait point admettre le mandat du ciel ; mais il ne cherchait qu'à accumuler des richesses. Comme il tentait beaucoup d'entreprises, alors il atteignait souvent son but.

19. *Tseu-tchang* demanda ce que c'était que la voie ou la règle de conduite de l'homme vertueux par sa nature. Le Philosophe dit : Elle consiste à marcher droit sans suivre les traces des anciens, et ainsi à ne pas pénétrer dans la demeure la plus secrète [des saints hommes].

20. Le Philosophe dit : Si quelqu'un discourt solidement et vivement, le prendrez-vous pour un homme supérieur, ou pour un rhéteur qui en impose?

21. *Tseu-lou* demanda si aussitôt qu'il avait entendu une chose [une maxime ou un précepte de vertu enseigné par le Philosophe] il devait la mettre immédiatement en pratique. Le Philosophe dit : Vous avez un père et un

frère aîné qui existent encore [et qui sont vos précepteurs naturels]; pourquoi donc, aussitôt que vous auriez entendu une chose, la mettriez-vous immédiatement en pratique? *Yan-yeou* demanda également si aussitôt qu'il avait entendu une chose il devait la mettre immédiatement en pratique. Le Philosophe dit : Aussitôt que vous l'avez entendue, mettez-la en pratique. *Kong-si-hoa* dit : *Yeou* (*Tseu-lou*) a demandé si aussitôt qu'il avait entendu une chose il devait la mettre immédiatement en pratique? Le maître a répondu : Vous avez un père et un frère aîné qui existent encore. *Khieou* (*Yan-yeou*) a demandé si aussitôt qu'il avait entendu une chose il devait la mettre immédiatement en pratique. Le maître a répondu : Aussitôt que vous l'avez entendue, mettez-la en pratique. Moi, *Tchi* (*Kong-si-hoa*), j'hésite [sur le sens de ces deux réponses]; je n'ose faire une nouvelle question. Le Philosophe dit : Quant à *Khieou*, il est toujours disposé à reculer; c'est pourquoi je l'aiguillonne pour qu'il avance; *Yeou* aime à surpasser les autres hommes; c'est pourquoi je le retiens.

22. Le Philosophe éprouva un jour une alarme dans *Kouang*. *Yan-youan* était resté en arrière. [Lorsqu'il eut rejoint], le Philosophe lui dit : Je vous croyais mort! [Le disciple] dit : Le maître étant vivant, comment *Hoeï* (*Yan-youan*) oserait-il mourir?

23. *Ki-tseu-jan*[1] demanda si *Tchouang-yeou* et *Yan-khieou* pouvaient être appelés de grands ministres.

Le Philosophe répondit : Je pensais que ce serait sur des choses importantes et extraordinaires que vous me feriez une question, et vous êtes venu me parler de *Yeou* et de *Khieou*!

Ceux que l'on appelle grands ministres servent leur prince selon les principes de la droite raison [et non se-

---

[1] Fils puîné de *Ki-chi*, qui, par la grande puissance que sa famille avait acquise, avait fait nommer ses deux fils ministres.

(Tchou-hi.)

lon les désirs du prince]¹ ; s'ils ne le peuvent pas, alors ils se retirent.

Maintenant *Yeou* et *Khieou* peuvent être considérés comme ayant augmenté le nombre des ministres.

Il ajouta : Alors ils ne feront donc que suivre la volonté de leur maître ?

Le Philosophe dit : Faire périr son père ou son prince, ce ne serait pas même suivre sa volonté.

24. *Tseu-lou*² fit nommer *Tseu-kao* gouverneur de *Pi*.

Le Philosophe dit : Vous avez fait du tort à ce jeune homme.

*Tseu-lou* dit : Il aura des populations à gouverner, il aura les esprits de la terre et des grains à ménager ; qu'a-t-il besoin de lire des livres [en pratiquant les affaires comme il va le faire] ? il deviendra par la suite assez instruit.

Le Philosophe dit : C'est là le motif pourquoi je hais les docteurs de cette sorte.

25. *Tseu-lou*, *Thseng-sie*³, *Yan-yeou*, *Kong-si-hoa* étaient assis aux côtés du Philosophe.

Le Philosophe dit : Ne serais-je même que d'un jour plus âgé que vous, n'en tenez compte dans nos entretiens [n'ayez aucune réserve par rapport à mon âge].

Demeurant à l'écart et dans l'isolement, alors vous dites : Nous ne sommes pas connus. Si quelqu'un vous connaissait, alors que feriez-vous ?

*Tseu-lou* répondit avec un air léger, mais respectueux : Supposé un royaume de dix mille chars de guerre, pressé entre d'autres grands royaumes, ajoutez même, par des armées nombreuses, et qu'avec cela il souffre de la disette et de la famine ; que *Yeou* (*Tseu-lou*) soit préposé à son administration, en moins de trois années je pourrais faire en sorte que le peuple de ce royaume reprît un courage

---

¹ *Commentaire.*
² *Tseu-lou* était gouverneur de *Ki-chi*.
³ Pere de *Thséng tseu*, rédacteur du *Ta-hio*.

viril et qu'il connût sa condition. Le Philosophe sourit à ces paroles.

Et vous, *Khieou*, que pensez-vous ?

Le disciple répondit respectueusement : Supposé une province de soixante ou de soixante et dix *li* d'étendue, ou même de cinquante ou de soixante *li*, et que *Khieou* soit préposé à son administration, en moins de trois ans je pourrais faire en sorte que le peuple eût le suffisant. Quant aux rites et à la musique, j'en confierais l'enseignement à un homme supérieur.

Et vous, *Tchi*, que pensez-vous ?

Le disciple répondit respectueusement : Je ne dirai pas que je puis faire ces choses ; je désire étudier. Lorsque se font les cérémonies du temple des ancêtres, et qu'ont lieu de grandes assemblées publiques, revêtu de ma robe d'azur et des autres vêtements propres à un tel lieu et à de telles cérémonies, je voudrais y prendre part en qualité d'humble fonctionnaire.

Et vous, *Tian*, que pensez-vous ?

Le disciple ne fit plus que de tirer quelques sons rares de sa guitare ; mais ces sons se prolongeant, il la déposa, et, se levant, il répondit respectueusement : Mon opinion diffère entièrement de celles de mes trois condisciples. — Le Philosophe dit : Qui vous empêche de l'exprimer ? chacun ici peut dire sa pensée. [ Le disciple ] dit : Le printemps n'étant plus, ma robe de printemps mise de côté, mais coiffé du bonnet de virilité[1], accompagné de cinq ou six hommes et de six ou sept jeunes gens, j'aimerais à aller me baigner dans les eaux de l'*Y*[2], à aller prendre le frais dans ces lieux touffus où l'on offre les sacrifices au ciel pour demander la pluie, moduler quelques airs, et retourner ensuite à ma demeure.

Le Philosophe, applaudissant à ces paroles par un soupir de satisfaction, dit : Je suis de l'avis de *Tian*.

---

[1] *Kouan*, bonnet que le père donne à son fils à l'âge de vingt ans.
[2] Située au midi de la ville de *Kou*.

Les trois disciples partirent, et *Thseng-sie* resta encore quelque temps. *Theng-sie* dit : Que doit-on penser des paroles de ces trois disciples ? Le Philosophe dit : Chacun d'eux a exprimé son opinion, et voilà tout. — Il ajouta : Maître, pourquoi avez-vous souri aux paroles de *Yeou* ?

[ Le Philosophe ] dit : On doit administrer un royaume selon les lois et coutumes établies; les paroles de *Yeou* n'étaient pas modestes, c'est pourquoi j'ai souri.

Mais *Khieou* lui-même n'exprimait-il pas le désir d'administrer aussi un État ? Comment voir cela dans une province de soixante à soixante et dix *li*, et même de cinquante à soixante *li* d'étendue ? ce n'est pas là un royaume.

Et *Tchi*, n'était-ce pas des choses d'un royaume dont il entendait parler ? ces cérémonies du temple des ancêtres, ces assemblées publiques ne sont-elles pas le privilège des grands de tous les ordres ? et comment *Tchi* pourrait-il y prendre part en qualité d'humble fonctionnaire ? qui pourrait donc remplir les grandes fonctions ?

## CHAPITRE XII.

#### COMPOSÉ DE 24 ARTICLES.

1. *Yan-youan* demanda ce que c'était que la vertu de l'humanité. Le Philosophe dit : Avoir un empire absolu sur soi-même, retourner aux rites [ ou aux lois primitives de la raison céleste manifestée dans les sages coutumes ], c'est pratiquer la vertu de l'humanité. Qu'un seul jour un homme dompte ses penchants et ses désirs déréglés, et qu'il retourne à la pratique des lois primitives, tout l'empire s'accordera à dire qu'il a la vertu de l'humanité. Mais la vertu de l'humanité dépend-elle de soi-même, ou bien dépend-elle des autres hommes ? *Yan-youan* dit : Permettez-moi de demander quelles sont les diverses ra-

mifications de cette vertu? Le Philosophe dit : Ne regardez rien contrairement aux rites ; n'entendez rien contrairement aux rites ; ne dites rien contrairement aux rites; ne faites rien contrairement aux rites. *Yan-youan* dit : Quoique *Hoei* (lui-même) n'ait pas fait preuve jusqu'ici de pénétration, il demande à mettre ces préceptes en pratique.

2. *Tchoung-koung* demanda ce que c'était que la vertu de l'humanité. Le Philosophe dit : Quand vous êtes sorti de chez vous, comportez-vous comme si vous deviez voir un hôte d'une grande distinction ; en dirigeant le peuple, comportez-vous avec le même respect que si vous offriez le grand sacrifice. Ce que vous ne désirez pas qui vous soit fait à vous-même, ne le faites pas aux autres hommes. [En vous comportant ainsi] dans le royaume, personne n'aura contre vous de ressentiment ; dans votre famille, personne n'aura contre vous de ressentiment.

*Tchoung-koung* dit : Quoique *Young* (*Tchoung-koung*) n'ait pas fait preuve jusqu'ici de pénétration, il demande à mettre ces préceptes en pratique.

3. *Sse-ma-nieou* demanda ce que c'était que la vertu de l'humanité.

Le Philosophe dit : Celui qui est doué de la vertu de l'humanité est sobre de paroles. — Il ajouta : Celui qui est sobre de paroles, c'est celui-là que l'on appelle doué de la vertu de l'humanité. Le Philosophe dit : Pratiquer l'humanité est une chose difficile ; pour en parler, ne faut-il pas être sobre de paroles ?

4. *Sse-ma-nieou* demanda ce qu'était l'homme supérieur. Le Philosophe dit : L'homme supérieur n'éprouve ni regrets ni crainte. [*Sse-ma-nieou*] ajouta : Celui qui n'éprouve ni regrets ni crainte, c'est celui-là que l'on appelle l'homme supérieur. Le Philosophe dit : Celui qui, s'étant examiné intérieurement, ne trouve en lui aucun sujet de peine, celui-là qu'aurait-il à regretter ? qu'aurait-il à craindre ?

5. *Sse-ma-nieou*, affecté de tristesse, dit : Tous les hommes ont des frères ; moi seul je n'en ai point !

*Tseu-hia* dit : *Chang* (lui-même) a entendu dire :

Que la vie et la mort étaient soumises à une loi immuable fixée dès l'origine, et que les richesses et les honneurs dependaient du ciel ;

Que l'homme supérieur veille avec une sérieuse attention sur lui-même, et ne cesse d'agir ainsi ; qu'il porte dans le commerce des hommes une déférence toujours digne, avec des manières distinguées et polies, regardant tous les hommes qui habitent dans l'intérieur des quatre mers [tout l'univers] comme ses propres frères. En agissant ainsi, pourquoi l'homme supérieur s'affligerait-il donc de n'avoir pas de frères ?

6. *Tseu-tchang* demanda ce que c'était que la pénétration. Le Philosophe dit : Ne pas écouter des calomnies qui s'insinuent à petit bruit comme une eau qui coule doucement, et des accusations dont les auteurs seraient prêts à se couper un morceau de chair pour les affirmer : cela peut être appelé de la pénétration. Ne pas tenir compte des calomnies qui s'insinuent à petit bruit comme une eau qui coule doucement, et des accusations dont les auteurs sont toujours prêts à se couper un morceau de chair pour les affirmer : cela peut être aussi appelé de l'extrême pénétration.

7. *Tseu-koung* demanda ce que c'était que l'administration des affaires publiques. Le Philosophe dit : Ayez de quoi fournir suffisamment aux besoins des populations, des troupes en quantité suffisante, et que le peuple vous soit fidèle.

*Tseu-koung* dit : Si l'on se trouve dans l'impossibilité de parvenir à ces conditions, et que l'une doive être écartée, laquelle de ces trois choses faut-il écarter de préférence ? [Le Philosophe] dit : Il faut écarter les troupes.

*Tseu-koung* dit : Si l'on se trouve dans l'impossibilité de parvenir aux autres conditions, et qu'il faille en écarter encore une, laquelle de ces deux choses faut-il écarter de préférence? [Le Philosophe] dit : Écartez les provisions. Depuis la plus haute antiquité, tous les hommes sont sujets à la mort; mais un peuple qui n'aurait pas de confiance et de fidélité dans ceux qui le gouvernent ne pourrait subsister.

8. *Ko-tseu-tching* (grand de l'État de *Wei*) dit : L'homme supérieur est naturel, sincère; et voilà tout. A quoi sert-il de lui donner les ornements de l'éducation?

*Tseu-koung* dit : Oh! quel discours avez-vous tenu, maître, sur l'homme supérieur! quatre chevaux attelés ne pourraient le ramener dans votre bouche. Les ornements de l'éducation sont comme le naturel; le naturel, comme les ornements de l'éducation. Les peaux de tigre et de léopard, lorsqu'elles sont tannées, sont comme les peaux de chien et de mouton tannées.

9. *Ngai-koung* questionna *Yeou-jo* en ces termes : L'année est stérile, et les revenus du royaume ne suffisent pas; que faire dans ces circonstances?

*Yeou-jo* répondit avec déférence : Pourquoi n'exigez-vous pas la dîme? [Le prince] dit : Les deux dixièmes ne me suffisent pas; d'après cela, que ferais-je du dixième seul?

[*Yeou-jo*] répondit de nouveau avec déférence : Si les cent familles [tout le peuple chinois] ont le suffisant, comment le prince ne l'aurait-il pas? les cent familles n'ayant pas le suffisant, pourquoi le prince l'exigerait-il?

10. *Tseu-tchang* fit une question concernant la manière dont on pouvait accumuler des vertus et dissiper les erreurs de l'esprit. Le Philosophe dit : Mettre au premier rang la droiture et la fidélité à sa parole; se livrer à tout ce qui est juste [en tâchant de se perfectionner chaque jour]: c'est accumuler des vertus. En aimant quelqu'un, désirer qu'il vive; en le détestant, désirer qu'il meure, c'est par conséquent désirer sa vie, et, en outre, désirer sa mort; c'est là le trouble, l'erreur de l'esprit.

L'homme parfait ne recherche point les richesses; il a

même du respect pour les phénomènes extraordinaires ¹.

11. *King-kong*, prince de *Thsi*, questionna Khoung-tseu sur le gouvernement.

Khoung-tseu lui répondit avec déférence : Que le prince soit prince ; le ministre, ministre ; le père, père ; le fils, fils. [Le prince] ajouta : Fort bien ! c'est la vérité ! si le prince n'est pas prince, si le ministre n'est pas ministre, si le père n'est pas père, si le fils n'est pas fils, quoique les revenus territoriaux soient abondants, comment parviendrais-je à en jouir et à les consommer ?

12. Le Philosophe dit : Celui qui avec la moitié d'une parole peut terminer des différends, n'est-ce pas *Yeou* (*Tseu-lou*)?

*Tseu-lou* ne met pas l'intervalle d'une nuit dans l'exécution de ses résolutions.

13. Le Philosophe dit : Je puis écouter des plaidoiries, et juger des procès comme les autres hommes ; mais ne serait-il pas plus nécessaire de faire en sorte d'empêcher les procès ² ?

14. *Tseu-tchang* fit une question sur le gouvernement. Le Philosophe dit : Réfléchissez mûrement, ne vous lassez jamais de faire le bien et de traiter les choses avec droiture.

15. Le Philosophe dit : Celui qui a des études très-étendues en littérature se fait un devoir de se conformer aux rites; il peut même prévenir les séditions.

16. Le Philosophe dit : L'homme supérieur perfectionne ou développe les bonnes qualités des autres hommes; il ne perfectionne pas ou ne développe pas leurs mauvais penchants; l'homme vulgaire est l'opposé.

17. *Ki-kang-tseu* questionna Khoung-tseu sur le gouvernement. Khoung-tseu répondit avec déférence : Le gouvernement, c'est ce qui est juste et droit. Si vous gou-

---

¹ Plusieurs commentateurs chinois regardent cette phrase comme défectueuse ou interpolée.

² Ce paragraphe se trouve déjà dans le *Ta-hio*, chap. IV, § 1.

vernez avec justice et droiture, qui oserait ne pas être juste et droit?

18. *Ki-kang-tseu,* ayant une grande crainte des voleurs, questionna KHOUNG-TSEU à leur sujet. KHOUNG-TSEU lui répondit avec déférence : Si vous ne désirez point le bien des autres, quand même vous les en recompenseriez, vos sujets ne voleraient point.

19. *Ki-kang-tseu* questionna de nouveau KHOUNG-TSEU sur la manière de gouverner, en disant : Si je mets à mort ceux qui ne respectent aucune loi, pour favoriser ceux qui observent les lois, qu'arrivera-t-il de là? KHOUNG-TSEU répondit avec déférence : Vous qui gouvernez les affaires publiques, qu'avez-vous besoin d'employer les supplices? aimez la vertu, et le peuple sera vertueux. Les vertus d'un homme supérieur sont comme le vent; les vertus d'un homme vulgaire sont comme l'herbe : l'herbe, lorsque le vent passe dessus, s'incline.

20. *Tseu-tchang* demanda quel devait être un chef pour pouvoir être appelé illustre [ou d'une vertu reconnue par tous les hommes].

Le Philosophe répondit : Qu'appelez-vous illustration?

*Tseu-tchang* répondit avec respect : Si l'on réside dans les provinces, d'entendre bien parler de soi; si l'on réside dans sa famille, d'entendre bien parler de soi.

Le Philosophe dit : Cela, c'est simplement une bonne renommée, et non de l'illustration. L'illustration dont il s'agit consiste à posséder le naturel, la droiture, et à chérir la justice ; à examiner attentivement les paroles des hommes, à considérer leur contenance, à soumettre sa volonté à celle des autres hommes. [De cette manière] si l'on réside dans les provinces, on est certainement illustre; si l'on réside dans sa famille, on est certainement illustre.

Cette renommée, dont il s'agit, consiste quelquefois à ne prendre que l'apparence de la vertu de l'humanité, et de s'en éloigner dans ses actions. En demeurant dans cette voie, on n'éprouve aucun doute; si l'on réside dans les provinces, on entendra bien parler de soi ; si l'on réside dans sa famille, on entendra bien parler de soi.

21. *Fan-tchi* ayant suivi le Philosophe dans la partie inférieure du lieu sacré où l'on faisait les sacrifices au ciel pour demander la pluie [*Wou-yu*] dit : Permettez-moi que j'ose vous demander ce qu'il faut faire pour accumuler des vertus, se corriger de ses défauts, et discerner les erreurs de l'esprit [1].

Le Philosophe dit : Oh ! c'est là une grande et belle question !

Il faut placer avant tout le devoir de faire ce que l'on doit faire [pour acquérir la vertu], et ne mettre qu'au second rang le fruit que l'on en obtient : n'est-ce pas là accumuler des vertus ? combattre ses défauts ou ses mauvais penchants, ne pas combattre les défauts ou les mauvais penchants des autres : n'est-ce pas là se corriger de ses défauts ? par un ressentiment ou une colère d'un seul matin perdre son corps, pour que le malheur atteigne ses parents : n'est-ce pas là un trouble de l'esprit ?

22. *Fan-tchi* demanda ce que c'était que la vertu de l'humanité. Le Philosophe dit : Aimer les hommes. — Il demanda ce que c'était que la science. Le Philosophe dit : Connaître les hommes. *Fan-tchi* ne pénétra pas le sens de ces réponses.

Le Philosophe dit : Élever aux honneurs les hommes justes et droits, et repousser tous les pervers : on peut, en agissant ainsi, rendre les pervers justes et droits.

*Fan-tchi*, en s'en retournant, rencontra *Tseu-hia*, et lui dit : Je viens de faire une visite à notre maître, et je l'ai questionné sur la science. Le maître m'a dit : Élever aux honneurs les hommes justes et droits, et repousser tous les pervers : on peut, en agissant ainsi, rendre les pervers justes et droits. Qu'a-t-il voulu dire ?

*Tseu-hia* dit : Oh ! que ces paroles sont fertiles en applications !

---

[1] Voyez l'*Article* 10 de ce même chapitre.

*Chun*, ayant obtenu l'empire, choisit parmi la foule et éleva aux plus grands honneurs *Kao-yao*; ceux qui étaient vicieux et pervers, il les tint éloignés. *Chang*, ayant obtenu l'empire, choisit parmi la foule et éleva aux plus grands honneurs *Y-yn*; ceux qui étaient vicieux et pervers, il les tint éloignés.

23. *Tseu-koung* demanda comment il fallait se comporter dans ses relations avec ses amis. Le Philosophe dit : Avertissez avec droiture de cœur, et ramenez votre ami dans le chemin de la vertu. Si vous ne pouvez pas agir ainsi, abstenez-vous. Ne vous déshonorez pas vous-même.

24. *Thséng-tseu* dit : L'homme supérieur emploie son éducation [ou ses talents acquis par l'étude] à rassembler des amis, et ses amis à l'aider dans la pratique de l'humanité.

## CHAPITRE XIII.

#### COMPOSÉ DE 30 ARTICLES.

1. *Tseu-lou* fit une question sur la manière de bien gouverner. Le Philosophe dit : Donnez, le premier, au peuple, et de votre propre personne, l'exemple de la vertu ; donnez, le premier, au peuple, et de votre propre personne, l'exemple des labeurs [1].

— Je vous prie d'ajouter quelque chose à ces instructions. — Ne vous lassez jamais d'agir ainsi.

2. *Tchoung-koung*, exerçant les fonctions de ministre de *Ki-chi*, fit une question sur la manière de bien gouverner. Le Philosophe dit : Commencez par avoir de bons fonctionnaires sous vos ordres pour diriger avec intelligence et probité les diverses branches de votre administration ; pardonnez les fautes légères ; élevez les hommes de vertus et de talents aux dignités publiques. [ *Tchoung-*

---

[1] Ces deux maximes sont exprimées dans le texte par quatre caractères : *sian-tchi, láo-tchi*; PRÆEAS EO, LABORES EO.

*koung*] ajouta : Comment connaître les hommes de vertus et de talents afin de les élever aux dignités ? [Le Philosophe] dit : Élevez aux dignités ceux que vous connaissez être tels ; ceux que vous ne connaissez pas, croyez-vous que les autres hommes les négligeront ?

3. *Tseu-lou* dit : Supposons que le prince de l'État de *Mei* vous désire, maître, pour diriger les affaires publiques ; à quoi vous appliqueriez-vous d'abord de préférence ?

Le Philosophe dit : Ne serait-ce pas à rendre correctes les dénominations mêmes des personnes et des choses ?

*Tseu-lou* dit : Est-ce véritablement cela ? Maître, vous vous écartez de la question. A quoi bon cette rectification ?

Le Philosophe dit : Vous êtes bien simple, *Yeou !* L'homme supérieur, dans ce qu'il ne connait pas bien, éprouve une sorte d'hésitation et d'embarras.

Si les dénominations ne sont pas exactes, correctes, alors les instructions qui les concernent n'y répondent pas comme il convient ; les instructions ne répondant pas aux dénominations des personnes et des choses, alors les affaires ne peuvent être traitées comme il convient.

Les affaires n'étant pas traitées comme il convient, alors les rites et la musique ne sont pas en honneur ; les rites et la musique n'étant pas en honneur, alors les peines et les supplices n'atteignent pas leur but d'équité et de justice ; les peines et les supplices n'atteignant pas leur but d'équité et de justice, alors le peuple ne sait où poser sûrement ses pieds et tendre ses mains.

C'est pourquoi l'homme supérieur, dans les noms qu'il donne, doit toujours faire en sorte que ses instructions y répondent exactement ; les instructions étant telles, elles devront être facilement exécutées. L'homme supérieur, dans ses instructions, n'est jamais inconsidéré ou futile.

4. *Fan-tchi* pria son maître de l'instruire dans l'agriculture. Le Philosophe dit : Je n'ai pas les connaissances d'un vieil agriculteur. Il le pria de lui enseigner la culture

des jardins. Il répondit : Je n'ai pas les connaissances d'un vieux jardinier.

*Fan-tchi* étant sorti, le Philosophe dit : Quel homme vulgaire que ce *Fan-siu!*

Si ceux qui occupent les rangs supérieurs dans la société aiment à observer les rites, alors le peuple n'osera pas ne pas les respecter; si les supérieurs se plaisent dans la pratique de la justice, alors le peuple n'osera pas ne pas être soumis; si les supérieurs chérissent la sincérité et la fidélité, alors le peuple n'osera pas ne pas pratiquer ces vertus. Si les choses se passent ainsi, alors les peuples des quatre régions, portant sur leurs épaules leurs enfants enveloppés de langes, accourront se ranger sous vos lois. [Quand on peut faire de pareilles choses], à quoi bon s'occuper d'agriculture ?

5. Le Philosophe dit : Qu'un homme ait appris à réciter les trois cents odes du *Livre des Vers*, s'il reçoit un traitement pour exercer des fonctions dans l'administration publique, qu'il ne sait pas remplir; ou s'il est envoyé comme ambassadeur dans les quatre régions du monde, sans pouvoir par lui-même accomplir convenablement sa mission ; quand même il aurait encore lu davantage, à quoi cela servirait-il ?

6. Le Philosophe dit : Si la personne de celui qui commande aux autres ou qui les gouverne est dirigée d'après la droiture et l'équité, il n'a pas besoin d'ordonner le bien pour qu'on le pratique ; si sa personne n'est pas dirigée par la droiture et l'équité, quand même il ordonnerait le bien, il ne serait pas obéi.

7. Le Philosophe dit : Les gouvernements des États de *Lou* et de *Wei* sont frères.

8. Le Philosophe disait de *Kong-tseu-king*, grand de l'État de *Wei*, qu'il s'était parfaitement bien comporté dans sa famille. Quand il commença à posséder quelque chose, il disait : J'aurai un jour davantage ; quand il eut un peu plus, il disait : C'est bien ; quand il eut de grandes richesses, il disait : C'est parfait.

9. Le Philosophe ayant voulu se rendre dans l'État de *Weï*, *Yan-yeou* conduisit son char.

Le Philosophe dit : Quelle multitude [quelle grande population] !

*Yan-yeou* dit : Une grande multitude, en effet. Qu'y aurait-il à faire pour elle ? Le Philosophe dit : La rendre riche et heureuse. [Le disciple] ajouta : Quand elle serait riche et heureuse, que faudrait-il faire encore pour elle ? [Le Philosophe] dit : L'instruire.

10. Le Philosophe dit : Si [un gouvernement] voulait m'employer aux affaires publiques, dans le cours d'une douzaine de lunes je pourrais déjà réformer quelques abus ; dans trois années, la réformation serait complète.

11. Le Philosophe dit : « Si des hommes sages et ver-« tueux gouvernaient un État pendant sept années, ils « pourraient dompter les hommes cruels [les convertir au « bien] et supprimer les supplices. » Qu'elles sont parfaites ces paroles [des anciens sages] !

12. Le Philosophe dit : Si je possédais le mandat de la royauté, il ne me faudrait pas plus d'une génération[1] pour faire régner partout la vertu de l'humanité.

13. Le Philosophe dit : Si quelqu'un règle sa personne selon les principes de l'équité et de la droiture, quelle difficulté éprouvera-t-il dans l'administration du gouvernement ? s'il ne règle pas sa personne selon les principes de l'équité et de la droiture, comment pourrait-il rectifier la conduite des autres hommes ?

14. *Yan-yeou* étant revenu de la cour, le Philosophe lui dit : Pourquoi si tard ? [Le disciple] lui répondit respectueusement : Nous avons eu à traiter des affaires concernant l'administration. Le Philosophe dit : C'étaient des affaires de famille, sans doute ; car s'il se fût agi des affaires d'administration publique, quoique je ne sois plus en fonctions, je suis encore appelé à en prendre connaissance.

---

[1] Un laps de temps de trente années. (TCHOU-HI.)

15. *Ting-kong* (prince de *Lou*) demanda s'il y avait un mot qui eût la puissance de faire prospérer un État. Khoung-tseu lui répondit avec déférence : Un seul mot ne peut avoir cette puissance ; on peut cependant approcher de cette concision désirée.

Il y a un proverbe parmi les hommes, qui dit : « Faire « son devoir comme prince est difficile ; le faire comme « ministre n'est pas facile[1]. »

Si vous savez que de faire son devoir comme prince est une chose difficile, n'est-ce pas en presque un seul mot trouver le moyen de faire prospérer un Etat ?

[Le même prince] ajouta : Y a-t-il un mot qui ait la puissance de perdre un Etat ? Khoung-tseu répondit avec déférence : Un seul mot ne peut avoir cette puissance ; on peut cependant approcher de cette concision désirée. Il y a un proverbe parmi les hommes, qui dit : « Je ne vois pas « qu'un prince ait plaisir à remplir ses devoirs, à moins « que ses paroles ne trouvent point de contradicteurs. » Qu'il fasse le bien, et qu'on ne s'y oppose pas : n'est-ce pas en effet très-bien ? qu'il fasse le mal, et que l'on ne s'y oppose pas : n'est-ce pas, dans ce peu de mots, trouver la cause de la ruine d'un Etat ?

16. *Ye-koung* demanda ce que c'était que le bon gouvernement.

Le Philosophe dit : Rendez satisfaits et contents ceux qui sont près de vous, et ceux qui sont éloignés accourront d'eux-mêmes.

17. *Tseu-hia*, étant gouverneur de *Kiu-fou* (ville de l'Etat de *Lou*), demanda ce que c'était que le bon gouvernement. Le Philosophe dit : Ne désirez pas aller trop vite dans l'expédition des affaires, et n'ayez pas en vue de petits avantages personnels. Si vous désirez expédier promptement les affaires, alors vous ne les comprendrez pas bien; si vous avez en vue de petits avantages person-

---

[1] Wěíki ùn, nân ; wěi tchin, poù ì : *agere principem difficile; agere ministrum, non facile.*

nels, alors les grandes affaires ne se termineront pas convenablement.

18. *Ye-kong*, s'entretenant avec KHOUNG-TSEU, dit : Dans mon village, il y a un homme d'une droiture et d'une sincérité parfaites ; son père ayant volé un mouton, le fils porta témoignage contre lui.

KHOUNG-TSEU dit : Les hommes sincères et droits de mon lieu natal diffèrent beaucoup de celui-là : le père cache les fautes de son fils, le fils cache les fautes de son père. La droiture et la sincérité existent dans cette conduite.

19. *Fan-tchi* demanda ce que c'était que la vertu de l'humanité. Le Philosophe répondit : Dans la vie privée, ayez toujours une tenue grave et digne ; dans le maniement des affaires, soyez toujours attentif et vigilant ; dans les rapports que vous avez avec les hommes, soyez droit et fidèle à vos engagements. Quand même vous iriez parmi les barbares des deux extrémités de l'empire, vous ne devez point négliger ces principes.

20. *Tseu-koung* fit une question en ces termes : A quelles conditions un homme peut-il être appelé lettré du premier ordre (*ssé*), ou homme d'État? Le Philosophe dit : Celui qui, dans ses actions et dans sa personne, a toujours le sentiment de la honte du mal ; qui, envoyé comme ambassadeur dans les quatre régions, ne déshonore pas le mandat de son prince : celui-là peut être appelé lettré du premier ordre ou homme d'État.

[ *Tseu-koung* ] ajouta : Permettez-moi de vous demander quel est celui qui vient après. [Le Philosophe] dit : Celui dont les parents et les proches vantent la piété filiale, et dont les compagnons de jeunesse célèbrent la déférence fraternelle.

Il ajouta encore : Permettez-moi de vous demander quel est celui qui vient ensuite ? [ Le Philosophe ] dit : Celui qui est toujours sincère dans ses paroles, ferme et persévérant dans ses entreprises, quand même il aurait la dureté de la pierre, qu'il serait un homme vulgaire, il peut cependant être considéré comme celui qui suit immédiatement.

Il poursuivit ainsi : Ceux qui sont de nos jours à la tête de l'administration publique, quels hommes sont-ils ?

Le Philosophe dit : Hélas ! ce sont des hommes de la même capacité que le boisseau nommé *téou* et la mesure nommée *chao*. Comment seraient-ils dignes d'être comptés ?

21. Le Philosophe dit : Je ne puis trouver des hommes qui marchent dans la voie droite, pour leur communiquer la doctrine; me faudra-t-il recourir à des hommes qui aient les projets élevés et hardis, mais qui manquent de résolution pour exécuter, ou, à défaut de science, doués d'un caractère persévérant et ferme ? Les hommes aux projets élevés et hardis, mais qui manquent de résolution pour exécuter, en avançant dans la voie droite, prennent, pour exemple à suivre, les actions extraordinaires des grands hommes; les hommes qui n'ont qu'un caractère persévérant et ferme s'abstiennent au moins de pratiquer ce qui dépasse leur raison.

22. Le Philosophe dit : Les hommes des provinces méridionales ont un proverbe ainsi conçu : « Un homme « qui n'a point de persévérance n'est capable ni d'exercer « l'art de la divination, ni celui de la médecine. » Ce proverbe est parfaitement juste.

« Celui qui ne persévère pas dans sa vertu éprouvera « quelque honte. » [*Y-king.*]

Le Philosophe dit : Celui qui ne pénètre pas le sens de ces paroles n'est propre à rien.

23. L'homme supérieur vit en paix avec tous les hommes, sans toutefois agir absolument de même.

L'homme vulgaire agit absolument de même, sans toutefois s'accorder avec eux.

24. *Tseu-koung* fit une question en ces termes : Si tous les hommes de son village chérissent quelqu'un, qu'en faut-il penser ? Le Philosophe dit : Cela ne suffit pas pour porter sur lui un jugement équitable. — Si tous les hommes de son village haïssent quelqu'un, qu'en faut-il

penser ? Le Philosophe dit : Cela ne suffit pas pour porter sur lui un jugement équitable. Ce serait bien différent si les hommes vertueux d'entre les habitants de ce village le chérissaient, et si les hommes vicieux de ce même village le haïssaient.

25. Le Philosophe dit : L'homme supérieur est facilement servi, mais difficilement satisfait. Si on tâche de lui déplaire par des moyens contraires à la droite raison, il n'est point satisfait. Dans l'emploi qu'il fait des hommes, il mesure leur capacité [il les emploie selon leur capacité]. L'homme vulgaire est difficilement servi et facilement satisfait. Si on tâche de lui plaire, quoique ce soit par des moyens contraires à la raison, il est également satisfait. Dans l'emploi qu'il fait des hommes il ne cherche que son avantage personnel.

26. Le Philosophe dit : L'homme supérieur, s'il se trouve dans une haute position, ne montre point de faste et d'orgueil ; l'homme vulgaire montre du faste et de l'orgueil, sans être dans une position élevée.

27. Le Philosophe dit : L'homme qui est ferme, patient, simple et naturel, sobre en paroles, approche beaucoup de la vertu de l'humanité.

28. *Tseu-lou* fit une question en ces termes : A quelles conditions un homme peut-il être appelé lettré du premier ordre, ou homme d'État ? Le Philosophe dit : Rechercher le vrai avec sincérité, exposer le résultat de ses recherches ou de ses informations avec la même sincérité ; avoir toujours un air affable et prévenant : voilà ce que l'on peut appeler les conditions d'un lettré du premier ordre. Les amis et les connaissances doivent être traités avec sincérité et franchise; les frères, avec affabilité et prévenance.

29. Le Philosophe dit : Si un homme vertueux instruisait le peuple pendant sept ans, il pourrait le rendre habile dans l'art militaire.

30. Le Philosophe dit : Employer à l'armée des populations non instruites dans l'art militaire, c'est les livrer à leur propre perte.

## CHAPITRE XIV.

### COMPOSÉ DE 47 ARTICLES.

1. *Hien* [1] demanda ce que c'était que la honte. Le Philosophe dit : Quand l'État est gouverné par les principes de la droite raison, recevoir des émoluments [2]; quand l'État n'est pas gouverné par les principes de la droite raison, recevoir également des émoluments : c'est là de la honte.

2. — Aimer à dompter son désir de combattre, et ne pas satisfaire ses ressentiments ni ses penchants avides : cela ne peut-il pas être considéré comme la vertu de l'humanité?

Le Philosophe dit : Si cela peut être considéré comme difficile, comme la vertu de l'humanité, c'est ce que je ne sais pas.

3. Le Philosophe dit : Si un lettré aime trop l'oisiveté et le repos de sa demeure, il n'est pas digne d'être considéré comme lettré.

4. Le Philosophe dit : Si l'État est gouverné par les principes de la droite raison, parlez hautement et dignement, agissez hautement et dignement. Si l'État n'est pas gouverné par les principes de la droite raison, agissez toujours hautement et dignement, mais parlez avec mesure et précaution.

5. Le Philosophe dit : Celui qui a des vertus doit avoir la faculté de s'exprimer facilement; celui qui a la faculté

---

[1] Petit nom de *Youan-sse.*

[2] Pour des fonctions que l'on ne remplit pas, ou que l'on n'a pas besoin de remplir.

« L'État étant bien gouverné, ne pas remplir activement ses fonctions ; l'État étant mal gouverné, ne pas avoir le courage d'être seul vertueux, et cependant savoir consommer ses émoluments : dans l'un et l'autre cas on doit éprouver de la honte. » (TCHOU-HI).

de s'exprimer facilement ne doit pas nécessairement posséder ces vertus. Celui qui est doué de la vertu de l'humanité doit posséder le courage viril; celui qui est doué du courage viril ne possède pas nécessairement la vertu de l'humanité.

6. *Nan-koung-kouo* questionna KHOUNG-TSEU en ces termes : *Y* savait parfaitement tirer de l'arc; *Ngao* savait parfaitement conduire un navire, même dans un bassin à sec. L'un et l'autre cependant ne trouvèrent-ils pas la mort? *Yu* et *Tsie* labouraient la terre de leur propre personne, et cependant ils obtinrent l'empire. Le maître ne répondit point. *Nan-koung-kouo* sortit. Le Philosophe dit: C'est un homme supérieur que cet homme-là! comme il sait admirablement rehausser la vertu!

7. Le Philosophe dit : Il y a eu des hommes supérieurs qui n'étaient pas doués de la vertu de l'humanité; mais il n'y a pas encore eu d'homme sans mérite qui fût doué de la vertu de l'humanité.

8. Le Philosophe dit : Si l'on aime bien, ne peut-on pas aussi bien châtier [1] ? Si l'on a de la droiture et de la fidélité, ne peut-on pas faire des remontrances?

9. Le Philosophe dit : S'il fallait rédiger les documents d'une mission officielle, *Pi-chin* en traçait le plan et les esquissait; *Chi-chou* les examinait attentivement et y plaçait les dits des anciens; l'ambassadeur chargé de remplir la mission, *Tseu-yu*, corrigeait le tout; *Tseu-tchan*, de *Thoung-li*, y ajoutait les divers ornements du style.

10. Quelqu'un demanda quel était *Tseu-tchan*. Le Philosophe dit : C'était un homme bienfaisant.

On demanda aussi quel était *Tseu-si*. [Le Philosophe] dit : Celui-là? celui-là? [cette question est déplacée].

On demanda quel était *Kouan-tchoung*. Il dit : C'est un homme qui avait enlevé à *Pe-chi* [2] un fief de trois cents familles. [Cependant ce dernier], se nourrissant d'aliments

---

[1] « Qui aime bien, châtie bien, » dit aussi un proverbe français.
[2] Grand de l'État de *Thsi*.

grossiers, ne laissa échapper jusqu'à la fin de ses jours aucune parole de ressentiment ou d'indignation.

11. Le Philosophe dit : Il est difficile d'être pauvre, et de n'éprouver aucun ressentiment ; il est facile en comparaison d'être riche, et de ne pas s'en enorgueillir.

12. Le Philosophe dit : *Meng-kong-tcho* (grand fonctionnaire du royaume de *Lou*) est très-propre à être le premier intendant des familles *Tchao* et *Weï* [1] ; mais il n'est pas capable d'être grand fonctionnaire des petits États de *Ting* et de *Sie*.

13. *Tseu-lou* demanda en quoi consistait l'homme accompli. Le Philosophe répondit : S'il réunit la science de *Wou-tchoung* [2], la modération de *Kong-tcho* [2], la force virile de *Tchouang-tseu* de *Pian* [3], l'habileté dans les arts de *Jen-khieou* ; si, outre cela, il est versé dans la connaissance des rites et de la musique, il peut être considéré comme un homme accompli.

Il ajouta : Qu'est-il besoin que l'homme accompli de nos jours soit tel qu'il vient d'être décrit ? Si, en voyant un profit à obtenir, il pense à la justice ; si, en voyant un danger, il dévoue sa vie ; si, lorsqu'il s'agit d'anciens engagements, il n'oublie pas les paroles de ses jours d'autrefois, il pourra aussi être considéré comme un homme accompli.

14. Le Philosophe questionna *Kong-ming*, surnommé *Kia* [4], sur *Kong-tcho wen-tseu* [5], en ces termes : Faut il le croire ? on dit que votre maître ne parle pas, ne rit pas, et n'accepte rien de personne ?

*Kong-ming-kia* répondit avec respect : Ceux qui ont rapporté cela vont trop loin. Mon maître parle en temps

---

[1] Familles de l'État de *Tçin*, ayant le rang de *king*, donné aux premiers dignitaires.
[2] Grand fonctionnaire de *Lou*.
[3] Grand fonctionnaire de la ville de *Pian*, dans l'État de *Lou*.
[4] De l'État de *Weï*.
[5] Grand dignitaire de l'État de *Weï*.

opportun ; il ne fatigue pas les autres de ses discours. Quand il faut être joyeux, il rit ; mais il ne fatigue pas les autres de sa gaieté. Quand cela est juste, il reçoit ce qu'on lui offre ; mais on n'est pas fatigué de sa facilité à recevoir. Le Philosophe dit : Il se comporte ainsi ! comment se peut-il comporter ainsi !

15. Le Philosophe dit : *Tsang-wou-tchoung* cherchait à obtenir du prince de *Lou* que sa postérité eût toujours la terre de *Fang* en sa possession. Quoiqu'il eût dit qu'il ne voulait pas l'exiger de son prince, je n'ajoute pas foi à ses paroles.

16. Le Philosophe dit : *Wen-kong*, prince de *Tçin*, était un fourbe sans droiture ; *Wan-kong*, prince de *Thsi*, était un homme droit sans fourberie.

17. *Tseu-lou* dit : *Wan-kong* tua *Kong-tseu-kieou*. *Tchao-hoü* mourut avec lui ; *Kouan-tchoung* ne mourut pas : ne doit-on pas dire qu'il a manqué de la vertu de l'humanité ?

Le Philosophe dit : *Wan-kong* réunit et pacifia tous les grands de l'État, sans recourir à la force des armes ; ce résultat fut dû à l'habileté de *Kouan-tchoung* : quel est celui dont l'humanité peut égaler la sienne ?

18. *Tseu-koung* dit : *Kouan-tchoung* n'était pas dénué de la vertu de l'humanité. Lorsque *Wan-kong* tua *Kong-tseu-kieou*, [*Kouan-tchoung*, son ministre] ne sut pas mourir ; mais il aida le meurtrier dans ses entreprises.

Le Philosophe dit : *Kouan-tchoung* aida *Wan-kong* à soumettre les grands de tous les ordres, à remettre de l'unité et de l'ordre dans l'empire. Le peuple, jusqu'à nos jours, a conservé les bienfaits de son administration. Sans *Kouan-tchoung* j'aurais les cheveux rasés, et ma robe suspendue en nœuds à mon côté gauche [selon la coutume des barbares [1]].

Pourquoi [*Kouan-tchoung*], comme un homme ou une femme vulgaire, aurait-il accompli le devoir d'une mé-

---

[1] *Commentaire.*

diocre fidélité, en s'étranglant ou en se jetant dans un fossé plein d'eau, sans laisser un souvenir dans la mémoire des hommes [1] !

19. L'intendant de *Kong-tcho-wen-tseu*, étant devenu ministre par le choix et avec l'appui de ce grand dignitaire, se rendit avec lui à la cour du prince. Le Philosophe, ayant appris ce fait, dit : Il était digne par ses vertus et ses connaissances d'être considéré comme *paré des ornements de l'éducation* (wen).

20. Le Philosophe ayant dit que *Ling-kong*, prince de *Wei*, était sans principes, *Khang-tseu* observa que s'il en était ainsi, pourquoi n'avait-il pas été privé de sa dignité ?

KHOUNG-TSEU dit : *Tchoung-cho-yu* préside à la réception des hôtes et des étrangers ; *Chou-to* préside aux cérémonies du temple des ancêtres ; *Wang-sun-kia* préside aux affaires militaires : cela étant ainsi, pourquoi l'aurait-on privé de sa dignité ?

21. Le Philosophe dit : Celui qui parle sans modération et sans retenue met difficilement ses paroles en pratique.

22. *Tchin-tching-tseu* (grand de l'État de *Thsi*) mit à mort *Kien-kong* (prince de *Thsi*).

KHOUNG-TSEU se purifia le corps par un bain, et se rendit à la cour (de *Lou*), où il annonça l'événement à *Ngai-kong* (prince de *Lou*) en ces termes : *Tchin-heng* a tué son prince ; je viens demander qu'il soit puni.

Le prince dit : Exposez l'affaire à mes trois grands dignitaires.

---

[1] Ces paroles éloquentes du philosophe chinois sont une admirable leçon pour ceux qui placent la loi du devoir dans de vaines et stériles doctrines. Oh, sans doute, il vaut cent fois mieux consacrer sa vie au service de son pays, au bonheur de l'humanité tout entière, que de la jeter en holocauste à une vaine poussière ! Si, comme le dit le grand philosophe que nous traduisons, *Kouan-tchoung* s'était suicidé, comme des esprits étroits l'auraient voulu, pour ne pas survivre à la défaite et à la mort du prince dont il était le ministre, il n'aurait pas accompli les grandes réformes populaires qu'il accomplit, et, par suite de l'état de barbarie où serait tombée la Chine, KHOUNG-TSEU n'aurait été lui-même qu'un barbare !

Khoung-tseu dit : Comme je marche immédiatement après les grands dignitaires, je n'ai pas cru devoir me dispenser de vous faire connaître l'événement. Le prince dit : C'est à mes trois grands dignitaires qu'il faut exposer le fait.

Il exposa le fait aux trois grands dignitaires, qui jugèrent que cette démarche ne convenait pas. Khoung-tseu ajouta : Comme je marche immédiatement après les grands dignitaires, je n'ai pas cru devoir me dispenser de vous faire connaître le fait.

23. *Tseu-lou* demanda comment il fallait servir le prince. Le Philosophe dit : Ne l'abusez pas, et résistez-lui dans l'occasion.

24. Le Philosophe dit : L'homme supérieur s'élève continuellement en intelligence et en pénétration ; l'homme sans mérites descend continuellement dans l'ignorance et le vice.

25. Le Philosophe dit : Dans l'antiquité, ceux qui se livraient à l'étude le faisaient pour eux-mêmes ; maintenant, ceux qui se livrent à l'étude le font pour les autres [pour paraître instruits aux yeux des autres[1]].

26. *Kieou-pe-yu* (grand dignitaire de l'État de *Wei*) envoya un homme à Khoung-tseu pour savoir de ses nouvelles. Khoung-tseu fit asseoir l'envoyé près de lui, et lui fit une question en ces termes : Que fait votre maître ? L'envoyé répondit avec respect : Mon maître désire diminuer le nombre de ses défauts, mais il ne peut en venir à bout. L'envoyé étant sorti, le Philosophe dit : Quel digne envoyé ! quel digne envoyé !

27. Le Philosophe dit que lorsqu'une chose ne rentrait pas dans ses fonctions, il ne fallait pas se mêler de la diriger.

28. Thsèng-tseu dit : « Quand l'homme supérieur médite sur une chose, il ne sort pas de ses fonctions. » (*Y-King*.)

---

[1] *Commentaire.*

29. Le Philosophe dit : L'homme supérieur rougit de la crainte que ses paroles ne dépassent ses actions.

30. Le Philosophe dit : Les voies droites, ou vertus principales de l'homme supérieur, sont au nombre de trois, que je n'ai pas encore pu complétement atteindre : la *vertu de l'humanité*, qui dissipe les tristesses ; la *science*, qui dissipe les doutes de l'esprit ; et le *courage viril*, qui dissipe les craintes.

*Tseu-koung* dit : Notre maître parle de lui-même avec trop d'humilité.

31. *Tseu-koung* s'occupait à comparer entre eux les hommes des diverses contrées. Le Philosophe dit : *Sse*, vous êtes sans doute un sage très-éclairé ; quant à moi, je n'ai pas assez de loisir pour m'occuper de ces choses.

32. Ne vous affligez pas de ce que les hommes ne vous connaissent point ; mais affligez-vous plutôt de ce que vous n'avez pas encore pu mériter d'être connu.

33. Le Philosophe dit : Ne pas se révolter d'être trompé par les hommes, ne pas se prémunir contre leur manque de foi, lorsque cependant on l'a prévu d'avance, n'est-ce pas là être sage ?

34. *Wei-seng*, surnommé *Méou*, s'adressant à KHOUNG-TSEU, lui dit : KHIEOU [petit nom du Philosophe], pourquoi êtes-vous toujours par voies et par chemins pour propager votre doctrine ? N'aimez-vous pas un peu trop à en parler ?

KHOUNG-TSEU dit : Je n'oserais me permettre d'aimer trop à persuader par la parole ; mais je hais l'obstination à s'attacher à une idée fixe.

35. Le Philosophe dit : Quand on voit le beau cheval nommé *Ki*, on ne loue pas en lui la force, mais les qualités supérieures.

36. Quelqu'un dit : Que doit-on penser de celui qui rend bienfaits pour injures[1] ?

---

[1] Voyez l'*Évangile* et le *Koran*. L'*Évangile* dit qu'il faut rendre le bien pour le mal ; le *Koran*, qu'il faut rendre le mal pour le mal. Le

Le Philosophe dit : [Si l'on agit ainsi], avec quoi payera-t-on les bienfaits mêmes ?

Il faut payer par l'équité la haine et les injures, et les bienfaits par des bienfaits.

37. Le Philosophe dit : Je ne suis connu de personne.

*Tseu-koung* dit : Comment se fait-il que personne ne vous connaisse ? Le Philosophe dit : Je n'en veux pas au ciel, je n'en accuse pas les hommes. Humble et simple étudiant, je suis arrivé par moi-même à pénétrer les choses. Si quelqu'un me connaît, c'est le ciel !

38. *Kong-pe-liao* calomniait *Tseu-lou* près de *Ki-sun*. *Tseu-fou, king-pe* (grand de l'Etat de *Lou*) en informa le Philosophe en ces termes : Son supérieur [*Ki-sun*] a certainement une pensée de doute d'après le rapport de *Kong-pe-liao*. Je suis assez fort pour châtier [le calomniateur], et exposer son cadavre dans la cour du marché.

Le Philosophe dit : Si la voie de la droite raison doit être suivie, c'est le décret du ciel ; si la voie de la droite raison doit être abandonnée, c'est le décret du ciel. Comment *Kong-pe-liao* arrêterait-il les décrets du ciel ?

39. Le Philosophe dit : Les sages fuient le siècle.

Ceux qui les suivent immédiatement fuient leur patrie.

Ceux qui suivent immédiatement ces derniers fuient les plaisirs.

Ceux qui viennent après fuient les paroles trompeuses.

40. Le Philosophe dit : Ceux qui ont agi ainsi sont au nombre de sept.

41. *Tseu-lou* passa la nuit à *Chi-men*. Le gardien de la porte lui dit : D'où venez-vous ? *Tseu-lou* lui dit : Je viens de près de KHOUNG-TSEU. Le gardien ajouta : Il doit savoir sans doute qu'il ne peut pas faire prévaloir ses doctrines,

---

précepte du Philosophe chinois nous paraît moins sublime que celui de Jésus, mais peut-être plus conforme aux lois équitables de la nature humaine. *Tchou-hi,* sur cette phrase, renvoie au livre de *Lao tseu*, où le caractère *té*, ordinairement *vertu*, est expliqué par *Ngan-hoei, bienfaisant, bienfaits.*

et cependant il s'applique toujours activement à les propager.

42. Le Philosophe étant un jour occupé à jouer de son instrument de pierre nommé *king*, dans l'État de *Weï*, un homme, portant un panier sur ses épaules, vint à passer devant la porte de KHOUNG-TSEU, et s'écria : Oh ! qu'il a de cœur, celui qui joue ainsi du *king !*

Après un instant de silence, il ajouta : O les hommes vils ! quelle harmonie ! *king ! king !* personne ne sait l'apprécier. Il a cessé de jouer ; c'est fini.

« Si l'eau est profonde, alors ils la passent sans relever
« leur robe ;
« Si elle n'est pas profonde, alors ils la relèvent [1]. »

Le Philosophe dit : Pour celui qui est persévérant et ferme il n'est rien de difficile.

43. *Tseu-tchang* dit : Le *Chou-king* rapporte que *Kao-tsoung* passa dans le *Liang-yn* [2] trois années sans parler ; quel est le sens de ce passage ?

Le Philosophe dit : Pourquoi citer seulement *Kao-tsoung ?* Tous les hommes de l'antiquité agissaient ainsi. Lorsque le prince avait cessé de vivre, tous les magistrats ou fonctionnaires publics qui continuaient leurs fonctions recevaient du premier ministre leurs instructions pendant trois années.

44. Le Philosophe dit : Si celui qui occupe le premier rang dans l'État aime à se conformer aux rites, alors le peuple se laisse facilement gouverner.

45. *Tseu-lou* demanda ce qu'était l'homme supérieur. Le Philosophe répondit : Il s'efforce constamment d'améliorer sa personne pour s'attirer le respect. — C'est là tout ce qu'il fait ? — Il améliore constamment sa personne pour procurer aux autres du repos et de la tranquillité. — C'est là tout ce qu'il fait ? — Il améliore constamment sa personne pour rendre heureuses toutes les populations.

---

[1] Citation du *Livre des Vers. Weï-foung*, ode *Pao-yéou-kou*.
[2] Demeure pour passer les années de deuil.

Il améliore constamment sa personne pour rendre heureuses toutes les populations : *Yao* et *Chun* eux-mêmes agirent ainsi.

46. *Youan-jang* (un ancien ami du Philosophe), plus âgé que lui, était assis sur le chemin les jambes croisées. Le Philosophe lui dit : Étant enfant, n'avoir pas eu de déférence fraternelle ; dans l'âge mûr, n'avoir rien fait de louable ; parvenu à la vieillesse, ne pas mourir : c'est être un vaurien. Et il lui frappa les jambes avec son bâton [pour le faire lever].

47. Un jeune homme du village de *Kiouë-thang* était chargé par le Philosophe de recevoir les personnes qui le visitaient. Quelqu'un lui demanda s'il avait fait de grands progrès dans l'étude.

Le Philosophe dit : J'ai vu ce jeune homme s'asseoir sur le siége[1] ; je l'ai vu marchant de pair avec ses maîtres[2] ; je ne cherche pas à lui faire faire des progrès dans l'étude, je désire seulement qu'il devienne un homme distingué.


## CHAPITRE XV.

### COMPOSÉ DE 41 ARTICLES.

1. *Ling-kong*, prince de *Wei*, questionna KHOUNG-TSEU sur l'art militaire. KHOUNG-TSEU lui répondit avec déférence : Si vous m'interrogiez sur les affaires des cérémonies et des sacrifices, je pourrais vous répondre en connaissance de cause. Quant aux affaires de l'art militaire, je ne les ai pas étudiées. Le lendemain matin il partit.

Étant arrivé dans l'État de *Tching*, les vivres lui man-

---

[1] Au lieu de se tenir a un angle de l'appartement, comme il convenait à un jeune homme.

[2] Au lieu de marcher a leur suite.

quèrent complétement. Les disciples qui le suivaient tombaient de faiblesse, sans pouvoir se relever.

*Tseu-lou*, manifestant son mécontentement, dit : Les hommes supérieurs éprouvent donc aussi les besoins de la faim ? Le Philosophe dit : L'homme supérieur est plus fort que le besoin ; l'homme vulgaire, dans le besoin, se laisse aller à la défaillance.

2. Le Philosophe dit : *Sse*, ne pensez-vous pas que j'ai beaucoup appris, et que j'ai retenu tout cela dans ma mémoire?

[Le disciple] répondit avec respect : Assurément ; n'en est-il pas ainsi ?

Il n'en est pas ainsi ; je ramène tout à un seul principe.

3. Le Philosophe dit : *Yeou* [petit nom de *Tseu-lou*], ceux qui connaissent la vertu sont bien rares !

4. Le Philosophe dit : Celui qui sans agir gouvernait l'État, n'était-ce pas *Chun*? comment faisait-il ? Offrant toujours dans sa personne l'aspect vénérable de la vertu, il n'avait qu'à se tenir la face tournée vers le midi, et cela suffisait.

5. *Tseu-tchang* demanda comment il fallait se conduire dans la vie.

Le Philosophe dit : Que vos paroles soient sincères et fidèles, que vos actions soient constamment honorables et dignes, quand même vous seriez dans le pays des barbares du midi et du nord, votre conduite sera exemplaire. Mais si vos paroles ne sont pas sincères et fidèles, vos actions constamment honorables et dignes, quand même vous seriez dans une cité de deux mille familles, ou dans un hameau de vingt-cinq, que penserait-on de votre conduite ?

Lorsque vous êtes en repos, ayez toujours ces maximes sous les yeux ; lorsque vous voyagez sur un char, voyez-les inscrites sur le joug de votre attelage. De cette manière, votre conduite sera exemplaire.

*Tseu-tchang* écrivit ces maximes sur sa ceinture.

6. Le Philosophe dit : Oh! qu'il était droit et véridique, l'historiographe *Yu* (grand dignitaire du royaume de *Wei*)! Lorsque l'État était gouverné selon les principes de la raison, il allait droit comme une flèche; lorsque l'État n'était pas gouverné par les principes de la raison, il allait également droit comme une flèche.

*Khiu-pe-yu* était un homme supérieur! Si l'État était gouverné par les principes de la droite raison, alors il remplissait des fonctions publiques; si l'État n'était pas gouverné par les principes de la droite raison, alors il résignait ses fonctions et se retirait dans la solitude.

7. Le Philosophe dit : Si vous devez vous entretenir avec un homme [sur des sujets de morale], et que vous ne lui parliez pas, vous le perdez. Si un homme n'est pas disposé à recevoir vos instructions morales, et que vous les lui donniez, vous perdez vos paroles. L'homme sage et éclairé ne perd pas les hommes [faute de les instruire]; il ne perd également pas ses instructions.

8. Le Philosophe dit : Le lettré qui a les pensées grandes et élevées, l'homme doué de la vertu de l'humanité, ne cherchent point à vivre pour nuire à l'humanité; ils aimeraient mieux livrer leur personne à la mort pour accomplir la vertu de l'humanité.

9. *Tseu-koung* demanda en quoi consistait la pratique de l'humanité. Le Philosophe dit : L'artisan qui veut bien exécuter son œuvre doit commencer par bien aiguiser ses instruments. Lorsque vous habiterez dans un Etat quelconque, fréquentez pour les imiter les sages d'entre les grands fonctionnaires de cet État, et liez-vous d'amitié avec les hommes humains et vertueux d'entre les lettrés.

10. *Yan-youan* demanda comment il fallait gouverner un État.

Le Philosophe dit : Suivez la division des temps de la dynastie *Hia*.

Montez les chars de la dynastie *Yn;* portez les bonnets de la dynastie *Tcheou*. Quant à la musique, adoptez les airs *chaô-woû* [de *Chun*].

Rejetez les modulations de *Tching*; [éloignez de vous les flatteurs. Les modulations de *Tching* sont licencieuses; les flatteurs sont dangereux.

11. Le Philosophe dit : L'homme qui ne médite ou ne prévoit pas les choses éloignées doit éprouver un chagrin prochain.

12. Le Philosophe dit : Hélas! je n'ai encore vu personne qui aimât la vertu comme on aime la beauté corporelle [1].

13. Le Philosophe dit : *Tsang-wen-tchoung* n'était-il pas un secret accapareur d'emplois publics? Il connaissait la sagesse et les talents de *Lieou-hia-hoeï*, et il ne voulut point qu'il pût siéger avec lui à la cour.

14. Le Philosophe dit : Soyez sévères envers vous-mêmes et indulgents envers les autres, alors vous éloignerez de vous les ressentiments.

15. Le Philosophe dit : Si un homme ne dit point souvent en lui-même : Comment ferai-je ceci ? comment éviterai-je cela? comment, moi, pourrais-je lui dire : Ne faites pas ceci, évitez cela? C'en est fait de lui.

16. Le Philosophe dit : Quand une multitude de personnes se trouvent ensemble pendant toute une journée, leurs paroles ne sont pas toutes celles de l'équité et de la justice; elles aiment à ne s'occuper que de choses vulgaires et pleines de ruses. Qu'il leur est difficile de faire le bien !

17. Le Philosophe dit : L'homme supérieur fait de l'équité et de la justice la base de toutes ses actions; les rites forment la règle de sa conduite; la déférence et la modestie le dirigent au dehors; la sincérité et la fidélité lui servent d'accomplissements. N'est-ce pas un homme supérieur?

18. Le Philosophe dit : L'homme supérieur s'afflige de son impuissance [à faire tout le bien qu'il désire]; il ne s'afflige pas d'être ignoré et méconnu des hommes.

[1] Voyez la même pensée exprimée ci-devant.

19. Le Philosophe dit : L'homme supérieur regrette de voir sa vie s'écouler sans laisser après lui des actions dignes d'éloges.

20. Le Philosophe dit : L'homme supérieur ne demande rien qu'à lui-même ; l'homme vulgaire et sans mérite demande tout aux autres.

21. Le Philosophe dit : L'homme supérieur est ferme dans ses résolutions, sans avoir de différends avec personne ; il vit en paix avec la foule, sans être de la foule.

22. Le Philosophe dit : L'homme supérieur ne donne pas de l'élévation à un homme pour ses paroles ; il ne rejette pas des paroles à cause de l'homme qui les a prononcées.

23. *Tseu-koung* fit une question en ces termes : Y a-t-il un mot dans la langue que l'on puisse se borner à pratiquer seul jusqu'à la fin de l'existence ? Le Philosophe dit : Il y a le mot *chou*[1], dont le sens est : *Ce que l'on ne désire pas qui nous soit fait, il ne faut pas le faire aux autres.*

24. Le Philosophe dit : Dans mes relations avec les hommes, m'est-il arrivé de blâmer quelqu'un, ou de le louer outre mesure ? S'il se trouve quelqu'un que j'aie loué outre mesure, il a pris à tâche de justifier par la suite mes éloges.

Ces personnes [dont j'aurais exagéré les défauts ou les qualités] pratiquent les lois d'équité et de droiture des trois dynasties. [Quel motif aurais-je eu de les en blâmer ?]

25. Le Philosophe dit : J'ai presque vu le jour où l'historien de l'empire laissait des lacunes dans ses récits [quand il n'était pas sûr des faits] ; où celui qui possédait un cheval le prêtait aux autres pour le monter ; maintenant ces mœurs sont perdues.

26. Le Philosophe dit : Les paroles artificieuses perver-

---

[1] Voyez ce mot, et l'explication que nous en avons donnée dans notre édition déjà citée du *Ta-hio, en chinois, en latin et en français*, avec la traduction complete du commentaire de *Tchou-hi*, p. 66. Voyez aussi la même maxime déjà plusieurs fois exprimée précédemment.

tissent la vertu même ; une impatience capricieuse ruine les plus grands projets.

27. Le Philosophe dit : Que la foule déteste quelqu'un, vous devez examiner attentivement avant de juger ; que la foule se passionne pour quelqu'un, vous devez examiner attentivement avant de juger.

28. Le Philosophe dit : L'homme peut agrandir la voie de la vertu ; la voie de la vertu ne peut pas agrandir l'homme.

29. Le Philosophe dit : Celui qui a une conduite vicieuse, et ne se corrige pas, celui-là peut être appelé vicieux.

30. Le Philosophe dit : J'ai passé des journées entières sans nourriture, et des nuits entières sans sommeil, pour me livrer à des méditations, et cela sans utilité réelle ; l'étude est bien préférable.

31. Le Philosophe dit : L'homme supérieur ne s'occupe que de la droite voie ; il ne s'occupe pas du boire et du manger. Si vous cultivez la terre, la faim se trouve souvent au milieu de vous ; si vous étudiez, la félicité se trouve dans le sein même de l'étude. L'homme supérieur ne s'inquiète que de ne pas atteindre la droite voie ; il ne s'inquiète pas de la pauvreté.

32. Le Philosophe dit : Si l'on a assez de connaissance pour atteindre à la pratique de la raison, et que la vertu de l'humanité que l'on possède ne suffise pas pour persévérer dans cette pratique ; quoiqu'on y parvienne, on finira nécessairement par l'abandonner.

Dans le cas où l'on aurait assez de connaissance pour atteindre à la pratique de la raison, et où la vertu de l'humanité que l'on possède suffirait pour persévérer dans cette pratique ; si l'on n'a ni gravité ni dignité, alors le peuple n'a aucune considération pour vous.

Enfin, quand même on aurait assez de connaissance pour atteindre à la pratique de la raison, que la vertu de l'humanité que l'on possède suffirait pour persévérer dans cette pratique, et que l'on y joindrait la gravité et la dignité convenables ; si l'on traite le peuple d'une manière contraire aux rites, il n'y a pas encore là de vertu.

33. Le Philosophe dit : L'homme supérieur ne peut pas être connu et apprécié convenablement dans les petites choses, parce qu'il est capable d'en entreprendre de grandes. L'homme vulgaire, au contraire, n'étant pas capable d'entreprendre de grandes choses, peut être connu et apprécié dans les petites.

34. Le Philosophe dit : La vertu de l'humanité est plus salutaire aux hommes que l'eau et le feu. J'ai vu des hommes mourir pour avoir foulé l'eau et le feu ; je n'en ai jamais vu mourir pour avoir foulé le sentier de l'humanité.

35. Le Philosophe dit : Faites-vous un devoir de pratiquer la vertu de l'humanité, et ne l'abandonnez pas même sur l'injonction de vos instituteurs.

36. Le Philosophe dit : L'homme supérieur se conduit toujours conformément à la droiture et à la vérité, et il n'a pas d'obstination.

37. Le Philosophe dit : En servant un prince, ayez beaucoup de soin et d'attention pour ses affaires, et faites peu de cas de ses émoluments.

38. Le Philosophe dit : Ayez des enseignements pour tout le monde, sans distinction de classes ou de rangs.

39. Le Philosophe dit : Les principes de conduite étant différents, on ne peut s'aider mutuellement par des conseils.

40. Le Philosophe dit : Si les expressions dont on se sert sont nettes et intelligibles, cela suffit.

L'intendant de la musique, nommé *Mian* [1], vint un jour voir (KHOUNG-TSEU). Arrivé au pied des degrés, le Philosophe lui dit : Voici les degrés. Arrivé près des sièges, le Philosophe lui dit : Voici les sièges. Et tous deux s'assirent. Le Philosophe l'informa alors qu'un tel s'était assis là, un tel autre là. L'intendant de la musique, *Mian*,

---

[1] Il était aveugle.

étant parti, *Tseu-tchang* fit une question en ces termes : Ce que vous avez dit à l'intendant est-il conforme aux principes?

41. Le Philosophe dit : Assurément; c'est là la manière d'aider et d'assister les maîtres d'une science quelconque.

## CHAPITRE XVI.

#### COMPOSÉ DE 14 ARTICLES.

1. *Ki-chi* était sur le point d'aller combattre *Tchouan-yu*[1].

*Jan-yeou* et *Ki-lou*, qui étaient près de KHOUNG-TSEU, lui dirent : *Ki-chi* se prépare à avoir un démêlé avec *Tchouan-yu*.

Le Philosophe dit : *Khieou (Jan-yeou)* ! n'est-ce pas votre faute ?

Ce *Tchouan-yu* reçut autrefois des anciens rois la souveraineté sur *Thoung-moung* [2].

En outre, il rentre par une partie de ses confins dans le territoire de l'État (de *Lou*). Il est le vassal des esprits de la terre et des grains [c'est un État vassal du prince de *Lou*]. Comment aurait-il à subir une invasion ?

*Jan-yeou* dit : Notre maître le désire. Nous deux, ses ministres, nous ne le désirons pas.

KHOUNG-TSEU dit : *Khieou !* [l'ancien et illustre historien] *Tcheou-jin* a dit : « Tant que vos forces vous servent, remplissez votre devoir ; si vous ne pouvez pas le remplir, cessez vos fonctions. Si un homme en danger n'est pas secouru ; si, lorsqu'on le voit tomber, on ne le soutient pas : alors, à quoi servent ceux qui sont là pour l'assister ? »

Il suit de là que vos paroles sont fautives. Si le tigre ou le buffle s'échappent de l'enclos où ils sont renfermés;

---

[1] Nom d'un royaume. (*Commentaire.*)
[2] Nom d'une montagne. (*Ibid.*)

si la tortue à la pierre précieuse s'échappe du coffre où elle était gardée : à qui en est la faute ?

*Jan-yeou* dit : Maintenant, ce pays de *Tchouan-yu* est fortifié, et se rapproche beaucoup de *Pi* [ville appartenant en propre à *Ki-chi*]. Si maintenant on ne s'en empare pas, il deviendra nécessairement, dans les générations à venir, une source d'inquiétudes et de troubles pour nos fils et nos petits-fils.

KHOUNG-TSEU dit : *Khieou !* l'homme supérieur hait ces détours d'un homme qui se défend de toute ambition cupide, lorsque ses actions le démentent.

J'ai toujours entendu dire que ceux qui possèdent un royaume, ou qui sont chefs de grandes familles, ne se plaignent pas de ce que ceux qu'ils gouvernent ou administrent sont peu nombreux, mais qu'ils se plaignent de ne pas avoir l'étendue de territoire qu'ils prétendent leur être due; qu'ils ne se plaignent pas de la pauvreté où peuvent se trouver les populations, mais qu'ils se plaignent de la discorde qui règne entre elles et eux. Car si chacun obtient la part qui lui est due, il n'y a point de pauvres; si la concorde règne, il n'y a pas pénurie d'habitants ; s'il y a paix et tranquillité, il n'y a pas cause de ruine ou de révolution.

Les choses doivent se passer ainsi. C'est pourquoi, si les populations éloignées ne sont pas soumises, alors cultivez la science et la vertu, afin de les ramener à vous par vos mérites. Une fois qu'elles sont revenues à l'obéissance, alors faites-les jouir de la paix et de la tranquillité.

Maintenant, *Yeou* et *Khieou*, en aidant votre maître, vous ne ramènerez pas à l'obéissance les populations éloignées, et celles-ci ne pourront venir se soumettre d'elles-mêmes. L'État est divisé, troublé, déchiré par les dissensions intestines, et vous n'êtes pas capables de le protéger.

Et cependant vous projetez de porter les armes au sein de cet État. Je crains bien que les petits-fils de *Ki* n'éprouvent un jour que la source continuelle de leurs craintes et de leurs alarmes n'est pas dans le pays de

*Tchouan-yu,* mais dans l'intérieur de leur propre famille.

2. KHOUNG-TSEU dit : Quand l'empire est gouverné par les principes de la droite raison, alors les rites, la musique, la guerre pour soumettre les rebelles, procèdent des fils du Ciel [des empereurs]. Si l'empire est sans loi, s'il n'est pas gouverné par les principes de la droite raison, alors les rites, la musique, la guerre pour soumettre les rebelles, procèdent des princes tributaires ou des vassaux de tous les rangs. Quand [ces choses, qui sont exclusivement dans les attributions impériales,] procèdent des princes tributaires, il arrive rarement que, dans l'espace de dix générations [1], ces derniers ne perdent pas leur pouvoir usurpé [qui tombe alors dans les mains des grands fonctionnaires publics]. Quand il arrive que ces actes de l'autorité impériale procèdent des grands fonctionnaires, il est rare que, dans l'espace de cinq générations, ces derniers ne perdent pas leur pouvoir [qui tombe entre les mains des intendants des grandes familles]. Quand les intendants des grandes familles s'emparent du pouvoir royal, il est rare qu'ils ne le perdent pas dans l'espace de trois générations.

Si l'empire est gouverné selon les principes de la droite raison, alors l'administration ne réside pas dans les grands fonctionnaires.

Si l'empire est gouverné selon les principes de la droite raison, alors les hommes de la foule ne s'occupent pas à délibérer et à exprimer leur sentiment sur les actes qui dépendent de l'autorité impériale.

3. KHOUNG-TSEU dit : Les revenus publics n'ont pas été versés à la demeure du prince pendant cinq générations ; la direction des affaires publiques est tombée entre les mains des grands fonctionnaires pendant quatre générations. C'est pourquoi les fils et les petits-fils des trois *Houan* [trois familles de princes de *Lou*] ont été si affaiblis.

4. KHOUNG-TSEU dit : Il y a trois sortes d'amis qui sont

---

[1] Ou de dix périodes de t ente annc s.

utiles, et trois sortes qui sont nuisibles. Les amis droits et véridiques, les amis fidèles et vertueux, les amis qui ont éclairé leur intelligence, sont les amis utiles ; les amis qui affectent une gravité tout extérieure et sans droiture, les amis prodigues d'éloges et de basses flatteries, les amis qui n'ont que de la loquacité sans intelligence, sont les amis nuisibles.

5. Khoung-tseu dit : Il y a trois sortes de joies ou satisfactions qui sont utiles, et trois sortes qui sont nuisibles. La satisfaction de s'instruire à fond dans les rites et la musique, la satisfaction d'instruire les hommes dans les principes de la vertu, la satisfaction de posséder l'amitié d'un grand nombre de sages, sont les joies ou satisfactions utiles ; la satisfaction que donne la vanité et l'orgueil, la satisfaction de l'oisiveté et de la mollesse, la satisfaction de la bonne chère et des plaisirs, sont les satisfactions nuisibles.

6. Khoung-tseu dit : Ceux qui sont auprès des princes vertueux pour les aider dans leurs devoirs ont trois fautes à éviter : de parler sans y avoir été invités, ce qui est appelé précipitation ; de ne pas parler lorsqu'on y est invité, ce qui est appelé taciturnité ; de parler sans avoir observé la contenance et la disposition [du prince], ce qui est appelé aveuglement.

7. Khoung-tseu dit : Il y a pour l'homme supérieur trois choses dont il cherche à se préserver : dans le temps de la jeunesse, lorsque le sang et les esprits vitaux ne sont pas encore fixés [que la forme corporelle n'a pas encore pris tout son développement[1]], ce que l'on doit éviter, ce sont les plaisirs sensuels ; quand on a atteint la maturité, et que le sang et les esprits vitaux ont acquis toute leur force et leur vigueur, ce que l'on doit éviter, ce sont les rixes et les querelles ; quand on est arrivé à la vieillesse, que le sang et les esprits vitaux tombent dans un état de

---

[1] *Commentaire.*

langueur, ce que l'on doit éviter, c'est le désir d'amasser des richesses.

8. Khoung-tseu dit : Il y a trois choses que l'homme supérieur révère : il révère les décrets du ciel, il révère les grands hommes, il révère les paroles des saints.

Les hommes vulgaires ne connaissent pas les décrets du ciel, et par conséquent ils ne les révèrent pas ; ils font peu de cas des grands hommes, et ils se jouent des paroles des saints.

9. Khoung-tseu dit : Ceux qui, du jour même de leur naissance, possèdent la science, sont les hommes du premier ordre [supérieurs à tous les autres] ; ceux qui, par l'étude, acquièrent la science, viennent après eux ; ceux qui, ayant l'esprit lourd et épais, acquièrent cependant des connaissances par l'étude, viennent ensuite ; enfin ceux qui, ayant l'esprit lourd et épais, n'étudient pas et n'apprennent rien, ceux-là sont du dernier rang parmi les hommes.

10. Khoung-tseu dit : L'homme supérieur, ou l'homme accompli dans la vertu, a neuf sujets principaux de méditations : en regardant, il pense à s'éclairer ; en écoutant, il pense à s'instruire ; dans son air et son attitude, il pense à conserver du calme et de la sérénité ; dans sa contenance, il pense à conserver toujours de la gravité et de la dignité ; dans ses paroles, il pense à conserver toujours de la fidélité et de la sincérité ; dans ses actions, il pense à s'attirer toujours du respect ; dans ses doutes, il pense à interroger les autres ; dans la colère, il pense à réprimer ses mouvements ; en voyant des gains à obtenir, il pense à la justice.

11. Khoung-tseu dit : « On considère le bien comme si on pouvait l'atteindre ; on considère le vice comme si on touchait de l'eau bouillante. » J'ai vu des hommes agir ainsi, et j'ai entendu des hommes tenir ce langage.

« On se retire dans le secret de la solitude pour chercher dans sa pensée les principes de la raison ; on cultive la justice pour mettre en pratique ces mêmes principes de la raison. » J'ai entendu tenir ce langage, mais je n'ai pas encore vu d'homme agir ainsi.

12. *King-kong*, prince de *Thsi*, avait mille quadriges de chevaux. Après sa mort, on dit que le peuple ne trouva à louer en lui aucune vertu. *Peï* et *Chou-tsi* moururent de faim au bas de la montagne *Cheou-yang*, et le peuple n'a cessé jusqu'à nos jours de faire leur éloge.

N'est-ce pas cela que je disais ?

13. *Tchin-kang* fit une question à *Pe-yu* (fils de Khoung-tseu) en ces termes : Avez-vous entendu des choses extraordinaires ?

Il lui répondit avec déférence : Je n'ai rien entendu. [Mon père] est presque toujours seul. Moi *Li*, en passant un jour rapidement dans la salle, je fus interpellé par lui en ces termes : Étudiez-vous le *Livre des Vers ?* Je lui répondis avec respect : Je ne l'ai pas encore étudié. — Si vous n'étudiez pas le *Livre des Vers*, vous n'aurez rien à dire dans la conversation. Je me retirai, et j'étudiai le *Livre des Vers*.

Un autre jour qu'il était seul, je passai encore à la hâte dans la salle, et il me dit : Étudiez-vous le *Livre des Rites ?* Je lui répondis avec respect : Je ne l'ai pas encore étudié. — Si vous n'étudiez pas le *Livre des Rites*, vous n'aurez rien pour vous fixer dans la vie. Je me retirai, et j'étudiai le *Livre des Rites*.

Après avoir entendu ces paroles, *Tchin-kang* s'en retourna et s'écria tout joyeux : J'ai fait une question sur une chose et j'ai obtenu la connaissance de trois. J'ai entendu parler du *Livre des Vers*, du *Livre des Rites ;* j'ai appris en outre que l'homme supérieur tenait son fils éloigné de lui.

14. L'épouse du prince d'un Etat est qualifiée par le prince lui-même de *Fou-jin*, ou *compagne de l'homme*. Cette épouse [nommée *Fou-jin*] s'appelle elle-même *petite fille*. Les habitants de l'État l'appellent *épouse* ou *compagne du prince*. Elle se qualifie, devant les princes des

différents États, *pauvre petite reine*. Les hommes des différents États la nomment aussi *compagne du prince*.

## CHAPITRE XVII.

#### COMPOSÉ DE 26 ARTICLES.

1. *Yang-ho* (intendant de la maison de *Ki-chi*) désira que KHOUNG-TSEU lui fît une visite. KHOUNG-TSEU n'alla pas le voir. L'intendant l'engagea de nouveau en lui envoyant un porc. KHOUNG-TSEU, ayant choisi le moment où il était absent pour lui faire ses compliments, le rencontra dans la rue.

[*Yang-ho*] aborda KHOUNG-TSEU en ces termes : Venez, j'ai à parler avec vous. Il dit : Cacher soigneusement dans son sein des trésors précieux, pendant que son pays est livré aux troubles et à la confusion, peut-on appeler cela de l'humanité ? [Le Philosophe] dit : On ne le peut. — Aimer à s'occuper des affaires publiques et toujours perdre les occasions de le faire, peut-on appeler cela sagesse et prudence ? [Le Philosophe] dit : On ne le peut. — Les soleils et les lunes [les jours et les mois] passent, s'écoulent rapidement. Les années ne sont pas à notre disposition. — KHOUNG-TSEU dit : C'est bien, je me chargerai d'un emploi public.

2. Le Philosophe dit : Par la nature, nous nous rapprochons beaucoup les uns des autres ; par l'éducation, nous devenons très-éloignés.

3. Le Philosophe dit : Il n'y a que les hommes d'un savoir et d'une intelligence supérieurs qui ne changent point en vivant avec les hommes de la plus basse ignorance, de l'esprit le plus lourd et le plus épais.

4. Le Philosophe s'étant rendu à *Wou-tching* (petite ville de *Lou*), il y entendit un concert de voix humaines mêlées aux sons d'un instrument à cordes.

Le maître se prit à sourire légèrement, et dit : Quand

on tue une poule, pourquoi se servir d'un glaive qui sert à tuer les bœufs?

*Tseu-yeou* répondit avec respect: Autrefois, moi *Yen*, j'ai entendu dire à mon maître que si l'homme supérieur qui occupe un emploi élevé dans le gouvernement étudie assidûment les principes de la droite raison [les rites, la musique, etc.], alors par cela même il aime les hommes et il en est aimé ; et que si les hommes du peuple étudient assidûment les principes de la droite raison, alors ils se laissent facilement gouverner.

Le Philosophe dit : Mes chers disciples, les paroles de *Yen* sont justes. Dans ce que j'ai dit il y a quelques instants, je ne faisais que plaisanter.

5. *Kong-chan, fei-jao* (ministre de *Ki-chi*), ayant appris qu'une révolte avait éclaté a *Pi*, en avertit le Philosophe, selon l'usage. Le Philosophe désirait se rendre auprès de lui.

*Tseu-lou*, n'étant pas satisfait de cette démarche, dit : Ne vous y rendez pas, rien ne vous y oblige ; qu'avez-vous besoin d'aller voir la famille de *Kong-chan* ?

Le Philosophe dit : Puisque cet homme m'appelle, pourquoi n'aurait-il aucun motif d'agir ainsi? S'il lui arrive de m'employer, je ferai du royaume de *Lou* un État de *Tcheou* oriental[1].

6. *Tseu-tchang* demanda à KHOUNG-TSEU ce que c'était que la vertu de l'humanité. KHOUNG-TSEU dit : Celui qui peut accomplir cinq choses dans le monde est doué de la vertu de l'humanité. [*Tseu-tchang*] demanda en suppliant quelles étaient ces cinq choses. [Le Philosophe] dit : Le respect de soi-même et des autres, la générosité, la fidélité ou la sincérité, l'application au bien, et la bienveillance pour tous.

Si vous observez dans toutes vos actions le respect de

---

[1] C'est-à-dire qu'il introduira dans l'État de *Lou*, situé à l'orient de celui des *Tcheou*, les sages doctrines de l'antiquité conservées dans ce dernier État.

vous-même et des autres, alors vous ne serez méprisé de personne ; si vous êtes généreux, alors vous obtiendrez l'affection du peuple ; si vous êtes sincère et fidèle, alors les hommes auront confiance en vous ; si vous êtes appliqué au bien, alors vous aurez des mérites ; si vous êtes bienveillant et miséricordieux, alors vous aurez tout ce qu'il faut pour gouverner les hommes.

7. *Pi-hi* (grand fonctionnaire de l'État de *Tçin*) demanda à voir [KHOUNG-TSEU]. Le Philosophe désira se rendre à son invitation.

*Tseu-lou* dit : Autrefois, moi *Yeou*, j'ai souvent entendu dire à mon maître ces paroles : Si quelqu'un commet des actes vicieux de sa propre personne, l'homme supérieur ne doit pas entrer dans sa demeure. *Pi-hi* s'est révolté contre *Tchoung-meou*[1] ; d'après cela, comment expliquer la visite de mon maître ?

Le Philosophe dit : Oui, sans doute, j'ai tenu ces propos ; mais ne disais-je pas aussi : Les corps les plus durs ne s'usent-ils point par le frottement ? Ne disais-je pas encore : La blancheur inaltérable ne devient-elle pas noire par son contact avec une couleur noire ? Pensez-vous que je suis un melon de saveur amère, qui n'est bon qu'à être suspendu sans être mangé ?

8. Le Philosophe dit : *Yeou*, avez-vous entendu parler des six maximes et des six défauts qu'elles impliquent ? [Le disciple] répondit avec respect : Jamais. — Prenez place à côté de moi, je vais vous les expliquer.

L'amour de l'humanité, sans l'amour de l'étude, a pour défaut l'ignorance ou la stupidité ; l'amour de la science, sans l'amour de l'étude, a pour défaut l'incertitude ou la perplexité ; l'amour de la sincérité et de la fidélité, sans l'amour de l'étude, a pour défaut la duperie ; l'amour de la droiture, sans l'amour de l'étude, a pour défaut une témérité inconsidérée ; l'amour du courage viril, sans l'amour de l'étude, a pour défaut l'insubordination ; l'amour

[1] Nom de cité.

de la fermeté et de la persévérance, sans l'amour de l'étude, a pour défaut la démence ou l'attachement à une idée fixe.

9. Le Philosophe dit : Mes chers disciples, pourquoi n'étudiez-vous pas le *Livre des Vers*?

Le *Livre des Vers* est propre à élever les sentiments et les idées ;

Il est propre à former le jugement par la contemplation des choses ;

Il est propre à réunir les hommes dans une mutuelle harmonie ;

Il est propre à exciter des regrets sans ressentiments.

[On y trouve enseigné] que lorsqu'on est près de ses parents, on doit les servir, et que lorsqu'on en est éloigné, on doit servir le prince.

On s'y instruit très au long des noms d'arbres, de plantes, de bêtes sauvages et d'oiseaux.

10. Le Philosophe interpella *Pé-yu* (son fils), en disant : Vous exercez-vous dans l'étude du *Tcheou-nan* et du *Tchao-nan* [les deux premiers chapitres du *Livre des Vers*]? Les hommes qui n'étudient pas le *Tcheou-nan* et le *Tchao-nan* sont comme s'ils se tenaient debout le visage tourné vers la muraille.

11. Le Philosophe dit : On cite à chaque instant les *Rites!* les *Rites!* Les pierres précieuses et les habits de cérémonie ne sont-ils pas pour vous tout ce qui constitue les *rites?* On cite à chaque instant la *Musique!* la *Musique!* Les clochettes et les tambours ne sont-ils pas pour vous tout ce qui constitue la *musique?*

12. Le Philosophe dit : Ceux qui montrent extérieurement un air grave et austère, lorsqu'ils sont intérieurement légers et pusillanimes, sont à comparer aux hommes les plus vulgaires. Ils ressemblent à des larrons qui veulent percer un mur pour commettre leurs vols.

13. Le Philosophe dit : Ceux qui recherchent les suffrages des villageois sont des voleurs de vertus.

14. Le Philosophe dit : Ceux qui dans la voie publique

écoutent une affaire et la discutent font un abandon de la vertu.

15. Le Philosophe dit : Comment les hommes vils et abjects pourraient-ils servir le prince ?

Ces hommes, avant d'avoir obtenu leurs emplois, sont déjà tourmentés de la crainte de ne pas les obtenir ; lorsqu'ils les ont obtenus, ils sont tourmentés de la crainte de les perdre.

Dès l'instant qu'ils sont tourmentés de la crainte de perdre leurs emplois, il n'est rien dont ils ne soient capables.

16. Le Philosophe dit : Dans l'antiquité, les peuples avaient trois travers d'esprit ; de nos jours, quelques-uns de ces travers sont perdus. L'ambition des anciens s'attachait aux grandes choses et dédaignait les petites ; l'ambition des hommes de nos jours est modérée sur les grandes choses et très-ardente sur les petites.

La gravité et l'austérité des anciens étaient modérées sans extravagance ; la gravité et l'austérité des hommes de nos jours est irascible, extravagante. La grossière ignorance des anciens était droite et sincère ; la grossière ignorance des hommes de nos jours n'est que fourberie, et voilà tout.

17. Le Philosophe dit : Les hommes aux paroles artificieuses et fleuries, aux manières engageantes, sont rarement doués de la vertu de l'humanité.

18. Le Philosophe dit : Je déteste la couleur violette [couleur intermédiaire], qui dérobe aux regards la véritable couleur de pourpre. Je déteste les sons musicaux de *Tching*, qui portent le trouble et la confusion dans la véritable musique. Je déteste les langues aiguës [ou calomniatrices], qui bouleversent les États et les familles.

19. Le Philosophe dit : Je désire ne pas passer mon temps à parler.

*Tseu-koung* dit : Si notre maître ne parle pas, alors comment ses disciples transmettront-ils ses paroles à la postérité ?

Le Philosophe dit: Le ciel, comment parle-t-il? les quatre saisons suivent leur cours; tous les êtres de la nature reçoivent tour à tour l'existence. Comment le ciel parle-t-il?

20. *Jou-pei*[1] désirait voir Khoung-tseu. Khoung-tseu s'excusa sur son indisposition; mais aussitôt que le porteur du message fut sorti de la porte, le Philosophe prit sa guitare, et se mit à chanter, dans le dessein de se faire entendre.

21. *Tsai-ngo* demanda si, au lieu de trois années de deuil après la mort des parents, une révolution de douze lunes [ou une année] ne suffirait pas.

Si l'homme supérieur n'observait pas les rites sur le deuil pendant trois années, ces rites tomberaient certainement en désuétude; si pendant trois années il ne cultivait pas la musique, la musique certainement périrait.

Quand les anciens fruits sont parvenus à leur maturité, de nouveaux fruits se montrent et prennent leur place. On change le feu en forant les bois qui le donnent[2]. Une révolution de douze lunes peut suffire pour toutes ces choses.

Le Philosophe dit: Si l'on se bornait à se nourrir du plus beau riz, et à se vêtir des plus beaux habillements, seriez-vous satisfait et tranquille? — Je serais satisfait et tranquille.

Si vous vous trouvez satisfait et tranquille de cette manière d'agir, alors pratiquez-la.

Mais cet homme supérieur [dont vous avez parlé], tant qu'il sera dans le deuil de ses parents, ne trouvera point de douceur dans les mets les plus recherchés qui lui seront offerts; il ne trouvera point de plaisir à entendre la musique, il ne trouvera point de repos dans les lieux qu'il habitera. C'est pourquoi il ne fera pas [ce que vous proposez; il ne réduira pas ses trois années de deuil

---

[1] Homme du royaume de *Lou*.

[2] C'était un usage de renouveler le feu a chaque saison.

à une révolution de douze lunes]. Maintenant, si vous êtes satisfait de cette réduction, pratiquez-la.

*Tsai-ngo* étant sorti, le Philosophe dit : *Yu* (petit nom de *Tsai-ngo*) n'est pas doué de la vertu de l'humanité. Lorsque l'enfant a atteint sa troisième année d'âge, il est sevré du sein de ses père et mère ; alors suivent trois années de deuil pour les parents ; ce deuil est en usage dans tout l'empire ; *Yu* n'a-t-il pas eu ces trois années d'affection publique de la part de ses père et mère ?

22. Le Philosophe dit : Ceux qui ne font que boire et manger pendant toute la journée, sans employer leur intelligence à quelque objet digne d'elle, font pitié. N'y a-t-il pas le métier de bateleur ? Qu'ils le pratiquent, ils seront des sages en comparaison !

23. *Tseu-lou* dit : L'homme supérieur estime-t-il beaucoup le courage viril ? Le Philosophe dit : L'homme supérieur met au-dessus de tout l'équité et la justice. Si l'homme supérieur possède le courage viril ou la bravoure sans la justice, il fomente des troubles dans l'État. L'homme vulgaire qui possède le courage viril, ou la bravoure sans la justice, commet des violences et des rapines.

24. *Tseu-koung* dit : L'homme supérieur a-t-il en lui des sentiments de haine ou d'aversion ? Le Philosophe dit : Il a en lui des sentiments de haine ou d'aversion. Il hait ou déteste ceux qui divulguent les fautes des autres hommes ; il déteste ceux qui, occupant les rangs les plus bas de la société, calomnient leurs supérieurs ; il déteste les braves et les forts qui ne tiennent aucun compte des rites ; il déteste les audacieux et les téméraires qui s'arrêtent au milieu de leurs entreprises sans avoir le cœur de les achever.

[*Tseu-koung*] dit : C'est aussi ce que moi *Sse*, je déteste cordialement. Je déteste ceux qui prennent tous les détours, toutes les précautions possibles pour être considérés comme des hommes d'une prudence accomplie ; je déteste ceux qui rejettent toute soumission, toute règle de discipline, afin de passer pour braves et courageux ; je déteste ceux qui révèlent les défauts secrets des autres, afin de passer pour droits et sincères.

25. Le Philosophe dit : Ce sont les servantes et les domestiques qui sont les plus difficiles à entretenir. Les traitez-vous comme des proches, alors ils sont insoumis ; les tenez-vous éloignés, ils conçoivent de la haine et des ressentiments.

26. Le Philosophe dit : Si, parvenu à l'âge de quarante ans [l'âge de la maturité de la raison], on s'attire encore la réprobation [des sages], c'en est fait, il n'y a plus rien à espérer.

## CHAPITRE XVIII.

### COMPOSÉ DE 11 ARTICLES.

1. *Wei-tseu*[1] ayant résigné ses fonctions, *Ki-tseu*[2] devint l'esclave (de *Cheou-sin*). *Pi-kan* fit des remontrances, et fut mis à mort. KHOUNG-TSEU dit : La dynastie *Yn* (ou *Chang*) eut trois hommes doués de la grande vertu de l'humanité[3].

2. *Lieou-hia-hoei* exerçait l'emploi de chef des prisons de l'État ; il fut trois fois destitué de ses fonctions. Une personne lui dit : Et vous n'avez pas encore quitté ce pays ? Il répondit : Si je sers les hommes selon l'équité et la raison, comment trouverais-je un pays où je ne serais pas trois fois destitué de mes fonctions ? Si je sers les hommes contrairement à l'équité et à la raison, comment devrais-je quitter le pays où sont mon père et ma mère ?

3. *King-kong*, prince de *Thsi*, s'occupant de la manière

---

[1] Prince feudataire de l'État de Wei, frere du tyran *Cheou-sin*. Voyez notre *Résumé historique de l'histoire et de la civilisation chinoises*, etc., p. 70 et suiv.

[2] Oncle de *Cheou sin*, ainsi que *Pi-kan* que le premier fit perir de la maniere la plus cruelle. Voyez l'ouvrage cité, p. 70, 2e col.

[3] *Wei-tseu, Ki tseu*, et *Pi-kan*.

dont il recevrait KHOUNG-TSEU, dit : « Je ne puis le recevoir avec les mêmes égards que j'ai eus envers *Ki-chi*[1]. Je le recevrai d'une manière intermédiaire entre *Ki* et *Meng* [2]. » Il ajouta : « Je suis vieux, je ne pourrais pas « utiliser sa présence. » KHOUNG-TSEU se remit en route pour une autre destination.

4. Les ministres du prince de *Thsi* avaient envoyé des musiciennes au prince de *Lou*. *Ki-hoan-tseu* (grand fonctionnaire de *Lou*) les reçut ; mais pendant trois jours elles ne furent pas présentées à la cour. KHOUNG-TSEU s'éloigna [parce que sa présence gênait la cour].

5. Le sot *Tsie-yu*, de l'État de *Thsou*, en faisant passer son char devant celui de KHOUNG-TSEU, chantait ces mots : « Oh ! le phénix ! oh ! le phénix ! comme sa vertu est en « décadence ! Les choses passées ne sont plus soumises à « sa censure ; les choses futures ne peuvent se conjecturer. « Arrêtez-vous donc ! arrêtez-vous donc ! Ceux qui mainte- « nant dirigent les affaires publiques sont dans un émi- « nent danger ! »

KHOUNG-TSEU descendit de son char dans le dessein de parler à cet homme ; mais celui-ci s'éloigna rapidement, et le Philosophe ne put l'atteindre pour lui parler.

6. *Tchang-tsiu* et *Ki-nie* étaient ensemble à labourer la terre. KHOUNG-TSEU, passant auprès d'eux, envoya *Tseu-lou* leur demander où était le gué [pour passer la rivière].

*Tchang-tsiu* dit : Quel est cet homme qui conduit le char ? *Tseu-lou* dit : C'est KHOUNG-KHIEOU. L'autre ajouta : C'est KHOUNG-KHIEOU de *Lou* ? — C'est lui-même. — Si c'est lui, il connaît le gué.

[*Tseu-lou*] fit la même demande à *Ki-nie*. *Ki-nie* dit : Mon fils, qui êtes-vous ? Il répondit : Je suis *Tching-yeou*. — Êtes-vous un des disciples de KHOUNG-KHIEOU de *Lou* ? Il répondit respectueusement : Oui. — Oh ! l'empire tout entier se précipite comme un torrent vers

---

[1] Grand de premier ordre de l'État de *Lou*.
[2] Grand du dernier ordre de l'État de *Lou*.

sa ruine, et il ne se trouve personne pour le changer, le réformer ! Et vous, vous êtes le disciple d'un maître qui ne fuit que les hommes [qui ne veulent pas l'employer [1]]. Pourquoi ne vous faites-vous pas le disciple des maîtres qui fuient le siècle [comme nous] ? — Et le laboureur continua à semer son grain.

*Tseu-lou* alla rapporter ce qu'on lui avait dit. Le Philosophe s'écria en soupirant : Les oiseaux et les quadrupèdes ne peuvent se réunir pour vivre ensemble; si je n'avais pas de tels hommes pour disciples, qui aurais-je ? Quand l'empire a de bonnes lois et qu'il est bien gouverné, je n'ai pas à m'occuper de le réformer.

7. *Tseu-lou* étant resté en arrière de la suite du Philosophe, il rencontra un vieillard portant une corbeille suspendue à un bâton. *Tseu-lou* l'interrogea en disant : Avez-vous vu notre maître ? Le vieillard répondit : Vos quatre membres ne sont pas accoutumés à la fatigue; vous ne savez pas faire la distinction des cinq sortes de grains : quel est votre maître ? En même temps il planta son bâton en terre, et s'occupa à arracher des racines.

*Tseu-lou* joignit les mains sur sa poitrine en signe de respect, et se tint debout près du vieillard.

Ce dernier retint *Tseu-lou* avec lui pour passer la nuit. Il tua une poule, prépara un petit repas, et lui offrit à manger. Il lui présenta ensuite ses deux fils.

Le lendemain, lorsque le jour parut, *Tseu-lou* se mit en route pour rejoindre son maître, et l'instruire de ce qui lui était arrivé. Le Philosophe dit : C'est un solitaire qui vit dans la retraite. Il fit ensuite retourner *Tseu-lou* pour le voir. Mais lorsqu'il arriva, le vieillard était parti [afin de dérober ses traces].

*Tseu-lou* dit : Ne pas accepter d'emploi public est contraire à la justice. Si on se fait une loi de ne pas violer l'ordre des rapports qui existent entre les différents âges,

---

[1] *Commentaire chinois.*

comment serait-il permis de violer la loi de justice, bien plus importante, qui existe entre les ministres et le prince [1]? Désirant conserver pure sa personne, on porte le trouble et la confusion dans les grands devoirs sociaux. L'homme supérieur qui accepte un emploi public remplit son devoir. Les principes de la droite raison n'étant pas mis en pratique, il le sait [et il s'efforce d'y remédier].

8. Des hommes illustres sans emplois publics furent *Pe-y*, *Chou-thsi* (prince de *Kou-tchou*), *Yu-tchoung* (le même que *Tai-pé*, du pays des *Man* ou barbares du midi), *Y-ye*, *Tchou-tchang*, *Lieou-hia-hoei* et *Chao-lien* (barbares de l'est).

Le Philosophe dit : N'abandonnèrent-ils jamais leurs résolutions, et ne déshonorèrent-ils jamais leur caractère, *Pe-y* et *Chou-thsi?* On dit que *Lieou-hia-hoei* et *Chao-lien* ne soutinrent pas jusqu'au bout leurs résolutions, et qu'ils déshonorèrent leur caractère. Leur langage était en harmonie avec la raison et la justice, tandis que leurs actes étaient en harmonie avec les sentiments des hommes. Mais en voilà assez sur ces personnes et sur leurs actes.

On dit que *Yu-tchoung* et *Y-ye* habitèrent dans le secret de la solitude, et qu'ils répandirent hardiment leur doctrine. Ils conservèrent à leur personne toute sa pureté ; leur conduite se trouvait en harmonie avec leur caractère insociable, et était conforme à la raison.

Quant à moi, je diffère de ces hommes ; je ne dis pas d'avance : Cela se peut, cela ne se peut pas.

---

[1] Si l'homme a des devoirs de famille à remplir, il a aussi des devoirs sociaux plus importants, et auxquels il ne peut se soustraire sans faillir; tel est celui d'occuper des fonctions publiques lorsque l'on peut être utile a son pays. C'est manquer a ce devoir que de s'eloigner de la vie politique et de se retirer dans la retraite lorsque ses services peuvent être utiles. Voilà la pensée d'un philosophe chinois, qui avait a combattre des sectateurs d'une doctrine contraire. Voyez notre édition du *Livre de la Raison suprême et de la Vertu*, du philosophe LAO-TSEU, le contemporain de KHOUNG-TSEU.

9. L'intendant en chef de la musique de l'État de *Lou*, nommé *Tchi*, se réfugia dans l'État de *Thsi*.

Le chef de la seconde tablée ou troupe, *Kan*, se réfugia dans l'État de *Tsou*. Le chef de la troisième troupe, *Liao*, se refugia dans l'État de *Thsaï*. Le chef de la quatrième troupe, *Kioué*, se réfugia dans l'État de *Thsin*.

Celui qui frappait le grand tambour, *Fang chou*, se retira dans une île du *Hoang-ho*.

Celui qui frappait le petit tambour, *Wou*, se retira dans le pays de *Han*.

L'intendant en second, nommé *Yang*, et celui qui jouait des instruments de pierre, nommé *Siang*, se retirèrent dans une île de la mer.

10. *Tcheou-koung* (le prince de *Tcheou*) s'adressa à *Lou-koung* (le prince de *Lou*), en disant : L'homme supérieur ne néglige pas ses parents et ne les éloigne pas de lui ; il n'excite pas des ressentiments dans le cœur de ses grands fonctionnaires, en ne voulant pas se servir d'eux ; il ne repousse pas, sans de graves motifs, les anciennes familles de dignitaires, et il n'exige pas toutes sortes de talents et de services d'un seul homme.

11. Les [anciens] *Tcheou* avaient huit hommes accomplis ; c'étaient *Pe-ta*, *Pe-kouo*, *Tchoung-to*, *Tchoung-koué*, *Chou-ye*, *Chou-hia*, *Ki-souï*, *Ki-wa*.

## CHAPITRE XIX.

#### COMPOSÉ DE 25 ARTICLES[1].

1. *Tseu-tchang* dit : L'homme qui s'est élevé au-dessus des autres par les acquisitions de son intelligence [2] prodi-

---

[1] Ce chapitre ne rapporte que les dits des disciples de KHOUNG-TSEU. Ceux de *Tseu hia* sont les plus nombreux ; ceux de *Tseu-koung*, après. (*Commentaire*.)

[2] Tel est le sens du mot *sse*, donné par quelques commentateurs chinois

gue sa vie à la vue du danger. S'il voit des circonstances propres à lui faire obtenir des profits, il médite sur la justice et le devoir. En offrant un sacrifice, il médite sur le respect et la gravité, qui en sont inséparables. En accomplissant des cérémonies funèbres, il médite sur les sentiments de regret et de douleur qu'il éprouve. Ce sont là les devoirs qu'il se plaît à remplir.

2. *Tseu-tchang* dit : Ceux qui embrassent la vertu sans lui donner aucun développement ; qui ont su acquérir la connaissance des principes de la droite raison sans pouvoir persévérer dans sa pratique : qu'importe au monde que ces hommes aient existé ou qu'ils n'aient pas existé ?

3. Les disciples de *Tseu-hia* demandèrent à *Tseu-tchang* ce que c'était que l'amitié ou l'association des amis. *Tseu-tchang* dit : Qu'en pense votre maître *Tseu-hia ?* [Les disciples] répondirent avec respect : *Tseu-hia* dit que ceux qui peuvent se lier utilement par les liens de l'amitié s'associent, et que ceux dont l'association serait nuisible ne s'associent pas. *Tseu-tchang* ajouta : Cela diffère de ce que j'ai entendu dire. J'ai appris que l'homme supérieur honorait les sages et embrassait dans son affection toute la multitude ; qu'il louait hautement les hommes vertueux et avait pitié de ceux qui ne l'étaient pas. Suis-je un grand sage : pourquoi, dans mes relations avec les hommes, n'aurais-je pas une bienveillance commune pour tous ? Ne suis-je pas un sage : les hommes sages [dans votre système] me repousseront. S'il en est ainsi, pourquoi repousser de soi certains hommes ?

4. *Tseu-hia* dit : Quoique certaines professions de la vie soient humbles [1], elles sont cependant véritablement dignes de considération. Néanmoins, si ceux qui suivent ces professions veulent parvenir à ce qu'il y a de plus éloigné de leur état [2], je crains qu'ils ne puissent réussir.

[1] Comme celles de laboureur, jardinier, médecin, etc.
(*Commentaire.*)

[2] Comme le gouvernement du royaume, la pacification de l'empire, etc. (*Commentaire.*)

C'est pourquoi l'homme supérieur ne pratique pas ces professions inférieures.

5. *Tseu-hia* dit : Celui qui chaque jour acquiert des connaissances qui lui manquaient, et qui chaque mois n'oublie pas ce qu'il a pu apprendre, peut être dit aimer l'étude.

6. *Tseu-hia* dit : Donnez beaucoup d'étendue à vos études, et portez-y une volonté ferme et constante. Interrogez attentivement, et méditez à loisir sur ce que vous avez entendu. La vertu de l'humanité, la vertu supérieure est là.

7. *Tseu-hia* dit : Tous ceux qui pratiquent les arts manuels s'établissent dans des ateliers pour confectionner leurs ouvrages; l'homme supérieur étudie pour porter à la perfection les règles des devoirs.

8. *Tseu-hia* dit : Les hommes vicieux déguisent leurs fautes sous un certain dehors d'honnêteté.

9. *Tseu-hia* dit : L'homme supérieur a trois apparences changeantes : si on le considère de loin, il paraît grave, austère; si on approche de lui, on le trouve doux et affable; si on entend ses paroles, il paraît sévère et rigide.

10. *Tseu-hia* dit : Ceux qui remplissent les fonctions supérieures d'un État se concilient d'abord la confiance de leur peuple pour obtenir de lui le prix de ses sueurs; s'ils n'obtiennent pas sa confiance, alors ils sont considérés comme le traitant d'une manière cruelle. Si le peuple a donné à son prince des preuves de sa fidélité, il peut alors lui faire des remontrances; s'il n'a pas encore donné des preuves de sa fidélité, il sera considéré comme calomniant son prince.

11. *Tseu-hia* dit : Dans les grandes entreprises morales, ne dépassez pas le but; dans les petites entreprises morales, vous pouvez aller au delà ou rester en deçà sans de grands inconvénients.

12. *Tseu-yeou* dit : Les disciples de *Tseu-hia* sont de petits enfants; ils peuvent arroser, balayer, répondre respectueusement, se présenter avec gravité et se retirer de

même. Ce ne sont là que les branches ou les choses les moins importantes; mais la racine de tout, la chose la plus importante, leur manque complétement[1]. Que faut-il donc penser de leur science?

*Tseu-hia,* ayant entendu ces paroles, dit : Oh! *Yan-yeou* excède les bornes. Dans l'enseignement des doctrines de l'homme supérieur, que doit-on enseigner d'abord, que doit-on s'efforcer d'inculquer ensuite? Par exemple, parmi les arbres et les plantes, il y a différentes classes qu'il faut distinguer. Dans l'enseignement des doctrines de l'homme supérieur, comment se laisser aller à la déception? Cet enseignement a un commencement et une fin; c'est celui du saint homme.

13. *Tseu-hia* dit : Si pendant que l'on occupe un emploi public on a du temps et des forces de reste, alors on doit s'appliquer à l'étude de ses devoirs; quand un étudiant est arrivé au point d'avoir du temps et des forces de reste, il doit alors occuper un emploi public.

14. *Tseu-yeou* dit : Lorsqu'on est en deuil de ses père et mère, on doit porter l'expression de sa douleur à ses dernières limites, et s'arrêter là.

15. *Tseu-yeou* dit : Mon ami *Tchang* se jette toujours dans les plus difficiles entreprises; cependant il n'a pas encore pu acquérir la vertu de l'humanité.

16. *Thséng-tseu* dit : Que *Tchang* a la contenance grave et digne! cependant il ne peut pas pratiquer avec les hommes la vertu de l'humanité!

17. *Thséng-tseu* dit : J'ai entendu dire au maître qu'il n'est personne qui puisse épuiser toutes les facultés de sa nature. Si quelqu'un le pouvait, ce devrait être dans l'expression de la douleur pour la perte de ses père et mère.

18. *Thséng-tseu* dit : J'ai entendu souvent le maître parler de la piété filiale de *Meng-tchouang-tseu.* [Ce grand dignitaire de l'État de *Lou*] peut être imité dans ses au-

---

[1] Voyez le *Ta-hio,* chap. I, p. 42-43.

tres vertus; mais, après la mort de son père, il ne changea ni ses ministres ni sa manière de gouverner; et c'est en cela qu'il est difficile à imiter.

19. Lorsque *Meng-chi* (*Meng-tchouang-tseu*) nomma *Yang-fou* ministre de la justice, *Yang-fou* consulta *Thsêng-tseu* [son maître] sur la manière dont il devait se conduire. *Thsêng-tseu* dit : Si les supérieurs qui gouvernent perdent la voie de la justice et du devoir, le peuple se détache également du devoir et perd pour longtemps toute soumission. Si vous acquérez la preuve qu'il a de tels sentiments de révolte contre les lois, alors ayez compassion de lui, prenez-le en pitié et ne vous en réjouissez jamais.

20. *Tseu-koung* dit : La perversité de *Cheou-(sin)* ne fut pas aussi extrême qu'on l'a rapporté. C'est pour cela que l'homme supérieur doit avoir en horreur de demeurer dans des lieux immondes : tous les vices et les crimes possibles lui seraient imputés.

21. *Tseu-koung* dit : Les erreurs de l'homme supérieur sont comme des éclipses du soleil et de la lune. S'il commet des fautes, tous les hommes les voient; s'il se corrige, tous les hommes le contemplent.

22. *Kong-sun-tchao*, grand de l'État de *Wei*, questionna *Tseu-koung* en ces termes : A quoi ont servi les études de *Tchoung-ni* [Khoung-tseu]?

*Tseu-koung* dit : Les doctrines des [anciens rois] *Wen* et *Wou* ne se sont pas perdues sur la terre; elles se sont maintenues parmi les hommes. Les sages ont conservé dans leur mémoire leurs grands préceptes de conduite; et ceux qui étaient avancés dans la sagesse ont conservé dans leur mémoire les préceptes de morale moins importants qu'ils avaient laissés au monde. Il n'est rien qui ne se soit conservé des préceptes et des doctrines salutaires de *Wen* et de *Wou*. Comment le maître ne les aurait-il pas étudiés? et même comment n'aurait-il eu qu'un seul et unique précepteur?

23. *Chou-sun*, du rang de *Wou-chou* [grand de l'État

de *Lou*], s'entretenant avec d'autres dignitaires du premier ordre à la cour du prince, dit : *Tseu-koung* est bien supérieur en sagesse à *Tchoung-ni*.

*Tseu-fou*, du rang de *King-pe* [grand dignitaire de l'État de *Lou*], en informa *Tseu-koung*. *Tseu-koung* dit : Pour me servir de la comparaison d'un palais et de ses murs, moi *Sse*, je ne suis qu'un mur qui atteint à peine aux épaules ; mais si vous considérez attentivement tout l'édifice, vous le trouverez admirable.

Les murs de l'édifice de mon maître sont très-élevés. Si vous ne parvenez pas à en franchir la porte, vous ne pourrez contempler toute la beauté du temple des ancêtres, ni les richesses de toutes les magistratures de l'État.

Ceux qui parviennent à franchir cette porte sont quelques rares personnes. Les propos de mon supérieur [*Wou-chou*, relativement à KHOUNG-TSEU et à lui] ne sont-ils pas parfaitement analogues?

24. *Chou-sun Wou-chou* ayant de nouveau rabaissé le mérite de *Tchoung-ni*, *Tseu-koung* dit : N'agissez pas ainsi; *Tchoung-ni* ne doit pas être calomnié. La sagesse des autres hommes est une colline ou un monticule que l'on peut franchir; *Tchoung-ni* est le soleil et la lune, qui ne peuvent pas être atteints et dépassés. Quand même les hommes [qui aiment l'obscurité] désireraient se séparer complétement de ces astres resplendissants, quelle injure feraient-ils au soleil et à la lune? Vous voyez trop bien maintenant que vous ne connaissez pas la mesure des choses.

25. *Tching-tseu-king* (disciple de KHOUNG-TSEU), s'adressant à *Tseu-koung*, dit : Vous avez une constance grave et digne; en quoi *Tchoung-ni* est-il plus sage que vous?

*Tseu-koung* dit : L'homme supérieur, par un seul mot qui lui échappe, est considéré comme très-éclairé sur les principes des choses; et par un seul mot il est considéré comme ne sachant rien. On doit donc mettre une grande circonspection dans ses paroles.

Notre maître ne peut pas être atteint [dans son intelligence supérieure]; il est comme le ciel, sur lequel on ne peut monter, même avec les plus hautes échelles.

Si notre maître obtenait de gouverner des États, il n'avait qu'à dire [au peuple] : Établissez ceci, aussitôt il l'établissait; suivez cette voie morale, aussitôt il la suivait; conservez la paix et la tranquillité, aussitôt il se rendait à ce conseil; éloignez toute discorde, aussitôt l'union et la concorde régnaient. Tant qu'il vécut, les hommes l'honorèrent; après sa mort, ils l'ont regretté et pleuré. D'après cela, comment pouvoir atteindre à sa haute sagesse?

## CHAPITRE XX.

### COMPOSÉ DE 3 ARTICLES.

1. *Yao* dit : O *Chun!* le ciel a résolu que la succession de la dynastie impériale reposerait désormais sur votre personne. Tenez toujours fermement et sincèrement le milieu de la droite voie. Si les peuples qui sont situés entre les quatre mers souffrent de la disette et de la misère, les revenus du prince seront à jamais supprimés.

*Chun* confia aussi un semblable mandat à *Yu*. [Celui-ci] dit : Moi humble et pauvre *Li*, tout ce que j'ose, c'est de me servir d'un taureau noir [dans les sacrifices]; tout ce que j'ose, c'est d'en instruire l'empereur souverain et auguste. S'il a commis des fautes, n'osé-je [moi, son ministre] l'en blâmer ? Les ministres naturels de l'empereur [les sages de l'empire [1]] ne sont pas laissés dans l'obscurité; ils sont tous en évidence dans le cœur de l'empereur. Ma pauvre personne a beaucoup de défauts qui ne sont pas communs [aux sages] des quatre régions de l'empire. Si les [sages] des quatre régions de

---

[1] *Commentaire.*

l'empire ont des défauts, ces défauts existent également dans ma pauvre personne.

*Tcheou* (*Wou-wang*) eut une grande libéralité; les hommes vertueux furent à ses yeux les plus éminents.

[Il disait :] Quoique l'on ait des parents très-proches [comme des fils et des petits-fils], il n'est rien comme des hommes doués de la vertu de l'humanité[1]! je voudrais que les fautes de tout le peuple retombassent sur moi seul.

[*Wou-wang*] donna beaucoup de soin et d'attention aux poids et mesures. Il examina les lois et les constitutions, rétablit dans leurs emplois les magistrats qui en avaient été privés; et l'administration des quatre parties de l'empire fut remise en ordre.

Il releva les royaumes détruits [il les rétablit et les rendit à leurs anciens possesseurs[2]]; il renoua le fil des générations interrompues [il donna des rois aux royaumes qui n'en avaient plus[3]]; il rendit leurs honneurs à ceux qui avaient été exilés. Les populations de l'empire revinrent d'elles-mêmes se soumettre à lui.

Ce qu'il regardait comme de plus digne d'attention et de plus important, c'était l'entretien du peuple, les funérailles et les sacrifices aux ancêtres.

Si vous avez de la générosité et de la grandeur d'âme, alors vous vous gagnez la foule; si vous avez de la sincérité et de la droiture, alors le peuple se confie à vous; si vous êtes actif et vigilant, alors toutes vos affaires ont d'heureux résultats; si vous portez un égal intérêt à tout le monde, alors le peuple est dans la joie.

2. *Tseu-tchang* fit une question à Khoung-tseu en ces termes : Comment pensez-vous que l'on doive diriger les affaires de l'administration publique? Le Philosophe dit :

---

[1] Chapitre *Taï-tchi*, du *Chou-king*. Voyez la traduction que nous en avons publiée dans les *Livres sacrés de l'Orient*. Paris, F. Didot, 1840.

[2] *Commentaire.*

[3] *Ibid.*

Honorez les cinq choses excellentes[1], fuyez les quatre mauvaises actions[2] : voilà comment vous pourrez diriger les affaires de l'administration publique. *Tseu-tchang* dit : Qu'appelez-vous les cinq choses excellentes? Le Philosophe dit : L'homme supérieur [qui commande aux autres] doit répandre des bienfaits, sans être prodigue ; exiger des services du peuple, sans soulever ses haines ; désirer des revenus suffisants, sans s'abandonner à l'avarice et à la cupidité ; avoir de la dignité et de la grandeur, sans orgueilleuse ostentation, et de la majesté sans rudesse.

*Tseu-tchang* dit : Qu'entendez-vous par être bienfaisant sans prodigalité? Le Philosophe dit : Favoriser continuellement tout ce qui peut procurer des avantages au peuple, en lui faisant du bien, n'est-ce pas là être bienfaisant sans prodigalité? Déterminer, pour les faire exécuter par le peuple, les corvées qui sont raisonnablement nécessaires, et les lui imposer : qui pourrait s'en indigner? Désirer seulement tout ce qui peut être utile à l'humanité, et l'obtenir, est-ce là de la cupidité? Si l'homme supérieur [ou le chef de l'État] n'a ni une trop grande multitude de populations, ni un trop petit nombre ; s'il n'a ni de trop grandes ni de trop petites affaires ; s'il n'ose avoir de mépris pour personne : n'est-ce pas là le cas d'avoir de la dignité sans ostentation? Si l'homme supérieur compose régulièrement ses vêtements, s'il met de la gravité et de la majesté dans son attitude et sa contenance, les hommes le considéreront avec respect et vénération ; n'est-ce pas là de la majesté sans rudesse?

*Tseu-tchang* dit : Qu'entendez-vous par les quatre mauvaises actions? Le Philosophe dit : C'est ne pas instruire le peuple et le tuer [moralement, en le laissant tomber

---

1 « Ce sont des choses qui procurent des avantages au peuple. »
(*Commentaire.*)

2 « Ce sont celles qui portent un détriment au peuple. »
(*Commentaire.*)

dans le mal [1] ] : on appelle cela cruauté ou tyrannie ; c'est ne pas donner des avertissements préalables, et vouloir exiger une conduite parfaite : on appelle cela violence, oppression ; c'est différer de donner ses ordres, et vouloir l'exécution d'une chose aussitôt qu'elle est résolue : on appelle cela injustice grave ; de même que, dans ses rapports journaliers avec les hommes, montrer une sordide avarice, on appelle cela se comporter comme un collecteur d'impôts.

3. Le Philosophe dit : Si l'on ne se croit pas chargé de remplir une mission, un mandat, on ne peut pas être considéré comme un homme supérieur.

Si l'on ne connaît pas les rites ou les lois qui règlent les relations sociales, on n'a rien pour se fixer dans sa conduite.

Si l'on ne connaît pas la valeur des paroles des hommes, on ne les connaît pas eux-mêmes.

[1] *Commentaire.*

FIN DU LUN YU.

孟子

# MENG-TSEU,

QUATRIÈME LIVRE CLASSIQUE.

## PREMIER LIVRE.

### CHAPITRE PREMIER.

#### COMPOSÉ DE 7 ARTICLES.

1. MENG-TSEU alla visiter *Hoei-wang,* prince de la ville de *Liang* [roi de l'État de *Wei* [1]].

Le roi lui dit : Sage vénérable, puisque vous n'avez pas jugé que la distance de mille *li* [cent lieues] fût trop longue pour vous rendre à ma cour, sans doute que vous m'apportez de quoi enrichir mon royaume?

MENG-TSEU répondit avec respect : Roi! qu'est-il besoin de parler de gains ou de profits? j'apporte avec moi l'humanité, la justice; et voilà tout.

Si le roi dit : Comment ferai-je pour enrichir mon royaume? les grands dignitaires diront : Comment ferons-

---

[1] Petit État de la Chine a l'époque de MENG-TSEU, et dont la capitale se nommait *Ta-liang;* de son vivant, ce prince se nommait *Wei-yng;* après sa mort, on le nomma *Liang-hoeï-wang,* roi bienfaisant de la ville de *Liang.* Selon le *Li-taï-ki-sse,* il commença à régner la 6ᵉ année de *Lie-wang* des *Tchéou,* c'est-à-dire 370 ans avant notre ère. Son règne dura dix-huit ans. La visite que lui fit MENG-TSEU dut avoir lieu (d'après le § 5 de ce chapitre, p. 227) apres la 9ᵉ année de son regne ou après la 362ᵉ année qui a précédé notre ere.

nous pour enrichir nos familles? Les lettrés et les hommes du peuple diront : Comment ferons-nous pour nous enrichir nous-mêmes? Si les supérieurs et les inférieurs se disputent ainsi à qui obtiendra le plus de richesses, le royaume se trouvera en danger. Dans un royaume de dix mille chars de guerre, celui qui détrône ou tue son prince doit être le chef d'une famille de mille chars de guerre [1]. Dans un royaume de mille chars de guerre, celui qui détrône ou tue son prince doit être le chef d'une famille de cent chars de guerre [2]. De dix mille prendre mille, et de mille prendre cent, ce n'est pas prendre une petite portion [3]. Si on place en second lieu la justice, et en premier lieu le gain ou le profit, tant que [les supérieurs] ne seront pas renversés et dépouillés, [les inférieurs] ne seront pas satisfaits.

Il n'est jamais arrivé que celui qui possède véritablement la vertu de l'humanité abandonnât ses parents [ses père et mère]; il n'est jamais arrivé que l'homme juste et équitable fît peu de cas de son prince.

Roi, parlons, en effet, de l'humanité et de la justice; rien que de cela. A quoi bon parler de gains et de profits?

2. MENG-TSEU étant allé voir un autre jour *Hoeï-wang* de *Liang*, le roi, qui était occupé sur son étang à considérer les oies sauvages et les cerfs, lui dit : Le sage ne se plaît-il pas aussi à ce spectacle?

MENG-TSEU lui répondit respectueusement : Il faut être parvenu à la possession de la sagesse pour se réjouir de ce spectacle. Si l'on ne possède pas encore la sagesse, quoique l'on possède ces choses, on ne doit pas s'en faire un amusement.

Le *Livre des Vers* [4] dit :

---

[1] « Un grand vassal, possédant un fief de mille *li* ou cent lieues carrées. » *(Commentaire.)*

[2] Un *ta-fou*, ou grand dignitaire. *(Ibid.)*

[3] C'est prendre le dixième, qui était alors la proportion habituelle de l'impôt public.

[4] Section *Ta ya*, ode *Ling-thaï*.

« Il commence (*Wen-wang*) par esquisser le plan de la
« tour de l'Intelligence [observatoire] ;

« Il l'esquisse, il en trace le plan, et on l'exécute ;

« La foule du peuple, en s'occupant de ces travaux,
« Ne met pas une journée entière à l'achever.

« En commençant de tracer le plan, (*Wou-wang*) dé-
« fendait de se hâter ;

« Et cependant le peuple accourait à l'œuvre comme
« un fils.

« Lorsque le roi (*Wou-wang*) se tenait dans le parc de
« l'Intelligence,

« Il aimait à voir les cerfs et les biches se reposer en
« liberté, s'enfuir à son approche ;

« Il aimait à voir ces cerfs et ces biches éclatants de
« force et de santé,

« Et les oiseaux blancs, dont les ailes étaient resplen-
« dissantes.

« Lorsque le roi se tenait près de l'étang de l'Intelli-
« gence,

« Il se plaisait à voir la multitude des poissons, dont il
« était plein, bondir sous ses yeux. »

*Wen-wang* se servit des bras du peuple pour construire sa tour et pour creuser son étang ; et cependant le peuple était joyeux et content de son roi. Il appela sa tour *la Tour de l'Intelligence* [parce qu'elle avait été construite en moins d'un jour [1]]; et il appela son étang *l'Étang de l'Intelligence* [pour la même raison]. Le peuple se réjouissait de ce que son roi avait des cerfs, des biches, des poissons de toutes sortes. Les hommes [supérieurs] de l'antiquité n'avaient de joie qu'avec le peuple, que lorsque le peuple se réjouissait avec eux ; c'est pourquoi ils pouvaient véritablement se réjouir.

Le *Tchang-tchi* [2] dit : « Quand ce soleil périra, nous
« périrons avec lui. » Si le peuple désire périr avec lui,

---

[1] *Commentaire.*

[2] Chapitre du *Chou-king*. Voyez la note ci-devant, p. 219.

quoique le roi ait une tour, un étang, des oiseaux et des bêtes fauves, comment pourrait-il se réjouir seul?

3. *Hoeï-wang* de *Liang* dit : Moi qui ai si peu de capacité dans l'administration du royaume, j'épuise cependant à cela toutes les facultés de mon intelligence. Si la partie de mon État située dans l'enceinte formée par le fleuve *Hoang-ho* vient à souffrir de la famine, alors j'en transporte les populations valides à l'orient du fleuve, et je fais passer des grains de ce côté dans la partie qui entoure le fleuve. Si la partie de mon État située à l'orient du fleuve vient à souffrir de la famine, j'agis de même. J'ai examiné l'administration des royaumes voisins; il n'y a aucun [prince] qui, comme votre pauvre serviteur, emploie toutes les facultés de son intelligence à [soulager son peuple]. Les populations des royaumes voisins, cependant, ne diminuent pas, et les sujets de votre pauvre serviteur n'augmentent pas. Pourquoi cela?

MENG-TSEU répondit respectueusement : Roi, vous aimez la guerre; permettez-moi d'emprunter une comparaison à l'art militaire : Lorsqu'au son du tambour le combat s'engage, que les lances et les sabres se sont mêlés; abandonnant leurs boucliers et traînant leurs armes, les uns fuient; un certain nombre d'entre eux font cent pas et s'arrêtent, et un certain nombre d'autres font cinquante pas et s'arrêtent : si ceux qui n'ont fui que de cinquante pas se moquent de ceux qui ont fui de cent, qu'en penserez-vous?

[Le roi] dit : Il ne leur est pas permis de railler les autres; ils n'ont fait que fuir moins de cent pas. C'est également fuir. [MENG-TSEU] dit : Roi, si vous savez cela, alors n'espérez pas voir la population de votre royaume s'accroître plus que celle des royaumes voisins.

Si vous n'intervenez point dans les affaires des laboureurs en les enlevant, par des corvées forcées, aux travaux de chaque saison, les récoltes dépasseront la consommation. Si des filets à tissu serré ne sont pas jetés dans les étangs et les viviers, les poissons de diverses sortes ne pourront pas être consommés. Si vous ne portez la hache dans les forêts que dans les temps convenables, il y aura toujours du bois en abondance. Ayant plus de poissons qu'il n'en pourra être consommé, et plus de bois qu'il n'en sera employé, il résultera de là que le peuple aura de quoi nourrir les vivants et offrir des sacrifices aux morts; alors il ne murmurera point. Voilà le point fondamental d'un bon gouvernement.

Faites planter des mûriers dans les champs d'une famille qui cultive cinq arpents de terre, et les personnes âgées pourront se couvrir de vêtements de soie. Faites que l'on ne néglige pas d'élever des poules, des chiens[1] et des pourceaux de toute espèce, et les personnes âgées de soixante et dix ans pourront se nourrir de viande. N'enlevez pas, dans les saisons qui exigent des travaux assidus, les bras des familles qui cultivent cent arpents de terre, et ces familles nombreuses ne seront pas exposées aux horreurs de la faim. Veillez attentivement à ce que les enseignements des écoles et des colléges propagent les devoirs de la piété filiale et le respect équitable des jeunes gens pour les vieillards, alors on ne verra pas des hommes à cheveux blancs traîner ou porter de pesants fardeaux sur les grands chemins. Si les septuagénaires portent des vêtements de soie et mangent de la viande, et si les jeunes gens à cheveux noirs ne souffrent ni du froid ni de la faim, toutes les choses seront prospères. Il n'y a pas encore eu de prince qui, après avoir agi ainsi, n'ait pas régné sur le peuple.

Mais, au lieu de cela, vos chiens et vos pourceaux dévorent la nourriture du peuple, et vous ne savez pas y remédier. Le peuple meurt de faim sur les routes et les grands chemins, et vous ne savez pas ouvrir les greniers publics. Quand vous voyez des hommes morts de faim, vous dites : *Ce n'est pas ma faute, c'est celle de la stérilité*

---

[1] Il y a en Chine des chiens que l'on mange ; l'on peut en voir au jardin des Plantes de Paris.

*de la terre.* Cela diffère-t-il d'un homme qui, ayant percé un autre homme de son glaive, dirait : *Ce n'est pas moi, c'est mon épée !* Ne rejetez pas la faute sur les intempéries des saisons, et les populations de l'empire viendront à vous pour recevoir des soulagements à leurs misères.

4. *Hoei-wang* de *Liang* dit : Moi, homme de peu de vertu, je désire sincèrement suivre vos leçons.

MENG-TSEU ajouta avec respect : Tuer un homme avec un bâton ou avec une épée, trouvez-vous à cela quelque différence?

Le roi dit : Il n'y a aucune différence. — Le tuer avec une épée ou avec un mauvais gouvernement, y trouvez-vous de la différence?

Le roi dit : Je n'y trouve aucune différence. [MENG-TSEU] ajouta : Vos cuisines regorgent de viandes, et vos écuries sont pleines de chevaux engraissés. Mais le visage décharné du peuple montre la pâleur de la faim, et les campagnes sont couvertes des cadavres de personnes mortes de misère. Agir ainsi, c'est exciter des bêtes féroces à dévorer les hommes.

Les bêtes féroces se dévorent entre elles et sont en horreur aux hommes. Vous devez gouverner et vous conduire dans l'administration de l'État comme étant le père et la mère du peuple. Si vous ne vous dispensez pas d'exciter les bêtes féroces à dévorer les hommes, comment pourriez-vous être considéré comme le père et la mère du peuple?

TCHOUNG-NI a dit : « Les premiers qui façonnèrent des statues ou mannequins de bois [pour les funérailles] ne furent-ils pas privés de postérité ? » Le Philosophe disait cela, parce qu'ils avaient fait des hommes à leur image, et qu'ils les avaient employés [dans les sacrifices]. Qu'aurait-il dit de ceux qui agissent de manière à faire mourir le peuple de faim et de misère?

5. *Hoei-wang* de *Liang* dit : Le royaume de *Tçin*[1] n'avait pas d'égal en puissance dans tout l'empire. Sage

---

[1] Une partie du royaume de *Weï* appartenait autrefois au royaume de *Tçin*.

vénérable, c'est ce que vous savez fort bien. Lorsqu'il tomba en partage à ma chétive personne, aussitôt à l'orient je fus défait par le roi de *Thsi*, et mon fils aîné périt. A l'occident, j'ai perdu dans une guerre contre le roi de *Thsin* sept cents *li* de territoire [1]. Au midi j'ai reçu un affront du roi de *Thsou*. Moi, homme de peu de vertu, je rougis de ces défaites. Je voudrais, pour l'honneur de ceux qui sont morts, effacer en une seule fois toutes ces ignominies. Que dois-je faire pour cela?

Mëng-tseu répondit respectueusement : Avec un territoire de cent *li* d'étendue [dix lieues], on peut cependant parvenir à régner en souverain.

Roi, si votre gouvernement est humain et bienfaisant pour le peuple, si vous diminuez les peines et les supplices, si vous allégez les impôts et les tributs de toute nature, les laboureurs sillonneront plus profondément la terre, et arracheront la zizanie de leurs champs. Ceux qui sont jeunes et forts, dans leurs jours de loisir, cultiveront en eux les vertus de la piété filiale, de la déférence envers leurs frères aînés, de la droiture et de la sincérité. A l'intérieur, ils s'emploieront à servir leurs parents; au dehors, ils s'emploieront à servir les vieillards et leurs supérieurs. Vous pourrez alors parvenir à leur faire saisir leurs bâtons pour frapper les durs boucliers et les armes aiguës des hommes de *Thsin* et de *Thsou*.

Les rois de ces États dérobent à leurs peuples le temps le plus précieux, en les empêchant de labourer leur terre et d'arracher l'ivraie de leurs champs, afin de pouvoir nourrir leurs pères et leurs mères. Leurs pères et leurs mères souffrent du froid et de la faim; leurs frères, leurs femmes et leurs enfants sont séparés l'un de l'autre et dispersés de tous côtés [pour chercher leur nourriture].

Ces rois ont précipité leurs peuples dans un abîme de misère en leur faisant souffrir toutes sortes de tyrannies.

---

[1] Cet événement eut lieu la 8e et la 9e année du règne de *Hoeï-wang* ou 363-362 ans avant notre ère.

Prince, si vous marchez pour les combattre, quel est celui d'entre eux qui s'opposerait à vos desseins ?

C'est pourquoi il est dit : « Celui qui est humain n'a « pas d'ennemis. » Roi, je vous en prie, plus d'hésitation.

6. MENG-TSEU alla visiter *Siang-wang* de *Liang* [fils du roi précédent].

En sortant de son audience, il tint ce langage à quelques personnes : En le considérant de loin, je ne lui ai pas trouvé de ressemblance avec un prince ; en l'approchant de près, je n'ai rien vu en lui qui inspirât le respect. Tout en l'abordant, il m'a demandé : Comment faut-il s'y prendre pour consolider l'empire ? Je lui ai répondu avec respect : On lui donne de la stabilité par l'unité. — Qui pourra lui donner cette unité ?

J'ai répondu avec respect : Celui qui ne trouve pas de plaisir à tuer les hommes peut lui donner cette unité.

— Qui sont ceux qui viendront se rendre à lui ? — J'ai répondu avec respect : Dans tout l'empire il n'est personne qui ne vienne se soumettre à lui. Roi, connaissez-vous ces champs de blé en herbe ? Si, pendant la septième ou la huitième lune, il survient une sécheresse, alors ces blés se dessèchent. Mais si dans l'espace immense du ciel se forment d'épais nuages, et que la pluie tombe avec abondance, alors les tiges de blé, reprenant de la vigueur, se redressent. Qui pourrait les empêcher de se redresser ainsi ? Maintenant ceux qui, dans tout ce grand empire, sont constitués les *pasteurs des hommes* [1], il n'en est pas un qui ne se plaise à faire tuer les hommes. S'il s'en trouvait parmi eux un seul qui n'aimât pas à faire tuer les hommes, alors toutes les populations de l'empire tendraient vers lui leurs bras, et n'espéreraient plus qu'en lui. Si ce que je dis est la vérité, les populations viendront se réfugier sous son aile, semblables à des torrents

---

[1] *Jin-mou.* « Ce sont les princes qui nourrissent et entretiennent [*littéralement* : qui font paître] les peuples. » (*Comm.*) Cette expression se trouve aussi dans Homère : Ποιμήν λαῶν.

qui se précipitent dans les vallées. Lorsqu'elles se précipiteront comme un torrent, qui pourra leur résister?

7. *Siouan-wang*, roi de *Thsi*, interrogea Meng-tseu en disant : Pourrais-je obtenir de vous d'entendre le récit des actions de *Houan*, prince de *Thsi*, et de *Wen*, prince de *Tçin?*

Meng-tseu répondit avec respect : De tous les disciples de Tchoung-ni aucun n'a raconté les faits et gestes de *Houan* et de *Wen*. C'est pourquoi ils n'ont pas été transmis aux générations qui les ont suivis ; et votre serviteur n'en a jamais entendu le récit. Si vous ne cessez de me presser de questions semblables, quand nous occuperons-nous de l'art de gouverner un empire?

[Le roi] dit: Quelles règles faut-il suivre pour bien gouverner?

[Meng-tseu] dit : Donnez tous vos soins au peuple, et vous ne rencontrerez aucun obstacle pour bien gouverner.

Le roi ajouta : Dites-moi si ma chétive personne est capable d'aimer et de chérir le peuple?

— Vous en êtes capable, répliqua Meng-tseu.

— D'où savez-vous que j'en suis capable? [Meng-tseu] dit : Votre serviteur a entendu dire à *Hou-hé*[1] ces paroles :
« Le roi était assis dans la salle d'audience ; des hommes
« qui conduisaient un bœuf lié par des cordes vinrent à
« passer au bas de la salle. Le roi, les ayant vus, leur dit :
« Où menez-vous ce bœuf? Ils lui répondirent respec-
« tueusement : Nous allons nous servir [de son sang] pour
« arroser une cloche. Le roi dit : Lâchez-le ; je ne puis
« supporter de voir sa frayeur et son agitation, comme
« celle d'un innocent qu'on mène au lieu du supplice.
« Ils répondirent avec respect : Si nous agissons ainsi,
« nous renoncerons donc à arroser la cloche de son sang?
« [Le roi] reprit : Comment pourriez-vous y renoncer?
« remplacez-le par un mouton. » Je ne sais pas si cela s'est passé ainsi.

---

[1] L'un des ministres du roi.

Le roi dit : Cela s'est passé ainsi.

Meng-tseu ajouta : Cette compassion du cœur suffit pour régner. Les cent familles [tout le peuple chinois] ont toutes considéré le roi, dans cette occasion, comme mû par des sentiments d'avarice; mais votre serviteur savait d'une manière certaine que le roi était mû par un sentiment de compassion.

Le roi dit : Assurément. Dans la réalité, j'ai donné lieu au peuple de me croire mû par des sentiments d'avarice. Cependant, quoique le royaume de *Thsi* soit resserré dans d'étroites limites, comment aurais-je sauvé un bœuf par avarice? seulement je n'ai pu supporter de voir sa frayeur et son agitation, comme celle d'un innocent qu'on mène au lieu du supplice. C'est pourquoi je l'ai fait remplacer par un mouton.

Meng-tseu dit : Prince, ne soyez pas surpris de ce que les cent familles ont considéré le roi comme ayant été mû, dans cette occasion, par des sentiments d'avarice. Vous aviez fait remplacer une grande victime par une petite; comment le peuple aurait-il deviné le motif de votre action? Roi, si vous avez eu compassion seulement d'un être innocent que l'on menait au lieu du supplice, alors pourquoi entre le bœuf et le mouton avez-vous fait un choix? Le roi répondit en souriant : C'est cependant la vérité; mais quelle était ma pensée? Je ne l'ai pas épargné à cause de sa valeur, mais je l'ai échangé contre un mouton. Toutefois le peuple a eu raison de m'accuser d'avarice.

Meng-tseu dit : Rien en cela ne doit vous blesser; car c'est l'humanité qui vous a inspiré ce détour. Lorsque vous aviez le bœuf sous vos yeux, vous n'aviez pas encore vu le mouton. Quand l'homme supérieur a vu les animaux vivants, il ne peut supporter de les voir mourir; quand il a entendu leurs cris d'agonie, il ne peut supporter de manger leur chair. C'est pourquoi l'homme supérieur place son abattoir et sa cuisine dans des lieux éloignés.

Le roi, charmé de cette explication, dit : On lit dans le *Livre des Vers :*

« Un autre homme avait une pensée ;

« Moi, je l'ai devinée, et lui ai donné sa mesure [1]. »

Maître, vous avez exprimé ma pensée. J'avais fait cette action ; mais en y réfléchissant à plusieurs reprises, et en cherchant les motifs qui m'avaient fait agir comme j'ai agi, je n'avais pu parvenir à m'en rendre compte intérieurement. Maître, en m'expliquant ces motifs, j'ai senti renaître en mon cœur de grands mouvements de compassion. Mais ces mouvements du cœur, quel rapport ont-ils avec l'art de régner ?

MENG-TSEU dit : S'il se trouvait un homme qui dît au roi : Mes forces sont suffisantes pour soulever un poids de trois mille livres, mais non pour soulever une plume ; ma vue peut discerner le mouvement de croissance de l'extrémité des poils d'automne de certains animaux, mais elle ne peut discerner une voiture chargée de bois qui suit la grande route : roi, auriez-vous foi en ses paroles ? — Le roi dit : Aucunement. — Maintenant vos bienfaits ont pu atteindre jusqu'à un animal, mais vos bonnes œuvres n'arrivent pas jusqu'aux populations. Quelle en est la cause ? Cependant, si l'homme ne soulève pas une plume, c'est parce qu'il ne fait pas usage de ses forces ; s'il ne voit pas la voiture chargée de bois, c'est qu'il ne fait pas usage de sa faculté de voir ; si les populations ne reçoivent pas de vous des bienfaits, c'est que vous ne faites pas usage de votre faculté bienfaisante. C'est pourquoi, si un roi ne gouverne pas comme il doit gouverner [en comblant le peuple de bienfaits [2]], c'est parce qu'il ne le *fait* pas, et non parce qu'il ne le *peut* pas.

Le roi dit : En quoi diffèrent les apparences du mauvais gouvernement par *mauvais vouloir* ou par *impuissance ?*

---

[1] Ode *Khiao-yen,* section *Siao-ya.*
[2] *Commentaire.*

Meng-tseu dit : Si l'on conseillait à un homme de prendre sous son bras la montagne *Taï-chan* pour la transporter dans l'Océan septentrional, et que cet homme dît : *Je ne le puis,* on le croirait, parce qu'il dirait la vérité ; mais si on lui ordonnait de rompre un jeune rameau d'arbre, et qu'il dît encore : *Je ne le puis,* alors il y aurait de sa part *mauvais vouloir*, et non *impuissance*. De même, le roi qui ne gouverne pas bien comme il le devrait faire n'est pas à comparer à l'espèce d'homme essayant de prendre la montagne de *Taï-chan* sous son bras pour la transporter dans l'Océan septentrional, mais à l'espèce d'homme disant ne pouvoir rompre le jeune rameau d'arbre.

Si la piété filiale que j'ai pour un parent et l'amitié fraternelle que j'éprouve pour mes frères inspirent aux autres hommes les mêmes sentiments ; si la tendresse toute paternelle avec laquelle je traite mes enfants inspire aux autres hommes le même sentiment : je pourrai aussi facilement répandre des bienfaits dans l'empire que de tourner la main.

Le *Livre des Vers* dit :

« Je me comporte comme je le dois envers ma femme,

« Ensuite envers mes frères aîné et cadets,

« Afin de gouverner convenablement mon État, qui « n'est qu'une famille[1]. »

Cela veut dire qu'il faut cultiver ces sentiments d'humanité dans son cœur, et les appliquer aux personnes désignées, et que cela suffit. C'est pourquoi celui qui met en action, qui produit au dehors ces bons sentiments, peut embrasser dans sa tendre affection les populations comprises entre les quatre mers ; celui qui ne réalise pas ces bons sentiments, qui ne leur fait produire aucun effet, ne peut pas même entourer de ses soins et de son affection sa femme et ses enfants. Ce qui rendait les hommes des anciens temps si supérieurs aux hommes de nos jours n'é-

---

[1] Ode *Sse-tchaï*, section *Ta-ya*.

tait pas autre chose ; ils suivaient l'ordre de la nature dans l'application de leurs bienfaits, et voilà tout. Maintenant que vos bienfaits ont pu atteindre les animaux, vos bonnes œuvres ne s'étendront-elles pas jusqu'aux populations, et celles-ci en seront-elles seules privées?

Quand on a placé des objets dans la balance, on connaît ceux qui sont lourds et ceux qui sont légers. Quand on a mesuré des objets, on connaît ceux qui sont longs et ceux qui sont courts. Toutes les choses ont en général ce caractère ; mais le cœur de l'homme est la chose la plus importante de toutes. Roi, je vous en prie, mesurez-le [c'est-à-dire, tâchez d'en déterminer les véritables sentiments].

O roi! quand vous faites briller aux yeux les armes aiguës et les boucliers, que vous exposez au danger les chefs et leurs soldats, et que vous vous attirez ainsi les ressentiments de tous les grands vassaux, vous en réjouissez-vous dans votre cœur?

Le roi dit : Aucunement. Comment me réjouirais-je de pareilles choses? Tout ce que je cherche en agissant ainsi, c'est d'arriver à ce qui fait le plus grand objet de mes désirs.

MENG-TSEU dit : Pourrais-je parvenir à connaître le plus grand des vœux du roi? Le roi sourit, et ne répondit pas.

[MENG-TSEU] ajouta : Serait-ce que les mets de vos festins ne sont pas assez copieux et assez splendides pour satisfaire votre bouche? et vos vêtements assez légers et assez chauds pour couvrir vos membres? ou bien serait-ce que les couleurs les plus variées des fleurs ne suffisent point pour charmer vos regards, et que les sons et les chants les plus harmonieux ne suffisent point pour ravir vos oreilles? ou enfin, les officiers du palais ne suffisent ils plus à exécuter vos ordres en votre présence? La foule des serviteurs du roi est assez grande pour pouvoir lui procurer toutes ces jouissances; et le roi, cependant, n'est-il pas affecté de ces choses?

Le roi dit : Aucunement. Je ne suis point affecté de ces choses.

Meng-tseu dit : S'il en est ainsi, alors je puis connaître le grand but des désirs du roi. Il veut agrandir les terres de son domaine, pour faire venir à sa cour les rois de *Thsin* et de *Thsou*, commander à tout l'empire du milieu, et pacifier les barbares des quatre régions. Mais agir comme il le fait pour parvenir à ce qu'il désire, c'est comme si l'on montait sur un arbre pour y chercher des poissons.

Le roi dit : La difficulté serait-elle donc aussi grande ?

Meng-tseu ajouta : Elle est encore plus grande et plus dangereuse. En montant sur un arbre pour y chercher des poissons, quoiqu'il soit sûr que l'on ne puisse y en trouver, il n'en résulte aucune conséquence fâcheuse ; mais en agissant comme vous agissez pour obtenir ce que vous désirez de tous vos vœux, vous épuisez en vain toutes les forces de votre intelligence dans ce but unique ; il s'ensuivra nécessairement une foule de calamités.

[Le roi] dit : Pourrais-je savoir quelles sont ces calamités ?

[Meng-tseu] dit : Si les hommes de *Tseou*[1] et ceux de *Thsou* entrent en guerre, alors, ô roi ! lesquels, selon vous, resteront vainqueurs ?

Le roi dit : Les hommes de *Thsou* seront les vainqueurs.

— S'il en est ainsi, alors un petit royaume ne pourra certainement en subjuguer un grand. Un petit nombre de combattants ne pourra certainement pas résister à un grand nombre ; les faibles ne pourront certainement pas résister aux forts. Le territoire situé dans l'intérieur des mers [l'empire de la Chine tout entier] comprend neuf régions de mille *li* chacune. Le royaume de *Thsi* [celui de son interlocuteur], en réunissant toutes ses possessions,

---

[1] Le royaume de *Tseou* etait petit; celui de *Thsou* était grand. (*Commentaire.*)

n'a qu'une seule de ces neuf portions de l'empire. Si avec [les forces réunies] d'une seule de ces régions il veut se soumettre les huit autres, en quoi différera-t-il du royaume de *Tseou*, qui attaquerait celui de *T'hsou?* Or il vous faut réfléchir de nouveau sur le grand objet de vos vœux.

Maintenant, ô roi ! si vous faites que dans toutes les parties de votre administration publique se manifeste l'action d'un bon gouvernement ; si vous répandez au loin les bienfaits de l'humanité, il en résultera que tous ceux qui dans l'empire occupent des emplois publics voudront venir résider à la cour du roi ; que tous les laboureurs voudront venir labourer les champs du roi ; que tous les marchands voudront venir apporter leurs marchandises sur les marchés du roi ; que tous les voyageurs et les étrangers voudront voyager sur les chemins du roi ; que toutes les populations de l'empire, qui détestent la tyrannie de leurs princes, voudront accourir à la hâte près du roi pour l'instruire de leurs souffrances. S'il en était ainsi, qui pourrait les retenir ?

Le roi dit : Moi, homme de peu de capacité, je ne puis parvenir à ces résultats par un gouvernement si parfait ; je désire que vous, maître, vous aidiez ma volonté [en me conduisant dans la bonne voie [1]] ; que vous m'éclairiez par vos instructions. Quoique je ne sois pas doué de beaucoup de perspicacité, je vous prie cependant d'essayer cette entreprise.

[MENG-TSEU] dit : Manquer des choses [2] constamment nécessaires à la vie, et cependant conserver toujours une âme égale et vertueuse, cela n'est qu'en la puissance des hommes dont l'intelligence cultivée s'est élevée au-dessus du vulgaire. Quant au commun du peuple, alors, s'il manque des choses constamment nécessaires à la vie, par

---

[1] *Commentaire.*

[2] *Tchan,* patrimoine quelconque en terres ou en maisons ; moyens d'existence.

cette raison il manque d'une âme constamment égale et vertueuse ; s'il manque d'une âme constamment égale et vertueuse, violation de la justice, dépravation du cœur, licence du vice, excès de la débauche : il n'est rien qu'il ne soit capable de faire. S'il arrive à ce point de tomber dans le crime [en se révoltant contre les lois [1]], on exerce des poursuites contre lui, et on lui fait subir des supplices. C'est prendre le peuple dans des filets. Comment, s'il existait un homme véritablement doué de la vertu de l'humanité, occupant le trône, pourrait-il commettre cette action criminelle de prendre ainsi le peuple dans des filets?

C'est pourquoi un prince éclairé, en constituant comme il convient la propriété privée du peuple [2], obtient pour résultat nécessaire, en premier lieu, que les enfants aient de quoi servir leurs père et mère ; en second lieu, que les pères aient de quoi entretenir leurs femmes et leurs enfants; que le peuple puisse se nourrir toute la vie des productions des années abondantes, et que, dans les années de calamités, il soit préservé de la famine et de la mort. Ensuite il pourra instruire le peuple, et le conduire dans le chemin de la vertu. C'est ainsi que le peuple suivra cette voie avec facilité.

Aujourd'hui la constitution de la propriété privée du peuple est telle, qu'en considérant la première chose de toutes, les enfants n'ont pas de quoi servir leurs père et mère, et qu'en considérant la seconde, les pères n'ont pas de quoi entretenir leurs femmes et leurs enfants ; qu'avec les années d'abondance le peuple souffre jusqu'à la fin de sa vie la peine et la misère, et que dans les années de calamités il n'est pas préservé de la famine et de la mort. Dans de telles extrémités, le peuple ne pense qu'à éviter la mort en craignant de manquer du nécessaire. Comment

---

[1] *Commentaire.*

[2] Le texte porte : *Tchi min tchi tchan :* CONSTITUENDO POPULI REM-FAMILIAREM. La *Glose* ajoute : *Tchan, chi tien tcha :* CETTE PROPRIÉTÉ PRIVÉE EST UNE PROPRIÉTÉ EN CHAMPS CULTIVABLES.

aurait-il le temps de s'occuper des doctrines morales pour se conduire selon les principes de l'équité et de la justice ?

O roi ! si vous désirez pratiquer ces principes, pourquoi ne ramenez-vous pas votre esprit sur ce qui en est la base fondamentale [la constitution de la propriété privée[1]] ?

Faites planter des mûriers dans les champs d'une famille qui cultive cinq arpents de terre, et les personnes âgées de cinquante ans pourront porter des vêtements de soie ; faites que l'on ne néglige pas d'élever des poules, des pourceaux de différentes espèces, et les personnes âgées de soixante et dix ans pourront se nourrir de viande. N'enlevez pas, dans les temps qui exigent des travaux assidus, les bras des familles qui cultivent cent arpents de terre, et ces familles nombreuses ne seront pas exposées aux souffrances de la faim. Veillez attentivement à ce que les enseignements des écoles et des colléges propagent les devoirs de la piété filiale et le respect équitable des jeunes gens pour les vieillards, alors on ne verra pas des hommes à cheveux blancs traîner ou porter de pesants fardeaux sur les grandes routes. Si les septuagénaires portent des vêtements de soie et mangent de la viande, et si les jeunes gens à cheveux noirs ne souffrent ni du froid ni de la faim, toutes les choses seront prospères. Il n'y a pas encore eu de prince qui, après avoir agi ainsi, n'ait pas régné sur tout l'empire.

## CHAPITRE II.

#### COMPOSÉ DE 16 ARTICLES.

1. *Tchouang-pao*[2], étant allé voir MENG-TSEU, lui dit :

---

[1] *Commentaire chinois.* Le paragraphe qui suit est une répétition de celui qui se trouve déjà dans ce même chapitre, p. 226.

[2] Un des ministres du roi de *Thsi*.

Moi *Pao*, un jour que j'étais allé voir le roi, le roi, dans la conversation, me dit qu'il aimait beaucoup la musique. Moi *Pao*, je n'ai su que lui répondre. Que pensez-vous de cet amour du roi pour la musique ? — MENG-TSEU dit : Si le roi aime la musique avec prédilection, le royaume de *Thsi* approche beaucoup [d'un meilleur gouvernement].

Un autre jour, MENG-TSEU étant allé visiter le roi, lui dit : Le roi a dit dans la conversation, à *Tchouang-y-tseu* (*Tchouang-pao*), qu'il aimait beaucoup la musique ; le fait est-il vrai ? Le roi, ayant changé de couleur, répondit : Ma chétive personne n'est pas capable d'aimer la musique des anciens rois. Seulement j'aime beaucoup la musique appropriée aux mœurs de notre génération.

MENG-TSEU dit : Si le roi aime beaucoup la musique, alors le royaume de *Thsi* approche beaucoup [d'un meilleur gouvernement]. La musique de nos jours ressemble à la musique de l'antiquité.

Le roi dit : Pourrais-je obtenir de vous des explications là-dessus ?

MENG-TSEU dit : Si vous prenez seul le plaisir de la musique, ou si vous le partagez avec les autres hommes, dans lequel de ces deux cas éprouverez-vous le plus grand plaisir ? Le roi dit : Le plus grand sera assurément celui que je partagerai avec les autres hommes. MENG-TSEU ajouta : Si vous jouissez du plaisir de la musique avec un petit nombre de personnes, ou si vous en jouissez avec la multitude, dans lequel de ces deux cas éprouverez-vous le plus grand plaisir ? Le roi dit : Le plus grand plaisir sera assurément celui que je partagerai avec la multitude.

— Votre serviteur vous prie de lui laisser continuer la conversation sur la musique.

Je suppose que le roi commence à jouer en ce lieu de ses instruments de musique : tout le peuple, entendant les sons des divers instruments de musique [1] du roi, éprou-

---

[1] Littéralement : *des clochettes et des tambours, des flûtes et autres instruments à vent.*

vera aussitôt un vif mécontentement, froncera le sourcil, et il se dira : « Notre roi aime beaucoup à jouer de ses instruments de musique ; mais comment gouverne-t-i donc, pour que nous soyons arrivés au comble de la misère ? Les pères et les fils ne se voient plus ; les frères, les femmes, les enfants sont séparés l'un de l'autre et dispersés de tous côtés. » Maintenant, que le roi aille à la chasse dans ce pays-ci, tout le peuple, entendant le bruit des chevaux et des chars du roi, voyant la magnificence de ses étendards ornés de plumes et de queues flottantes, éprouvera aussitôt un vif mécontentement, froncera le sourcil, et il se dira : « Notre roi aime beaucoup la chasse ; comment fait-il donc pour que nous soyons arrivés au comble de la misère ? Les pères et les fils ne se voient plus ; les frères, les femmes et les enfants sont séparés l'un de l'autre et dispersés de tous côtés. » La cause de ce vif mécontentement, c'est que le roi ne fait pas participer le peuple à sa joie et à ses plaisirs.

Je suppose maintenant que le roi commence à jouer en ces lieux de ses instruments de musique : tout le peuple, entendant les sons des divers instruments du roi, éprouvera un vif sentiment de joie que témoignera son visage riant, et il se dira : « Notre roi se porte sans doute fort bien, autrement comment pourrait-il jouer des instruments de musique ? » Maintenant, que le roi aille à la chasse dans ce pays-ci, le peuple, entendant le bruit des chevaux et des chars du roi, voyant la magnificence de ses étendards ornés de plumes et de queues flottantes, éprouvera un vif sentiment de joie que témoignera son visage riant, et il se dira : « Notre roi se porte sans doute fort bien, autrement comment pourrait-il aller à la chasse ? » La cause de cette joie, c'est que le roi aura fait participer le peuple à sa joie et à ses plaisirs.

Maintenant, si le roi fait participer le peuple à sa joie et à ses plaisirs, alors il régnera véritablement.

2. *Siouan-wang*, roi de *Thsi*, interrogea MENG-TSEU en ces termes : J'ai entendu dire que le parc du roi *Wen-*

*wang* avait soixante et dix *li* [sept lieues] de circonférence ; les avait-il véritablement ?

Meng-tseu répondit avec respect : C'est ce que l'histoire rapporte [1].

Le roi dit : D'après cela, il était donc d'une grandeur excessive ?

Meng-tseu dit : Le peuple le trouvait encore trop petit.

Le roi ajouta : Ma chétive personne a un parc qui n'a que quarante *li* [quatre lieues] de circonférence, et le peuple le trouve encore trop grand ; pourquoi cette différence ?

Meng-tseu dit : Le parc de *Wen-wang* avait sept lieues de circuit ; mais c'était là que se rendaient tous ceux qui avaient besoin de cueillir de l'herbe ou de couper du bois. Ceux qui voulaient prendre des faisans ou des lièvres allaient là. Comme le roi avait son parc en commun avec le peuple, celui-ci le trouvait trop petit [quoiqu'il eût sept lieues de circonférence] ; cela n'était-il pas juste ?

Moi, votre serviteur, lorsque je commençai à franchir la frontière, je m'informai de ce qui était principalement défendu dans votre royaume, avant d'oser pénétrer plus avant. Votre serviteur apprit qu'il y avait dans l'intérieur de vos lignes de douanes un parc de quatre lieues de tour ; que l'homme du peuple qui y tuait un cerf était puni de mort, comme s'il avait commis le meurtre d'un homme : alors, c'est une véritable fosse de mort de quatre lieues de circonférence ouverte au sein de votre royaume. Le peuple, qui trouve ce parc trop grand, n'a-t-il pas raison ?

3. *Siouan-wang*, roi de *Thsi*, fit une question en ces termes : Y a-t-il un art, une règle à suivre pour former des relations d'amitié entre les royaumes voisins ?

Meng-tseu répondit avec respect : Il en existe. Il n'y a

---

[1] *Tchouan*, ancien livre perdu. (*Commentaire.*)

que le prince doué de la vertu de l'humanité qui puisse, en possédant un grand État, procurer de grands avantages aux petits. C'est pourquoi *Tching-thang* assista l'Etat de *Ko*, et *Wen-wang* ménagea celui des *Kouen-i* [ou barbares de l'occident]. Il n'y a que le prince doué d'une sagesse éclairée qui puisse, en possédant un petit État, avoir la condescendance nécessaire envers les grands États. C'est ainsi que *Taï-wang* se conduisit envers les *Hiun-yo* [ou barbares du nord], et *Keou-tsian* envers l'État de *Ou*.

Celui qui, commandant à un grand État, protége, assiste les petits, se conduit d'une manière digne et conforme à la raison céleste ; celui qui, ne possédant qu'un petit État, a de la condescendance pour les grands Etats respecte, en lui obéissant, la raison céleste ; celui qui se conduit d'une manière digne et conforme à la raison céleste est le protecteur de tout l'empire ; celui qui respecte, en lui obéissant, la raison céleste, est le protecteur de son royaume.

Le *Livre des Vers* [1] dit :

« Respectez la majesté du ciel,

« Et par cela même vous conserverez le mandat qu'il

« vous a délégué. »

Le roi dit : La grande, l'admirable instruction ! Ma chétive personne a un défaut, ma chétive personne aime la bravoure.

[MENG-TSEU] répondit avec respect : Prince, je vous en prie, n'aimez pas la bravoure vulgaire [qui n'est qu'une impétuosité des esprits vitaux [2]]. Celui qui possède celle-ci saisit son glaive en jetant autour de lui des regards courroucés, et s'écrie : « Comment cet ennemi « ose-t-il venir m'attaquer ? » Cette bravoure n'est que celle d'un homme vulgaire qui peut résister à un seul homme. Roi, je vous en prie, ne vous occupez que de la bravoure des grandes âmes.

---

[1] Ode *Ngo-tsiang*, section *Tchéou-soung*.
[2] *Commentaire*.

Le *Livre des Vers* [1] dit :

« Le roi (*Wen-wang*), s'animant subitement, devint
« rouge de colère.

« Il fit aussitôt ranger son armée en ordre de bataille,
« Afin d'arrêter les troupes ennemies qui marchaient
« sur elle,
« Afin de rendre plus florissante la prospérité des
« *Tcheou*,
« Afin de répondre aux vœux ardents de tout l'em-
« pire. »

Voilà la bravoure de *Wen-wang*. *Wen-wang* ne s'irrite qu'une fois, et il pacifie toutes les populations de
l'empire.

Le *Chou-king*, ou *Livre par excellence* [2], dit : « Le
« ciel, en créant les peuples, leur a proposé des princes
« [pour avoir soin d'eux [3]]; il leur a donné des institu-
« teurs [pour les instruire]. Aussi est-il dit : Ils sont les
« auxiliaires du souverain suprême, qui les distingue par
« des marques d'honneur dans les quatre parties de la
« terre. Il n'appartient qu'à moi (c'est *Wou-wang* qui
« parle) de récompenser les innocents et de punir les cou-
« pables. Qui, dans tout l'empire, oserait s'opposer à sa
« volonté [4]? »

Un seul homme (*Cheou-sin*) avait commis des actions
odieuses dans tout l'empire; *Wou-wang* en rougit. Ce fut
là la bravoure de *Wou-wang;* et *Wou-wang*, s'etant irrité
une seule fois, pacifia toutes les populations de l'empire.

Maintenant, si le roi, en se livrant une seule fois à ses

---

[1] Ode *Hoang-i*, section *Ta-ya*.

[2] Chap. *Tai-chi*. Voyez la note ci-devant, p. 219, et l'édition citée p. 84.

[3] *Commentaire*. Tchou-hi fait remarquer qu'il y a quelques légères différences dans la citation de MENG-TSEU avec le texte du *Chou-king* tel qu'il était constitué de son temps.

[4] C'est-à-dire, à la volonté, aux vœux de l'empire lui-même, des populations qui demandaient un gouvernement doux et humain, et qui abhorraient la tyrannie sous laquelle le dernier roi les avait opprimées.

mouvements d'indignation ou de bravoure, pacifiait toutes les populations de l'empire, les populations n'auraient qu'une crainte : c'est que le roi n'aimât pas la bravoure.

4. *Siouan-wang*, roi de *Thsi*, était allé voir MENG-TSEU dans le *Palais de la neige* (*Siouei-koung*). Le roi dit : Convient-il aux sages de demeurer dans un pareil lieu de délices? MENG-TSEU répondit avec respect : Assurément. Si les hommes du peuple n'obtiennent pas cette faveur, alors ils accusent leur supérieur [leur prince].

Ceux qui n'obtiennent pas cette faveur, et qui accusent leur supérieur, sont coupables; mais celui qui est constitué le supérieur du peuple, et qui ne partage pas avec le peuple ses joies et ses plaisirs, est encore plus coupable.

Si un prince se réjouit de la joie du peuple, le peuple se réjouit aussi de sa joie. Si un prince s'attriste des tristesses du peuple, le peuple s'attriste aussi de ses tristesses. Qu'un prince se réjouisse avec tout le monde, qu'il s'attriste avec tout le monde; en agissant ainsi, il est impossible qu'il trouve de la difficulté à régner.

Autrefois *King-kong*, roi de *Thsi*, interrogeant *Yan-tseu* [son premier ministre], dit : Je désirerais contempler les [montagnes] *T'chouan-fou* et *Tchao-wou*, et, suivant la mer au midi [dans l'Océan oriental [1]], parvenir à *Lang-ye*. Comment dois-je agir pour imiter les anciens rois dans leurs visites de l'empire?

*Yan-tseu* répondit avec respect : O l'admirable question! Quand le fils du Ciel [2] se rendait chez les grands vassaux, on nommait ces visites, visites d'enquêtes (*sun-cheou*); faire ces visites d'*enquêtes*, c'est *inspecter ce qui a été donné à conserver*. Quand les grands vassaux allaient faire leur cour au fils du Ciel, on appelait ces visites *comptes rendus* (*chou-tchi*). Par *comptes rendus* on enten-

---

[1] *Commentaire.*

[2] Ainsi se nommaient les anciens empereurs de la Chine.

dait *rendre compte* [au roi ou à l'empereur] *de tous les actes de son administration.* Aucune de ces visites n'était sans motif. Au printemps [les anciens empereurs] inspectaient les champs cultivés, et fournissaient aux laboureurs les choses dont ils avaient besoin. En automne ils inspectaient les moissons, et ils donnaient des secours à ceux qui ne récoltaient pas de quoi leur suffire. Un proverbe de la dynastie *Hia* disait : « Si notre roi ne visite pas [le « royaume], comment recevrons-nous ses bienfaits? Si « notre roi ne se donne pas le plaisir d'inspecter [le « royaume], comment obtiendrons-nous des secours? » Chaque visite, chaque récréation de ce genre, devenait une loi pour les grands vassaux.

Maintenant les choses ne se passent pas ainsi. Des troupes nombreuses se mettent en marche avec le prince [pour lui servir de garde [1]], et dévorent toutes les provisions. Ceux qui éprouvent la faim ne trouvent plus à manger; ceux qui peuvent travailler ne trouvent plus de repos. Ce ne sont plus que des regards farouches, des concerts de malédictions. Dans le cœur du peuple naissent alors des haines profondes; il résiste aux ordres [du roi], qui prescrivent d'opprimer le peuple. Le boire et le manger se consomment avec l'impétuosité d'un torrent. Ces désordres sont devenus la frayeur des grands vassaux.

Suivre le torrent qui se précipite dans les lieux inférieurs, et oublier de retourner sur ses pas, on appelle cela *suivre le courant* [2]; suivre le torrent en remontant vers sa source, et oublier de retourner sur ses pas, on appelle cela *suivre sans interruption ses plaisirs* [3]; poursuivre les bêtes sauvages sans se rassasier de cet amusement, on appelle cela *perdre son temps en choses vaines* [4]; trouver ses

---

[1] *Commentaire.*

[2] *Lieou, couler;* figurément: *s'abandonner au courant des plaisirs, aux voluptés,* etc.

[3] *Lian.*

[4] *Hoang.*

délices dans l'usage du vin, sans pouvoir s'en rassasier, on appelle cela *se perdre de gaieté de cœur*[1].

Les anciens rois ne se donnaient point les satisfactions des deux premiers égarements du cœur [le *lieou* et le *lian*], et ils ne mettaient pas en pratique les deux dernières actions vicieuses [le *hoang* et le *wang*]. Il dépend uniquement du prince de déterminer en cela les principes de sa conduite.

*King-kong* fut très-satisfait [de ce discours de *Yan-tseu*]. Il publia aussitôt dans tout le royaume un décret royal par lequel il informait le peuple qu'il allait quitter [son palais splendide] pour habiter dans les campagnes. Dès ce moment il commença à donner des témoignages évidents de ses bonnes intentions en ouvrant les greniers publics pour assister ceux qui se trouvaient dans le besoin. Il appela auprès de lui l'intendant en chef de la musique, et lui dit : « Composez pour moi un chant de musique
« qui exprime la joie mutuelle d'un prince et d'un mi-
« nistre. » Or cette musique est celle que l'on appelle *Tchi-chao* et *Kio-chao* [la première qui a rapport aux affaires du prince, la seconde qui a rapport au peuple[2]]. Les paroles de cette musique sont l'ode du *Livre des Vers* qui dit :

« Quelle faute peut-on attribuer

« Au ministre qui modère et retient son prince ?

« Celui qui modère et retient le prince aime le prince. »

5. *Siouan-wang*, roi de *Thsi*, fit une question en ces termes : Tout le monde me dit de démolir le *Palais de la lumière* (*Ming-thang*)[3] ; faut-il que je me décide à le détruire ?

MENG-TSEU répondit avec respect : Le *Palais de la lu-*

---

[1] *Wang*.

[2] *Commentaire*.

[3] C'était un lieu où les empereurs des *Tcheou*, dans les visites qu'ils faisaient à l'orient de leur empire, recevaient les hommages des princes vassaux. Il en restait encore des vestiges du temps des *Han*. (*Commentaire*.)

*mière* est un palais des anciens empereurs. Si le roi désire pratiquer le gouvernement des anciens empereurs, il ne faut pas qu'il le détruise.

Le roi dit : Puis-je apprendre de vous quel était ce gouvernement des anciens empereurs ?

[MENG-TSEU] répondit avec respect : Autrefois, lorsque *Wen-wang* gouvernait [l'ancien royaume de] *Khi*, les laboureurs payaient comme impôt la neuvième partie de leurs produits ; les fonctions publiques [entre les mains des descendants des hommes illustres et vertueux des premiers temps] étaient, par la suite des générations, devenues salariées ; aux passages des frontières et sur les marchés, une surveillance active était exercée, mais aucun droit n'était exigé ; dans les lacs et les étangs, les ustensiles de pêche n'étaient pas prohibés ; les criminels n'étaient pas punis dans leurs femmes et leurs enfants. Les vieillards qui n'avaient plus de femmes étaient nommés *veufs* ou *sans compagnes* (*kouan*) ; la femme âgée qui n'avait plus de mari était nommée *veuve* ou *sans compagnon* (*koua*) ; le vieillard privé de fils était nommé *solitaire* (*tou*) ; les jeunes gens privés de leurs père et mère étaient nommés *orphelins sans appui* (*kou*). Ces quatre classes formaient la population la plus misérable de l'empire, et n'avaient personne qui s'occupât d'elles. *Wen-wang*, en introduisant dans son gouvernement les principes d'équité et de justice, et en pratiquant dans toutes les occasions la grande vertu de l'humanité, s'appliqua d'abord au soulagement de ces quatre classes. Le *Livre des Vers* dit :

« On peut être riche et puissant ;

« Mais il faut avoir de la compassion pour les malheu-
« reux veufs et orphelins[1]. »

Le roi dit : Qu'elles sont admirables, les paroles que je viens d'entendre ! MENG-TSEU ajouta : O roi ! si vous les trouvez admirables, alors pourquoi ne les pratiquez-vous

---
[1] Ode *Tching-youei*, section *Siao-ya*.

pas? Le roi dit : Ma chétive personne a un défaut ¹, ma chétive personne aime les richesses.

Meng-tseu répondit avec respect : Autrefois *Kong-lieou* aimait aussi les richesses.

Le *Livre des Vers* ² dit [en parlant de *Kong-lieou*] :

« Il entassait [des meules de blé], il accumulait [les
« grains dans les greniers] ;

« Il réunissait des provisions sèches dans des sacs sans
« fond et dans des sacs avec fond.

« Sa pensée s'occupait de pacifier le peuple pour don-
« ner de l'éclat à son règne.

« Les arcs et les flèches étant préparés,

« Ainsi que les boucliers, les lances et les haches,

« Alors il commença à se mettre en marche. »

C'est pourquoi ceux qui restèrent eurent des blés entassés en meules, et des grains accumulés dans les greniers, et ceux qui partirent [pour l'émigration dans le lieu nommé *Pin*] eurent des provisions sèches réunies dans des sacs ; par suite de ces mesures, ils purent alors se mettre en marche. Roi, si vous aimez les richesses, partagez-les avec le peuple ; qu'elle difficulté trouverez-vous alors à régner ?

Le roi dit : Ma chétive personne a encore une autre faiblesse, ma chétive personne aime la volupté.

Meng-tseu répondit avec respect : Autrefois *Taï-wang* [l'ancêtre de *Wen-wang*] aimait la volupté ; il chérissait sa femme.

Le *Livre des Vers* dit ³ :

« *Tan-fou*, surnommé *Kou-kong* [le même que *Taï-
« wang*],

« Arriva un matin, courant à cheval.

« En longeant les bords du fleuve occidental,

« Il parvint au pied du mont *Khi*.

---

¹ Il y a dans le texte, *une maladie*.
² Ode *Kong-lieou*, section *Ta-ya*.
³ Ode *Mien*, section *Ta-ya*.

« Sa femme *Kiang* était avec lui :

« C'est là qu'il fixa avec elle son séjour. »

En ce temps-là il n'y avait dans l'intérieur des maisons aucune femme indignée [d'être sans mari[1]]; et dans tout le royaume il n'y avait point de célibataire. Roi, si vous aimez la volupté, [aimez-la comme *Taï-wang*] et rendez-la commune à toute la population [en faisant que personne ne soit privé des plaisirs du mariage]; alors, quelle difficulté trouverez-vous à régner ?

6. MENG-TSEU s'adressant à *Siouan-wang*, roi de *Thsi*, lui dit : Je suppose qu'un serviteur du roi ait assez de confiance dans un ami pour lui confier sa femme et ses enfants au moment où il va voyager dans l'État de *Thsou*. Lorsque cet homme est de retour, s'il apprend que sa femme et ses enfants ont souffert le froid et la faim, alors que doit-il faire ? — Le roi dit : Il doit rompre entièrement avec son ami.

MENG-TSEU ajouta : Si le chef suprême de la justice (*Sse-sse*) ne peut gouverner les magistrats qui lui sont subordonnés, alors quel parti doit-on prendre à son égard ?

Le roi dit : Il faut le destituer.

MENG-TSEU poursuivit : Si les provinces situées entre les limites extrêmes du royaume ne sont pas bien gouvernées, que faudra-t-il faire ?

Le roi [feignant de ne pas comprendre] regarda à droite et à gauche, et parla d'autre chose[2].

7. MENG-TSEU étant allé visiter *Siouan-wang*, roi de *Thsi*, lui dit : Ce qui fait appeler un royaume ancien, ce ne sont pas les vieux arbres élevés qu'on y trouve, ce sont les générations successives de ministres habiles qui l'ont rendu heureux et prospère. Roi, vous n'avez aucun ministre

---

[1] *Commentaire chinois.*

[2] L'argument de MENG-TSEU, pour faire comprendre au roi de *Thsi* qu'il devait réformer son gouvernement ou abdiquer, était habile; mais il ne fut pas efficace.

intime [qui ait votre confiance, comme vous la sienne]; ceux que vous avez faits hier ministres, aujourd'hui vous ne vous rappelez déjà plus que vous les avez destitués.

Le roi dit : Comment saurais-je d'avance qu'ils n'ont point de talents, pour les repousser ?

Meng-tseu dit: Le prince qui gouverne un royaume, lorsqu'il élève les sages aux honneurs et aux dignités, doit apporter dans ses choix l'attention et la circonspection la plus grande. S'il agit en sorte de donner la préférence [à cause de sa sagesse] à un homme d'une condition inférieure sur un homme d'une condition élevée, et à un parent éloigné sur un parent plus proche, n'aura-t-il pas apporté dans ses choix beaucoup de vigilance et d'attention ?

Si tous ceux qui vous entourent vous disent : *Un tel est sage*, cela ne doit pas suffire [pour le croire]; si tous les grands fonctionnaires disent : *Un tel est sage*, cela ne doit pas encore suffire ; si tous les hommes du royaume disent: *Un tel est sage*, et qu'après avoir pris des informations, pour savoir si l'opinion publique était fondée, vous l'avez trouvé sage, vous devez ensuite l'employer [dans les fonctions publiques, de préférence à tout autre].

Si tous ceux qui vous entourent vous disent : *Un tel est indigne* [ou impropre à remplir un emploi public], ne les écoutez pas ; si tous les grands fonctionnaires disent : *Un tel est indigne*, ne les écoutez pas ; si tous les hommes du royaume disent : *Un tel est indigne*, et qu'après avoir pris des informations, pour savoir si l'opinion publique était fondée, vous l'avez trouvé indigne, vous devez ensuite l'éloigner [des fonctions publiques].

Si tous ceux qui vous entourent disent : *Un tel doit être mis à mort*, ne les écoutez pas ; si tous les grands fonctionnaires disent : *Un tel doit être mis à mort*, ne les écoutez pas ; si tous les hommes du royaume disent : *Un tel doit être mis à mort*, et qu'après avoir pris des informations, pour savoir si l'opinion publique était fondée, vous l'avez trouvé méritant la mort, vous devez ensuite le faire mourir. C'est pourquoi on dit que c'est l'opinion publique qui l'a condamné et fait mourir.

Si le prince agit de cette manière [dans l'emploi des honneurs et dans l'usage des supplices[1]], il pourra ainsi être considéré comme le père et la mère du peuple.

8. *Siouan-wang*, roi de *Thsi*, fit une question en ces termes : Est-il vrai que *Tching-thang*[2] détrôna *Kie*[3] et l'envoya en exil, et que *Wou-wang*[4] mit à mort *Cheou-(sin)*[5]?

MENG-TSEU répondit avec respect : L'histoire le rapporte.

Le roi dit : Un ministre ou sujet a-t-il le droit de détrôner et de tuer son prince ?

MENG-TSEU dit : Celui qui fait un vol à l'humanité est appelé *voleur*; celui qui fait un vol à la justice [qui l'outrage] est appelé *tyran*[6]. Or un *voleur* et un *tyran* sont des hommes que l'on appelle *isolés, réprouvés* [abandonnés de leurs parents et de la foule[7]]. J'ai entendu dire que *Tching-tang* avait mis à mort un homme *isolé, réprouvé* [*abandonné de tout le monde*], nommé *Cheou-sin;* je n'ai pas entendu dire qu'il eût tué son prince.

9. MENG-TSEU étant allé visiter *Siouan-wang*, roi de *Thsi*, lui dit : Si vous faites construire un grand palais, alors

---

[1] *Commentaire.*

[2] Fondateur de la seconde dynastie chinoise.

[3] Dernier roi de la première dynastie.

[4] Fondateur de la troisième dynastie.

[5] Dernier roi de la deuxième dynastie. Voyez *la Chine, ou Résumé de l'histoire et de la civilisation chinoises*, déjà cité p. 60 et 77.

[6] Le mot chinois que nous rendons par *tyran* est *tsan*, composé du radical générique *pervers, cruel, vicieux*, et de *deux lances* qui désignent les moyens violents employés pour commettre le mal et exercer la tyrannie.

[7] *Commentaire.* Le *suffrage* du peuple le constitue *prince*; son *abandon* n'en fait plus qu'un *simple particulier*, un *homme privé*, passible des mêmes châtiments que la foule.

vous serez obligé d'ordonner au chef des ouvriers de faire chercher de gros arbres [pour faire des poutres et des solives]; si le chef des ouvriers parvient à se procurer ces gros arbres, alors le roi en sera satisfait, parce qu'il les considérera comme pouvant supporter le poids auquel on les destine. Mais si le charpentier, en les façonnant avec sa hache, les réduit à une dimension trop petite, alors le roi se courroucera, parce qu'il les considérera comme ne pouvant plus supporter le poids auquel on les destinait. Si un homme sage s'est livré à l'étude dès son enfance, et que, parvenu à l'âge mûr et désirant mettre en pratique les préceptes de sagesse qu'il a appris, le roi lui dise : Maintenant abandonnez tout ce que vous avez appris, et suivez mes instructions; que penseriez-vous de cette conduite?

En outre, je suppose qu'une pierre de jade brute soit en votre possession, quoiqu'elle puisse peser dix mille *i* [ou 200,000 onces chinoises], vous appellerez certainement un lapidaire pour la façonner et la polir. Quant à ce qui concerne le gouvernement de l'État, si vous dites [à des sages] : Abandonnez tout ce que vous avez appris, et suivez mes instructions, agirez-vous différemment que si vous vouliez instruire le lapidaire de la manière dont il doit tailler et polir votre pierre brute?

10. Les hommes de *Thsi* attaquèrent ceux de *Yan*, et les vainquirent.

*Siouan-wang* interrogea [MENG-TSEU], en disant : Les uns me disent de ne pas aller m'emparer [du royaume de *Yan*], d'autres me disent d'aller m'en emparer. Qu'un royaume de dix mille chars puisse conquérir un autre royaume de dix mille chars dans l'espace de cinq décades [ou cinquante jours] et l'occuper, la force humaine ne va pas jusque-là. Si je ne vais pas m'emparer de ce royaume, j'éprouverai certainement la défaveur du ciel; si je vais m'en emparer, qu'arrivera-t-il?

MENG-TSEU répondit avec respect : Si le peuple de *Yan* se réjouit de vous voir prendre possession de cet État, allez en prendre possession ; l'homme de l'antiquité qui agit ainsi fut *Wou-wang*. Si le peuple de *Yan* ne se réjouit pas de vous voir prendre possession de ce royaume, alors n'allez pas en prendre possession ; l'homme de l'antiquité qui agit ainsi fut *Wen-wang*.

Si, avec les forces d'un royaume de dix mille chars, vous attaquez un autre royaume de dix mille chars, et que le peuple vienne au-devant des armées du roi en leur offrant du riz cuit à manger et du vin à boire, pensez-vous que ce peuple ait une autre cause d'agir ainsi, que celle de fuir l'eau et le feu [ou une cruelle tyrannie]? Mais si vous rendiez encore cette eau plus profonde et ce feu plus brûlant [c'est-à-dire, si vous alliez exercer une tyrannie plus cruelle encore], il se tournerait d'un autre côté pour obtenir sa délivrance ; et voilà tout.

11. Les hommes de *Thsi* ayant attaqué l'État de *Yan* et l'ayant pris, tous les autres princes résolurent de délivrer *Yan*. *Siouan-wang* dit : Les princes des différents États ont résolu en grand nombre d'attaquer ma chétive personne ; comment ferai-je pour les attendre? MENG-TSEU répondit avec respect : Votre serviteur a entendu parler d'un homme qui, ne possédant que soixante et dix *li* [sept lieues] de territoire, parvint cependant à appliquer les principes d'un bon gouvernement à tout l'empire ; *Tching-thang* fut cet homme. Mais je n'ai jamais entendu dire qu'un prince possédant un État de mille *li*[1] [cent lieues] craignît les attaques des hommes.

Le *Chou-king, Livre par excellence*, dit que « *Tching-« thang*, allant pour la première fois combattre les princes « qui tyrannisaient le peuple, commença par le roi de *Ko*. « L'empire mit en lui toute sa confiance. S'il portait ses « armes vers l'orient, les barbares de l'occident se plai-« gnaient [et soupiraient après leur délivrance] ; s'il por-« tait ses armes au midi, les barbares du nord se plai-« gnaient [et soupiraient après leur délivrance], en disant:

---

[1] Il indique l'état et le roi de *Thsi*.

« Pourquoi nous place-t-il après les autres[1]? » Les peuples aspiraient après lui, comme, à la suite d'une grande sécheresse, on aspire après les nuages et l'arc-en-ciel. Ceux qui [sous son gouvernement] se rendaient sur les marchés n'étaient plus arrêtés en route; ceux qui labouraient la terre n'étaient plus transportés d'un lieu dans un autre. *Tching-thang* mettait à mort les princes [qui exerçaient la tyrannie[2]] et soulageait les peuples. Comme lorsque la pluie tombe dans un temps désiré, les peuples éprouvaient une grande joie.

Le *Chou-king* dit encore : « Nous attendions évidem-
« ment notre prince ; après son arrivée, nous avons été
« rendus à la vie. »

Maintenant, le roi de *Yan* opprimait son peuple ; vous êtes allé pour le combattre et vous l'avez vaincu. Le peuple de *Yan*, pensant que le vainqueur les délivrerait du milieu de l'eau et du feu [de la tyrannie sous laquelle il gémissait], vint au-devant des armées du roi, en leur offrant du riz cuit à manger et du vin à boire. Mais si vous faites mourir les pères et les frères aînés ; si vous jetez dans les liens les enfants et les frères cadets ; si vous détruisez les temples dédiés aux ancêtres ; si vous enlevez de ces temples les vases précieux qu'ils renferment : qu'en résultera-t-il? L'empire tout entier redoutait certainement déjà la puissance de *Thsi*. Maintenant que vous avez encore doublé l'étendue de votre territoire, sans pratiquer un gouvernement humain, vous soulevez par là contre vous toutes les armées de l'empire.

Si le roi promulguait promptement un décret qui ordonnât de rendre à leurs parents les vieillards et les enfants ; de cesser d'enlever des temples les vases précieux ; et si, de concert avec le peuple de *Yan*, vous rétablissez à

---

[1] Chapitre *Tchoung-hoci-tchi-kao*, édition citée, p. 69. *Tchou-hi* dit que les textes cités dans ce paragraphe diffèrent aussi légèrement du texte actuel du *Chou-king*.

[2] *Commentaire.*

sa tête un sage prince et quittez son territoire, alors vous pourrez parvenir à arrêter [les armées des autres princes toutes prêtes à vous attaquer].

12. Les princes de *Tseou* et de *Lou* étant entrés en hostilités l'un contre l'autre, *Mou-kong* [prince de *Tseou*] fit une question en ces termes : Ceux de mes chefs de troupes qui ont péri en combattant sont au nombre de trente-trois, et personne d'entre les hommes du peuple n'est mort en les défendant. Si je condamne à mort les hommes du peuple, je ne pourrai pas faire mourir tous ceux qui seront condamnés; si je ne les condamne pas à mort, ils regarderont, par la suite, avec dédain, la mort de leurs chefs et ne les défendront pas. Dans ces circonstances, comment dois-je agir pour bien faire?

MENG-TSEU répondit avec respect : Dans les dernières années de stérilité, de désastres et de famine, le nombre des personnes de votre peuple, tant vieillards qu'infirmes, qui se sont précipités dans des fossés pleins d'eau ou dans des mares, y compris les jeunes gens forts et vigoureux qui se sont dispersés dans les quatre parties de l'empire [pour chercher leur nourriture], ce nombre, dis-je, s'élève à près de mille[1] : et pendant ce temps les greniers du prince regorgeaient d'approvisionnements; ses trésors étaient pleins; et aucun chef du peuple n'a instruit le prince de ses souffrances. Voilà comment les supérieurs[2] dédaignent et tyrannisent horriblement les inférieurs[3]. *Thsêng-tseu* disait : « Prenez garde! prenez garde! Ce qui « sort de vous retourne à vous! » Le peuple maintenant est arrivé à *rendre ce qu'il a reçu*. Que le prince ne l'en accuse pas.

Dès l'instant que le prince pratique un gouvernement humain, aussitôt le peuple prend de l'affection

---

[1] C'était pour le peuple une bien plus grande perte que celle des *trente-trois* chefs de troupes.

[2] Le prince et les chefs. (*Commentaire.*)

[3] Ils se soucient fort peu de la vie du peuple. (*Commentaire.*)

pour ses supérieurs, et il donnerait sa vie pour ses chefs.

13. *Wen-kong*, prince de *Teng*, fit une question en ces termes : *Teng* est un petit royaume; mais comme il est situé entre les royaumes de *Thsi* et de *Thsou*, servirai-je *Thsi*, ou servirai-je *Thsou?*

Meng-tseu répondit avec respect : C'est un de ces conseils qu'il n'est pas en mon pouvoir de vous donner. Cependant, si vous continuez à insister, alors j'en aurai un [qui sera donné par la nécessité] : creusez plus profondément ces fossés, élevez plus haut ces murailles ; et si avec le concours du peuple vous pouvez les garder, si vous êtes prêt à tout supporter jusqu'à mourir pour défendre votre ville, et que le peuple ne vous abandonne pas, alors c'est là tout ce que vous pouvez faire [dans les circonstances où vous vous trouvez].

14. *Wen-kong*, prince de *Teng*, fit une autre question en ces termes : Les hommes de *Thsi* sont sur le point de ceindre de murailles l'État de *Siè*; j'en éprouve une grande crainte. Que dois-je faire dans cette circonstance?

Meng-tseu répondit avec respect : Autrefois *Tai-wang* habitait dans la terre de *Pin*; les barbares du nord, nommés *Joung*, l'inquiétaient sans cesse par leurs incursions ; il quitta cette résidence et se rendit au pied du mont *Khi*, où il se fixa ; ce n'est pas par choix et de propos délibéré qu'il agit ainsi, c'est parce qu'il ne pouvait pas faire autrement.

Si quelqu'un pratique constamment la vertu, dans la suite des générations il se trouvera toujours parmi ses fils et ses petits-fils un homme qui sera élevé à la royauté. L'homme supérieur qui veut fonder une dynastie, avec l'intention de transmettre la souveraine autorité à sa descendance, agit de telle sorte que son entreprise puisse être continuée. Si cet homme supérieur accomplit son œuvre [s'il est élevé à la royauté[1]], alors le ciel a prononcé[2].

---

[1] *Commentaire.*

[2] Il n'est plus nécessaire de continuer l'œuvre commune. (*Commentaire.*)

Prince, que vous fait ce royaume de *Thsi?* Efforcez-vous de pratiquer la vertu [qui fraye le chemin à la royauté], et bornez-vous là.

15. *Wen-kong,* prince de *Teng,* fit encore une question en ces termes : *Teng* est un petit royaume. Quoiqu'il fasse tous ses efforts pour être agréable aux grands royaumes, il ne pourra éviter sa ruine. Dans ces circonstances, que pensez-vous que je puisse faire ? MENG-TSEU répondit avec respect : Autrefois, lorsque *Tai-wang* habitait le territoire de *Pin,* et que les barbares du nord l'inquiétaient sans cesse par leurs incursions, il s'efforçait de leur être agréable en leur offrant comme en tribut des peaux de bêtes et des pièces d'étoffe de soie, mais il ne parvint pas à empêcher leurs incursions; il leur offrit ensuite des chiens et des chevaux, et il ne parvint pas encore à empêcher leurs incursions; il leur offrit enfin des perles et des pierres précieuses, et il ne parvint pas plus à empêcher leurs incursions. Alors, ayant assemblé tous les anciens du peuple, il les informa de ce qu'il avait fait, et leur dit : Ce que les *Joung* [barbares du nord ou Tartares] désirent, c'est la possession de notre territoire. J'ai entendu dire que l'homme supérieur ne cause pas de préjudice aux hommes au sujet de ce qui sert à leur nourriture et à leur entretien[1]. Vous, mes enfants, pourquoi vous affligez-vous de ce que bientôt vous n'aurez plus de prince ? je vais vous quitter.
— Il quitta donc *Pin,* franchit le mont *Liang ;* et, ayant fondé une ville au pied de la montagne *Khi,* il y fixa sa demeure. Alors les habitants de *Pin* dirent : C'était un homme bien humain [que notre prince] ! nous ne devons pas l'abandonner. Ceux qui le suivirent se hâtèrent comme la foule qui se rend au marché.

Quelqu'un dit [aux anciens] : Ce territoire nous a été

---

[1] C'est-à-dire que, lorsque sa personne est un obstacle au repos et à la tranquillité d'un peuple, il fait abnégation de ses intérêts privés, en faveur de l'intérêt général, auquel il n'hésite pas à se sacrifier ; il est vrai qu'il y a bien peu d'hommes supérieurs qui agissent ainsi.

transmis de génération en génération ; ce n'est pas une chose que nous pouvons, de notre propre personne, céder [à des étrangers] ; nous devons tout supporter, jusqu'à la mort, pour le conserver, et ne pas l'abandonner.

Prince, je vous prie de choisir entre ces deux résolutions.

16. *Phing-kong*, prince de *Lou*, était disposé à sortir [pour visiter MENG-TSEU[1]], lorsque son ministre favori *Thsang-tsang* lui parla ainsi : Les autres jours, lorsque le prince sortait, il prévenait les chefs de service du lieu où il se rendait ; aujourd'hui, quoique les chevaux soient déjà attelés au char, les chefs de service ne savent pas encore où il va. Permettez que j'ose vous le demander. Le prince dit : Je vais faire une visite à MENG-TSEU. *Thsang-tsang* ajouta : Comment donc ! la démarche que fait le prince est d'une personne inconsidérée, en allant le premier rendre visite à un homme du commun. Vous le regardez sans doute comme un sage ? Les rites et l'équité sont pratiqués en public par celui qui est sage ; et cependant les dernières funérailles que MENG-TSEU a fait faire [à sa mère] ont surpassé [en somptuosité] les premières funérailles qu'il fit faire [à son père, et il a manqué aux rites]. Prince, vous ne devez pas le visiter. *Phing-kong* dit : Vous avez raison.

*Lo-tching-tseu* [disciple de MENG-TSEU] s'étant rendu à la cour pour voir le prince, lui dit : Prince, pourquoi n'êtes-vous pas allé voir MENG-KHO [MENG-TSEU]? Le prince lui répondit : Une certaine personne m'a informé que les dernières funérailles que MENG-TSEU avait fait faire [à sa mère] avaient surpassé [en somptuosité] les premières funérailles qu'il avait fait faire [à son père]. C'est pourquoi je ne suis pas allé le voir. *Lo-tching-tseu* dit : Qu'est-ce que le prince entend donc par l'expression *surpasser ?* Mon maître a fait faire les premières funérailles conformément aux rites prescrits pour les

---

[1] *Commentaire.*

simples lettrés, et les dernières conformément aux rites prescrits pour les grands fonctionnaires; dans les premières il a employé trois trépieds, et dans les dernières il en a employé cinq : est-ce là ce que vous avez voulu dire? — Point du tout, repartit le roi. Je parle du cercueil intérieur et du tombeau extérieur, ainsi que de la beauté des habits de deuil. *Lo-tching-tseu* dit : Ce n'est pas en cela que l'on peut dire qu'il a *surpassé* [les premières funérailles par le luxe des dernières]; les facultés du pauvre et du riche ne sont pas les mêmes [1].

*Lo-tching-tseu* étant allé visiter MENG-TSEU, lui dit : J'avais parlé de vous au prince; le prince avait fait ses dispositions pour venir vous voir; mais c'est son favori *Thsang-tsang* qui l'en a empêché : voilà pourquoi le prince n'est pas réellement venu.

MENG-TSEU dit : Si l'on parvient à faire pratiquer au prince les principes d'un sage gouvernement, c'est que quelque cause inconnue l'y aura engagé; si on n'y parvient pas, c'est que quelque cause inconnue l'en a empêché. Le succès ou l'insuccès ne sont pas au pouvoir de l'homme; si je n'ai pas eu d'entrevue avec le prince de *Lou*, c'est le ciel qui l'a voulu. Comment le fils de la famille *Thsang* [*Thsang-tsang*] aurait-il pu m'empêcher de me rencontrer avec le prince?


## CHAPITRE III.

### COMPOSE DE 9 ARTICLES.

1. *Kong-sun-tcheou* [disciple de MENG-TSEU] fit une question en ces termes : Maître, si vous obteniez une magistrature, un commandement provincial dans le royaume

---

[1] MENG-TSEU était pauvre lorsqu'il perdit son père, mais lorsqu'il perdit sa mere il était riche et grand fonctionnaire public. De là la différence dans les funérailles qu'il fit faire à ses pere et mere.

de *Thsi,* on pourrait sans doute espérer de voir se renouveler les actions méritoires de *Kouan-tchoung* et de *Yan-tseu?*

Meng-tseu dit : Vous êtes véritablement un homme de *Thsi.* Vous connaissez *Kouan-tchoung* et *Yan-tseu;* et voilà tout !

Quelqu'un interrogea *Thseng-si* [petit-fils de *Thseng-tseu*] en ces termes : Dites-moi lequel, de vous ou de *Tseu-lou,* est le plus sage ? *Thseng-si* répondit avec quelque agitation : Mon aïeul avait beaucoup de vénération pour *Tseu-lou*. — S'il en est ainsi, alors dites-moi lequel, de vous ou de *Kouan-tchoung,* est le plus sage ? *Thseng-si* parut s'indigner de cette nouvelle question qui lui déplut, et il répondit : Comment avez-vous pu me mettre en comparaison avec *Kouan-tchoung? Kouan-tchoung* obtint les faveurs de son prince, et celui-ci lui remit toute son autorité. Outre cela, il dirigea l'administration du royaume si longtemps[1], que ses actions si vantées [eu égard à ses moyens d'action] ne sont que fort ordinaires. Pourquoi me mettez-vous en comparaison avec cet homme?

Meng-tseu dit : *Thseng-si* se souciait fort peu de passer pour un autre *Kouan-tchoung,* et vous voudriez que moi je désirasse de lui ressembler !

Le disciple ajouta : *Kouan-tchoung* rendit son prince le chef des autres princes ; *Yan-tseu* rendit son prince illustre. *Kouan-tchoung* et *Yan-tseu* ne sont-ils pas dignes d'être imités?

Meng-tseu dit : Il serait aussi facile de faire un prince souverain de *Thsi* que de tourner la main.

Le disciple reprit : S'il en est ainsi, alors les doutes et les perplexités de votre disciple sont portés à leur dernier degré; car enfin, si nous nous reportons à la vertu de *Wen-wang,* qui ne mourut qu'après avoir atteint l'âge de cent ans, ce prince ne put parvenir au gouvernement de

---

[1] Pendant quarante années. *(Commentaire.)*

tout l'empire. *Wou-wang* et *Tcheou-koung* continuèrent l'exécution de ses projets. C'est ainsi que par la suite la grande rénovation de tout l'empire fut accomplie. Maintenant vous dites que rien n'est si facile que d'obtenir la souveraineté de l'empire, alors *Wen-wang* ne suffit plus pour être offert en imitation.

Meng-tseu dit : Comment la vertu de *Wen-wang* pourrait-elle être égalée? Depuis *Tching-thang* jusqu'à *Wou-ting*, six ou sept princes doués de sagesse et de sainteté ont paru. L'empire a été soumis à la dynastie de *Yn* pendant longtemps. Et par cela même qu'il lui a été soumis pendant longtemps, il a été d'autant plus difficile d'opérer des changements. *Wou-ting* convoqua à sa cour tous les princes vassaux, et il obtint l'empire avec la même facilité que s'il eût tourné sa main. Comme *Tcheou* [ou *Cheou-sin*] ne régna pas bien longtemps après *Wou-ting*[1], les anciennes familles qui avaient donné des ministres à ce dernier roi, les habitudes de bienfaisance et d'humanité que le peuple avait contractées, les sages instructions et les bonnes lois étaient encore subsistantes. En outre, existaient aussi *Wei-tseu*, *Wei-tchoung*[2], les fils du roi; *Pi-kan*, *Ki-tseu*[3] et *Kiao-ke*. Tous ces hommes, qui étaient des sages, se réunirent pour aider et servir ce prince. C'est pourquoi *Cheou-sin* régna longtemps et finit par perdre l'empire. Il n'existait pas un pied de terre qui ne fût sa possession, un peuple qui ne lui fût soumis. Dans cet état de choses, *Wen-wang* ne possédait qu'une petite contrée de cent *li* [dix lieues] de circonférence, de laquelle il partit [pour conquérir l'empire]. C'est pourquoi il éprouva tant de difficultés.

---

[1] Il n'y a que sept générations de distance. (*Comm.*) Les tables chronologiques chinoises placent la dernière année du règne de *Wou-ting* 1266 ans avant notre ère, et la première de celui de *Cheou-sin*, 1154; ce qui donne un intervalle de cent douze années entre les deux règnes.

[2] Beaux frères de *Cheou-sin*.

[3] Voyez précédemment, p. 208.

Les hommes de *Thsi* ont un proverbe qui dit : *Quoique l'on ait la prudence et la pénétration en partage, rien n'est avantageux comme des circonstances opportunes; quoique l'on ait de bons instruments aratoires, rien n'est avantageux comme d'attendre la saison favorable.* Si le temps est arrivé, alors tout est facile.

Lorsque les princes de *Hia*, de *Yn* et de *Tcheou* florissaient[1], leur territoire ne dépassa jamais mille *li* [ou cent lieues] d'étendue[2]; le royaume de *Thsi* a aujourd'hui cette étendue de territoire. Le chant des coqs et les aboiements des chiens se répondant mutuellement [tant la population est pressée] s'étendent jusqu'aux quatre extrémités des frontières; par conséquent, le royaume de *Thsi* a une population égale à la leur [à celle de ces royaumes de mille *li* d'étendue]. On n'a pas besoin de changer les limites de son territoire pour l'agrandir, ni d'augmenter le nombre de sa population. Si le roi de *Thsi* pratique un gouvernement humain [plein d'amour pour le peuple[3]], personne ne pourra l'empêcher d'étendre sa souveraineté sur tout l'empire.

En outre, on ne voit plus surgir de princes qui exercent la souveraineté. Leur interrègne n'a jamais été si long que de nos jours. Les souffrances et les misères des peuples, produites par des gouvernements cruels et tyranniques, n'ont jamais été si grandes que de nos jours. Il est facile de faire manger ceux qui ont faim et de faire boire ceux qui ont soif.

KHOUNG-TSEU disait : La vertu dans un bon gouvernement se répand comme un fleuve; elle marche plus vite que le piéton ou le cavalier qui porte les proclamations royales.

Si de nos jours un royaume de dix mille chars vient à

---

[1] Aux époques de *Yu*, de *Thang*, de *Wen-wang* et de *Wou-wang*.

[2] Selon *Tchou-hi*, il est ici question du *domaine royal*, *Wang-ki* [qui avait toujours 1,000 *li* d'étendue, et que les anciens rois gouvernaient par eux mêmes].

[3] *Commentaire.*

posséder un gouvernement humain, les peuples s'en réjouiront comme [se réjouit de sa délivrance] l'homme que l'on a détaché du gibet où il était suspendu la tête en bas. C'est ainsi que si on fait seulement la moitié des actes bienfaisants des hommes de l'antiquité, les résultats seront plus que doubles. Ce n'est que maintenant que l'on peut accomplir de telles choses.

2. *Kong-sun-tcheou* fit une autre question en ces termes : Maître, je suppose que vous soyez grand dignitaire et premier ministre du royaume de *Thsi*, et que vous parveniez à mettre en pratique vos doctrines de bon gouvernement, quoiqu'il puisse résulter de là que le roi devienne chef suzerain des autres rois, ou souverain de l'empire, il n'y aurait rien d'extraordinaire. Si vous deveniez ainsi premier ministre du royaume, éprouveriez-vous dans votre esprit des sentiments de doute ou de crainte? MENG-TSEU répondit : Aucunement. Dès que j'ai eu atteint quarante ans, je n'ai plus éprouvé ces incertitudes de l'esprit.

Le disciple ajouta : S'il en est ainsi, alors, maître, vous surpassez de beaucoup *Meng-pen*.

Il n'est pas difficile, reprit MENG-TSEU, de rester impassible. *Kao-tseu*, à un âge plus jeune encore que moi, ne se laissait ébranler l'âme par aucune émotion.

— Y a-t-il des moyens ou des principes fixes pour ne pas se laisser ébranler l'âme?

— Il y en a.

*Pe-koung-yeou* entretenait son courage viril de cette manière : il n'attendait pas, pour se défendre, d'être accablé sous les traits de son adversaire, ni d'avoir les yeux éblouis par l'éclat de ses armes; mais s'il avait reçu la moindre injure d'un homme, il pensait de suite à la venger, comme s'il avait été outragé sur la place publique ou à la cour. Il ne recevait pas plus une injure d'un manant vêtu d'une large veste de laine, que d'un prince de dix mille chars [du roi d'un puissant royaume]. Il réfléchissait en lui-même s'il tuerait le prince de dix mille chars, comme s'il tuerait l'homme vêtu d'une large veste de laine. Il n'avait peur d'aucun des princes de l'empire : si des mots outrageants pour lui, tenus par eux, parvenaient à ses oreilles, il les leur renvoyait aussitôt.

C'est de cette manière que *Meng-chi-che* entretenait aussi son courage viril. Il disait : « Je regarde du même œil la défaite que la victoire. Calculer le nombre des ennemis avant de s'avancer sur eux, et méditer longtemps sur les chances de vaincre avant d'engager le combat, c'est redouter trois armées ennemies. » Pensez-vous que *Meng-chi-che* pouvait acquérir la certitude de vaincre ? Il pouvait seulement être dénué de toute crainte; et voilà tout.

*Meng-chi-che* rappelle *Thsêng-tseu* pour le caractère ; *Pe-koung-lieou* rappelle *Tseu-hia*. Si l'on compare le courage viril de ces deux hommes, on ne peut déterminer lequel des deux surpasse l'autre; cependant *Meng-chi-che* avait le plus important [celui qui consiste à avoir un empire absolu sur soi-même].

Autrefois, *Thsêng-tseu*, s'adressant à *Tseu-siang*, lui dit : Aimez-vous le courage viril? j'ai beaucoup entendu parler du grand courage viril [ou de la force d'âme] à mon maître [KHOUNG-TSEU]. *Il disait :* Lorsque je fais un retour sur moi-même, et que je ne me trouve pas le cœur droit, quoique j'aie pour adversaire un homme grossier, vêtu d'une large veste de laine, comment n'éprouverais-je en moi-même aucune crainte? Lorsque je fais un retour sur moi-même, et que je me trouve le cœur droit, quoique je puisse avoir pour adversaires mille ou dix mille hommes, je marcherais sans crainte à l'ennemi.

*Meng-chi-che* possédait la bravoure qui naît de l'impétuosité du sang, et qui n'est pas à comparer au courage plus noble que possédait *Thsêng-tseu* [celui d'une raison éclairée et souveraine[1]].

[1] *Commentaire.*

*Kong-sun-tcheou* dit : Oserais-je demander sur quel principe est fondée la force ou la fermeté d'âme[1] de mon maître, et sur quel principe était fondée la force ou fermeté d'âme de *Kao-tseu?* Pourrais-je obtenir de l'apprendre de vous? [Meng-tseu répondit] : *Kao-tseu* disait : « Si vous ne saisissez pas clairement la raison des paroles que quelqu'un vous adresse, ne la cherchez pas dans [les passions de] son âme ; si vous ne la trouvez pas dans [les passions de] son âme, ne la cherchez pas dans les mouvements désordonnés de son esprit vital. »

*Si vous ne la trouvez pas dans [les passions] de son âme, ne la cherchez pas dans les mouvements désordonnés de son esprit vital ;* cela se doit ; mais *si vous ne saisissez pas clairement la raison des paroles que quelqu'un vous adresse, ne la cherchez pas dans [les passions] de son âme ;* cela ne se doit pas. Cette *intelligence* [que nous possédons en nous, et qui est le produit de l'âme[2]] commande à l'*esprit vital.* L'*esprit vital* est le complément nécessaire des membres corporels de l'homme ; l'*intelligence* est la partie la plus noble de nous-même ; l'*esprit vital* vient ensuite. C'est pourquoi je dis : Il faut surveiller avec respect son *intelligence*, et ne pas troubler[3] son *esprit vital.*

[Le disciple ajouta :] Vous avez dit : « L'*intelligence* est la partie la plus noble de nous-même ; l'*esprit vital* vient ensuite. » Vous avez encore dit : « Il faut surveiller avec respect son intelligence, et entretenir avec soin son *esprit vital.* » Qu'entendez-vous par là ? — Meng-tseu dit : Si l'*intelligence* est livrée à son action individuelle[4], alors elle devient l'esclave soumise de l'*esprit vital ;* si l'*esprit vital* est livré à son action individuelle, alors il trouble l'*intelligence.* Supposons maintenant qu'un homme tombe la tête la première, ou qu'il fuie avec précipitation : dans

---

[1] Litteralement : *l'inébranlabilité du cœur.*
[2] *Commentaire.*
[3] « Entretenir avec soin. » (*Commentaire.*)
[4] *Tchouan-i-ye.* (*Commentaire.*)

les deux cas, l'*esprit vital* est agité, et ses mouvements réagissent sur l'*intelligence.*

Le disciple continua : Permettez que j'ose vous demander, maître, en quoi vous avez plus raison [ que *Kao-tseu*]?

MENG-TSEU dit : Moi, je comprends clairement le motif des paroles que l'on m'adresse ; je dirige selon les principes de la droite raison mon *esprit vital* qui coule et circule partout.

— Permettez que j'ose vous demander ce que vous entendez par l'*esprit vital qui coule et circule partout ?* — Cela est difficile à expliquer.

Cet *esprit vital* a un tel caractère, qu'il est souverainement grand [sans limites [1]], souverainement fort [rien ne pouvant l'arrêter [2]]. Si on le dirige selon les principes de la droite raison et qu'on ne lui fasse subir aucune perturbation, alors il remplira l'intervalle qui sépare le ciel et la terre.

Cet *esprit vital* a encore ce caractère, qu'il réunit en soi les sentiments naturels de la justice ou du devoir et de la raison ; sans cet *esprit vital*, le corps a soif et faim.

Cet *esprit vital* est produit par une grande accumulation d'équité [un grand accomplissement de devoirs [3]], et non par quelques actes accidentels d'équité et de justice. Si les actions ne portent pas de la satisfaction dans l'âme, alors elle a soif et faim. Moi, pour cette raison, je dis donc : *Kao-tseu* n'a jamais connu le devoir, puisqu'il le jugeait extérieur à l'homme.

Il faut opérer de bonnes œuvres, et ne pas en calculer d'avance les résultats. L'âme ne doit pas oublier son devoir, ni en précipiter l'accomplissement. Il ne faut pas ressembler à l'homme de l'État de *Soung*. Il y avait dans

---

[1] *Commentaire.*
[2] *Ibid.*
[3] *Ibid.*

l'État de *Soung* un homme qui était dans la désolation de ce que ses blés ne croissaient pas; il alla les arracher à moitié, pour les faire croître plus vite. Il s'en revint l'air tout hébété, et dit aux personnes de sa famille : Aujourd'hui je suis bien fatigué; j'ai aidé nos blés à croître. Ses fils accoururent avec empressement pour voir ces blés; mais toutes les tiges avaient séché.

Ceux qui, dans le monde, n'aident pas leurs blés à croître sont bien rares. Ceux qui pensent qu'il n'y a aucun profit à retirer [de la culture de l'*esprit vital*], et l'abandonnent à lui-même, sont comme celui qui ne sarcle pas ses blés; ceux qui veulent aider prématurément le développement de leur *esprit vital* sont comme celui qui aide à croître ses blés en les arrachant à moitié. Non-seulement dans ces circonstances on n'aide pas, mais on nuit.

— Qu'entendez-vous par ces expressions : *Je comprends clairement le motif des paroles que l'on m'adresse?*

MENG-TSEU dit : Si les paroles de quelqu'un sont erronées, je connais ce qui trouble son esprit ou l'induit en erreur; si les paroles de quelqu'un sont abondantes et diffuses, je connais ce qui le fait tomber ainsi dans la loquacité; si les paroles de quelqu'un sont licencieuses, je sais ce qui a détourné son cœur de la droite voie; si les paroles de quelqu'un sont louches, évasives, je sais ce qui a dépouillé son cœur de la droite raison. Dès l'instant que ces défauts sont nés dans le cœur d'un homme, ils altèrent ses sentiments de droiture et de bonne direction; dès l'instant que l'altération des sentiments de droiture et de bonne direction du cœur a été produite, les actions se trouvent viciées. Si les saints hommes apparaissaient de nouveau sur la terre, ils donneraient sans aucun doute leur assentiment à mes paroles.

— *Tsai-ngo* et *Tseu-koung* parlaient d'une manière admirablement éloquente ; *Jan-nieou*, *Min-tseu* et *Yan-youan* savaient parfaitement bien parler des actions conformes à la vertu. KHOUNG-TSEU réunissait toutes ces qualités, et cependant il disait : « Je ne suis pas habile dans l'art de la parole. » D'après ce que vous avez dit, maître, vous seriez bien plus consommé dans la sainteté ? — O le blasphème ! reprit MENG-TSEU ; comment pouvez-vous tenir un pareil langage ?

Autrefois *Tseu-koung*, interrogeant KHOUNG-TSEU, lui dit : Maître, êtes-vous un saint ? KHOUNG-TSEU lui répondit : Un saint ? je suis bien loin de pouvoir en être un ! j'étudie, sans jamais me lasser, les préceptes et les maximes des saints hommes, et je les enseigne sans jamais me lasser. — *Tseu-koung* ajouta : « *Étudier sans jamais se lasser*, c'est être éclairé ; *enseigner les hommes sans jamais se lasser*, c'est posséder la vertu de l'humanité. Vous possédez les lumières de la sagesse et la vertu de l'humanité, maître ; vous êtes par conséquent saint. » Si KHOUNG-TSEU [ajouta MENG-TSEU] n'osait pas se permettre d'accepter le titre de saint, comment pouvez-vous me tenir un pareil langage ?

*Kong-sun-tcheou* poursuivit : Autrefois j'ai entendu dire que *Tseu-hia*, *Tseu-yeou* et *Tseu-tchang* avaient tous une partie des vertus qui constituent le saint homme ; mais que *Jan-nieou*, *Min-tseu* et *Yan-youan* en avaient toutes les parties, seulement bien moins développées. Oserais-je vous demander dans lequel de ces degrés de sainteté vous aimeriez à vous reposer ?

MENG-TSEU dit : Moi ? je les repousse tous [1]. — Le disciple continua : Que pensez-vous de *Pe-i* et de *Y-yin* ?

— Ils ne professent pas les mêmes doctrines que moi.

« Si votre prince n'est pas votre prince [2], ne le servez « pas ; si le peuple n'est pas votre peuple [3], ne lui com- « mandez pas. Si l'État est bien gouverné et en paix, « alors avancez-vous dans les emplois ; s'il est dans le « trouble, alors retirez-vous à l'écart. » Voilà les principes

---

[1] C'est au plus haut degré de sainteté qu'il aspire.
[2] C'est-à-dire s'il n'est pas éclairé. (*Commentaire.*)
[3] S'il n'est pas honorable. (*Commentaire.*)

de *Pe-i*. « Qui servirez-vous, si ce n'est le prince? à qui
« commanderez-vous, si ce n'est au peuple? Si l'État est
« bien gouverné, avancez-vous dans les emplois ; s'il est
« dans le trouble, avancez-vous également dans les em-
« plois. » Voilà les principes de *Y-yin*. « S'il convient
« d'accepter une magistrature, acceptez cette magistra-
« ture ; s'il convient de cesser de la remplir, cessez de la rem-
« plir ; s'il convient de l'occuper longtemps, occupez-la
« longtemps ; s'il convient de vous en démettre sur-le-
« champ, ne tardez pas un instant. » Voilà les principes de
KHOUNG-TSEU. L'un et les autres sont de saints hommes
du temps passé. Moi, je n'ai pas encore pu parvenir à
agir comme eux; toutefois, ce que je désire par-dessus
tout, c'est de pouvoir imiter KHOUNG-TSEU.

—*Pe-i* et *Y-yin* sont-ils des hommes du même ordre que
KHOUNG-TSEU ? — Aucunement. Depuis qu'il existe des
hommes jusqu'à nos jours, il n'y en a jamais eu de comparable à KHOUNG-TSEU !

— Mais cependant n'eurent-ils rien de commun?—
Ils eurent quelque chose de commun. S'ils avaient possédé
un domaine de cent *li* d'étendue, et qu'ils en eussent été
princes, tous les trois auraient pu devenir assez puissants
pour convoquer à leur cour les princes vassaux et posséder
l'empire. Si en commettant une action contraire à la
justice, et en faisant mourir un innocent, ils avaient pu
obtenir l'empire, tous les trois n'auraient pas agi ainsi.
Quant à cela, ils se ressemblaient.

Le disciple poursuivit : Oserais-je vous demander en
quoi ils différaient ?

MENG-TSEU dit : *Tsai-ngo*, *Tseu-koung* et *Yeou-jo* étaient
assez éclairés pour connaître le saint homme (KHOUNG-
TSEU [1]) ; leur peu de lumières cependant n'alla pas jusqu'à
exagérer les éloges de celui qu'ils aimaient avec prédilection [2].

---

[1] *Commentaire.*

[2] « Les paroles de ces témoins oculaires sont dignes de confiance. »
(*Commentaire.*) C'étaient des disciples éminents du philosophe.

*Tsaï-ngo* disait : Si je considère attentivement mon maître, je le trouve bien plus sage que *Yao* et *Chun*.

*Tseu-koung* disait : En observant les usages et la conduite des anciens empereurs, je connais les principes qu'ils suivirent dans le gouvernement de l'empire; en écoutant leur musique, je connais leurs vertus. Si depuis cent générations je classe dans leur ordre les cent générations de rois qui ont régné, aucun deux n'échappera à mes regards. Eh bien, depuis qu'il existe des hommes jusqu'à nos jours, je puis dire qu'il n'en a pas existé de comparable à KHOUNG-TSEU.

*Yeou-jo* disait : Non-seulement les hommes sont de la même espèce, mais le *Khi-lin* ou la licorne, et les autres quadrupèdes qui courent; le *Foung-hoang* ou le phénix, et les autres oiseaux qui volent; le mont *Taï-chan*, ainsi que les collines et autres élévations; les fleuves et les mers, ainsi que les petits cours d'eau et les étangs, appartiennent aux mêmes espèces. Les saints hommes comparés avec la multitude sont aussi de la même espèce; mais ils sortent de leur espèce, ils s'élèvent au-dessus d'elle, et dominent la foule des autres hommes. Depuis qu'il existe des hommes jusqu'à nos jours, il n'y en a pas eu de plus accompli que KHOUNG-TSEU.

3. MENG-TSEU dit : Celui qui emploie toutes ses forces disponibles [1] à simuler les vertus de l'humanité veut devenir chef des grands vassaux. Pour devenir chef des grands vassaux, il doit nécessairement avoir un grand royaume. Celui qui emploie toute sa vertu à pratiquer l'humanité règne véritablement; pour régner véritablement, il n'a pas à attendre, à convoiter un grand royaume. Ainsi *Tching-thang*, avec un État de soixante et dix *li* [sept lieues] d'étendue; *Wen-wang*, avec un État de cent *li* [dix lieues] d'étendue; parvinrent à l'empire.

Celui qui dompte les hommes et se les soumet par la force des armes ne subjugue pas les cœurs; pour cela, la

---

[1] « Comme les armes et les moyens de séduction. » (*Commentaire.*)

force, quelle qu'elle soit, est toujours insuffisante[1]. Celui qui se soumet les hommes par la vertu porte la joie dans les cœurs qui se livrent sans réserve, comme les soixante et dix disciples de KHOUNG-TSEU se soumirent à lui.

Le *Livre des Vers*[2] dit :

« De l'occident et de l'orient,

« Du midi et du septentrion,

« Personne ne pensa à résister. »

Cette citation exprime ma pensée.

4. MENG-TSEU dit : Si le prince est plein d'humanité, il se procure une grande gloire; s'il n'a pas d'humanité, il se déshonore. Maintenant, si, en haïssant le déshonneur, il persévère dans l'inhumanité, c'est comme si en détestant l'humidité on persévérait à demeurer dans les lieux bas.

Si le prince hait le déshonneur, il ne peut rien faire de mieux que d'honorer la vertu et d'élever aux dignités les hommes distingués par leur savoir et leur mérite. Si les sages occupent les premiers emplois publics ; si les hommes de mérite sont placés dans des commandements qui leur conviennent, et que le royaume jouisse des loisirs de la paix [3], c'est le temps de reviser et de mettre dans un bon ordre le régime civil et le régime pénal. C'est en agissant ainsi que les autres États, quelque grands qu'ils soient, se trouveront dans la nécessité de vous respecter.

Le *Livre des Vers*[4] dit :

« Avant que le ciel soit obscurci par des nuages ou
« que la pluie tombe,

« J'enlève l'écorce de la racine des mûriers

« Pour consolider la porte et les fenêtres de mon nid[5].

« Après cela, quel est celui d'entre la foule au-dessous
« de moi

---

[1] Conférez le *Tao-te-king*, de LAO-TSEU.

[2] Ode *Wen-wang*, section *Ta ya*.

[3] « Qu'il n'ait rien à craindre de l'extérieur ni à souffrir de l'intérieur. » (*Comm.*)

[4] Ode *Tchi-hiao*, section *Koué-foung*.

[5] C'est un oiseau qui parle.

« Qui oserait venir me troubler? »

Khoung-tseu disait : Oh ! que celui qui a composé ces vers connaissait bien l'art de gouverner !

En effet, si un prince sait bien gouverner son royaume, qui oserait venir le troubler?

Maintenant, si, lorsqu'un royaume jouit de la paix et de la tranquillité, le prince emploie ce temps pour s'abandonner à ses plaisirs vicieux et à la mollesse, il attirera inévitablement sur sa tête de grandes calamités.

Les calamités, ainsi que les félicités, n'arrivent que parce qu'on se les est attirées.

Le *Livre des Vers*[1] dit :

« Si le prince pense constamment à se conformer au
« mandat qu'il a reçu du ciel,
« Il s'attirera beaucoup de félicités. »

Le *Taï-kia*[2] dit : « Quand le ciel nous envoie des cala-
« mités, nous pouvons quelquefois les éviter ; quand nous
« nous les attirons nous-mêmes, nous ne pouvons les sup-
« porter sans périr. » Ces citations expriment clairement ce que je voulais dire.

5. Meng-tseu dit : Si le prince honore les sages, et emploie les hommes de mérite dans des commandements; si ceux qui sont distingués par leurs talents et leurs vertus sont placés dans les hautes fonctions publiques : alors tous les lettrés de l'empire seront dans la joie et désireront demeurer à sa cour. Si dans les marchés publics on n'exige que le prix de location des places que les marchands occupent, et non une taxe sur les marchandises; si, les règlements des magistrats qui président aux marchés publics étant observés, on n'exige pas le prix de location des places : alors tous les marchands de l'empire seront dans la joie, et désireront porter leurs marchandises sur les marchés du prince [qui les favorisera ainsi].

Si aux passages des frontières on se borne à une simple

---

[1] Ode *Wen-wang*, section *Ta-ya*.
[2] Chapitre du *Chou-king*.

inspection sans exiger de tribut ou de droits d'entrée, alors tous les voyageurs de l'empire seront dans la joie et désireront voyager sur les routes du prince qui agira ainsi.

Que ceux qui labourent ne soient assujettis qu'à l'*assistance* [c'est-à-dire à labourer une portion déterminée des champs du prince], et non à payer des redevances, alors tous les laboureurs de l'empire seront dans la joie, et désireront aller labourer dans les domaines du prince. Si les artisans qui habitent des échoppes ne sont pas assujettis à la capitation et à la redevance en toiles, alors toutes les populations seront dans la joie, et désireront devenir les populations du prince.

S'il se trouve un prince qui puisse fidèlement pratiquer ces cinq choses, alors les populations des royaumes voisins lèveront vers lui leurs regards comme vers un père et une mère. Or on n'a jamais vu, depuis qu'il existe des hommes jusqu'à nos jours, que des fils et des frères aient été conduits à attaquer leurs père et mère. Si cela est ainsi, alors le prince n'aura aucun ennemi dans l'empire. Celui qui n'a aucun adversaire dans l'empire est l'envoyé du ciel. Il n'a pas encore existé d'homme qui, après avoir agi ainsi, n'ait pas régné sur tout l'empire.

6. MENG-TSEU dit. Tous les hommes ont un cœur compatissant et miséricordieux pour les autres hommes. Les anciens rois avaient un cœur compatissant, et par cela même ils avaient un gouvernement doux et compatissant pour les hommes. Si le prince a un cœur compatissant pour les hommes, et qu'il mette en pratique un gouvernement doux et compatissant, il gouvernera aussi facilement l'empire qu'il tournerait un objet dans la paume de sa main.

Voici comment j'explique le principe que j'ai avancé ci-dessus, que *tous les hommes* ont un cœur compatissant et miséricordieux pour les autres hommes : Je suppose que des hommes voient tout à coup un jeune enfant près de tomber dans un puits; tous éprouvent à l'instant même un sentiment de crainte et de compassion caché dans leur cœur : et ils éprouvent ce sentiment, non parce qu'ils désirent nouer des relations d'amitié avec le père et la mère de cet enfant; non parce qu'ils sollicitent les applaudissements ou les éloges de leurs amis et de leurs concitoyens, ou qu'ils redoutent l'opinion publique.

On peut tirer de là les conséquences suivantes : Si l'on n'a pas un cœur miséricordieux et compatissant, on n'est pas un homme; si l'on n'a pas les sentiments de la honte [de ses vices] et de l'aversion [pour ceux des autres], on n'est pas un homme; si l'on n'a pas les sentiments d'abnégation et de déférence, on n'est pas un homme; si l'on n'a pas le sentiment du vrai et du faux, ou du juste et de l'injuste, on n'est pas un homme.

Un cœur miséricordieux et compatissant est le principe de l'humanité; le sentiment de la honte et de l'aversion est le principe de l'équité et de la justice; le sentiment d'abnégation et de déférence est le principe des usages sociaux; le sentiment du vrai et du faux, ou du juste et de l'injuste, est le principe de la sagesse.

Les hommes ont en eux-mêmes ces quatre principes, comme ils ont quatre membres. Donc le prince qui, possédant ces quatre principes naturels, dit qu'il ne peut pas les mettre en pratique, se nuit à lui-même, se perd complétement; et ceux qui disent que leur prince ne peut pas les pratiquer, ceux-là perdent leur prince.

Chacun de nous, nous avons ces quatre principes en nous-mêmes; et si nous savons tous les développer et les faire fructifier, ils seront comme du feu qui commence à brûler, comme une source qui commence à jaillir. Si un prince remplit les devoirs que ces sentiments lui prescrivent, il acquerra une puissance suffisante pour mettre les quatre mers sous sa protection. S'il ne les remplit pas, il ne sera pas même capable de bien servir son père et sa mère.

7. MENG-TSEU dit : L'homme qui fait des flèches n'est-il pas plus inhumain que l'homme qui fait des cuirasses ou

des boucliers? Le but de l'homme qui fait des flèches est de blesser les hommes, tandis que le but de l'homme qui fait des cuirasses et des boucliers est d'empêcher que les hommes soient blessés. Il en est de même de l'homme dont le métier est de faire des vœux de bonheur à la naissance des enfants, et de l'homme dont le métier est de faire des cercueils[1]. C'est pourquoi on doit apporter beaucoup d'attention dans le choix de la profession que l'on veut embrasser.

KHOUNG-TSEU disait : Dans les villages, l'humanité est admirable. Si quelqu'un, ayant à choisir le lieu de sa demeure, ne va pas habiter là où réside l'humanité, comment obtiendrait-il le nom d'homme sage et éclairé? Cette humanité est une dignité honorable conférée par le ciel, et la demeure tranquille de l'homme. Personne ne l'empêchant d'agir librement, s'il n'est pas humain, c'est qu'il n'est pas sage et éclairé.

Celui qui n'est ni humain, ni sage et éclairé, qui n'a ni urbanité ni équité, est l'esclave des hommes. Si cet esclave des hommes rougit d'être leur esclave, il ressemble au fabricant d'arcs qui rougirait de fabriquer des arcs, et au fabricant de flèches qui rougirait de fabriquer des flèches.

S'il rougit de son état, il n'est rien, pour en sortir, à la pratique de l'humanité.

L'homme qui pratique l'humanité est comme l'archer ; l'archer se pose d'abord lui-même droit, et ensuite il lance sa flèche. Si, après avoir lancé sa flèche, il n'approche pas le plus près du but, il ne s'en prend pas à ceux qui l'ont vaincu, mais au contraire il en cherche la faute en lui-même ; et rien de plus.

8. MENG-TSEU dit : Si *Tseu-lou* se trouvait averti par quelqu'un d'avoir commis des fautes, il s'en réjouissait.

Si l'ancien empereur *Yu* entendait prononcer des pa-

---

[1] Le premier ne désire que des naissances, et l'autre ne désire que des décès.

roles de sagesse et de vertu, il s'inclinait en signe de vénération pour les recueillir.

Le grand *Chun* avait encore des sentiments plus élevés : pour lui la vertu était commune à tous les hommes. Si quelques-uns d'entre eux étaient plus vertueux que lui, il faisait abnégation de lui-même pour les imiter. Il se réjouissait d'emprunter ainsi des exemples de vertu aux autres hommes, pour pratiquer lui-même cette vertu.

Dès le temps où il labourait la terre, où il fabriquait de la poterie, où il faisait le métier de pêcheur, jusqu'à celui où il exerça la souveraineté impériale, il ne manqua jamais de prendre pour exemple les bonnes actions des autres hommes.

Prendre exemple des autres hommes pour pratiquer la vertu, c'est donner aux hommes les moyens de pratiquer cette vertu. C'est pourquoi il n'est rien de plus grand, pour l'homme supérieur, que de procurer aux autres hommes les moyens de pratiquer la vertu.

9. MENG-TSEU dit : *Pe-i* ne servait pas le prince qui n'était pas le prince de son choix, et il ne formait pas des relations d'amitié avec des amis qui n'étaient pas de son choix. Il ne se présentait pas à la cour d'un roi pervers, il ne s'entretenait pas avec des hommes corrompus et méchants ; se tenir à la cour d'un roi pervers, parler avec des hommes corrompus et méchants, c'était pour lui comme s'asseoir dans la boue avec des habits de cour. Si nous allons plus loin, nous trouverons qu'il a encore poussé bien au delà ses sentiments d'aversion et de haine pour le mal : s'il se trouvait avec un homme rustique dont le bonnet n'était pas convenablement placé sur sa tête, détournant aussitôt le visage, il s'éloignait de lui, comme s'il avait pensé que son contact allait le souiller. C'est pourquoi il ne recevait pas les invitations des princes vassaux qui se rendaient près de lui, quoiqu'ils missent dans leurs expressions et leurs discours toute la convenance possible : ce refus provenait de ce qu'il aurait cru se souiller en les approchant [parce qu'il les avait tous en aversion].

*Lieou-hia-hoeï* [premier ministre du royaume de *Lou*] ne rougissait pas de servir un mauvais prince, et il ne dédaignait pas une petite magistrature. S'il était promu à des fonctions plus élevées, il ne cachait pas ses principes de droiture, mais il se faisait un devoir de suivre constamment la voie droite. S'il était négligé et mis en oubli, il n'en avait aucun ressentiment; s'il se trouvait dans le besoin et la misère, il ne se plaignait pas. C'est pourquoi il disait : « Ce que vous faites vous appartient, « et ce que je fais m'appartient. Quand même vous se- « riez les bras nus et le corps nu à mes côtés, comment « pourriez-vous me souiller ? » C'est pourquoi il portait toujours un visage et un front sereins dans le commerce des hommes; et il ne se perdait point. Si quelqu'un le prenait par la main et le retenait près de lui, il restait. Celui qui, étant ainsi pris par la main et retenu, cédait à cette nvitation, pensait que ce serait aussi ne pas rester pur que de s'éloigner.

MENG-TSEU dit : *Pe-i* avait un esprit étroit ; *Lieou-hia-hoeï* manquait de tenue et de gravité. L'homme supérieur ne suit ni l'une ni l'autre de ces façons d'agir.

## CHAPITRE IV.

### COMPOSE DE 14 ARTICLES.

1. MENG-TSEU dit : Les temps propices du ciel ne sont pas à comparer aux avantages du terrain ; les avantages du terrain ne sont pas à comparer à la concorde entre les hommes.

Supposons une ville ceinte de murs intérieurs de trois *li* de circonférence et de murs extérieurs de sept *li* de circonférence, entourée d'ennemis qui l'attaquent de toutes parts sans pouvoir la prendre. Pour assiéger et attaquer cette ville, les ennemis ont dû obtenir le temps du ciel qui convenait ; mais cependant comme ils n'ont pas pu prendre cette ville, c'est que le temps du ciel n'est pas à comparer aux avantages du terrain [tels que murs, fossés et autres moyens de défense].

Que les murailles soient élevées, les fossés profonds, les armes et les boucliers solides et durs, le riz abondant : si les habitants fuient et abandonnent leurs fortifications, c'est que les avantages du terrain ne valent pas l'union et la concorde entre les hommes.

C'est pourquoi il est dit : Il ne faut pas placer les limites d'un peuple dans des frontières toutes matérielles, ni la force d'un royaume dans les obstacles que présentent à l'ennemi les montagnes et les cours d'eau, ni la majesté imposante de l'empire dans un grand appareil militaire. Celui qui a pu parvenir à gouverner selon les principes de l'humanité et de la justice trouvera un immense appui dans le cœur des populations. Celui qui ne gouverne pas selon les principes de l'humanité et de la justice trouvera peu d'appui. Le prince qui ne trouvera que peu d'appui dans les populations sera même abandonné par ses parents et ses alliés. Celui qui aura pour l'assister dans le péril presque toutes les populations recevra les hommages de tout l'empire.

Si le prince auquel tout l'empire rend hommage attaque celui qui a été abandonné même par ses parents et ses alliés, qui pourrait lui résister? C'est pourquoi l'homme d'une vertu supérieure n'a pas besoin de combattre ; s'il combat, il est sûr de vaincre.

2. MENG-TSEU se disposait à aller rendre visite au roi (de *Thsi*), lorsque le roi lui envoya un messager pour lui dire de sa part qu'il avait bien désiré le voir, mais qu'il était malade d'un refroidissement qu'il avait éprouvé, et qu'il ne pouvait affronter le vent. Il ajoutait que le lendemain matin il esperait le voir à sa cour, et il demandait s'il ne pourrait pas savoir quand il aurait ce plaisir. MENG-TSEU répondit avec respect que malheureusement

il était aussi malade, et qu'il ne pouvait aller à la cour.

Le lendemain matin, il sortit pour aller rendre les devoirs de parenté à une personne de la famille *Toudg-kouo*. *Kong-sun-tcheou* (son disciple) dit : Hier, vous avez refusé [de faire une visite au roi] pour cause de maladie; aujourd'hui, vous allez faire une visite de parenté; peut-être cela ne convient-il pas. MENG-TSEU dit : Hier j'étais malade, aujourd'hui je vais mieux; pourquoi n'irais-je pas rendre mes devoirs de parenté ?

Le roi envoya un exprès pour demander des nouvelles du philosophe, et il fit aussi appeler un médecin. *Meng-tchoung-tseu* [frère et disciple de MENG-TSEU] répondit respectueusement à l'envoyé du roi : Hier il reçut une invitation du roi; mais, ayant éprouvé une indisposition qui l'a empêché de vaquer à la moindre affaire, il n'a pu se rendre à la cour. Aujourd'hui, son indisposition s'étant un peu améliorée, il s'est empressé de se rendre à la cour. Je ne sais pas s'il a pu y arriver ou non.

Il envoya aussitôt plusieurs hommes pour le chercher sur les chemins, et lui dire que son frère le priait de ne pas revenir chez lui, mais d'aller à la cour.

MENG-TSEU ne put se dispenser de suivre cet avis, et il se rendit à la demeure de la famille *King-tcheou*, où il passa la nuit. *King-tseu* lui dit : Les principaux devoirs des hommes sont : à l'intérieur ou dans la famille, entre le père et les enfants; à l'extérieur ou dans l'État, entre le prince et les ministres. Entre le père et les enfants, la tendresse et la bienveillance dominent; entre le prince et les ministres, la déférence et l'équité dominent. Moi *Tcheou*, j'ai vu la déférence et l'équité du roi pour vous, mais je n'ai pas encore vu en quoi vous avez eu de la déférence et de l'équité pour le roi. MENG-TSEU dit : Eh ! pourquoi donc tenez-vous un pareil langage ? Parmi les hommes de *Thsi* il n'en est aucun qui s'entretienne de l'humanité et de la justice avec le roi. Ne regarderaient-ils pas l'humanité et la justice comme dignes de louanges ! Ils disent dans leur cœur : A quoi servirait-il de parler avec lui d'humanité et de justice ? Voilà ce qu'ils disent. Alors il n'est pas d'irrévérence et d'injustices plus grandes que celles-là ! Moi, je n'ose parler devant le roi, si ce n'est conformément aux principes de *Yao* et de *Chun*. C'est pour cela que de tous les hommes de *Thsi* aucun n'a autant que moi de déférence et de respect pour le roi.

*King-tseu* dit : Pas du tout ; moi, je ne suis pas de cet avis-là. On lit dans le *Livre des Rites* : « Quand votre « père vous appelle, ne différez pas pour dire : Je vais ; « quand l'ordre du prince vous appelle, n'attendez pas « votre char. » Vous aviez fermement l'intention de vous rendre à la cour ; mais, après avoir entendu l'invitation du roi, vous avez aussitôt changé de résolution. Il faut bien que votre conduite ne s'accorde pas avec ce passage du *Livre des Rites*.

Meng-tseu répondit : Qu'entendez-vous par là ? *Thsêng-tseu* disait : « Les richesses des rois de *Tçin* et de *Thsou* « ne peuvent être égalées ; ces rois se prévalent de leurs « richesses, moi je me prévaux de mon humanité ; ces rois « se fient sur leur haute dignité et leur puissance, moi je « me fie sur mon équité. De quoi ai-je donc besoin ? » Si ces paroles n'étaient pas conformes à l'équité et à la justice, *Thsêng-tseu* les aurait-il tenues ? Il y a peut-être dans ces paroles (de *Thsêng-tseu*) une doctrine de haute moralité. Il existe dans le monde trois choses universellement honorées : l'une est le rang ; l'autre, l'âge ; et la troisième, la vertu. A la cour, rien n'est comparable au rang ; dans les villes et les hameaux, rien n'est comparable à l'âge ; dans la direction et l'enseignement des générations, ainsi que dans l'amélioration du peuple, il n'y a rien de comparable à la vertu. Comment pourrait-il arriver que celui qui ne possède qu'une de ces trois choses [le rang] méprisât l'homme qui en possède deux ?

C'est pourquoi, lorsqu'un prince veut être grand et opérer de grandes choses, il a assez de raison pour ne pas appeler à chaque instant près de lui ses sujets. S'il désire avoir leur avis, il se rend alors près d'eux ; s'il n'honore pas la vertu, et qu'il ne se réjouisse pas des bonnes et saines doctrines, il n'agit pas ainsi. Alors il n'est pas capable de remplir ses fonctions [1].

C'est ainsi que *Tching-thang* s'instruisit d'abord près de *Y-yin*, qu'il fit ensuite son ministre. Voilà pourquoi il gouverna sans peine. *Houan-koung* s'instruisit d'abord près de *Kouan-tchoung*, qu'il fit ensuite son ministre. Voilà pourquoi il devint sans peine le chef de tous les grands vassaux.

Maintenant les territoires des divers Etats de l'empire sont de la même classe [ou à peu près d'une égale étendue] les avantages sont les mêmes. Aucun d'eux ne peut dominer les autres. Il n'y a pas d'autre cause à cela, sinon que les princes aiment à avoir des ministres auxquels ils donnent les instructions qu'il leur convient, et qu'ils n'aiment pas à avoir des ministres dont ils recevraient eux-mêmes la loi.

*Tching-thang* n'aurait pas osé faire venir près de lui *Y-yin* ni *Kouan-koung* appeler près de lui *Houan-tchoung*. Si *Houan-tchoung* ne pouvait pas être mandé près d'un petit prince, à plus forte raison celui qui ne fait pas grand cas de *Kouan-tchoung* !

3. *Tchin-thsin* (disciple de MENG-TSEU) fit une question en ces termes : Autrefois, lorsque vous étiez dans le royaume de *Thsi*, le roi vous offrit deux mille onces d'or double, que vous ne voulûtes pas recevoir. Lorsque vous étiez dans le royaume de *Soung*, le roi vous en offrit quatorze cents onces, et vous les reçûtes. Lorsque vous étiez dans le royaume de *Sie*, le roi vous en offrit mille onces, et vous les reçûtes. Si dans le premier cas vous avez eu

---

[1] MENG-TSEU veut faire dépendre les princes des sages et des hommes éclairés, et non les sages et les hommes éclairés des princes. Il relève la dignité de la vertu et de la science, qu'il place au-dessus du rang et de la puissance. Jamais peut-être la philosophie n'a offert un plus noble sentiment de sa dignité et de la valeur de ses inspirations. Il serait difficile de reconnaître ici (pas plus que dans aucun autre écrivain chinois) cet esprit de servitude dont on a bien voulu les gratifier en Europe.

raison de refuser : alors, dans les deux derniers cas, vous avez eu tort d'accepter ; si, dans les deux derniers cas, vous avez eu raison d'accepter : alors, dans le premier cas, vous avez eu tort de refuser. Maître, il faut nécessairement que vous me concédiez l'une ou l'autre de ces propositions.

MENG-TSEU dit : J'ai eu raison dans tous les cas.

Quand j'étais dans le royaume de *Soung*, j'allais entreprendre un grand voyage ; celui qui entreprend un voyage a besoin d'avoir avec lui des présents de voyage. Le roi me parla en ces termes : « Je vous offre les pré- « sents de l'hospitalité. » Pourquoi ne les aurais-je pas acceptés ?

Lorsque j'étais dans le royaume de *Sie*, j'avais l'intention de prendre des sûretés contre tout fâcheux événement. Le roi me parla en ces termes : « J'ai appris que « vous vouliez prendre des sûretés pour continuer votre « voyage ; c'est pourquoi je vous offre cela pour vous « procurer des armes. » Pourquoi n'aurais-je pas accepté ?

Quant au royaume de *Thsi*, il n'y avait pas lieu [de m'offrir et d'accepter les présents du roi]. S'il n'y avait pas lieu de m'offrir ces présents, je les aurais donc reçus comme don pécuniaire. Comment existerait-il un homme supérieur capable de se laisser prendre à des dons pécuniaires ?

4. Lorsque MENG-TSEU se rendit à la ville de *Phing-lo*, il s'adressa à l'un des premiers fonctionnaires de la ville, et lui dit : Si l'un de vos soldats porteurs de lance abandonne trois fois son poste en un jour, l'expédierez-vous ou non ? Il répondit : Je n'attendrais pas la troisième fois pour l'expédier.

[MENG-TSEU ajouta :] S'il en est ainsi, alors vous-même vous avez abandonné votre poste, et cela un grand nombre de fois. Dans les années calamiteuses, dans les années de stérilité et de famine, les vieillards et les infirmes du peuple dont vous devez avoir soin, qui se sont précipités dans les fossés pleins d'eau et dans les mares des vallées ; les jeunes gens forts et robustes qui se sont dispersés et se sont rendus dans les quatre parties de l'empire [ pour y chercher leur nourriture] sont au nombre de plusieurs milliers.

[Le magistrat] répondit : Il ne dépend pas de moi *Kiu-sin* que cela ne soit ainsi.

[MENG-TSEU] poursuivit : Maintenant, je vous dirai que s'il se trouve un homme qui reçoive d'un autre des bœufs et des moutons pour en être le gardien et les faire paître à sa place, alors il lui demandera nécessairement des pâturages et de l'herbe pour les nourrir. Si, après lui avoir demandé des pâturages et des herbes pour nourrir son troupeau, il ne les obtient pas, alors pensez-vous qu'il ne le rendra pas à l'homme qui le lui a confié, ou qu'au contraire il se tiendra là immobile en le regardant mourir ?

[Le magistrat] répondit : Pour cela, c'est la faute de moi *Kiu-sin*.

Un autre jour, MENG-TSEU étant allé voir le roi, il lui dit : De tous ceux qui administrent les villes au nom du roi, votre serviteur en connaît cinq ; et parmi ces cinq il n'y a que *Khoung-kiu-sin* qui reconnaisse ses fautes. Lorsqu'il les eut racontées au roi, le roi dit : Quant à ces calamités, c'est moi qui en suis coupable.

5. MENG-TSEU s'adressant à *Tchi-wa* [*ta-fou*, ou l'un des premiers fonctionnaires de *Thsi*], lui dit : Vous avez refusé le commandement de la ville de *Ling-khieou*, et vous avez sollicité les fonctions de chef de la justice. Cela paraissait juste, parce que ce dernier poste vous donnait la faculté de parler au roi le langage de la raison. Maintenant, voilà déjà plusieurs lunes d'écoulées depuis que vous êtes en fonctions, et vous n'avez pas encore parlé ?

*Tchi-wa* ayant fait des remontrances au roi, qui n'en tint aucun compte, se démit de ses fonctions de ministre, et se retira.

Les hommes de *Thsi* dirent : Quant à la conduite de *Tchi-wa* [à l'égard du roi], elle est parfaitement convenable ; quant à celle de MENG-TSEU, nous n'en savons rien.

*Kong-tou-tseu* instruisit son maître de ces propos.

MENG-TSEU répliqua : J'ai toujours entendu dire que celui qui a une magistrature à remplir, s'il ne peut obtenir de faire son devoir, se retire ; que celui qui a le ministère de la parole pour donner des avertissements au roi, s'il ne peut obtenir que ses avertissements soient suivis, se retire. Moi, je n'ai pas de magistrature à remplir ici ; je n'ai pas également le ministère de la parole ; alors, que je me produise à la cour pour faire des représentations, ou que je m'en éloigne, ne suis-je pas libre d'agir comme bon me semble ?

6. Lorsque MENG-TSEU était revêtu de la dignité honoraire de *King*, ou de premier fonctionnaire dans le royaume de *Thsi*, il alla faire des compliments de condoléance à *Teng* ; et le roi envoya *Wang-kouan*, premier magistrat de la ville de *Ko*, pour l'assister dans ses fonctions d'envoyé. *Wang-kouan*, matin et soir, voyait MENG-TSEU ; mais, en allant et en revenant de *Teng* à *Thsi*, pendant toute la route MENG-TSEU ne s'entretint pas avec lui des affaires de leur légation.

*Kong-sun-tcheou* dit : Dans le royaume de *Thsi*, la dignité de *King*, ou de premier fonctionnaire, n'est pas petite. La route qui mène de *Thsi* à *Teng* n'est pas également peu longue. En allant et en revenant, vous n'avez pas parlé avec cet homme des affaires de votre légation ; quelle en est la cause ?

MENG-TSEU dit : Ces affaires avaient été réglées par quelqu'un ; pourquoi en aurais-je parlé [1] ?

7. MENG-TSEU quitta le royaume de *Thsi* pour aller rendre

---

[1] Selon plusieurs commentateurs chinois, la cause du silence que MENG-TSEU avait gardé avec son second envoyé, c'est le mépris qu'il avait pour lui.

les devoirs funèbres [à sa mère] dans le royaume de *Lou*. En revenant dans le royaume de *Thsi*, il s'arrêta dans la petite ville de *Yng*. *Tchoung-yu* [un de ses anciens disciples] lui dit avec soumission : Ces jours passés, ne sachant pas que votre disciple *Yu* était tout à fait inepte, vous m'avez ordonné, à moi *Yu*, de faire faire un cercueil par un charpentier. Dans la douleur où vous vous trouviez, je n'ai pas osé vous questionner à cet égard. Aujourd'hui je désire vous demander une explication sur un doute que j'ai : le bois du cercueil n'était-il pas trop beau ?

Meng-tseu dit : Dans la haute antiquité, il n'y avait point de règles fixes pour la fabrication des cercueils, soit intérieurs, soit extérieurs. Dans la moyenne antiquité, les planches du cercueil intérieur avaient sept pouces d'épaisseur ; le cercueil extérieur était dans les mêmes proportions. Cette règle était observée par tout le monde, depuis l'empereur jusqu'à la foule du peuple ; et ce n'était pas assurément pour que les cercueils fussent beaux. Ensuite les parents se livraient à toute la manifestation des sentiments de leur cœur.

Si on n'a pas la faculté de donner à ses sentiments de douleur toute l'expression que l'on désire [1], on ne peut pas se procurer des consolations. Si on n'a pas de fortune, on ne peut également pas se donner la consolation de faire à ses parents de magnifiques funérailles. Lorsqu'ils pouvaient obtenir d'agir selon leur désir, et qu'ils en avaient les moyens, tous les hommes de l'antiquité employaient de beaux cercueils. Pourquoi moi seul n'aurais-je pas pu agir de même ?

Or, si lorsque leurs père et mère viennent de décéder les enfants ne laissent pas la terre adhérer à leur corps, auront-ils un seul sujet de regret [pour leur conduite] ?

J'ai souvent entendu dire que l'homme supérieur ne doit pas être parcimonieux à cause des biens du monde, dans les devoirs qu'il rend à ses parents.

---

[1] Si des lois spéciales règlent les funérailles.

**8.** *Tching-thoung* (ministre du roi de *Thsi*), de son autorité privée, demanda à MENG-TSEU si le royaume de *Yan* pouvait être attaqué ou subjugué par les armes.

MENG-TSEU dit : Il peut l'être. *Tseu-khouai* (roi de *Yan*) ne peut, de son autorité privée, donner *Yan* à un autre homme. *Tseu-tchi* (son ministre) ne pouvait accepter le royaume de *Yan* du prince *Tseu-khouai*. Je suppose, par exemple, qu'un magistrat se trouve ici, et que vous ayez pour lui beaucoup d'attachement. Si, sans en prévenir le roi, et de votre autorité privée, vous lui transférez la dignité et les émoluments que vous possédez; si ce lettré, également sans avoir reçu le mandat du roi, et de son autorité privée, les accepte de vous : alors pensez-vous que ce soit licite ? En quoi cet exemple diffère-t-il du fait précédent ?

Les hommes de *Thsi*[1] ayant attaqué le royaume de *Yan*, quelqu'un demanda à MENG-TSEU s'il n'avait pas excité *Thsi* à conquérir *Yan* ? Il répondit : Aucunement. *Tching-thoung* m'a demandé si le royaume de *Yan* pouvait être attaqué et subjugué par les armes. Je lui ai répondu en disant qu'il pouvait l'être. Là-dessus le roi de *Thsi* et ses ministres l'ont attaqué. Si *Tching-thoung* m'avait parlé ainsi : Quel est celui qui peut l'attaquer et le conquérir ? alors je lui aurais répondu en disant : Celui qui en a reçu la mission du ciel, celui-là peut l'attaquer et le conquérir.

Maintenant, je suppose encore qu'un homme en ait tué un autre. Si quelqu'un m'interroge à ce sujet, et me dise : Un homme peut-il en faire mourir un autre ? alors je lui répondrai en disant : Il le peut. Mais si cet homme me disait : Quel est celui qui peut tuer un autre homme ? alors je lui répondrais en disant : Celui qui exerce les fonctions de ministre de la justice, celui-là peut faire mourir un autre homme [lorsqu'il mérite la mort]. Maintenant, comment aurais-je pu conseiller de remplacer le

---

[1] Le prince et ses ministres. (*Commentaire*.)

gouvernement tyrannique de *Yan* par un autre gouvernement tyrannique [1]?

9. Les hommes de *Yan* se révoltèrent. Le roi de *Thsi* dit : Comment me présenterai-je sans rougir devant MENG-TSEU?

*Tchin-kia* (un de ses ministres) dit : Que le roi ne s'afflige pas de cela. Si le roi se compare à *Tcheou-koung*[2], quel est celui qui sera trouvé le plus humain et le plus prudent?

Le roi dit : Oh! quel langage osez-vous tenir?

Le ministre poursuivit : *Tcheou-koung* avait envoyé *Kouan-cho* pour surveiller le royaume de *Yn*; mais *Kouan-cho* se révolta avec le royaume de *Yn* [contre l'autorité de *Tcheou-koung*]. Si, lorsque *Tcheou-koung* chargea *Kouan-cho* de sa mission, il prévoyait ce qui arriverait, il ne fut pas humain; s'il ne le prévoyait pas, il ne fut pas prudent. Si *Tcheou-koung* ne fut pas d'une humanité et d'une prudence consommées, à plus forte raison le roi ne pouvait-il pas l'être [dans la dernière occasion]. Moi·*Tchin-kia*, je vous prie de me laisser aller voir MENG-TSEU, et de lui expliquer l'affaire.

Il alla voir MENG-TSEU, et lui demanda quel homme c'était que *Tcheou-koung*.

MENG-TSEU répondit : C'était un saint homme de l'antiquité.

— N'est-il pas vrai qu'il envoya *Kouan-cho* pour surveiller le royaume de *Yn*, et que *Kouan-cho* se révolta avec ce royaume?

— Cela est ainsi, dit-il.

— *Tcheou-koung* prévoyait-il qu'il se révolterait, lorsqu'il le chargea de cette mission?

— Il ne le prévoyait pas.

---

[1] Littéralement, *remplacer un* yan *par un* yan, ou un tyran par un autre tyran. C est l interprétation des commentateurs chinois.

[2] Un des plus grands hommes de la Chine. Voyez l'Histoire précédemment citée, p. 84 et suiv.

— S'il en est ainsi, alors le saint homme commit, par conséquent, une faute.

— *Tcheou-koung* était le frère cadet de *Kouan-cho* qui était son frère aîné. La faute de *Tcheou-koung* n'est-elle pas excusable?

— En effet, si les hommes supérieurs de l'antiquité commettent des fautes, ils se corrigent ensuite. Si les hommes [prétendus] supérieurs de notre temps commettent des fautes, ils continuent à suivre la mauvaise voie [sans vouloir se corriger]. Les fautes des hommes supérieurs de l'antiquité sont comme les éclipses du soleil et de la lune, tous les hommes les voyaient ; et quant à leur conversion, tous les hommes la contemplaient avec joie. Les hommes supérieurs de nos jours non-seulement continuent à suivre la mauvaise voie, mais encore ils veulent la justifier.

10. MENG-TSEU se démit de ses fonctions de ministre honoraire [à la cour du roi de *Thsi*] pour s'en retourner dans sa patrie.

Le roi étant allé visiter MENG-TSEU, lui dit : Aux jours passés, j'avais désiré vous voir, mais je n'ai pas pu l'obtenir. Lorsque enfin j'ai pu m'asseoir à vos côtés, toute ma cour en a été ravie. Maintenant vous voulez me quitter pour retourner dans votre patrie ; je ne sais si par la suite je pourrai obtenir de vous visiter de nouveau.

MENG-TSEU répondit : Je n'osais pas vous en prier. Certainement c'est ce que je désire.

Un autre jour, le roi s'adressant à *Chi-tseu*, lui dit : Je désire retenir MENG-TSEU dans mon royaume en lui donnant une habitation et en entretenant ses disciples avec dix mille mesures [*tchoung*] de riz, afin que tous les magistrats et tous les habitants du royaume aient sous les yeux un homme qu'ils puissent révérer et imiter. Pourquoi ne le lui annonceriez-vous pas en mon nom?

*Chi-tseu* confia cette mission à *Tchin-tseu*, pour en prévenir son maître MENG-TSEU. *Tchin-tseu* rapporta à MENG-TSEU les paroles de *Chi-tseu*.

MENG-TSEU dit : C'est bien ; mais comment ce *Chi-tseu*

ne sait-il pas que je ne puis accéder à cette proposition[1]? Si je désirais des richesses, comment aurais-je refusé cent mille mesures de riz[2] pour en accepter maintenant dix mille? Est-ce là aimer les richesses ?

*Ki-sun* disait : C'était un homme bien extraordinaire que *Tseu-cho-i!* Si, en exerçant des fonctions publiques, il n'était pas promu à un emploi supérieur, alors il cessait toute poursuite ; mais il faisait plus, il faisait en sorte que son fils ou son frère cadet fût élevé à la dignité de *King* [l'une des premières du royaume]. En effet, parmi les hommes, quel est celui qui ne désire pas les richesses et les honneurs ? Mais *Tseu-cho-i* lui seul, au milieu des richesses et des honneurs, voulait avoir le monopole, et être le chef du marché qui perçoit pour lui seul tous les profits.

L'intention de celui qui, dans l'antiquité, institua les marchés publics était de faire échanger ce que l'on possédait contre ce que l'on ne possédait pas. Ceux qui furent commis pour présider à ces marchés n'avaient d'autre devoir à remplir que celui de maintenir le bon ordre. Mais un homme vil se trouva, qui fit élever un grand tertre au milieu du marché pour y monter. De là il portait des regards de surveillance à droite et à gauche, et recueillait tous les profits du marché. Tous les hommes le regardèrent comme un vilain et un misérable. C'est ainsi que depuis ce temps-là sont établis les droits perçus dans les marchés publics ; et la coutume d'exiger des droits des marchands date de ce vilain homme.

11. MENG-TSEU, en quittant le royaume de *Thsi*, passa la nuit dans la ville de *Tcheou*. Il se trouva là un homme qui, à cause du roi, désira l'empêcher de continuer son voyage. Il s'assit près de lui, et lui parla. MENG-

---

[1] C'est-à-dire demeurer de nouveau dans le royaume de *Thsi*, puisque sa doctrine sur le gouvernement n'y était pas admise. (*Commentaire.*)

[2] Il designe les emoluments de la dignité de *King*, qu'il avait refuses. (*Comm.*)

TSEU, sans lui répondre, s'appuya sur une table et s'endormit.

L'hôte, qui voulait le retenir, n'en fut pas satisfait, et il lui dit : Votre disciple a passé une nuit entière avant d'oser vous parler ; mais comme il voit, maître, que vous dormez sans vouloir l'écouter, il vous prie de le dispenser de vous visiter de nouveau.

MENG-TSEU lui répondit : Asseyez-vous ; je vais vous instruire de votre devoir. Autrefois, si *Mou-kong*, prince de *Lou*, n'avait pas eu un homme [de vertus éminentes] auprès de *Tseu-sse*, il n'aurait pas pu le retenir [à sa cour]. Si *Sie-lieou* et *Chin-thsiang* n'avaient pas eu un homme [distingué] auprès de *Mou-kong*, ils n'auraient pas pu rester auprès de sa personne.

Vous, vous avez des projets relativement à un vieillard respectable[1], et vous n'êtes pas même parvenu à me traiter comme *Tseu-sse* le fut. N'est-ce pas vous qui avez rompu avec le vieillard? ou si c'est le vieillard qui a rompu avec vous?

12. MENG-TSEU ayant quitté le royaume de *Thsi*, *Yn-sse*, s'adressant à plusieurs personnes, leur dit : Si MENG-TSEU ne savait pas que le roi ne pouvait pas devenir un autre *Tching-thang* ou un autre *Wou-wang*, alors il manque de perspicacité et de pénétration. Si au contraire il le savait, et que dans cette persuasion il soit également venu à sa cour, alors c'était pour obtenir des émoluments. Il est venu de mille *li* [cent lieues] pour voir le roi, et, pour n'avoir pas réussi dans ce qu'il désirait, il s'en est allé. Il s'est arrêté trois jours et trois nuits à la ville de *Tcheou* avant de continuer sa route ; pourquoi tous ces retards et ces délais? Moi *Sse*, je ne trouve pas cela bien.

*Kao-tseu* rapporta ces paroles à son ancien maître MENG-TSEU.

MENG-TSEU dit : Comment *Yn-sse* me connaît-il? Venir de cent lieues pour voir le roi, c'était là ce que je dési-

---

[1] Il se désigne ainsi lui-même. (*Commentaire.*)

rais vivement [pour propager ma doctrine]. Je quitte ce royaume parce que je n'ai pas obtenu ce résultat. Est-ce là ce que je désirais ? Je n'ai pu me dispenser d'agir ainsi.

J'ai cru même trop hâter mon départ en ne passant que trois jours dans la ville de *Tcheou* avant de la quitter. Le roi pouvait changer promptement sa manière d'agir. S'il en avait changé, alors il me rappelait près de lui.

Lorsque je fus sorti de la ville sans que le roi m'eût rappelé, j'éprouvai alors un vif désir de retourner dans mon pays. Mais, quoique j'eusse agi ainsi, abandonnais-je pour cela le roi ? Le roi est encore capable de faire le bien, de pratiquer la vertu. Si un jour le roi m'emploie, alors non-seulement le peuple de *Thsi* sera tranquille et heureux, mais toutes les populations de l'empire jouiront d'une tranquillité et d'une paix profondes. Le roi changera peut-être bientôt sa manière d'agir ; c'est l'objet de mes vœux de chaque jour.

Suis-je donc semblable à ces hommes vulgaires, à l'esprit étroit, qui, après avoir fait à leur prince des remontrances dont il n'a tenu aucun compte, s'irritent et laissent apparaître sur leur visage le ressentiment qu'ils en éprouvent ? Lorsque ces hommes ont pris la résolution de s'éloigner, ils partent et marchent jusqu'à ce que leurs forces soient épuisées, avant de s'arrêter quelque part pour y passer la nuit. — *Yn-sse*, ayant entendu ces paroles, dit : Je suis véritablement un homme vulgaire.

13. Pendant que MENG-TSEU s'éloignait du royaume de *Thsi*, *Tchoung-yu*, un de ses disciples, l'interrogea en chemin, et lui dit : Maître, vous ne me semblez pas avoir l'air bien satisfait. Aux jours passés, moi *Yu*, j'ai souvent entendu dire à mon maître : « L'homme supérieur ne mur-
« mure point contre le ciel, et ne se plaint point des
« hommes. »

MENG-TSEU répondit : Ce temps-là différait bien de celui-ci[1].

---

[1] Littéralement : *Illud unum tempus, hoc unum tempus.*

Dans le cours de cinq cents ans, il doit nécessairement apparaître un roi puissant [qui occupe le trône des fils du Ciel[1]]; et dans cet intervalle de temps doit aussi apparaître un homme qui illustre son siècle. Depuis l'établissement de la dynastie des *Tcheou* jusqu'à nos jours, il s'est écoulé plus de sept cents ans. Que l'on fasse le calcul de ce nombre d'années écoulées [en deduisant un période de cinq cents ans], alors on trouvera que ce période est bien dépassé [sans cependant qu'un grand souverain ait apparu]. Si on examine avec attention le temps présent, alors on verra qu'il peut apparaître maintenant.

Le ciel, à ce qu'il semble, ne désire pas encore que la paix et la tranquillité règnent dans tout l'empire. S'il désirait que la paix et la tranquillité régnassent dans tout l'empire, et qu'il me rejetât, qui choisirait-il dans notre siècle [pour accomplir cette mission]? Pourquoi donc n'aurais-je pas un air satisfait?

14. MENG TSEU ayant quitté le royaume de *Thsi*, et s'étant arrêté à *Kieou*[2], *Kong-sun-tcheou* lui fit une question en ces termes : Exercer une magistrature, et ne pas en accepter les émoluments, était-ce la règle de l'antiquité?

MENG-TSEU répondit : Aucunement. Lorsque j'étais dans le pays de *Thsoung*, j'obtins de voir le roi. Je m'éloignai bientôt, et je pris la résolution de le quitter entièrement. Je n'en voulus pas changer ; c'est pourquoi je n'acceptai point d'émoluments.

Peu de jours après, le roi ayant ordonné de rassembler des troupes [pour repousser une agression], je ne pus prendre congé du roi. Mais je n'avais pas du tout l'intention de demeurer longtemps dans le royaume de *Thsi*.

---

[1] *Commentaire.*
[2] Ville située sur les frontieres de *Thsi*.

## CHAPITRE V.

#### COMPOSÉ DE 5 ARTICLES.

1. *Wen-koung*, prince de *Teng*, héritier présomptif du trône de son père [1], voulant se rendre dans le royaume de *Thsou*, passa par celui de *Soung*, pour voir MENG-TSEU.

MENG-TSEU l'entretint des bonnes dispositions naturelles de l'homme; il lui fit nécessairement l'éloge de *Yao* et de *Chun*.

L'héritier du trône, revenant du royaume de *Thsou*, alla de nouveau visiter MENG-TSEU. MENG-TSEU lui dit : Fils du siècle, mettez-vous en doute mes paroles? Il n'y a qu'une voie pour tout le monde, et rien de plus.

*Tching-hian*, parlant à *King-kong*, roi de *Thsi*, lui disait : Ces grands sages de l'antiquité n'étaient que des hommes; nous aussi, qui vivons, nous sommes des hommes; pourquoi craindrions-nous de ne pas pouvoir égaler leurs vertus?

*Yan-youan* disait : Quel homme était-ce que *Chun*, et quel homme suis-je? Celui qui veut faire tous ses efforts peut aussi l'égaler.

*Kong-ming-i* disait : *Wen-wang* est mon instituteur et mon maître. Comment *Tcheou-koung* me tromperait-il?

Maintenant, si vous diminuez la longueur du royaume de *Teng* pour augmenter et fortifier sa largeur, vous en ferez un État de cinquante *li* carrés. De cette manière vous pourrez en former un bon royaume [en y faisant régner les bons principes de gouvernement]. Le *Chou-king* dit : « Si un médicament ne porte pas le trouble et le dés- « ordre dans le corps d'un malade, il n'opérera pas sa guérison. »

---

[1] Littéralement, *fils de la génération* ou *du siècle*.

2. *Ting-kong,* prince de *Teng,* étant mort, le fils du siècle [l'héritier du trône], s'adressant à *Jan-yeou,* lui dit : Autrefois MENG-TSEU s'entretint avec moi dans l'État de *Soung.* Je n'ai jamais oublié dans mon cœur ce qu'il me dit. Maintenant que par un malheureux événement je suis tombé dans un grand chagrin, je désire vous envoyer pour interroger MENG-TSEU, afin de savoir de lui ce que je dois faire dans une telle circonstance.

*Jan-yeou,* s'étant rendu dans le royaume de *Tseou,* interrogea MENG-TSEU. MENG-TSEU répondit : Les questions que vous me faites ne sont-elles pas véritablement importantes? C'est dans les funérailles qu'on fait à ses parents que l'on manifeste sincèrement les sentiments de son cœur. *Thseng-tseu* disait : Si pendant la vie de vos parents vous les servez selon les rites ; si après leur mort vous les ensevelissez selon les rites ; si vous leur offrez les sacrifices *tsi* selon les rites, vous pourrez être appelé plein de piété filiale. Je n'ai jamais étudié les rites que l'on doit suivre pour les princes de tous les ordres ; cependant j'en ai entendu parler. Un deuil de trois ans ; des habillements de toile grossière, grossièrement faits ; une nourriture de riz, à peine mondé, et cuit dans l'eau : voilà ce qu'observaient et dont se servaient les populations des trois dynasties, depuis l'empereur jusqu'aux dernières classes du peuple.

Après que *Jan-yeou* lui eut rapporté ces paroles, le prince ordonna de porter un deuil de trois ans. Les ministres parents de son père et tous les fonctionnaires publics ne voulurent pas s'y conformer ; ils dirent : De tous les anciens princes de *Lou* [d'où viennent nos ancêtres], aucun n'a pratiqué cette coutume d'honorer ses parents décédés ; de tous nos anciens princes, aucun également n'a pratiqué ce deuil. Quant à ce qui vous concerne, il ne vous convient pas d'agir autrement ; car l'histoire dit : « Dans les cérémonies des funérailles et du sacrifice aux « mânes des défunts, il faut suivre la coutume des an- « cêtres. » C'est-à-dire que nos ancêtres nous ont transmis le mode de les honorer, et que nous l'avons reçu d'eux.

Le prince s'adressant à *Jan-yeou*, lui dit : Dans les jours qui ne sont plus, je ne me suis jamais livré à l'étude de la philosophie ¹. J'aimais beaucoup l'équitation et l'exercice des armes. Maintenant les anciens ministres et alliés de mon père et tous les fonctionnaires publics n'ont pas de confiance en moi ; ils craignent peut-être que je ne puisse suffire à l'accomplissement des grands devoirs qui me sont imposés. Vous, allez encore pour moi consulter MENG-TSEU à cet égard. — *Jan-yeou* se rendit de nouveau dans le royaume de *Tseou* pour interroger MENG-TSEU. MENG-TSEU dit : Les choses étant ainsi, votre prince ne doit pas rechercher l'approbation des autres. KHOUNG-TSEU disait : Lorsque le prince venait à
« mourir, les affaires du gouvernement étaient diri-
« gées par le premier ministre ². L'héritier du pou-
« voir se nourrissait de riz cuit dans l'eau, et son visage
« prenait une teinte très-noire. Lorsqu'il se plaçait sur
« son siége dans la chambre mortuaire, pour se livrer à
« sa douleur, les magistrats et les fonctionnaires publics
« de toutes classes n'osaient se soustraire aux démon-
« strations d'une douleur dont l'héritier du trône donnait
« le premier l'exemple. Quand les supérieurs aiment
« quelque chose, les inférieurs l'affectionnent bien plus
« vivement encore. La vertu de l'homme supérieur est
« comme le vent, la vertu de l'homme inférieur est comme
« l'herbe. L'herbe, si le vent vient à passer sur elle,
« s'incline nécessairement. » Il est au pouvoir du fils du siècle d'agir ainsi.

Lorsque *Jan-yeou* lui eut rapporté ces instructions, le fils du siècle dit : C'est vrai, cela ne dépend que de moi. Et pendant cinq lunes il habita une hutte en bois [construite en dehors de la porte du palais, pour y passer

---

¹ Littéralement, *à étudier et à interroger.*
² Le plus âgé des six *King* ou grands dignitaires. (*Commentaire.*)

le temps du deuil], et il ne donna aucun ordre concernant les affaires de l'État. Tous les magistrats du royaume et les membres de sa famille se firent un devoir de l'appeler *versé dans la connaissance des rites*. Quand le jour des funérailles arriva, des quatre points du royaume vinrent de nombreuses personnes pour le contempler ; et ces personnes, qui avaient assisté aux funérailles, furent très-satisfaites de l'air consterné de son visage et de la violence de ses gémissements.

3. *Wen-koung*, prince de *Teng*, interrogea MENG-TSEU sur l'art de gouverner.

MENG-TSEU dit : Les affaires du peuple [1] ne doivent pas être négligées. Le *Livre des Vers* dit [2] :

« Pendant le jour, vous, cueillez des roseaux ;

« Pendant la nuit, vous, faites-en des cordes et des
« nattes :

« Hâtez-vous de monter sur le toit de vos maisons pour
« les réparer.

« La saison va bientôt commencer où il faudra semer
« tous les grains. »

C'est là l'avis du peuple. Ceux qui ont une propriété permanente suffisante pour leur entretien ont l'esprit constamment tranquille ; ceux qui n'ont pas une telle propriété permanente n'ont pas un esprit constamment tranquille. S'ils n'ont pas l'esprit constamment tranquille, alors violation du droit, perversité du cœur, dépravation des mœurs, licence effrénée : il n'est rien qu'ils ne commettent ; si on attend que le peuple soit plongé dans le crime pour le corriger par des châtiments, c'est prendre le peuple dans des filets. Comment un homme, possédant la vertu de l'humanité, et siégeant sur un trône, pourrait-il prendre ainsi le peuple dans des filets ?

C'est pour cette raison qu'un prince sage est nécessairement réfléchi et économe : il observe les rites pres-

---

[1] Celle de l'agriculture. (*Commentaire*.)
[2] Ode *Thsi-youeï*, section *Pin-foung*.

crits envers les inférieurs, et en exigeant les tributs du peuple il se conforme à ce qui est déterminé par la loi et la justice.

*Yang-hou* disait : Celui qui ne pense qu'à amasser des richesses n'est pas humain ; celui qui ne pense qu'à exercer l'humanité n'est pas riche.

Sous les princes de la dynastie *Hia,* cinquante arpents de terre payaient tribut [ou étaient soumis à la dîme]; sous les princes de la dynastie de *Yn,* soixante et dix arpents étaient assujettis à la corvée d'assistance (*tsou*); les princes de la dynastie de *Tcheou* exigèrent l'impôt *tché* [qui comprenait les deux premiers tributs] pour cent arpents de terre [que reçut chaque famille]. En réalité, l'une et l'autre de ces dynasties prélevèrent la dîme [1] sur les terres. Le dernier de ces tributs est une répartition égale de toutes les charges; le second est un impôt d'aide ou d'*assistance mutuelle.*

*Loung-tseu*[2] disait : En faisant la division et la répartition des terres, on ne peut pas établir de meilleur impôt que celui de l'*assistance* (*tsou*) ; on ne peut pas en établir de plus mauvais que celui de la *dîme* (*koung*). Pour ce dernier tribut, le prince calcule le revenu moyen de plusieurs années, afin d'en faire la base d'un impôt constant et invariable. Dans les années fertiles où le riz est très-abondant, et où ce ne serait pas exercer de la tyrannie que d'exiger un tribut plus élevé, on exige relativement peu. Dans les années calamiteuses, lorsque le laboureur n'a pas même de quoi fumer ses terres, on exige absolument de lui l'intégralité du tribut. Si celui qui est constitué pour être le père et la mère du peuple agit de manière à ce que les populations, les regards pleins de courroux, s'épuisent jusqu'à la fin de l'année par des travaux continuels, sans que les fils puissent nourrir leurs père et mère, et qu'en outre les laboureurs soient obligés d'em-

[1] Ou de dix parties *une*. (*Commentaire.*)
[2] Ancien sage. (*Commentaire.*)

prunter à gros intérêts pour compléter leurs taxes ; s'il fait en sorte que les vieillards et les enfants, à cause de la détresse qu'ils éprouvent, se précipitent dans les fossés pleins d'eau, en quoi sera-t-il donc le père et la mère du peuple?

Les traitements ou pensions héréditaires [1] sont déjà en vigueur depuis longtemps dans le royaume de *Teng*.

Le *Livre des Vers* dit [2] :

« Que la pluie arrose d'abord les champs que nous cul-
« tivons en commun [3] ;

« Et qu'elle atteigne ensuite nos champs privés. »

C'est seulement lorsque le système du tribut d'*assistance* (*tsou*) est en vigueur que l'on cultive des champs en commun. D'après cette citation du *Livre des Vers*, on voit que même sous les *Tcheou* on percevait encore le tribut d'*assistance*.

Établissez des écoles de tous les degrés pour instruire le peuple, celles où l'on enseigne à respecter les vieillards, celles où l'on donne l'instruction à tout le monde indistinctement, celles où l'on apprend à tirer de l'arc, qui se nommaient *Hiao* sous les *Hia*, *Siu* sous les *Yin*, et *Tsiang* sous les *Tcheou*. Celles que l'on nomme *hio* (*études*) ont conservé ce nom sous les trois dynasties. Toutes ces écoles sont destinées à enseigner aux hommes leurs devoirs. Lorsque les devoirs sont clairement enseignés par les supérieurs, les hommes de la foule commune s'aiment mutuellement dans leur infériorité.

S'il arrivait qu'un grand roi apparût dans l'empire, il prendrait certainement votre gouvernement pour exemple. C'est ainsi que vous deviendriez le précepteur d'un grand roi.

---

[1] Traitements prélevés sur les revenus royaux, et accordés aux fils et aux petits-fils de ceux qui se sont illustrés par leurs mérites ou leurs actions dans l'État. (*Commentaire.*)

[2] Ode *Ta-tien*, section *Siao-ya*.

[3] « Les champs communs d'abord, les champs privés ensuite. » (*Commentaire.*)

Le *Livre des Vers* dit :

« Quoique la famille des *Tcheou* possédât depuis long-
« temps une principauté royale,

« Elle a obtenu du ciel une investiture nouvelle [1]. »

C'est de *Wen-wang* qu'il est question. Si vous faites tous vos efforts [2] pour mettre en pratique les instructions ci-dessus [3], vous pourrez aussi renouveler votre royaume.

*Wen-koung* envoya *Pi-tchen* pour interroger MENG-TSEU sur les terres divisées en carrés égaux.

MENG-TSEU dit : Votre prince est disposé à pratiquer un gouvernement humain, puisqu'il vous a choisi pour vous envoyer près de moi ; vous devez faire tous vos efforts pour répondre à sa confiance. Ce gouvernement humain doit commencer par une détermination des limites ou bornes des terres. Si la détermination des limites n'est pas exacte, les divisions en carrés des champs ne seront pas égales, et les salaires ou émoluments en nature prélevés en impôt ne seront pas justement répartis. C'est pourquoi les princes cruels et leurs vils agents se soucient fort peu de la délimitation des champs. Une fois la détermination des limites exécutée exactement, la division des champs et la répartition des salaires ou traitements en nature pourront être assises sur des bases sûres et déterminées convenablement.

Quoique le territoire de l'État de *Teng* soit étroit et petit, il faut qu'il y ait des hommes supérieurs [par leur savoir [4], des fonctionnaires publics], il faut qu'il y ait des hommes rustiques. S'il n'y a pas d'hommes supérieurs ou de fonctionnaires publics, personne ne se trouvera pour gouverner et administrer les hommes

---

[1] Ces deux vers sont déjà cités dans le *Ta-hio*, chap. II, § 3. Voyez p. 44.

[2] Il indique *Wen-koung*. (*Commentaire.*)

[3] L'établissement des écoles de tous les degrés. (*Commentaire.*)

[4] Nécessité d'établir des écoles.

rustiques; s'il n'y a pas d'hommes rustiques, personne ne nourrira les hommes supérieurs ou les fonctionnaires publics.

Je voudrais que dans les campagnes éloignées des villes, sur neuf divisions quadrangulaires égales, une d'elles [celle du milieu] fût cultivée en commun pour subvenir aux traitements des magistrats ou fonctionnaires publics par la corvée d'*assistance;* et que dans le milieu du royaume [près de la capitale] on prélevât la dîme, comme impôt ou tribut.

Tous les fonctionnaires publics, depuis les plus élevés en dignité jusqu'aux plus humbles, doivent chacun avoir un champ *pur* [dont les produits sont employés uniquement dans les sacrifices ou cérémonies en l'honneur des ancêtres]. Le champ *pur* doit contenir cinquante arpents.

Les autres [les frères cadets qui ont atteint leur seizième année [1]] doivent avoir vingt-cinq arpents de terre.

Ni la mort ni les voyages ne feront sortir ces colons de leur village. Si les champs de ce village sont divisés en portions quadrangulaires semblables au dehors comme au dedans, ils formeront des liens étroits d'amitié ; ils se protégeront et s'aideront mutuellement dans leurs besoins et leurs maladies ; alors toutes les familles vivront dans une union parfaite.

Un *li* carré d'étendue constitue un *tsing* [portion carrée de terre] ; un *tsing* contient neuf cents arpents ; dans le milieu se trouve le champ public [2]. Huit familles, ayant toutes chacune cent arpents en propre, entretiennent ensemble le champ public ou commun. Les travaux communs étant achevés, les familles peuvent ensuite se livrer à leurs propres affaires. Voilà ce qui constitue l'occupation distincte des hommes des champs.

---

[1] *Commentaire.*

[2] On représente cette division des terres par un carré partagé en *neuf carrés égaux*, dont celui du milieu constitue le *champ public.*

Voilà le résumé de ce système. Quant aux modifications et améliorations qu'on peut lui faire subir, cela dépend du prince et de vous.

4. Il fut un homme du nom de *Hiu-hing* qui, vantant beaucoup les paroles de l'ancien empereur *Chin-noung*, passa du royaume de *Thsou* dans celui de *Teng*. Étant parvenu à la porte de *Wen-koung*, il lui parla ainsi : « Moi, homme d'une région éloignée, j'ai entendu dire que le prince pratiquait un gouvernement humain[1]. Je désire recevoir une habitation et devenir son paysan. »

*Wen-koung* lui donna un endroit pour habiter. Ceux qui le suivaient, au nombre de quelques dizaines d'hommes, étaient couverts d'habits de laine grossière. Les uns tressaient des sandales, les autres des nattes de jonc, pour se procurer leur nourriture.

Un certain *Tchin-siang*, disciple de *Tchin-liang*[2], accompagné de son frère cadet nommé *Sin*, portant les instruments de labourage sur leurs épaules, vinrent de l'État de *Soung* dans celui de *Teng*, et dirent : « Nous avons appris que le prince pratiquait le gouvernement des saints hommes [de l'antiquité] ; il est donc aussi lui-même un saint homme. Nous désirons être les paysans du saint homme. »

*Tchin-siang* ayant vu *Hiu-hing* en fut ravi de joie. Il rejeta complétement les doctrines qu'il avait apprises de son premier maître, pour étudier celles de *Hiu-hing*.

*Tchin-siang* étant allé voir MENG-TSEU, lui rapporta les paroles de *Hiu-hing*, en disant : « Le prince de *Teng* est véritablement un sage prince ; mais, quoiqu'il en soit ainsi, il n'a pas encore été instruit des saines doctrines. Le prince sage cultive la terre et se nourrit avec le peuple ; il gouverne, en même temps qu'il prépare lui-même ses aliments. Maintenant le prince de *Teng* a des greniers

---

[1] Il veut parler de la distribution des terres en portions carrées.
(*Commentaire*)

[2] Du royaume de *Thsou*.

et des trésors privés; en agissant ainsi, il fait tort au peuple pour s'entretenir lui-même. Comment peut-on l'appeler sage ? »

Meng-tseu dit : *Hiu-tseu* [le philosophe *Hiu* ou *Hiu-hing*] sème certainement lui-même le millet dont il se nourrit ?

— Oui.

— *Hiu-tseu* tisse certainement lui-même la toile de chanvre dont il fait ses vêtements ?

— En aucune façon. *Hiu-tseu* porte des vêtements de laine.

— *Hiu-tseu* porte un bonnet ?

— Il porte un bonnet.

— Quel genre de bonnet ?

— Un bonnet de toile sans ornement.

— Tisse-t-il lui-même cette toile ?

— Aucunement Il l'échange contre du millet.

— Pourquoi *Hiu-tseu* ne la tisse-t-il pas lui-même ?

— En le faisant il nuirait à ses travaux d'agriculture.

— *Hiu-tseu* se sert-il de vases d'airain ou de vases de terre pour cuire ses aliments ? Se sert-il d'un soc de fer pour labourer ?

— Sans doute.

— Les confectionne-t-il lui-même ?

— Aucunement. Il les échange contre du millet.

— Si celui qui échange contre du millet les instruments aratoires et les ustensiles de cuisine dont il se sert ne croit pas faire du tort aux fabricants d'instruments aratoires et d'ustensiles de cuisine, alors ces derniers, qui échangent leurs instruments aratoires et les ustensiles de cuisine contre du millet pensent-ils faire du tort aux laboureurs? Pourquoi donc *Hiu-tseu* ne se fait-il pas potier et forgeron ? Il n'aurait qu'à prendre dans l'intérieur de sa maison tous ces objets dont il a besoin pour s'en servir. Pourquoi se donner tant de peine de faire des échanges pareils avec tous les artisans? Comment *Hiu-tseu* ne craint-il pas tous ces ennuis ?

*Tching-siang* répondit : Les travaux des artisans ne peuvent certainement pas se faire en même temps que ceux de l'agriculture.

S'il en est ainsi, reprit MENG-TSEU, le gouvernement d'un empire est donc la seule occupation qui puisse s'allier avec les travaux de l'agriculture ? Il est des affaires qui appartiennent aux grands hommes[1], il en est qui appartiennent aux hommes du commun. Or une seule personne [en cultivant la terre] prépare [au moyen des échanges] les objets que tous les artisans confectionnent. Si vous étiez obligé de les confectionner vous-même pour vous en servir ensuite, ce serait forcer tout le monde à être sans cesse sur les chemins. C'est pourquoi il est dit : « Les uns travaillent de leur intelligence, les autres tra« vaillent de leurs bras. Ceux qui travaillent de leur intel« ligence gouvernent les hommes ; ceux qui travaillent de « leurs bras sont gouvernés par les hommes. Ceux qui « sont gouvernés par les hommes nourrissent les hommes ; « ceux qui gouvernent les hommes sont nourris par les « hommes. »

C'est la loi universelle du monde[2].

Dans le temps de *Yao*, l'empire n'était pas encore tranquille. D'immenses eaux, débordant de toutes parts, inondèrent l'empire ; les plantes et les arbres croissaient avec surabondance ; les oiseaux et les bêtes fauves se multipliaient à l'infini ; les cinq sortes de grains ne pouvaient mûrir ; les oiseaux et les bêtes fauves causaient les plus grands dommages aux habitants ; leurs vestiges se mêlaient sur les chemins avec ceux des hommes jusqu'au milieu de l'empire. *Yao* était seul à s'attrister de ces cala-

---

[1] A ceux qui gouvernent un empire. (*Commentaire*.)

[2] Les principes d'économie politique que le philosophe chinois a fait ressortir avec tant d'art et de finesse dans les pages précédentes ne seraient pas désavoués par les premiers économistes modernes. En les comparant aux principes de même nature des anciens philosophes de la Grèce, on peut juger de quel côté est la plus haute raison.

mités. Il éleva *Chun* [à la dignité suprême] pour l'aider à étendre davantage les bienfaits d'un bon gouvernement. *Chun* ordonna à *I* (*Pe-i*) de présider au feu. Lorsque *I* eut incendié les montagnes et les fondrières, les oiseaux et les bêtes fauves [qui infestaient tout] se cachèrent.

*Yu* rétablit le cours des neuf fleuves, fit écouler le *Thsi* et le *Ta* dans la mer. Il dégagea le cours des fleuves *Jou* et *Han* des obstacles qui les obstruaient ; il fit couler les rivières *Hoai* et *Sse* dans le fleuve *Kiang*. Cela fait, les habitants du royaume du milieu purent ensuite obtenir des aliments [en labourant et ensemençant les terres [1]]. A cette époque, *Yu* fut huit années absent [occupé de ses grands travaux] ; il passa trois fois devant la porte de sa maison sans y entrer. Aurait-il pu labourer ses terres, quand même il l'aurait voulu?

*Heou-tsi* enseigna au peuple à semer et à moissonner. Lorsque les cinq sortes de grains furent semés, et que les champs ensemencés furent purgés de la zizanie, les cinq sortes de grains vinrent à maturité, et les hommes du peuple eurent de quoi se nourrir.

Les hommes ont en eux le principe de la raison ; mais si, tout en satisfaisant leur appétit, en s'habillant chaudement, en se construisant des habitations commodes, ils manquent d'instruction, alors ils se rapprochent beaucoup des brutes.

Les saints hommes (*Yao* et *Chun*) furent affligés de cet état de choses. *Chun* ordonna à *Sie* de présider à l'éducation du peuple, et de lui enseigner les devoirs des hommes, afin que les pères et les enfants aient de la tendresse les uns pour les autres ; que le prince et ses ministres aient entre eux des rapports équitables ; que le mari et la femme sachent la différence de leurs devoirs mutuels ; que le vieillard et le jeune homme soient cha-

---

[1] *Commentaire.* Voyez pour les travaux de *Yu* les *Livres sacrés de l'Orient,* p. 60.

cun à leur place; que les amis et les compagnons aient de la fidélité l'un pour l'autre.

L'homme aux mérites éminents[1] disait [à son frère *Sie*] : « Va consoler les populations; appelle-les à toi; « ramène-les à la vertu ; corrige-les, aide-les, fais-les « prospérer; fais que par elles-mêmes elles retournent « au bien ; en outre, répands sur elles de nombreux bien-« faits. » Lorsque ces saints hommes se préoccupaient ainsi avec tant de sollicitude du bonheur des populations, pensez-vous qu'ils aient eu le loisir de se livrer aux travaux de l'agriculture?

*Yao* était tourmenté par la crainte de ne pas rencontrer un homme comme *Chun* [pour l'aider à gouverner l'empire]; et *Chun* était tourmenté par la crainte de ne pas rencontrer des hommes comme *Yu* et *Kao-Yao*. Ceux qui sont tourmentés de la crainte de ne pas cultiver cent arpents de terre, ceux-là sont des agriculteurs.

L'action de partager aux hommes ses richesses s'appelle bienfaisance; l'action d'enseigner la vertu aux hommes s'appelle droiture du cœur; l'action d'obtenir l'affection des hommes pour gouverner l'empire s'appelle humanité. C'est pour cette raison qu'il est facile de donner l'empire à un homme, mais qu'il est difficile d'obtenir l'affection des hommes pour gouverner l'empire.

KHOUNG-TSEU disait : Oh ! que *Yao* fut grand comme prince ! Il n'y a que le ciel qui soit grand ; il n'y a que *Yao* qui ait imité sa grandeur. Que ses vertus et ses mérites étaient incommensurables ! Les populations ne purent trouver de termes pour les qualifier. Quel prince c'était que *Chun!* qu'il était grand et sublime ! Il posséda l'empire sans s'en glorifier. —

Tant que *Yao* et *Chun* gouvernèrent l'empire, n'eurent-ils pas assez de quoi occuper toute leur intelligence, sans se livrer encore aux travaux de l'agriculture?

J'ai entendu dire que certains hommes, en se servant

---

[1] *Yao*, ainsi appelé par ses ministres. (*Commentaire.*)

[des enseignements et des doctrines répandus par les grands empereurs]· de la dynastie *Hia*, avaient changé les mœurs des barbares ; je n'ai jamais entendu dire que des hommes éclairés par ces doctrines aient été convertis à la barbarie par les barbares. *Tchin-liang*, natif de l'État de *Thsou*, séduit par les principes de *Tcheou-koung* et de *Tchoung-ni*, étudia dans la partie septentrionale du royaume du milieu. Les savants de cette région septentrionale n'ont peut-être jamais pu le surpasser en savoir ; il est ce que vous appelez un lettré éminent par ses talents et son génie. Vous et votre frère cadet, vous avez été ses disciples quelques dizaines d'années. Votre maître mort, vous lui avez aussitôt fait défection.

Autrefois, lorsque KHOUNG-TSEU mourut, après avoir porté son deuil pendant trois ans, ses disciples, ayant disposé leurs effets pour s'en retourner chacun chez eux, allèrent tous prendre congé de *Tseu-koung*. Lorsqu'ils se retrouvèrent ainsi en présence l'un de l'autre, ils fondirent en larmes et gémirent à en perdre la voix. Ensuite ils s'en retournèrent dans leurs familles. *Tseu-koung* revint près du tombeau de son maître ; il se construisit une demeure près de ce tombeau, et l'habita seul pendant trois années. Ensuite il s'en retourna dans sa famille.

Un autre jour, *Tseu-hia*, *Tseu-tchang* et *Tseu-yeou*, considérant que *Yeou-jo* avait beaucoup de ressemblance avec le saint homme [leur maître], ils voulaient le servir ainsi qu'ils avaient servi KHOUNG-TSEU. Comme ils pressaient *Thseng-tseu* de se joindre à eux, *Thseng-tseu* leur dit : Cela ne convient pas. Si vous lavez quelque chose dans le *Hiang* et le *Han*, et si vous exposez cet objet au soleil d'automne pour le sécher, oh ! qu'il sera éclatant et pur ! sa blancheur ne pourra être surpassée.

Maintenant ce barbare des régions méridionales, homme à la langue de l'oiseau criard *Kioué*, ne possède aucunement la doctrine des anciens rois ; comme vous avez abandonné votre maître pour étudier sous lui, vous différez beaucoup de *Thseng-tseu*.

J'ai entendu dire que « l'oiseau sortant de la profonde « vallée s'envolait sur les hauts arbres [1]. » Je n'ai jamais entendu dire qu'il descendait du sommet des arbres pour s'enfoncer dans les vallées ténébreuses. Le *Lou-soung* [2] dit :

« Il [3] mit en fuite les barbares de l'occident et du sep-
« tentrion,

« Et il dompta les royaumes de *King* et de *Chou*. »

C'est sous un homme des régions barbares que *Tcheou-koung* vainquit, que vous étudiez ! Je pense, moi, que ce n'est pas bien de changer ainsi.

[*Tching-liang* répondit :] Si l'on suivait la doctrine de *Hiu-tseu*, alors la taxe dans les marchés ne serait pas double, et la fraude ne s'exercerait pas jusqu'au centre du royaume. Quand même vous enverriez au marché un jeune enfant de douze ans, on ne le tromperait pas. Si des pièces de toile de chanvre et d'étoffe de soie avaient la même longueur et la même largeur, alors leur prix serait le même ; si des tas de chanvre brut et de chanvre filé, de soie écrue et de soie préparée, avaient le même poids, alors leur prix serait le même ; si les cinq sortes de grains étaient en même quantité, petite ou grande, alors leur prix serait le même ; et des souliers grands ou petits se vendraient également le même prix.

MENG-TSEU dit : L'inégale valeur des choses est dans la nature même des choses. Certaines choses diffèrent entre elles d'un prix double, quintuple ; certaines autres, d'un prix décuple, centuple ; d'autres encore, d'un prix mille fois ou dix mille fois plus grand. Si vous confondez ainsi toutes choses en leur donnant à toutes une valeur proportionnée seulement à la grandeur ou à la quantité, vous jetez le trouble dans l'empire. Si de grands souliers et de petits souliers sont du même prix, quel homme

---

[1] Paroles du *Livre des Vers*, ode *Fa-mo*, section *Siao-ya*.
[2] Section du *Livre des Vers*, ode *Pi-kong*.
[3] *Tcheou-koung*.

voudrait en confectionner de grands ? Si l'on suivait les doctrines de *Hiu-tseu*, on s'exciterait mutuellement à exercer la fraude : comment pourrait-on alors gouverner sa famille et l'État ?

5. Un nommé *I-tchi*, disciple de *Mé*, demanda, par l'entremise de *Siu-phi*[1], à voir MENG-TSEU. MENG-TSEU dit : Je désire certainement le voir ; mais maintenant je suis encore malade. Lorsque je serai mieux, moi j'irai le voir. Que *I-tseu* se dispense donc de venir.

Le lendemain il demanda encore à voir MENG-TSEU. MENG-TSEU dit : Aujourd'hui je puis le voir. Si je ne le ramène pas à la droiture et à la vérité, alors c'est que la doctrine que nous suivons ne porte pas l'évidence avec soi. Mais j'ai l'espérance de le ramener aux véritables principes. J'ai entendu dire que *I-tseu* était le disciple de *Mé*. Or la secte de *Mé* se fait une règle de la plus grande économie dans la direction des funérailles. Si *I-tseu* pense à changer les mœurs et les coutumes de l'empire, pourquoi regarde-t-il cette règle comme contraire à la raison, et en fait-il peu de cas ? Ainsi *I-tseu* a enseveli ses parents avec somptuosité ; alors il suit de là qu'il s'est conduit envers ses parents selon les principes que sa secte méprise.

*Siu-tseu* rapporta ces paroles à *I-tseu*. *I-tseu* dit : C'est aussi la doctrine des lettrés. « Les [saints] hommes de « l'antiquité avaient la même tendresse pour un jeune « enfant au berceau que pour tout autre [2]. » Que signifient ces paroles ? Or, moi *Tchi*, j'estime que l'on doit également aimer tout le monde sans acception de personnes ; mais il faut commencer par ses parents.

*Siu-tseu* rapporta ces paroles à MENG-TSEU. MENG-TSEU dit : *I-tseu* croit-il qu'il ne doive pas y avoir de différence entre les sentiments que l'on porte au fils de son frère aîné, et les sentiments que l'on porte au jeune enfant au

---

[1] Disciple de MENG-TSEU.
[2] Paroles du *Chou-king*.

berceau de son voisin? C'est du *Chou-king* qu'il a tiré sa citation; mais elle signifie simplement que si un jeune enfant qui ne fait encore que se traîner se laisse tomber dans un puits, ce n'est pas la faute de l'enfant. Or le ciel, en produisant des êtres vivants, a fait en sorte qu'ils aient en eux un principe fondamental unique [qui est de devoir la naissance à leur père et à leur mère[1]]. Cependant *I-tseu* partage en deux ce principe fondamental [en obligeant d'aimer pareillement son père et sa mère et les hommes qui passent sur le chemin [2]]; par conséquent, il est dans l'erreur.

Or, dans les siècles reculés de la haute antiquité, l'usage n'était pas encore établi d'ensevelir ses parents. Lorsque leurs père et mère étaient morts, les enfants prenaient leurs corps et les allaient jeter dans des fosses pratiquées le long des chemins. Le lendemain, lorsqu'ils repassaient auprès d'eux, et qu'ils voyaient que les loups les avaient dévorés, ou que les vers les avaient rongés, une sueur froide couvrait leur front; ils en détournaient leurs regards et ne pouvaient plus en supporter la vue. Cette sueur qui couvrait leur front n'était pas produite en eux pour avoir vu les corps d'autres personnes que ceux de leurs père et mère; mais c'est la douleur qui, de leur cœur, parvenait jusqu'à leur front.

Ils s'en retournaient promptement, et, rapportant avec eux un panier et une bêche, ils couvraient de terre le corps de leurs parents. Si cette action de recouvrir de terre le corps de leurs parents était naturelle et conforme à la raison, alors il faut nécessairement que le fils pieux et l'homme humain aient une règle à suivre pour enterrer leurs parents.

*Siu-tseu* rapporta ces paroles à *I-tseu*. *I-tseu*, hors de lui-même, s'écria au même instant: Je suis instruit dans la bonne doctrine!

---

[1] *Commentaire.*
[2] *Ibid.*

## CHAPITRE VI.

COMPOSÉ DE 10 ARTICLES.

1. *Tchin-tai* (disciple de MENG-TSEU) dit : Ne pas faire le premier une visite aux princes de tous rangs paraît être une chose de peu d'importance. Maintenant, supposez que vous soyez allé les voir le premier : le plus grand bien qui pourra en résulter sera de les faire régner selon les vrais principes, le moindre sera de faire parvenir celui que vous aurez visité au rang de chef des vassaux. Or le *Mémorial* (*tchi*) dit : *En se courbant d'un pied on se redresse de huit.* Il me paraît convenable que vous agissiez ainsi.

MENG-TSEU dit : Autrefois *King-koung*, roi de *Thsi*, voulant aller à la chasse, appela auprès de lui, au moyen de l'étendard orné de plumes, les hommes préposés à la garde du parc royal. Ces derniers ne s'étant pas rendus à l'appel, il résolut de les faire aussitôt mettre à mort. « L'homme « éclairé et ferme dans sa résolution [dit à ce sujet KHOUNG- « TSEU] n'oublie pas que son corps pourra bien être jeté « à la voirie ou dans une fosse pleine d'eau. L'homme « brave et résolu n'oublie pas qu'il peut perdre sa tête. » Pourquoi KHOUNG-TSEU fait-il ainsi l'éloge [des hommes de résolution]? Il en fait l'éloge, parce que ces hommes ne se rendirent pas à un signal qui n'était pas le leur. Si, sans attendre le signal qui doit les appeler, des hommes préposés à de certaines fonctions les abandonnaient, qu'arriverait-il de là?

Or cette maxime de *se courber d'un pied pour se redresser de huit* concerne l'utilité ou les avantages que l'on peut retirer de cette conduite. Mais s'il s'agit d'un simple gain ou profit, est-il permis, en vue de ce profit, de *se courber de huit pieds pour ne se redresser que d'un?*

Autrefois *Tchao-kian-tseu* [un des premiers fonctionnaires, *ta-fou*, de l'État de *Tçin*] ordonna à *Wang-liang* [un des plus habiles cochers] de conduire son char pour son serviteur favori nommé *Hi*. Pendant tout le jour il ne prit pas une bête fauve.

Le favori, en rendant compte à son maître de ce résultat, dit: C'est le plus indigne cocher de tout l'empire!

Quelqu'un ayant rapporté ces paroles à *Wang-liang*, celui-ci dit : Je prie qu'on me laisse de nouveau conduire le char. Il insista si vivement, que le favori *Hi* y consentit. Dans un seul matin, il prit dix bêtes fauves.

Le favori, en rendant compte à son maître de ce résultat, dit : C'est le plus habile cocher de tout l'empire !

*Kian-tseu* dit alors : J'ordonne qu'il conduise ton char. *Wang-liang*, en ayant été averti, refusa en disant : Lorsque pour lui j'ai dirigé ses chevaux selon les règles de l'art, il n'a pas pu prendre une seule bête fauve de toute la journée ; lorsque pour lui je les ai laissés aller à tort et à travers, en un seul matin il en a pris dix. Le *Livre des Vers* dit :

« Quand il n'oublie pas de guider les chevaux selon les
« règles de l'art,
« L'archer lance ses flèches avec la plus grande préci-
« sion. »

Mais je n'ai pas l'habitude de conduire un char pour un homme aussi ignorant des règles de son art. Je vous prie d'agréer mon refus.

Ainsi un cocher a honte même de se voir adjoint à un [mauvais] archer. Il ne voudrait pas y être adjoint quand même cet archer prendrait autant de bêtes fauves qu'il en faudrait pour former une colline. Que serait-ce donc si l'on faisait plier les règles de conduite les plus droites pour se mettre à la merci des princes en allant les visiter le premier ! Or vous vous êtes trompé [dans votre citation]. Celui qui s'est une fois plié soi-même ne peut plus redresser les autres hommes.

2. *King-tchun* dit : *Kong-sun-yen* et *Tchangni* ne sont-ils pas de grands hommes ? lorsque l'un d'eux s'irrite,

tous les princes tremblent ; lorsqu'ils restent en paix, tout l'empire est tranquille.

MENG-TSEU dit : Comment pour cela peuvent-ils être considérés comme grands ? Vous n'avez donc jamais étudié le *Livre des Rites ?* Lorsque le jeune homme reçoit le bonnet viril, le père lui donne ses instructions ; lorsque la jeune fille se marie, la mère lui donne ses instructions. Lorsqu'elle se rend à la demeure de son époux, sa mère l'accompagne jusqu'à la porte, et l'exhorte en ces termes : Quand tu seras dans la maison de ton mari, tu devras être respectueuse, tu devras être attentive et circonspecte : ne t'oppose pas aux volontés de ton mari. Faire de l'obéissance et de la soumission sa règle de conduite, est la loi de la femme mariée.

Habiter constamment dans la grande demeure du monde[1] ; se tenir constamment sur le droit siège du monde[2] ; marcher dans la grande voie du monde[3] ; quand on a obtenu l'objet de ses vœux [des emplois et des honneurs], faire part au peuple des biens que l'on possède ; lorsqu'on n'a pas obtenu l'objet de ses vœux, pratiquer seul les principes de la droite raison en faisant tout le bien que l'on peut faire ; ne pas se laisser corrompre par les richesses et les honneurs ; rester impassible dans la pauvreté et l'abjection ; ne pas fléchir à la vue du péril et de la force armée : voilà ce que j'appelle être un grand homme.

3. *Tcheou-siao* fit une question en ces termes : Les hommes supérieurs de l'antiquité remplissaient-ils des fonctions publiques ? MENG-TSEU dit : Ils remplissaient des fonctions publiques. L'histoire dit : Si KHOUNG-TSEU passait trois lunes sans obtenir de son prince un emploi public, alors il était dans un état inquiet et triste. S'il fran-

---

[1] C'est-à-dire dans l'*humanité*. (*Commentaire.*)

[2] Se maintenir constamment dans les limites des convenances prescrites par les rites. (*Commentaire.*)

[3] Observer constamment la justice et l'équité dans les fonctions publiques que l'on occupe. (*Commentaire.*)

chissait les frontières de son pays pour aller dans un État voisin, il portait toujours avec lui des dons de bonne réception. *Koung-ming-i* disait : Lorsque les hommes de l'antiquité passaient trois lunes sans obtenir de leur prince des emplois publics, alors ils en étaient vivement affligés. [*Tcheou-siao* dit :] Si l'on est pendant trois mois sans obtenir de son prince un emploi public, et qu'on en soit vivement affligé, n'est-ce pas être beaucoup trop susceptible ?

MENG-TSEU dit : Pour un lettré, perdre son emploi, c'est comme pour les princes perdre leur royaume. Le *Livre des Rites* dit : « Ces princes labourent la terre « avec l'aide de leurs fermiers pour fournir du millet à « tout le monde ; leurs femmes élèvent des vers à soie, « et dévident les cocons pour aider à la fabrication des « vêtements. »

Si la victime n'est pas parfaitement propre au sacrifice, si le millet que l'on doit offrir n'est pas mondé, si les vêtements ne sont pas préparés, le prince n'ose pas faire la cérémonie aux ancêtres.

Si le lettré n'a pas un champ [comme les fonctions publiques donnent droit d'en avoir un], alors il ne fait pas la cérémonie à ses ancêtres ; si la victime qui doit être immolée, si les ustensiles et les vêtements ne sont pas préparés, il n'ose pas se permettre de faire la cérémonie aux ancêtres ; alors il n'ose pas se procurer la moindre joie. Cela ne suffit-il pas pour qu'il soit dans l'affliction ?

[*Tcheou-siao* dit :] *S'il franchissait les frontières de son pays pour aller dans un État voisin, il portait toujours avec lui des dons de bonne réception ;* que signifient ces paroles ?

MENG-TSEU dit : Pour un lettré, occuper un emploi public, c'est comme pour un laboureur cultiver la terre. Lorsque le laboureur quitte sa patrie, y laisse-t-il les instruments de labourage ?

*Tcheou-siao* dit : Le royaume de *Tçin* est aussi un

royaume où l'on remplit des fonctions publiques. Je n'avais jamais entendu dire que les hommes fussent aussi impatients d'occuper des emplois ; s'il convient d'être aussi impatient d'occuper des emplois, que dire des hommes supérieurs qui n'acceptent que difficilement un emploi public ?

MENG-TSEU dit : Dès l'instant qu'un jeune homme est né [ses père et mère] désirent pour lui une femme ; dès l'instant qu'une jeune fille est née [ses père et mère] désirent pour elle un mari. Le sentiment du père et de la mère [pour leurs enfants], tous les hommes l'ont personnellement. Si, sans attendre la volonté de leurs père et mère et les propositions du chargé d'office [1], les jeunes gens pratiquent une ouverture dans les murs de leurs habitations, afin de se voir l'un l'autre à la dérobée ; s'ils franchissent les murs pour se voir plus intimement en secret : alors le père et la mère, ainsi que tous les hommes du royaume, condamneront leur conduite, qu'ils trouveront méprisable.

Les hommes de l'antiquité ont toujours désiré occuper des emplois publics ; mais de plus ils détestaient de ne pas suivre la voie droite [2]. Ceux qui ne suivent pas la voie droite en visitant les princes sont de la même classe que ceux qui percent les murs [pour obtenir des entrevues illicites].

4. *Pheng-keng* (disciple de MENG-TSEU) fit une question en ces termes : Lorsqu'on se fait suivre [comme MENG-TSEU] par quelques dizaines de chars, et que l'on se fait accompagner par quelques centaines d'hommes [qui les montent], n'est-il pas déplacé de se faire entretenir par les différents princes dans ses différentes excursions ?

---

[1] Ou entremetteur. Les mariages se font ordinairement en Chine par le moyen des entremetteurs ou entremetteuses avoués, et pour ainsi dire officiels, du moins toujours officieux.

[2] C'est-à-dire qu'ils n'auraient jamais voulu obtenir des emplois par des moyens indignes d'eux.

MENG-TSEU dit : S'il fallait s'écarter de la droite voie, alors il ne serait pas convenable de recevoir des hommes, pour sa nourriture, une seule cuillerée de riz cuit; si on ne s'écarte pas de la droite voie, alors *Chun* peut accepter l'empire de *Yao* sans que cela paraisse déplacé. Vous, pensez-vous que cela soit déplacé?

— Aucunement. Mais il n'est pas convenable qu'un lettré sans mérite, et vivant dans l'oisiveté, mange le pain des autres [en recevant des salaires en nature qu'il ne gagne pas].

MENG-TSEU dit : Si vous ne communiquez pas vos mérites aux autres hommes; si vous n'échangez rien de ce que vous possédez contre ce que vous ne possédez pas, afin que par votre superflu vous vous procuriez ce qui vous manque, alors le laboureur aura du millet de reste, la femme aura de la toile dont elle ne saura que faire. Mais si vous faites part aux autres de ce que vous possédez [par des échanges], alors le charpentier et le charron pourront être nourris par vous.

Supposons qu'il y ait ici un homme[1] qui dans son intérieur soit rempli de bienveillance, et au dehors plein de commisération pour les autres; que cet homme conserve précieusement la doctrine des anciens rois, pour la transmettre à ceux qui l'étudieront après lui; lorsque cet homme n'est pas entretenu par vous, pourquoi honorez-vous tant les charpentiers et les charrons [qui se procurent leur entretien par leur labeur], et faites-vous si peu de cas de ceux qui [comme l'homme en question] pratiquent l'humanité et la justice ?

*Tcheou-siao* dit : L'intention du charpentier et du charron est de se procurer l'entretien de la vie ; l'intention de l'homme supérieur qui pratique les principes de la droite raison est-elle aussi de se procurer l'entretien de la vie ?

MENG-TSEU répondit : Pourquoi scrutez-vous son intention? Dès l'instant qu'il a bien mérité envers vous, vous

---

[1] MENG-TSEU se désigne lui-même.

devez le rétribuer, et vous le rétribuez. Or, retribuez-vous l'intention, ou bien rétribuez-vous les bonnes œuvres ?

— Je rétribue l'intention. — Je suppose un homme ici. Cet homme a brisé les tuiles de votre maison pour pénétrer dans l'intérieur, et avec les tisons de l'âtre il a souillé les ornements des murs. Si son intention était, en agissant ainsi, de se procurer de la nourriture, lui donnerez-vous des aliments ?

— Pas du tout.

— S'il en est ainsi, alors vous ne rétribuez pas l'intention ; vous rétribuez les bonnes œuvres.

5. *Wen-tchang* fit une question en ces termes : Le royaume de *Soung* est un petit royaume. Maintenant il commence à mettre en pratique le mode de gouvernement des anciens rois. Si les royaumes de *Thsi* et de *Thsou* le prenaient en haine et qu'ils portassent les armes contre lui, qu'en arriverait-il ?

MENG-TSEU dit : Lorsque *Tching-thang* habitait le pays de *Po*, il avait pour voisin le royaume de *Ko*. Le chef de *Ko* avait une conduite dissolue, et n'offrait point de sacrifices à ses ancêtres. *Thang* envoya des hommes qui lui demandèrent pourquoi il ne sacrifiait pas. Il répondit : Je ne puis me procurer de victimes. *Thang* ordonna de lui envoyer des bœufs et des moutons. Le chef de *Ko* les mangea, et n'en eut plus pour offrir en sacrifice. *Thang* envoya de nouveau des hommes qui lui demandèrent pourquoi il ne sacrifiait pas. — Je ne puis me procurer du millet pour la cérémonie. *Thang* ordonna que la population de *Po* allât labourer pour lui, et que les vieillards ainsi que les faibles portassent des vivres à cette population. Le chef de *Ko*, conduisant avec lui son peuple, alla fermer le chemin à ceux qui portaient le vin, le riz et le millet, et il les leur enleva ; et ceux qui ne voulaient pas les livrer, il les tuait. Il se trouvait parmi eux un enfant qui portait des provisions de millet et de viande ; il le tua et les lui enleva. Le *Chou-king* dit : « Le chef de *Ko* traita en ennemis ceux « qui portaient des vivres. » Il fait allusion à cet événement,

Parce que le chef de *Ko* avait mis à mort cet enfant, *Thang* lui déclara la guerre. Les populations situées dans l'intérieur des quatre mers dirent unanimement : Ce n'est pas pour enrichir son empire, mais c'est pour venger un mari ou une femme privés de leurs enfants, qu'il leur a déclaré la guerre.

*Thang* commença la guerre par le royaume de *Ko*. Après avoir vaincu onze rois, il n'eut plus d'ennemis dans l'empire. S'il portait la guerre à l'orient, les barbares de l'occident se plaignaient ; s'il portait la guerre au midi, les barbares du nord se plaignaient, en disant : Pourquoi nous laisse-t-il pour les derniers ?

Les peuples aspiraient après lui comme dans une grande sécheresse ils aspirent après la pluie. Ceux qui allaient au marché n'étaient plus arrêtés en route ; ceux qui labouraient la terre n'étaient plus transportés d'un lieu dans un autre. *Thang* faisait mourir les princes et consolait les peuples, comme dans les temps de sécheresse la pluie qui vient à tomber procure une grande joie aux populations. Le *Chou-king* dit : « Nous attendons notre prince ; lorsque « notre prince sera venu, nous serons délivrés de la ty- « rannie et des supplices. »

Il y avait des hommes qui n'étaient pas soumis ; *Wou-wang* se rendit à l'orient pour les combattre. Ayant rassuré les maris et les femmes, ces derniers placèrent leur soie noire et jaune dans des corbeilles, et dirent : En continuant à servir notre roi des *Tcheou*, nous serons comblés de bienfaits. Aussitôt ils allèrent se soumettre dans la grande ville de *Tcheou*. Leurs hommes élevés en dignité remplirent des corbeilles de soie noire et jaune, et ils allèrent avec ces présents au-devant des chefs des *Tcheou* ; le peuple remplit des plats de provisions de bouche et des vases de vin, et il alla avec ces présents au-devant de la troupe de *Wou-wang*. [Pour obtenir un pareil résultat] celui-ci délivrait ces populations du feu et de l'eau [c'est-à-dire de la plus cruelle tyrannie] ; il mettait à mort leurs tyrans ; et voilà tout.

Le *Taï-chi* (un des chapitres du *Chou-king*) dit : « La renommée de ma puissance s'est étendue au loin ; lorsque j'aurai atteint les limites de son royaume, je me saisirai du tyran. Cette renommée s'accroîtra encore lorsque j'aurai mis à mort ce tyran et vaincu ses complices ; elle brillera même de plus d'éclat que celle de *Thang*. »

Le royaume de *Soung* ne pratique pas le mode de gouvernement des anciens rois, comme il vient d'être dit ci-dessus. S'il pratiquait le mode de gouvernement des anciens rois, toutes les populations situées entre les quatre mers élèveraient vers lui des regards d'espérance, et n'aspireraient qu'en lui, en désirant que le roi de ce royaume devînt leur prince. Quoique les royaumes de *Thsi* et de *Thsou* soient grands et puissants, qu'aurait-il à en redouter ?

6. MENG-TSEU, s'adressant à *Thai-pou-ching* (ministre du royaume de *Soung*), dit : Désirez-vous que votre roi devienne un bon roi ? Si vous le désirez, je vous donnerai des instructions bien claires à ce sujet. Je suppose que le premier ministre de *Thsou* soit ici. S'il désire que son fils parle le langage de *Thsi*, ordonnera-t-il à un habitant de ce royaume de l'instruire ? ordonnera-t-il à un habitant du royaume de *Thsou* de l'instruire ?

— Il ordonnera à un habitant de *Thsi* de l'instruire.

— Si un seul homme de *Thsi* lui donne de l'instruction, et qu'en même temps tous les hommes de *Thsou* lui parlent continuellement leur langue, quand même le maître le frapperait chaque jour pour qu'il apprît à parler la langue de *Thsi*, il ne pourrait en venir à bout. Si au contraire il l'emmène et le retient pendant plusieurs années dans le bourg de *Tchouang-yo*[1], quand même il le frapperait chaque jour pour qu'il apprît à parler la langue de *Thsou*, il ne pourrait en venir à bout.

Vous avez dit que *Sie-kiu-tcheou* (ministre du royaume

---

[1] Bourg très-fréquenté du royaume de *Thsi*.

de *Soung*) était un homme doué de vertu, et que vous aviez fait en sorte qu'il habitât dans le palais du roi. Si ceux qui habitent le palais du roi, jeunes et vieux, vils et honorés, étaient tous d'autres *Sie-kiu-tcheou*, avec qui le roi pourrait-il mal faire ? Si ceux qui habitent le palais du roi, jeunes et vieux, vils et honorés, étaient tous différents de *Sie-kiu-tcheou*, avec qui le roi pourrait-il faire le bien ? Si donc il n'y a que *Sie-kiu-tcheou* d'homme vertueux, que ferait-il seul près du roi de *Soung* ?

7. *Kong-sun-tcheou* fit une question en ces termes : Vous n'allez pas voir les princes ; quel en est le motif ?

MENG-TSEU dit : Les anciens qui ne voulaient pas devenir ministres des rois n'allaient pas les voir.

*Touan-kan-mo*, se sauvant par-dessus le mur, évita le prince, qui alla le visiter. *Sie-lieou* ferma sa porte, et ne voulut pas le recevoir. L'un et l'autre de ces sages allèrent trop loin. Si le prince insiste fortement, le sage lettré peut aller le visiter.

*Yang-ho* désirait voir KHOUNG-TSEU, mais il redoutait de ne pas observer les rites.

[Il est dit dans le *Livre des Rites* :] « Lorsque le premier fonctionnaire porte un présent à un lettré, s'il arrive que celui-ci ne soit pas dans sa maison pour le recevoir, alors il se présente à la demeure du fonctionnaire pour l'en remercier. »

*Yang-ho* s'informa d'un moment où KHOUNG-TSEU se trouvait absent de sa maison, et il choisit ce moment pour aller porter à KHOUNG-TSEU un petit porc salé. KHOUNG-TSEU, de son côté, s'informa d'un moment où *Yang-ho* était absent de sa maison pour aller l'en remercier. Dans ces circonstances, *Yang-ho* fut le premier à faire les avances ; comment KHOUNG-TSEU aurait-il pu s'empêcher d'aller le visiter ?

*Thsêng-tseu* disait : Ceux qui se serrent les épaules pour sourire avec approbation à tous les propos de ceux qu'ils veulent flatter se fatiguent plus que s'ils travaillaient à l'ardeur du soleil.

*Tseu-lou* disait : Si des hommes dissimulés parlent ensemble avant d'avoir contracté entre eux des liens d'amitié, voyez comme leur visage se couvre de rougeur. Ces hommes-là sont de ceux que je prise peu. En les examinant bien, on peut savoir ce que l'homme supérieur nourrit en lui-même.

8. *Taï-yng-tchi* [premier ministre du royaume de *Soung*] disait : Je n'ai pas encore pu n'exiger pour tribut que le dixième des produits [1], ni abroger les droits d'entrée aux passages des frontières et les taxes des marchés. Je voudrais cependant diminuer ces charges pour attendre l'année prochaine, et ensuite je les supprimerai entièrement. Comment faire ?

MENG-TSEU dit : Il y a maintenant un homme qui chaque jour prend les poules de ses voisins. Quelqu'un lui dit : Ce que vous faites n'est pas conforme à la conduite d'un honnête homme. Mais il répondit : Je voudrais bien me corriger peu à peu de ce vice; chaque mois, jusqu'à l'année prochaine, je ne prendrai plus qu'une poule, et ensuite je m'abstiendrai complétement de voler.

Si l'on sait que ce que l'on pratique n'est pas conforme à la justice, alors on doit cesser incontinent. Pourquoi attendre à l'année prochaine ?

9. *Kong-tou-tseu* dit : Les hommes du dehors proclament tous, maître, que vous aimez à disputer. Oserais-je vous interroger à cet égard ?

MENG-TSEU dit : Comment aimerais-je à disputer ? je ne puis m'en dispenser. Il y a longtemps que le monde existe; tantôt c'est le bon gouvernement qui règne, tantôt c'est le trouble et l'anarchie.

A l'époque de l'empereur *Yao*, les eaux débordées inondèrent tout le royaume. Les serpents et les dragons l'habitaient, et le peuple n'avait aucun lieu pour fixer son séjour. Ceux qui demeuraient dans la plaine se construisaient des huttes comme des nids d'oiseaux; ceux qui

---

[1] Littéralement : qu *une partie sur dix*, ou la dîme.

demeuraient dans les lieux élevés se creusaient des habitations souterraines. Le *Chou-king* dit : « Les eaux débor-
« dant de toutes parts me donnent un avertissement. »
Les *eaux débordant de toutes parts* sont de grandes et
vastes eaux [1]. *Chun* ayant ordonné à *Yu* de les maîtriser
et de les diriger, *Yu* fit creuser des canaux pour les faire
écouler dans la mer. Il chassa les serpents et les dragons,
et les fit se réfugier dans les marais pleins d'herbes. Les
eaux des fleuves *Kiang, Hoaï, Ho* et *Han* recommencèrent à suivre le milieu de leurs lits. Les dangers et les
obstacles qui s'opposaient à l'écoulement des eaux étant
éloignés, les oiseaux de proie et les bêtes fauves, qui nuisaient aux hommes, disparurent; ensuite les hommes
obtinrent une terre habitable, et ils y fixèrent leur séjour.

*Yao* et *Chun* étant morts, la doctrine d'humanité et de
justice de ces saints hommes dépérit. Des princes cruels
et tyranniques apparurent pendant une longue série de
générations. Ils détruisirent les demeures et les habitations
pour faire à leur place des lacs et des étangs, et le peuple
ne sut plus où trouver un lieu pour se reposer. Ils
ravagèrent les champs en culture pour en faire des jardins et des parcs de plaisance; ils firent tant, que le peuple
se trouva dans l'impossibilité de se vêtir et de se nourrir.
Les discours les plus pervers, les actions les plus cruelles
vinrent encore souiller ces temps désastreux. Les jardins
et les parcs de plaisance, les lacs et les étangs, les mares
et les marais pleins d'herbes se multiplièrent tant, que les
oiseaux de proie et les bêtes fauves reparurent; et lorsqu'il tomba entre les mains de *Cheou* (ou *Tcheou-sin*),
l'empire parvint au plus haut degré de trouble et de
confusion.

*Tcheou-koung* aida *Wou-wang* à renverser et détruire
*Cheou*, et à conquérir le royaume de *Yan*. Après trois
années de combats, le prince de ce royaume fut renversé;

---

[1] *Kiang-choui-tche : koung-choui-ye.*

*Wou-wang* poursuivit *Feï-lian* jusque dans un coin de terre fermé par la mer, et le tua. Après avoir éteint cinquante royaumes, il se mit à la poursuite des tigres, des léopards, des rhinocéros, des éléphants [1], et les chassa au loin. L'empire fut alors dans une grande joie. Le *Chou-king* dit : « Oh! comme ils brillent d'un grand
« éclat, les desseins de *Wen-wang*! comme ils furent bien
« suivis par les hauts faits de *Wou-wang*! Ils ont aidé et
« instruit les hommes de nos jours, qui sont leur posté-
« rité. Tout est maintenant parfaitement réglé ; il n'y a
« rien à reprendre. »

La génération qui a suivi est dégénérée ; les principes d'humanité et de justice [proclamés par les saints hommes et enseignés dans les livres sacrés [2]] sont tombés dans l'oubli. Les discours les plus pervers, les actions les plus cruelles, sont venus de nouveau troubler l'empire. Il s'est trouvé des sujets qui ont fait mourir leur prince; il s'est trouvé des fils qui ont fait mourir leur père.

KHOUNG-TSEU, effrayé [de cette grande dissolution], écrivit son livre intitulé *le Printemps et l'Automne* [3] (*Tchun-thsieou*). Ce livre contient les devoirs du fils du Ciel [ou de l'empereur]. C'est pourquoi KHOUNG-TSEU disait : « Ceux qui me connaîtront ne me connaîtront
« que d'après *le Printemps et l'Automne* [4] ; ceux qui
« m'accuseront [5] ne le feront que d'après *le Printemps et*
« *l'Automne*. »

Il n'apparaît plus de saints rois [pour gouverner l'empire]; les princes et les vassaux se livrent à la licence, la

---

[1] En un mot, de toutes les bêtes que *Cheou-sin* entretenait dans ses parcs royaux pour ses plaisirs.

[2] *Commentaire.*

[3] Histoire du royaume de *Lou* (sa patrie). (*Commentaire.*)

[4] C'est seulement dans ce livre que l'on trouve exprimés tous les sentiments de tristesse et de douleur que KHOUNG-TSEU éprouvait pour la perversité de son siècle. (*Commentaire.*)

[5] Les mauvais princes et les tyrans qu'il flétrit dans ce livre.

plus effrénée ; les lettrés de chaque lieu [1] professent les principes les plus opposés et les plus étranges ; les doctrines des sectaires *Yang-tchou* et *Mé-ti* remplissent l'État ; et les doctrines de l'empire [celles qui sont professées par l'État], si elles ne rentrent pas dans celles de *Yang*, rentrent dans celles de *Mé*. La secte de *Yang* rapporte tout à soi ; elle ne reconnaît pas de princes. La secte de *Me* aime tout le monde indistinctement ; elle ne reconnaît point de parents. Ne point reconnaître de parents, ne point reconnaître de princes, c'est être comme des brutes et des bêtes fauves.

*Koung-ming-i* disait : « Les cuisines du prince regor-
« gent de viandes, ses écuries sont remplies de chevaux
« fringants ; mais le peuple porte sur son visage les em-
« preintes de la faim ; les campagnes désertes sont en-
« combrées d'hommes morts de misère : c'est ainsi que
« l'on pousse les bêtes féroces à dévorer les hommes [2]. »

Si les doctrines des sectes *Yang* et *Mé* ne sont pas réprimées ; si les doctrines de KHOUNG-TSEU ne sont pas remises en lumière, les discours les plus pervers abuseront le peuple et étoufferont les principes salutaires de l'humanité et de la justice. Si les principes salutaires de l'humanité et de la justice sont étouffés et comprimés, alors non-seulement ces discours pousseront les bêtes féroces à dévorer les hommes, mais ils exciteront les hommes à se dévorer entre eux.

Moi, effrayé des progrès que font ces dangereuses doctrines, je défends la doctrine des saints hommes du temps passé ; je combats *Yang* et *Me* ; je repousse leurs propositions corruptrices, afin que des prédicateurs pervers ne surgissent dans l'empire pour les répandre. Une fois que ces doctrines perverses sont entrées dans les cœurs, elles corrompent les actions ; une fois qu'elles sont pratiquées

---

[1] *Tchou-sse ;* le Commentaire dit que ce sont les lettres non employés.

[2] Voyez précédemment, p. 227.

dans les actions, elles corrompent tous les devoirs qui règlent l'existence sociale. Si les saints hommes de l'antiquité paraissaient de nouveau sur la terre, ils ne changeraient rien à mes paroles.

Autrefois *Yu* maîtrisa les grandes eaux et fit cesser les calamités qui affligeaient l'empire ; *Tcheou-koung* réunit sous sa domination les barbares du midi et du septentrion ; il chassa au loin les bêtes féroces[1], et toutes les populations de l'empire purent vivre en paix. Après que KHOUNG-TSEU eut achevé la composition de son livre historique *le Printemps et l'Automne,* les ministres rebelles et les brigands tremblèrent.

Le *Livre des Vers* dit :

« Les barbares de l'occident et du septentrion sont mis
« en fuite ;

« Les royaumes de *Hing* et de *Chou* sont domptés ;

« Personne n'ose maintenant me resister. »

Ceux qui ne reconnaissent ni parents ni princes [2] sont les barbares que *Tcheou-koung* mit en fuite.

Moi aussi je désire rectifier le cœur des hommes, réprimer les discours pervers, m'opposer aux actions dépravées, et repousser de toutes mes forces des propositions corruptrices, afin de continuer l'œuvre des trois grands saints, Yu, TCHEOU-KOUNG et KHOUNG-TSEU[3], qui m'ont précédé. Est-ce là aimer à disputer[4] ? Je n'ai pu me dispenser d'agir comme je l'ai fait. Celui qui peut par ses discours combattre les sectes de *Yang* et de *Mé* est un disciple des saints hommes.

---

[1] De l'espèce des tigres, des léopards, des rhinoceros et des eléphants. (*Commentaire.*)

[2] Les sectaires de *Yang* et de *Mé*. (*Commentaire.*)

[3] *Commentaire.*

[4] La justification de MENG-TSEU peut bien être regardée comme complete ; et sa mission d'apôtre infatigable des anciennes doctrines, remises en lumière et prêchées avec tant de majesté et de persévérance par KHOUNG-TSEU, se trouve ainsi parfaitement expliquée par lui-même.

10. *Kouang-tchang* dit : *Tchin-tchoung-tseu* n'est-il pas un lettré plein de sagesse et de simplicité ? Comme il demeurait à *Ou-ling,* ayant passé trois jours sans manger, ses oreilles ne purent plus entendre, et ses yeux ne purent plus voir. Un poirier se trouvait là auprès d'un puits ; les vers avaient mangé plus de la moitié de ses fruits. Le moribond, se traînant sur ses mains et sur ses pieds, cueillit le restant pour le manger. Après en avoir goûté trois fois, ses oreilles recouvrèrent l'ouïe, et ses yeux la vue.

MENG-TSEU dit : Entre tous les lettrés du royaume de *Thsi,* je regarde certainement *Tchoung-tseu* comme le plus grand[1]. Cependant, malgré cela, comment *Tchoung-tseu* entend-il la simplicité et la tempérance ? Pour remplir le but de *Tchoung-tseu,* il faudrait devenir ver de terre ; alors on pourrait lui ressembler.

Le ver de terre, dans les lieux élevés, se nourrit de terre sèche, et, dans les lieux bas, il boit l'eau bourbeuse. La maison qu'habite *Tchoung-tseu* n'est-ce pas celle que *Pé-i*[2] se construisit ? ou bien serait-ce celle que le voleur *Tche*[3] bâtit ? Le mil et qu'il mange n'est-il pas celui que *Pé-i* sema ? ou bien serait-ce celui qui fut semé par *Tche ?* Ce sont là des questions qui n'ont pas encore été résolues.

*Kouang-tchang* dit : Qu'importe tout cela ? Il faisait des souliers de sa personne, et sa femme tissait du chanvre pour échanger ces objets contre des aliments.

MENG-TSEU poursuivit : *Tchoung-tseu* est d'une ancienne et grande famille de *Thsi.* Son frère aîné, du nom de *Tai,* reçoit, dans la ville de *Ho,* dix mille mesures de grain de revenus annuels en nature. Mais lui regarde les revenus de son frère aîné comme des revenus iniques, et

---

[1] Le texte porte : comme *le plus grand doigt* de la main.
[2] Homme de l'antiquité, célèbre par son extrême tempérance. (*Commentaire.*)
[3] Homme de l'antiquité, célèbre par son intempérance.

il ne veut pas s'en nourrir ; il regarde la maison de son frère aîné comme une maison inique, et il ne veut pas l'habiter. Fuyant son frère aîné et se séparant de sa mère, il est allé se fixer à *Ou-ling*. Un certain jour qu'il était retourné dans son pays, quelqu'un lui apporta en présent, de la part de son frère aîné, une oie vivante. Fronçant le sourcil à cette vue, il dit : A quel usage destine-t-on cette oie criarde ? Un autre jour sa mère tua cette oie et la lui donna à manger. Son frère aîné, revenant du dehors à la maison, dit : Cela, c'est de la chair d'oie criarde. Alors *Tchoung-tseu* sortit, et il la vomit de son sein.

Les mets que sa mère lui donne à manger, il ne les mange pas ; ceux que sa femme lui prépare, il les mange. Il ne veut pas habiter la maison de son frère aîné, mais il habite le village de *Ou-ling*. Est-ce de cette façon qu'il peut remplir la destination qu'il s'était proposé de remplir ? Si quelqu'un veut ressembler à *Tchoung-tseu*, il doit se faire ver de terre ; ensuite il pourra atteindre son but.

# HIA-MENG.

## SECOND LIVRE.

---

### CHAPITRE PREMIER.

COMPOSÉ DE 28 ARTICLES.

1. MENG-TSEU dit : Quand même vous auriez la pénétration de *Li-leou*[1], et l'habileté de *Koung-chou-tseu*[2], si vous ne faites pas usage du compas et de la règle, vous ne pourrez façonner des objets ronds et carrés. Quand même vous auriez l'ouïe aussi fine que *Sse-kouang*, si vous ne faites pas usage des six règles musicales, vous ne pourrez mettre en harmonie les cinq tons; quand même vous suivriez les principes de *Yao* et de *Chun*, si vous n'employez pas un mode de gouvernement humain et libéral[3], vous ne pourrez pas gouverner pacifiquement l'empire.

---

[1] *Li-leou*, homme qui vivait du temps de *Hoang-ti*, et fameux par sa vue excessivement perçante. (*Commentaire.*)

[2] Son petit nom était *Pan*, homme du royaume de *Lou*, dont l'intelligence et le génie étaient extrêmes. (*Commentaire.*) Un autre commentateur chinois ajoute que cet homme avait construit pour sa mère un homme en bois qui remplissait les fonctions de cocher, de façon qu'une fois le ressort étant lâche, aussitôt le char était emporté rapidement comme par un mouvement qui lui était propre.

[3] *Jin-tching*, HUMANUM REGIMEN. La Glose explique ces mots en disant que c'est l'observation et la pratique de lois propres à instruire le peuple et à pourvoir à ses besoins.

Maintenant les *princes* ont sans doute un cœur humain et une renommée d'humanité, et cependant les peuples ne ressentent pas leurs bienfaits ; eux-mêmes ne peuvent pas servir d'exemples ou de modèles aux siècles à venir, parce qu'ils ne pratiquent pas les principes d'humanité et de justice des anciens rois.

C'est pourquoi il est dit : « La vertu seule ne suffit pas « pour pratiquer un bon mode de gouvernement ; la loi « seule ne peut pas se pratiquer par elle-même. »

Le *Livre des Vers*[1] dit :

« Ils ne pécheront ni par excès ni par oubli ;

« Ils suivront les lois des anciens. »

Il n'a jamais existé de prince qui se soit mis en défaut en suivant les lois et les institutions des anciens rois.

Lorsque les saints hommes eurent épuisé toutes les facultés de leurs yeux, ils transmirent à la postérité le compas, la règle, le niveau et l'aplomb, pour former les objets carrés, ronds, de niveau et droits ; et ces instruments n'ont pas encore pu être remplacés par l'usage. Lorsqu'ils eurent épuisé dans toute son étendue leur faculté de l'ouïe, ils transmirent à la postérité les six *liu* ou règles de musique, qui rectifient les cinq sons ; et ces règles n'ont pas encore pu être remplacées par l'usage. Lorsqu'ils eurent épuisé toutes les facultés de leur intelligence, toutes les inspirations de leur cœur, ils transmirent à la postérité les fruits de leurs méditations en lui léguant un mode de gouvernement qui ne permet pas de traiter cruellement les hommes, et l'humanité s'étendit sur tout l'empire.

C'est pourquoi il est dit : Si vous voulez construire un monument qui domine, vous devez en poser les fondations sur une colline ou un plateau élevé ; si vous voulez construire un édifice sans apparence, vous devez en poser les fondations sur un sol bas et humide, le long des rivières et des étangs. Si en exerçant le gouvernement on

---

[1] Ode *Kia-lo*, section *Ta-ya*.

ne suit pas la manière de gouverner des anciens rois, peut-on appeler cette conduite conforme à la sagesse et à la prudence?

C'est pourquoi il n'y a que l'homme humain et plein de compassion pour les hommes qui soit convenablement placé sur le siége élevé de la puissance souveraine. Si un homme inhumain et cruel se trouve placé sur le siége élevé de la puissance souveraine, c'est un fléau qui verse toutes ses iniquités sur la multitude.

Si le supérieur ou le prince ne suit pas la droite règle de conduite et une sage direction, les inférieurs ne suivront aucune loi, ne se soumettront à aucune subordination. Si à la cour on ne fait aucun cas de la droite raison, si on ne croit pas à ses prescriptions; si les magistrats n'ont aucun respect pour les institutions, n'y ajoutent aucune confiance; si les hommes supérieurs se révoltent contre l'équité en violant les lois, et les hommes vulgaires contre la justice : c'est un heureux hasard lorsque, dans de telles circonstances, le royaume se conserve sans périr.

C'est pourquoi il est dit : Ce n'est pas une calamité pour le royaume de ne pas avoir des villes complétement fortifiées de murs intérieurs et extérieurs, de ne pas avoir des cuirasses et des armes en grand nombre; ce n'est pas une cause de ruine pour un empire que les champs et les campagnes éloignés des villes ne soient pas bien cultivés, que les biens et les richesses ne soient pas accumulés. Si le supérieur ou le prince ne se conforme pas aux rites, si les inférieurs n'étudient pas les principes de la raison, le peuple perverti se lèvera en insurrection, et la ruine de l'empire sera imminente.

Le *Livre des Vers* dit [1] :

« Le ciel est sur le point de renverser la dynastie
« [de *Tcheou*].

« [Ministres de cette dynastie,] ne perdez pas de
« temps ! »

---

[1] Ode *Pan*, section *Ta-ya*.

L'expression *ne perdez pas de temps* est équivalente à celle de ne pas être *négligents*. Ne pas suivre les principes d'équité et de justice dans le service du prince; ne pas observer les rites en acceptant ou en refusant une magistrature; blâmer vivement dans ses discours les principes de conduite des anciens empereurs : c'est comme si l'on était négligent et insouciant de la ruine de l'empire.

C'est pourquoi il est dit : Exhorter le prince à pratiquer des choses difficiles s'appelle acte de respect envers lui ; lui proposer le bien à faire, l'empêcher de commettre le mal, s'appelle dévouement sincère. Mais dire : *Mon prince ne peut pas* [exercer un gouvernement humain], cela s'appelle *voler*.

2. MENG-TSEU dit : Le compas et la règle sont les instruments de perfectionnement des choses carrées et rondes; le saint homme est l'accomplissement parfait des devoirs prescrits entre les hommes.

Si, en exerçant les fonctions et les devoirs de souverain, vous voulez remplir dans toute leur étendue les devoirs du souverain ; si, en exerçant les fonctions de ministre, vous voulez remplir dans toute leur étendue les devoirs de ministre : dans ces deux cas, vous n'avez qu'à imiter la conduite de *Yao* et de *Chun*, et rien de plus. Ne pas servir son prince comme *Chun* servit *Yao*, ce n'est pas avoir du respect pour son prince ; ne pas gouverner le peuple comme *Yao* le gouverna, c'est opprimer le peuple.

KHOUNG-TSEU disait : « Il n'y a que deux grandes voies
« dans le monde : celle de l'humanité et celle de l'inhu-
« manité ; et voilà tout. »

Si la tyrannie qu'un prince exerce sur son peuple est extrême, alors sa personne est mise à mort et son royaume est détruit[1]. Si sa tyrannie n'est pas poussée à l'extrême,

---

[1] *Pao khi min chin, tseu chin cha, kouë wang.* La même maxime est reproduite sous différentes formes dans les *Quatre livres moraux*. Voyez notre édition *chinoise-latine-française* du *Ta hio*, p. 78-79.

alors sa personne est en danger, et son royaume est menacé d'être divisé. Le peuple donne à ces princes les surnoms d'*hébété* (*Yeou*), de *cruel* (*Li*)[1]. Quand même ces princes auraient des fils pleins de tendresse et de piété filiale pour eux, et des neveux pleins d'humanité, ces derniers, pendant cent générations, ne pourraient changer les noms flétrissants que leur a imposés la justice populaire.

Le *Livre des Vers*[2] dit :

« L'exemple de la dynastie *Yn* n'est pas éloigné ;

« Il en est un autre du temps de la dynastie *Hia*. »

Ce sont les deux rois [auxquels le peuple a donné des noms flétrissants] qui sont ici désignés.

3. MENG-TSEU dit : Les fondateurs des trois dynasties obtinrent l'empire par l'humanité, leurs successeurs le perdirent par l'inhumanité et la tyrannie.

Voilà les causes qui renversent et élèvent les empires, qui les conservent ou les font périr.

Si le fils du Ciel est inhumain, il ne conserve point sa souveraineté sur les peuples situés entre les quatre mers. Si les rois et princes vassaux sont inhumains, ils ne conservent point l'appui des esprits de la terre et des fruits de la terre. Si les présidents du tribunal suprême et les autres grands fonctionnaires sont inhumains, ils ne conservent point les vénérables temples des ancêtres. Si les lettrés et les hommes du peuple sont inhumains, ils ne conservent pas intacts leurs quatre membres.

Maintenant, si l'on a peur de la mort ou de la perte de quelques membres, et que l'on se plaise néanmoins dans l'inhumanité, n'agit-on pas comme si l'on détestait l'ivresse, et qu'en même temps on se livrât de toutes ses forces à la boisson ?

4. MENG-TSEU dit : Si quelqu'un aime les hommes sans

---

[1] Comme *Yeou-wang* et *Li-wang*, deux rois de la dynastie des *Tcheou*, qui régnaient 878 et 781 ans avant notre ère.

[2] Ode *Tchang*, section *Ta-ya*.

en recevoir des marques d'affection, qu'il ne considère que son humanité. Si quelqu'un gouverne les hommes sans que les hommes se laissent facilement gouverner par lui, qu'il ne considère que sa sagesse et sa prudence. Si quelqu'un traite les hommes avec toute la politesse prescrite, sans être payé de retour, qu'il ne considère que l'accomplissement de son devoir.

Lorsqu'on agit ainsi, s'il arrive que l'on n'obtient pas ce que l'on désire, dans tous les cas on ne doit en chercher la cause qu'en soi-même. Si sa conduite est conforme aux principes de la droiture et de la raison, l'empire retourne de lui-même à la soumission.

Le *Livre des Vers*[1] dit :

« Celui qui pense toujours à se conformer au mandat
« du ciel

« Attire sur lui un grand nombre de félicités. »

5. MENG-TSEU dit : Les hommes ont une manière constante de parler [sans trop la comprendre]. Tous disent : l'*empire*, le *royaume*, la *famille*. La base de l'empire existe dans le royaume ; la base du royaume existe dans la famille ; la base de la famille existe dans la personne.

6. MENG-TSEU dit : Il n'est pas difficile d'exercer le gouvernement : il ne faut pas s'attirer de ressentiments de la part des grandes maisons. Ce que ces grandes maisons désirent, un des royaumes [qui constituent l'empire] le désire aussi ; ce qu'un royaume désire, l'empire le désire aussi. C'est pourquoi les instructions et les préceptes de vertus se répandront comme un torrent jusqu'aux quatre mers.

7. MENG-TSEU dit : Lorsque la droite règle de la raison est suivie dans l'empire, la vertu des hommes inférieurs sert la vertu des hommes supérieurs ; la sagesse des hommes inférieurs sert la sagesse des hommes supérieurs. Mais quand la droite règle de la raison n'est pas suivie dans l'empire, les petits servent les grands, les faibles servent les forts [ce qui est contraire à la raison]. Ces

---

[1] Ode *Wen-wang* section *Ta-ya*.

deux états de choses sont réglés par le ciel. Celui qui obéit au ciel est conservé ; celui qui lui résiste périt.

*King-koung*, prince de *Thsi*, a dit : « Lorsqu'un prince ne peut pas commander aux autres ; si, en outre, il ne veut recevoir d'ordres de personne, il se sépare par cela même des autres hommes. Après avoir versé beaucoup de larmes, il donne sa fille en mariage au prince barbare du royaume de *Ou*. »

Maintenant les petits royaumes imitent les grands royaumes, et cependant ils rougissent d'en recevoir des ordres et de leur obéir. C'est comme si des disciples rougissaient de recevoir des ordres de leur maître plus âgé qu'eux, et de lui obéir.

Si les petits royaumes rougissent d'obéir aux autres, il n'est rien de meilleur pour eux que d'imiter *Wen-wang*. [En le prenant pour exemple,] un grand royaume après cinq ans, un petit royaume après sept ans, exerceront assurément le pouvoir souverain dans l'empire.

Le *Livre des Vers*[1] dit :

« Les descendants de la famille des *Chang*

« Étaient au nombre de plus de cent mille.

« Lorsque l'empereur suprême (*Chang-ti*) l'eut or-
« donné [en transmettant l'empire à une autre famille],

« Ils se soumirent aux *Tcheou*.

« Ils se soumirent aux *Tcheou*,

« Parce que le mandat du ciel n'est pas éternel.

« Les ministres de la famille *Yn* (ou *Chang*), doués de
« perspicacité et d'intelligence,

« Versant le vin des sacrifices, servent dans le palais
« impérial. »

KHOUNG-TSEU dit : Comme le nouveau souverain était humain, on ne peut pas considérer ceux qui lui étaient opposés comme nombreux. Si le chef d'un royaume aime l'humanité, il n'aura aucun ennemi ou adversaire dans l'empire.

---

[1] Ode *Wen-wang* section **Ta-ya**.

Maintenant, si l'on désire n'avoir aucun ennemi ou adversaire dans l'empire, et que l'on ne fasse pas usage de l'humanité [pour arriver à ce but], c'est comme si l'on voulait prendre un fer chaud avec la main, sans l'avoir auparavant trempé dans l'eau.

Le *Livre des Vers*[1] dit :

« Qui peut prendre avec la main un fer chaud

« Sans l'avoir auparavant trempé dans l'eau? »

8. MENG-TSEU dit : Peut-on s'entretenir et parler le langage de la raison avec les princes cruels et inhumains? les dangers les plus menaçants sont pour eux des motifs de tranquillité, et les calamités les plus désastreuses sont pour eux des sujets de profit; ils se réjouissent de ce qui cause leur ruine. Si on pouvait s'entretenir et parler le langage de la raison avec les princes inhumains et cruels, y aurait-il un aussi grand nombre de royaumes qui périraient et de familles qui succomberaient?

Il y avait un jeune enfant qui chantait, en disant :

« L'eau du fleuve *Thsang-lang* est-elle pure,

« Je pourrai y laver les bandelettes qui ceignent ma « tête;

« L'eau du fleuve *Thsang-lang* est-elle trouble,

« Je pourrai y laver mes pieds. »

KHOUNG-TSEU dit : Mes petits enfants, écoutez ces paroles : Si l'eau est pure, alors il y lavera les bandelettes qui ceignent sa tête; si elle est trouble, alors il y lavera ses pieds; c'est lui-même qui en décidera.

Les hommes se méprisent certainement eux-mêmes avant que les autres hommes les méprisent. Les familles se détruisent certainement elles-mêmes avant que les hommes les détruisent. Les royaumes s'attaquent certainement eux-mêmes avant que les hommes les attaquent.

Le *Tai-kia*[2] dit : « On peut se préserver des calamités « envoyées par le ciel; on ne peut supporter celles que

---

[1] Ode *Sang-jeou*, section *Ta ya*.
[2] Chapitre du *Chou-king*.

« l'on s'est attirées soi-même. » Ces paroles disent exactement ce que je voulais exprimer.

9. MENG-TSEU dit : *Kie* et *Cheou* perdirent l'empire, parce qu'ils perdirent leurs peuples ; ils perdirent leurs peuples, parce qu'ils perdirent leur affection.

Il y a une voie sûre d'obtenir l'empire : il faut obtenir le peuple, et par cela même on obtient l'empire. Il y a une voie sûre d'obtenir le peuple : il faut obtenir son cœur ou son affection, et par cela même on obtient le peuple. Il y a une voie sûre d'obtenir le cœur du peuple : c'est de lui donner ce qu'il désire, de lui fournir ce dont il a besoin, et de ne pas lui imposer ce qu'il déteste.

Le peuple se rend à l'humanité, comme l'eau coule en bas, comme les bêtes féroces se retirent dans les lieux déserts.

Ainsi, c'est la loutre qui fait rentrer les poissons dans le fond des eaux, et l'épervier qui fait fuir les oiseaux dans l'épaisseur des forêts : ce sont les [mauvais rois] *Kie* et *Tcheou* qui font fuir les peuples dans les bras de *Tching-thang* et de *Wou-wang*.

Maintenant, si entre tous les princes de l'empire il s'en trouvait un qui chérît l'humanité, alors tous les rois et les princes vassaux [par leur tyrannie habituelle] forceraient leurs peuples à se réfugier sous sa protection. Quand même il voudrait ne pas régner en souverain sur tout l'empire, il ne pourrait pas s'en abstenir.

De nos jours, ceux qui désirent régner en souverains sur tout l'empire sont comme un homme qui pendant une maladie de sept ans cherche l'herbe précieuse (*a*) qui ne procure du soulagement qu'après avoir été séchée pendant trois années. S'il ne s'occupe pas déjà de la cueillir, il ne pourra en recevoir du soulagement avant la fin de sa vie. Si les princes ne s'appliquent pas de toute leur intelligence à la recherche et à la pratique de l'humanité, ils s'affligeront jusqu'à la fin de leur vie de la honte de ne pas la pratiquer, pour tomber enfin dans la mort et l'oubli.

Le *Livre des Vers*[1] dit :

« Comment ces princes pourraient-ils devenir hommes « de bien ?

« Ils se plongent mutuellement dans l'abîme. »

C'est la pensée que j'ai tâché d'exprimer ci-dessus.

10. MENG-TSEU dit : Il n'est pas possible de tenir des discours raisonnables avec ceux qui se livrent, dans leurs paroles, à toute la fougue de leurs passions ; il n'est pas possible d'agir en commun, dans des affaires qui demandent l'application la plus soutenue, avec des hommes sans énergie qui s'abandonnent eux-mêmes. Blâmer les usages et l'équité dans ses discours, c'est ce que l'on appelle s'abandonner dans ses paroles à la fougue de ses passions. Dire : « Ma personne ne peut exercer l'huma-« nité et suivre la justice, » cela s'appelle abandon de soi-même.

L'humanité, c'est la demeure tranquille de l'homme; la justice, c'est la voie droite de l'homme.

Laisser sa demeure tranquille sans l'habiter, abandonner sa voie droite sans la suivre, oh! que cela est lamentable !

11. MENG-TSEU dit : La voie droite est près de vous, et vous la cherchez au loin ! C'est une chose qui est de celles qui sont faciles, et vous la cherchez parmi celles qui sont difficiles ! Si chacun aime ses père et mère comme on doit les aimer, et respecte ses aînés comme on doit les respecter, l'empire sera dans l'union et l'harmonie.

12. MENG-TSEU dit : Si ceux qui sont dans une condition inférieure [à celle du prince[2]] n'obtiennent pas toute la confiance de leur supérieur, le peuple ne pourra pas être gouverné. Il y a une voie sûre d'obtenir la faveur et la confiance du prince : si on n'est pas fidèle envers ses amis, on n'obtient pas la faveur et la confiance du prince. Il y a une voie sûre pour être fidèle envers ses amis : si dans les de-

---

[1] Ode *Sian pron*, section *Ta-ya*.

[2] Comme les ministres. (*Commentaire*)

voirs que l'on rend à ses père et mère on ne leur procure pas de joie, on n'est pas fidèle envers ses amis. Il y a une voie sûre pour procurer de la joie à ses père et mère : si, en faisant un retour sur soi-même, on ne se trouve pas vrai, sincère, exempt de feinte et de déguisement, on ne procure pas de joie à ses père et mère. Il y a une voie sûre de se rendre vrai, sincère, exempt de feinte et de déguisement : si on ne sait pas discerner en quoi consiste réellement la vertu, on ne rend pas sa personne vraie, sincère, exempte de feinte et de déguisement.

C'est pourquoi la vérité pure et sincère [1] est la voie du ciel ; méditer sur la vérité pour la pratiquer est la voie ou le devoir de l'homme.

Il n'y a jamais eu d'homme qui, étant souverainement vrai, sincère, ne se soit concilié la confiance et la faveur des autres hommes. Il n'y a jamais eu d'homme qui, n'étant pas vrai, sincère, ait pu se concilier longtemps cette confiance et cette faveur.

13. MENG-TSEU dit : Lorsque *Pe-i*, fuyant la tyrannie de *Cheou (sin)*, habitait les bords de la mer septentrionale, il apprit l'élévation de *Wen-wang* [comme chef des grands vassaux des provinces occidentales de l'empire] ; et, se levant avec émotion, il dit : Pourquoi n'irais-je pas me soumettre à lui ? j'ai entendu dire que le chef des grands vassaux de l'occident excellait dans la vertu d'entretenir les vieillards. Lorsque *Tai-koung*, fuyant la tyrannie de *Cheou (sin)*, habitait les bords de la mer orientale, il apprit l'élévation de *Wen-wang* [comme chef des grands vassaux des provinces occidentales de l'empire] ; et, se levant avec émotion, il dit : Pourquoi n'irais-je pas me soumettre à lui ? j'ai entendu dire que le chef des grands vassaux de l'occident excellait dans la vertu d'entretenir les vieillards.

Ces deux vieillards étaient les vieillards les plus émi-

---

[1] Principe rationnel qui est en nous, vrai dans tout et pour tous, et qui ne trompe jamais : c'est le fondement de la voie céleste. (*Commentaire*.)

nents de l'empire ; et en se soumettant à *Wen-wang,* c'étaient les pères de l'empire qui lui avaient fait leur soumission. Dès l'instant que les pères de l'empire s'étaient soumis, à quel autre se seraient donc rendus leurs fils?

Si parmi tous les princes feudataires il s'en trouvait un qui pratiquât le gouvernement de *Wen-wang,* il arriverait certainement que, dans l'espace de sept années, il parviendrait à gouverner tout l'empire.

14. MENG-TSEU dit : Lorsque *Kieou* [1] était intendant de la famille *Ki,* il ne pouvait prendre sur lui d'agir autrement que son maître, et il exigeait en tribut le double de millet qu'autrefois. KHOUNG-TSEU dit : « *Kieou* n'est plus
« mon disciple ; mes jeunes gens [les autres disciples du
« Philosophe] devraient le poursuivre publiquement de
« huées et du bruit des tambours. »

On doit inférer de là que si un prince ne pratique pas un gouvernement humain, et que ses ministres l'enrichissent en prélevant trop d'impôts, ce prince et ses ministres sont réprouvés et rejetés par KHOUNG-TSEU ; à plus forte raison repoussait-il ceux qui suscitent des guerres dans l'intérêt seul de leur prince. Si on livre des combats pour gagner du territoire, les hommes tués couvriront les campagnes ; si on livre des combats pour prendre une ville, les hommes tués rempliront la ville prise. C'est ce que l'on appelle faire que la terre mange la chair des hommes. Ce crime n'est pas suffisamment racheté par la mort.

C'est pourquoi ceux qui placent toutes leurs vertus à faire la guerre devraient être rétribués de la peine la plus grave. Ceux qui fomentent des ligues entre les grands vassaux devraient subir la peine qui la suit immédiatement; et ceux qui imposent les corvées de cultiver et de semer les terres aux laboureurs dont les champs sont dépouillés d'herbes stériles devraient subir la peine qui vient après.

15. MENG-TSEU dit : De tous les organes des sens qui sont à la disposition de l'homme, il n'en est pas de plus

---

[1] *Jan-kieou,* disciple de KHOUNG-TSEU.

admirable que la pupille de l'œil. La pupille de l'œil ne peut cacher ou déguiser les vices que l'on a. Si l'intérieur de l'âme est droit, alors la pupille de l'œil brille d'un pur éclat; si l'intérieur de l'âme n'est pas droit, alors la pupille de l'œil est terne et obscurcie.

Si vous écoutez attentivement les paroles d'un homme, si vous considérez la pupille de ses yeux, comment pourrait-il se cacher à vous?

16. MENG-TSEU dit : Celui qui est affable et bienveillant ne méprise pas les hommes; celui qui est modéré dans ses exigences ne dépouille pas de force les hommes de ce qu'ils possèdent. Les princes qui méprisent et dépouillent les hommes de ce qu'ils possèdent, et qui n'ont qu'une crainte, celle de ne pas être obéis, comment pourraient-ils être appelés affables et modérés dans leurs exigences? L'affabilité et la modération pourraient-elles consister dans le son de la voix et l'expression riante du visage?

17. *Chun-yu-khouen* [1] dit : N'est-il pas conforme aux rites que les hommes et les femmes ne se donnent et ne reçoivent réciproquement de leurs propres mains aucun objet?

MENG-TSEU répondit : C'est conforme aux rites.

— Si la femme de son frère était en danger de se noyer, pourrait on la secourir avec la main?

— Ce serait l'action d'un loup de ne pas secourir la femme de son frère qui serait en danger de se noyer. Il est conforme aux rites que l'homme et la femme ne se donnent et ne reçoivent réciproquement de leurs propres mains aucun objet. L'action de secourir avec la main la femme de son frère en danger de se noyer est une exception conforme à la raison.

Maintenant je suppose que l'empire soit sur le point d'être submergé [ou de périr dans les agitations des troubles civils] : que penser du magistrat qui ne s'empresse pas de le secourir?

[1] Certain sophiste du royaume de *Thsi*.

L'empire sur le point d'être submergé doit être secouru selon les règles de l'humanité et de la justice. La femme de son frère étant en danger de se noyer peut être secourue avec la main. Voudriez-vous que je secourusse l'empire avec ma main?

18. *Koung-sun-tcheou* dit : Pourquoi un homme supérieur n'instruit-il pas lui-même ses enfants?

MENG-TSEU dit : Parce qu'il ne peut pas employer les corrections. Celui qui enseigne doit le faire selon les règles de la droiture. Si [l'enfant] n'agit pas selon les règles de la droiture, [le père] se fâche; s'il se fâche, il s'irrite; alors il blesse les sentiments de tendresse qu'un fils doit avoir pour son père. « Mon maître [dit le fils en parlant « de son père] devrait m'instruire selon les règles de la « droiture; mais il ne s'est jamais guidé par les règles « de cette droiture. » Dans cet état de choses le père et le fils se blessent mutuellement. Si le père et le fils se blessent mutuellement, alors il en résulte un grand mal.

Les anciens confiaient leurs fils à d'autres pour les instruire et faire leur éducation.

Entre le père et le fils, il ne convient pas d'user de corrections pour faire le bien. Si le père use de corrections pour porter son fils à faire le bien, alors l'un et l'autre sont bientôt désunis de cœur et d'affections. Si une fois ils sont désunis de cœur et d'affections, il ne peut point leur arriver de malheurs plus grands.

19. MENG-TSEU dit : Parmi les devoirs que l'on rend à ceux qui sont au-dessus de soi [1], quel est le plus grand? C'est celui de servir ses père et mère qui est le plus grand. De tout ce que l'on conserve et protége dans le monde, qu'y a-t-il de plus important? C'est de se conserver soi-même [dans la droite voie] qui est le plus important. J'ai toujours entendu dire que ceux qui ne se laissaient pas égarer dans le chemin de la perdition pouvaient servir

---

[1] Ce sont les pères et mères, les personnes plus âgées, et le prince.

leurs parents; mais je n'ai jamais entendu dire que ceux qui se laissaient égarer dans le chemin de la perdition pussent servir leurs parents.

Quel est celui qui est exempt de servir quelqu'un [ou qui est exempt de devoir]? Les devoirs que l'on doit à ses parents forment la base fondamentale de tous les devoirs. Quel est celui qui est exempt des actes de conservation? La conservation de soi-même [dans la droite voie] est la base fondamentale de toute conservation.

Lorsque *Thsêng-tseu* nourrissait [son père] *Thsêng-si*, il avait toujours soin de lui servir de la viande et du vin à ses repas. Quand on était sur le point d'enlever les mets, il demandait toujours à qui il pouvait en offrir. S'informait-on s'il y avait des mets de reste, il répondait toujours qu'il y en avait.

Après la mort de *Thsêng-si*, lorsque *Thsêng-youan* nourrissait [son père] *Thsêng-tseu*, il avait toujours soin de lui servir de la viande et du vin à ses repas. Quand on était sur le point d'enlever les mets, il ne demandait pas à qui il pouvait en offrir. S'informait-on s'il y avait des mets de reste, il répondait qu'il n'y en avait pas. Il voulait les faire servir de nouveau [à son père]. Voilà ce que l'on appelle *nourrir la bouche et le corps*, et rien de plus. Si quelqu'un agit comme *Thsêng-tseu*, on peut dire de lui qu'il *nourrit la volonté, l'intelligence* [qu'il agit convenablement envers ses parents].

Il est permis de servir ses parents comme *Thsêng-tseu*.

20. MENG-TSEU dit : Tous les hommes ne sont pas propres à réprimander les princes; tous les modes d'administration ne sont pas susceptibles d'être blâmés. Il n'y a que les grands hommes qui puissent réprimer les vices du cœur des princes. Si le prince est humain, rien dans son gouvernement n'est inhumain. Si le prince est juste, rien dans son gouvernement n'est injuste. Si le prince est droit, rien dans son gouvernement qui ne soit droit. Une fois que le prince se sera fait un devoir d'avoir une conduite constamment droite, le royaume sera tranquille et stable.

21. MENG-TSEU dit : Il y a des hommes qui sont loués contre toute attente ; il y a des hommes qui sont poursuivis de calomnies, lorsqu'ils ne recherchent que l'intégrité de la vertu.

22. MENG-TSEU dit: Il y a des hommes qui sont d'une grande facilité dans leurs paroles, parce qu'ils n'ont trouvé personne pour les reprendre.

23. MENG-TSEU dit : Un des grands défauts des hommes est d'aimer à être les chefs des autres hommes.

24. *Lo-tching-tseu* (disciple de MENG-TSEU), ayant suivi *Tseu-ngao*, se rendit dans le royaume de *Thsi*.

*Lo-tching-tseu* étant allé voir MENG-TSEU, MENG-TSEU lui dit : Êtes-vous venu exprès pour me voir?

— Maître, pourquoi tenez-vous un pareil langage?

— Depuis combien de jours êtes-vous arrivé?

— Depuis trois jours.

— Si c'est depuis trois jours, alors n'avais-je pas raison de vous tenir le langage que vous avez entendu?

— Le lieu de mon séjour n'était pas encore déterminé.

— Avez-vous appris que ce n'est qu'après avoir connu le lieu de son séjour que l'on va voir ceux auxquels on doit du respect?

— Je reconnais que j'ai commis une faute.

25. MENG-TSEU continuant à s'adresser à *Lo-tching-tseu*, lui dit : Vous êtes venu, en accompagnant *Tseu-ngao*, dans le seul but de boire et de manger. Je ne pensais pas qu'autrefois vous étudiiez les principes d'humanité et de justice des anciens dans le seul but de boire et de manger !

26. MENG-TSEU dit : Le manque de piété filiale est un triple défaut ; le manque de postérité est le plus grand des défauts.

*Chun* se maria sans en prévenir son père et sa mère, dans la crainte de ne pas laisser de postérité. Les hommes supérieurs ont pensé qu'en agissant dans cette intention, c'est comme s'il avait prévenu son père et sa mère.

27. MENG-TSEU dit : Le fruit le plus précieux de l'hu-

manité, c'est de servir ses parents. Le fruit le plus précieux de l'équité, c'est de déférer aux avis de son frère aîné.

Le fruit le plus précieux de la prudence ou de la sagesse, c'est de connaître ces deux choses et de ne pas s'en écarter. Le fruit le plus précieux de l'urbanité est de remplir ces deux devoirs avec complaisance et délicatesse.

Le fruit le plus précieux de la musique [qui produit la concorde et l'harmonie] est d'aimer ces deux choses. Si on les aime, elles naissent aussitôt. Une fois nées, produites, comment pourrait-on réprimer les sentiments qu'elles inspirent? Ne pouvant réprimer les sentiments que ces vertus inspirent, alors, sans le savoir, les pieds les manifestent par leurs mouvements cadencés, et les mains par leurs applaudissements.

28. MENG-TSEU dit : Il n'y avait que *Chun* qui pût voir, sans plus d'orgueil que si c'eût été un brin d'herbe, un empire désirer ardemment se soumettre à sa domination, et cet empire être plein de joie de sa soumission. Pour lui, ne pas rendre heureux et contents ses parents, c'était ne pas être homme ; ne pas leur obéir en tout, c'était ne pas être fils.

Lorsque *Chun* eut accompli ses devoirs de fils envers ses parents, son père *Kou-seou* parvint au comble de la joie. Lorsque *Kou-seou* fut parvenu au comble de la joie, l'empire fut converti à la piété filiale. Lorsque *Kou-seou* fut parvenu au comble de la joie, tous ceux qui dans l'empire étaient pères ou fils virent leurs devoirs fixés. C'est ce que l'on appelle la grande piété filiale.

## CHAPITRE II.

#### COMPOSÉ DE 33 ARTICLES.

1. MENG-TSEU dit : *Chun* naquit à *Tchou-joung* [1], il passa à *Fou-hia*, et mourut à *Ming-thiao ;* c'était un homme des provinces les plus éloignées de l'orient.

*Wen-wang* naquit à *Khi-tcheou*, et mourut à *Pi-yng ;* c'était un homme des provinces les plus éloignées de l'occident.

La distance respective de ces deux régions est de plus de mille *li* [cent lieues] ; l'espace compris entre les deux époques [où naquirent ces deux grands rois] est de plus de mille années. Ils obtinrent tous deux d'accomplir leurs desseins dans le royaume du milieu avec la même facilité que se réunissent les deux parties des tablettes du sceau royal.

Les principes de conduite des premiers saints et des saints qui leur ont succédé sont les mêmes.

2. Lorsque *Tseu-tchan* présidait à l'administration du royaume de *Tching*, il prit un homme sur son propre char pour lui faire traverser les rivières *Tsin* et *Wei*.

MENG-TSEU dit : Il était obligeant et compatissant, mais il ne savait pas bien administrer.

Si chaque année, au onzième mois, les ponts qui servent aux piétons étaient construits ; si au douzième mois les ponts qui servent aux chars étaient aussi construits, le peuple n'aurait pas besoin de se mettre en peine pour passer à gué les fleuves et les rivières.

Si l'homme qui administre un Etat porte l'équité et la justice dans toutes les parties de son administration, il peut [sans qu'on l'en blâme] éloigner de lui la foule qui se

---

[1] Contrée désignée sur les confins de l'empire chinois.

trouverait sur son passage. Comment pourrait-il faire passer l'eau à tous les hommes qu'il rencontrerait?

C'est pourquoi celui qui administre un État, s'il voulait procurer un tel plaisir à chaque individu en particulier, le jour ne lui suffirait pas [1].

3. MENG-TSEU s'adressant à *Siouan-wang,* roi de *Thsi,* lui dit : Si le prince regarde ses ministres comme ses mains et ses pieds, alors les ministres regarderont le prince comme leurs viscères et leur cœur; si le prince regarde ses ministres comme les chiens ou les chevaux [de ses écuries], alors les ministres regarderont le prince comme un homme du vulgaire; si le prince regarde ses ministres comme l'herbe qu'il foule aux pieds, alors les ministres regarderont le prince comme un voleur et un ennemi.

Le roi dit : On lit dans le *Livre des Rites :* [ Un ministre qui abandonne le royaume qu'il gouvernait] porte [trois mois] un habit de deuil en mémoire du prince qu'il a servi. Comment un prince doit-il se conduire pour qu'un ministre porte ainsi le deuil après l'avoir quitté?

MENG-TSEU répondit : Il exécute ses avis et ses conseils; il écoute ses remontrances; il fait descendre ses bienfaits parmi le peuple. Si, par une cause quelconque, son ministre le quitte, alors le prince envoie des hommes pour l'escorter jusqu'au delà des frontières de son royaume; en outre, il le précède [par ses bons offices] près du nouveau prince chez lequel l'ancien ministre a l'intention de se rendre. Si, après son départ, il s'écoule trois années sans qu'il revienne, alors il prend ses champs et sa maison [pour lui en conserver les revenus]. C'est là ce que l'on appelle avoir trois fois accompli les rites. S'il

---

[1] C'est par des mesures générales, qui sont utiles à tout le monde, et non par des bienfaits particuliers, qui ne peuvent profiter qu'à un très-petit nombre d'individus, relativement à la masse du peuple, qu'un homme d'État, un prince, doivent signaler leur bonne administration.

agit ainsi, son ministre, à cause de lui, se revêtira de ses habits de deuil.

Maintenant, si le prince n'exécute pas les avis et les conseils de son ministre; s'il n'écoute pas ses remontrances; s'il ne fait pas descendre ses bienfaits parmi le peuple; si, par une cause quelconque, son ministre venant à le quitter, il le maltraite et le retient par force auprès de lui; qu'en outre il le réduise à la plus extrême misère dans le lieu où il s'est retiré; si, le jour même de son départ, il se saisit de ses champs et de sa maison : c'est là ce que l'on appelle agir en *voleur* et en *ennemi*. Comment ce ministre [ainsi traité] porterait-il le deuil d'un *voleur* et d'un *ennemi?*

4. Meng-tseu dit : Si, sans qu'ils se soient rendus coupables de quelques crimes, le prince met à mort les lettrés, alors les premiers fonctionnaires peuvent quitter le royaume. Si, sans qu'il se soit rendu coupable de quelques crimes, le prince opprime le peuple, alors les lettrés peuvent quitter le royaume.

5. Meng-tseu dit : Si le prince est humain, personne ne sera inhumain; si le prince est juste, personne ne sera injuste.

6. Meng-tseu dit : Le grand homme ne pratique pas une urbanité qui manque d'urbanité, ni une équité qui manque d'équité.

7. Meng-tseu dit : Les hommes qui tiennent constamment le milieu nourrissent ceux qui ne le tiennent pas; les hommes de capacité et de talents nourrissent ceux qui n'en ont pas. C'est pourquoi les hommes se réjouissent d'avoir un père et un frère aîné doués de sagesse et de vertu.

Si les hommes qui tiennent constamment le milieu abandonnent ceux qui ne le tiennent pas; si les hommes de capacité et de talents abandonnent ceux qui n'en ont pas : alors la distance entre le sage et l'insensé ne sera pas de l'épaisseur d'un pouce [la différence entre eux ne sera pas grande].

8. MENG-TSEU dit : Il faut que les hommes sachent ce qu'ils ne doivent pas pratiquer, pour pouvoir ensuite pratiquer ce qui convient.

9. MENG-TSEU dit : Si l'on raconte les actions vicieuses des hommes, comment faire pour éviter les chagrins que l'on se prépare?

10. MENG-TSEU dit : TCHOUNG-NI ne portait jamais les choses à l'excès.

11. MENG-TSEU dit : Le grand homme [ou l'homme d'une équité sans tache[1]] ne s'impose pas l'obligation de dire la vérité dans ses paroles [il la dit naturellement] ; il ne se prescrit pas un résultat déterminé dans ses actions; il n'a en vue que l'équité et la justice.

12. MENG-TSEU dit : Celui qui est un grand homme, c'est celui qui n'a pas perdu l'innocence et la candeur de son enfance.

13. MENG-TSEU dit : Nourrir les vivants est une action qui ne peut pas être considérée comme une grande action ; il n'y a que l'action de rendre des funérailles convenables aux morts qui puisse être considérée comme grande.

14. MENG-TSEU dit : L'homme supérieur fait tous ses efforts pour avancer dans la vertu par différents moyens; ses désirs les plus ardents sont d'arriver à posséder dans son cœur cette vertu, ou cette raison naturelle qui en constitue la règle. Une fois qu'il la possède, alors il s'y attache fortement, il en fait pour ainsi dire sa demeure permanente ; en ayant fait sa demeure permanente, il l'explore profondément; l'ayant explorée profondément, alors il la recueille de tous côtés, et il dispose de sa source abondante. C'est pourquoi l'homme supérieur désire ardemment posséder dans son cœur cette raison naturelle si précieuse.

15. MENG-TSEU dit : L'homme supérieur donne à ses études la plus grande étendue possible, afin d'éclairer sa

---

[1] *Commentaire.*

raison et d'expliquer clairement les choses; il a pour but de ramener sa pensée à plusieurs reprises sur les mêmes objets pour les exposer sommairement et pour ainsi dire dans leur essence.

16. MENG-TSEU dit : C'est par la vertu [c'est-à-dire par l'hûmanité et la justice [1]] que l'on subjugue les hommes; mais il ne s'est encore trouvé personne qui ait pu les subjuguer ainsi. Si l'on nourrit les hommes des aliments de la vertu, on pourra ensuite subjuguer l'empire. Il n'est encore arrivé à personne de régner en souverain, si les cœurs des populations de l'empire ne lui ont pas été soumis.

17. MENG-TSEU dit : Les paroles que l'on prononce dans le monde n'ont véritablement rien de funeste en elles-mêmes; ce qu'elles peuvent avoir réellement de funeste, c'est d'obscurcir la vertu des sages et de les éloigner des emplois publics.

18. *Siu-tseu* a dit : TCHOUNG-NI faisait souvent le plus grand éloge de l'eau, en s'ecriant : « Que l'eau est admi- « rable! que l'eau est admirable [2]! » Quelle leçon voulait il tirer de l'eau?

MENG-TSEU dit : L'eau qui s'échappe de sa source avec abondance ne cesse de couler ni jour ni nuit. Elle remplit les canaux, les fossés; ensuite, poursuivant sa course, elle parvient jusqu'aux quatre mers. L'eau qui sort de la source coule ainsi avec rapidité [jusqu'aux quatre mers]. C'est pourquoi elle est prise pour sujet de comparaison.

S'il n'y a pas de source, les pluies étant recueillies à la septième ou huitième lune, les canaux et les fossés des champs seront remplis; mais le passant pourra s'attendre à les voir bientôt desséchés. C'est pourquoi, lorsque le bruit et la renommée de son nom dépassent le mérite de ses actions, l'homme supérieur en rougit.

---

[1] *Commentaire.*

[2] Ἄριστον μὲν ὕδωρ.

PINDARE.

19. MENG-TSEU dit : Ce en quoi les hommes diffèrent des bêtes brutes est une chose bien peu considérable [1] ; la foule vulgaire la perd bientôt ; les hommes supérieurs la conservent soigneusement.

Chun avait une grande pénétration pour découvrir la raison des choses ; il scrutait à fond les devoirs des hommes entre eux. Il agissait selon l'humanité et la justice, sans avoir pour but de pratiquer l'humanité et la justice.

20. MENG-TSEU dit : *Yu* détestait le vin recherché ; mais il aimait beaucoup les paroles qui inspiraient la vertu.

[*Tching*]-*thang* tenait constamment le milieu ; il établissait les sages [il leur donnait des magistratures], sans acception de lieu et de personne.

*Wen-wang* considérait le peuple comme un blessé [qui a besoin de beaucoup de soin] ; il s'attachait à contempler la droite voie comme s'il ne l'avait jamais vue.

*Wen wang* ne méprisait point les hommes et les choses présentes ; il n'oubliait pas les hommes et les choses éloignées [2].

*Tcheou-koung* pensait à réunir dans sa personne [en les imitant] les rois [les plus célèbres] des trois dynasties [3], en pratiquant les quatre principales choses qu'ils avaient pratiquées. Si entre ces choses il s'en trouvait une qui ne convînt plus au temps où il vivait, il y réfléchissait attentivement jour et nuit. Lorsqu'il avait été assez heureux pour trouver la raison de l'inconvenance et de l'inopportunité de cette chose, il s'asseyait pour attendre l'apparition du jour.

21. MENG-TSEU dit : Les vestiges de ceux qui avaient exercé le pouvoir souverain ayant disparu, les vers qui les célébraient périrent. Les vers ayant péri, le livre intitulé

---

[1] C'est la raison naturelle. (*Commentaire.*)
[2] Il y a dans le texte, *les prochains* et *les éloignés*, sans substantifs qualifiés. Nous avons suivi l'interprétation de la Glose.
[3] *Yu, Tchang, Wen-(wang)* et *Wou-(wang)*. (*Glose.*)

*le Printemps et l'Automne* ¹ fut composé [pour les remplacer].

Le livre intitulé *Ching* [quadrige, du royaume de *Tçin*; le livre intitulé *Thao-wo*, du royaume de *Thsou*; le livre intitulé *Tchun-thsieou*, du royaume de *Lou*, ne font qu'un.

Les actions qui sont célébrées dans ce dernier ouvrage sont celles de princes comme *Houan, kong* du royaume de *Thsi*; *Wen, kong* du royaume de *Tçin*. Le style qui y est employé est historique. KHOUNG-TSEU disait [en parlant de son ouvrage :] « Les choses qui y sont rapportées « m'ont paru équitables et justes; c'est ce qui me les a « fait recueillir. »

22. MENG-TSEU dit : Les bienfaits d'un sage qui a rempli des fonctions publiques s'évanouissent après cinq générations; les bienfaits d'un sage qui n'a pas rempli de fonctions publiques s'évanouissent également après cinq générations.

Moi, je n'ai pas pu être un disciple de KHOUNG-TSEU; mais j'ai recueilli de mon mieux ses préceptes de vertu des hommes [qui ont été les disciples de *Tseu-sse*].

23. MENG-TSEU dit : Lorsqu'une chose paraît devoir être acceptée, et qu'après un plus mûr examen elle ne paraît pas devoir l'être, si on l'accepte, on blesse le sentiment de la convenance. Lorsqu'une chose paraît devoir être donnée, et qu'après un plus mûr examen elle ne paraît pas devoir l'être, si on la donne, on blesse le sentiment de la bienfaisance. Lorsque le temps paraît être venu où l'on peut mourir, et qu'après une réflexion plus mûre il ne paraît plus convenir de mourir, si l'on se donne la mort, on outrage l'élément de force et de vie que l'on possède.

24. Lorsque *Pheng-meng*, apprenant de *Y* ² à lancer

---

¹ *Tchun-thsieo*, composé par KHOUNG-TSEU; il forme le cinquième des *King*. Aucune traduction n'en a encore été publiée en langue européenne.

² Prince du royaume de *Yeou-khioung*.

des flèches, eut épuisé toute sa science, il crut que *Y* était le seul dans l'empire qui le surpassait dans cet art, et il le tua.

MENG-TSEU dit : Ce *Y* était aussi un criminel. *Koung-ming-i* disait : « Il paraît ne pas avoir été criminel ; » c'est-à-dire qu'il était moins criminel que *Pheng-meng*. Comment n'aurait-il pas été criminel ?

Les habitants du royaume de *Tching* ayant envoyé *Tseu-cho-jou-tseu* pour attaquer le royaume de *Wei*, ceux de *Wei* envoyèrent *Yu-koung-tchi-sse* pour le poursuivre. *Tseu-cho-jou-tseu* dit : Aujourd'hui je me trouve mal ; je ne puis pas tenir mon arc ; je me meurs. Interrogeant ensuite celui qui conduisait son char, il lui demanda quel était l'homme qui le poursuivait. Son cocher lui répondit : C'est *Yu-koung-tchi-sse*.

— Alors j'ai la vie sauve.

Le cocher reprit : *Yu-koung-tchi-sse* est le plus habile archer du royaume de *Wei*. Maître, pourquoi avez-vous dit que vous aviez la vie sauve ?

— *Yu-koung-tchi-sse* apprit l'art de tirer de l'arc de *Yin-koung-tchi-ta*. *Yin-koung-tchi-ta* apprit de moi l'art de tirer de l'arc. *Yin-koung-tchi-ta* est un homme à principes droits. Celui qu'il a pris pour ami est certainement aussi un homme à principes droits.

*Yu-koung-tchi-sse* l'ayant atteint, lui dit : Maître, pourquoi ne tenez-vous pas votre arc en main ?

— Aujourd'hui je me trouve mal ; je ne puis tenir mon arc.

— J'ai appris l'art de tirer de l'arc de *Yin-koung-tchi-ta* ; *Yin-koung-tchi-ta* apprit l'art de tirer de l'arc de vous, maître. Je ne supporte pas l'idée de me servir de l'art et des principes de mon maître au préjudice du sien. Quoiqu'il en soit ainsi, l'affaire que j'ai à suivre aujourd'hui est celle de mon prince ; je n'ose pas la négliger. Alors il prit ses flèches, qu'il ficha sur la roue du char, et, leur fer se trouvant enlevé, il en lança quatre, et s'en retourna.

25. MENG-TSEU dit. Si [la belle] *Si-tseu* s'était couverte d'ordures, alors tous les hommes se seraient éloignés d'elle en se bouchant le nez.

Quoiqu'un homme ait une figure laide et difforme, s'il se purifie et tient son cœur sans souillure, s'il se fait souvent des ablutions, alors il pourra sacrifier au souverain suprême (*Chang-ti*).

26. MENG-TSEU dit : Lorsque dans le monde on disserte sur la nature rationnelle de l'homme, on ne doit parler que de ses effets. Ses effets sont ce qu'il y a de plus important à connaître.

C'est ainsi que nous éprouvons de l'aversion pour un [faux] sage, qui use de captieux détours. Si ce sage agissait naturellement comme *Yu* en dirigeant les eaux [de la grande inondation], nous n'éprouverions point d'aversion pour sa sagesse. Lorsque *Yu* dirigeait les grandes eaux, il les dirigeait selon leur cours le plus naturel et le plus facile. Si le sage dirige aussi ses actions selon la voie naturelle de la raison et la nature des choses, alors sa sagesse sera grande aussi.

Quoique le ciel soit très-élevé, que les étoiles soient très-éloignées, si on porte son investigation sur les effets naturels qui en procèdent, on peut calculer ainsi, avec la plus grande facilité, le jour où après mille ans le solstice d'hiver aura lieu.

27. *Koung-hang-tseu* [1] ayant eu à célébrer en fils pieux les funérailles de son père, un commandant de la droite du prince fut envoyé près de lui pour assister aux cérémonies funèbres.

Lorsqu'il eut franchi la porte du palais, de nombreuses personnes entrèrent en s'entretenant avec le commandant de la droite du prince. D'autres l'accompagnèrent jusqu'à son siège en s'entretenant aussi avec lui.

MENG-TSEU n'adressa pas la parole au commandant de la droite du prince. Celui-ci en fut mortifié, et il dit : Une

---

[1] Premier ministre du roi de *Thsi*.

foule de personnes distinguées sont venues s'entretenir avec moi qui suis revêtu de la dignité de *Houan;* MENG-TSEU seul ne m'a point adressé la parole : c'est une marque de mépris qu'il m'a témoignée!

MENG-TSEU, ayant entendu ces paroles, dit : On lit dans le *Livre des Rites :* « Étant à la cour, il ne faut pas se « rendre à son siége en s'entretenant avec quelqu'un ; il « ne faut pas sortir des gradins que l'on occupe pour se « saluer mutuellement. » Moi, je ne pensais qu'à observer les rites ; n'est-il pas étonnant que *Tseu-ngao* pense que je lui ai témoigné du mépris ?

28. MENG-TSEU dit : Ce en quoi l'homme supérieur diffère des autres hommes, c'est qu'il conserve la vertu dans son cœur. L'homme supérieur conserve l'humanité dans son cœur, il y conserve aussi l'urbanité.

L'homme humain aime les hommes; celui qui a de l'urbanité respecte les hommes.

Celui qui aime les hommes est toujours aimé des hommes ; celui qui respecte les hommes est toujours respecté des hommes.

Je suppose ici un homme qui me traite avec grossièreté et brutalité; alors, en homme sage, je dois faire un retour sur moi-même et me demander si je n'ai pas été inhumain, si je n'ai pas manqué d'urbanité : autrement, comment ces choses me seraient-elles arrivées ?

Si après avoir fait un retour sur moi-même je trouve que j'ai été humain ; si après un nouveau retour sur moi-même je trouve que j'ai eu de l'urbanité : la brutalité et la grossièreté dont j'ai été l'objet existant toujours, en homme sage je dois de nouveau descendre en moi-même et me demander si je n'ai pas manqué de droiture.

Si après cet examen intérieur je trouve que je n'ai pas manqué de droiture, la grossièreté et la brutalité dont j'ai été l'objet existant toujours, en homme sage, je me dis : Cet homme qui m'a outragé n'est qu'un extravagant, et rien de plus. S'il en est ainsi, en quoi diffère-t-il de la bête brute? Pourquoi donc me tourmenterais-je à propos d'une bête brute?

C'est pour ce motif que le sage est toute sa vie intérieurement plein de sollicitudes [pour faire le bien], sans qu'une peine [ayant une cause extérieure [1]] l'affecte pendant la durée d'un matin.

Quant aux sollicitudes intérieures, le sage en éprouve constamment. [Il se dit :] *Chun* était un homme, je suis aussi un homme ; *Chun* fut un exemple de vertus et de sagesse pour tout l'empire, et il put transmettre ses instructions aux générations futures ; moi, je n'ai pas encore cessé d'être un homme de mon village [un homme vulgaire]. Ce sont là pour lui de véritables motifs de préoccupations pénibles et de chagrins ; il n'aurait plus de sujets d'affliction s'il était parvenu à ressembler à *Chun*. Quant aux peines qui ont une cause extérieure, étrangère, le sage n'en éprouve pas. Il ne commet pas d'actes contraires à l'humanité ; il ne commet pas d'actes contraires à l'urbanité. Si une peine ayant une cause extérieure l'affectait pendant la durée d'un matin, cela ne serait pas alors une peine pour le sage.

29. *Yu* et *Tsi* étant entrés dans l'âge de l'égalité d'âme [dans cet âge de la raison où l'on a pris de l'empire sur ses passions et ses penchants [2]], ils passèrent trois fois devant leur porte sans y entrer [pour ne pas interrompre les soins qu'ils donnaient à l'intérêt public]. KHOUNG-TSEU loua leur conduite dans ces circonstances.

*Yan-tseu* [3], dans l'âge des passions turbulentes, habitait une ruelle obscure et déserte, mangeait dans une écuelle de roseaux, et buvait dans une courge. Les hommes n'auraient pu supporter ses privations et ses tristesses. Mais *Yan-tseu* ne perdit pas son air serein et satisfait. KHOUNG-TSEU loua sa conduite dans cette circonstance.

[1] *Glose.*
[2] *Ibid.*
[3] Voyez ci-devant, p. 31 et t. 9.

MENG-TSEU dit : *Yu, Tsi* et *Yan-hoeï* se conduisirent d'après les mêmes principes.

*Yu* agissait comme s'il avait pensé que l'empire étant submergé par les grandes eaux, il avait lui-même causé cette submersion. *Tsi* agissait comme s'il avait pensé que l'empire épuisé par la famine, il avait lui-même causé cette famine. C'est pourquoi ils éprouvaient une telle sollicitude.

Si *Yu, Tsi* et *Yan-tseu* s'étaient trouvés à la place l'un de l'autre, ils auraient agi de même.

Maintenant je suppose que les personnes de ma maison se querellent ensemble, je m'empresserai de les séparer. Quoique leurs cheveux et les bandes de leurs bonnets soient épars de côté et d'autre, je devrai également m'empresser de les séparer.

Si ce sont les hommes d'un même village ou du voisinage qui se querellent ensemble, ayant les cheveux et les bandelettes de leurs bonnets épars de côté et d'autre, je fermerai les yeux sans aller m'interposer entre eux pour les séparer. Je pourrais même fermer ma porte, sans me soucier de leurs différends.

30. *Koung-tou-tseu* (disciple de MENG-TSEU) dit : Tout le monde dans le royaume prétend que *Khouang-tchang* n'a point de piété filiale. Maître, comme vous avez avec lui des relations fréquentes, que vous êtes avec lui sur un pied de politesse très-grande, oserais-je vous demander pourquoi on a une telle opinion de lui ?

MENG-TSEU dit : Les vices que, selon les mœurs de notre siècle, on nomme *défauts de piété filiale* sont au nombre de cinq. Laisser ses quatre membres s'engourdir dans l'oisiveté, au lieu de pourvoir à l'entretien de son père et de sa mère, est le premier défaut de piété filiale. Aimer à jouer aux échecs [1], à boire du vin, au lieu de pourvoir à l'entretien de son père et de sa mère, est le second dé-

---

[1] *Po-i;* on voit par la que ce jeu était déjà beaucoup en usage du temps de MENG-TSEU.

faut de piété filiale. Convoiter les richesses et le lucre, et se livrer avec excès à la passion de la volupté, au lieu de pourvoir à l'entretien de son père et de sa mère, est le troisième défaut de piété filiale. S'abandonner entièrement aux plaisirs des yeux et des oreilles, en occasionnant à son père et à sa mère de la honte et de l'ignominie, est le quatrième défaut de piété filiale. Se complaire dans les excès d'une force brutale, dans les rixes et les emportements, en exposant son père et sa mère à toute sorte de dangers, est le cinquième défaut de piété filiale. *Tchang-tseu* a-t-il un de ces défauts ?

Ce *Tchang-tseu* étant fils, il ne lui convient pas d'exhorter son père à la vertu ; ce n'est pas pour lui un devoir de réciprocité.

Ce devoir d'exhorter à la vertu est de règle entre égaux et amis ; l'exhortation à la vertu entre le père et le fils est une des causes qui peuvent le plus altérer l'amitié.

Pourquoi *Tchang-tseu* ne désirerait-il pas que le mari et la femme, la mère et le fils demeurent ensemble [comme c'est un devoir pour eux] ? Parce qu'il a été coupable envers son père, il n'a pu demeurer près de lui ; il a renvoyé sa femme, chassé son fils, et il se trouve ainsi jusqu'à la fin de sa vie privé de l'entretien et des aliments qu'il devait en attendre. *Tchang-tseu*, dans la determination de sa volonté, ne paraît pas avoir voulu agir comme il a agi [envers sa femme et son fils [1]]. Mais si, après s'être conduit comme il l'a fait [envers son père, il avait en outre accepté l'alimentation de sa femme et de son fils [2]], il aurait été des plus coupables. Voilà l'explication de la conduite de *Tchang-tseu* [qui n'a rien de répréhensible].

31. Lorsque *Thsêng-tseu* habitait dans la ville de *Wou-tching*, quelqu'un, en apprenant l'approche d'un brigand armé du royaume de *Youei*, lui dit : Le brigand arrive, pourquoi ne vous sauvez-vous pas ? Il répondit [à un de

---

[1] *Glose.*
[2] *Ib. d.*

ceux qui étaient préposés à la garde de sa maison ¹] : Ne logez personne dans ma maison, afin que les plantes et les arbres qui se trouvent dans l'intérieur ne soient pas détruits ; et lorsque le brigand se sera retiré, alors remettez en ordre les murs de ma maison, car je reviendrai l'habiter.

Le brigand s'étant retiré, *Thsêng-tseu* retourna à sa demeure. Ses disciples dirent : Puisque le premier magistrat de la ville a si bien traité notre maître [en lui donnant une habitation], ce doit être un homme plein de droiture et de déférence ! Mais fuir le premier à l'approche du brigand, et donner ainsi un mauvais exemple au peuple qui pouvait l'imiter ; revenir ensuite après le départ du brigand, ce n'est peut-être pas agir convenablement.

*Chin-yeou-hing* (un des disciples de *Thsêng-tseu*) dit : C'est ce que vous ne savez pas. Autrefois la famille *Chin-yeou* ayant eu à souffrir les calamités d'une grande dévastation ², des soixante-dix hommes qui accompagnaient notre maître (*Thsêng-tseu*) aucun ne vint l'aider dans ces circonstances difficiles.

Lorsque *Tseu-sse* habitait dans le royaume de *Weï*, quelqu'un, en apprenant l'approche d'un brigand armé du royaume de *Thsi*, lui dit : Le brigand arrive ; pourquoi ne vous sauvez-vous pas ?

*Tseu-sse* répondit : Si moi *Ki* je me sauve, qui protégera le royaume avec le prince ?

MENG-TSEU dit : *Thsêng-tseu* et *Tseu-sse* eurent les mêmes principes de conduite. *Thsêng-tseu* était precepteur de la sagesse ³ ; il était par conséquent dans les mêmes conditions [de dignité et de sûreté à maintenir] qu'un père et un frère aîné ; *Tseu-sse* était magistrat ou fonctionnaire public ; il était par conséquent dans une condition bien inférieure [sous ces deux rapports]. Si *Thsêng-tseu* et

---

¹ Glose.

² C'est ainsi que la Glose explique l'expression *pi hiau* du texte par *tso louan*.

³ *Sse* ; il avait aussi de nombreux disciples.

*Tseu-sse* se fussent trouvés à la place l'un de l'autre, ils auraient agi de même.

32. *Tchou-tseu,* magistrat du royaume de *Thsi,* dit : Le roi a envoyé des hommes pour s'informer secrètement si vous différez véritablement, maître, des autres hommes.

MENG-TSEU dit : Si je diffère des autres hommes ? *Yao* et *Chun* eux-mêmes étaient de la même nature que les autres hommes.

33. [MENG-TSEU] dit : Un homme de *Thsi* avait une femme légitime et une seconde femme qui habitaient toutes deux dans sa maison.

Toutes les fois que le mari sortait, il ne manquait jamais de se gorger de vin et de viande avant de rentrer au logis. Si sa femme légitime lui demandait qui étaient ceux qui lui avaient donné à boire et à manger, alors il lui répondait que c'étaient des hommes riches et nobles.

Sa femme légitime s'adressant à la concubine, lui dit : Toutes les fois que le mari sort, il ne manque jamais de rentrer gorgé de vin et de viande. Si je lui demande quelles sont les personnes qui lui ont donné à boire et à manger, il me répond : Ce sont des hommes riches et nobles ; et cependant aucune personne illustre n'est encore venue ici. Je veux observer en secret où va le mari.

Elle se leva de grand matin, et suivit secrètement son mari dans les lieux où il se rendait. Il traversa le royaume [1] sans que personne vînt l'accoster et lui parler. Enfin il se rendit dans le faubourg oriental, où, parmi les tombeaux, se trouvait un homme qui offrait le sacrifice des ancêtres, dont il mangea les restes sans se rassasier. Il alla encore ailleurs avec la même intention. C'était là sa méthode habituelle de satisfaire son appétit.

Sa femme légitime, de retour à la maison, s'adressant à la concubine, lui dit : Notre mari était l'homme dans lequel nous avions placé toutes nos espérances pour le

---

[1] Quelques interprètes pensent qu'ici *kouë, royaume,* signifie ville.

reste de nos jours, et maintenant voici ce qu'il a fait. Elle raconta ensuite à la concubine ce qu'elle avait vu faire à son mari, et elles pleurèrent ensemble dans le milieu du gynécée. Et le mari, ne sachant pas ce qui s'était passé, revint le visage tout joyeux du dehors se vanter de ses bonnes fortunes auprès de sa femme légitime et de sa femme de second rang.

Si le sage médite attentivement sur la conduite de cet homme, il verra par quels moyens les hommes se livrent à la poursuite des richesses, des honneurs, du gain et de l'avancement, et combien ils sont peu nombreux ceux dont les femmes légitimes et de second rang ne rougissent pas et ne se désolent pas de leur conduite.

## CHAPITRE III.

#### COMPOSÉ DE 9 ARTICLES.

1. *Wen-tchang* (disciple de MENG-TSEU) fit une question en ces termes : « Lorsque *Chun* se rendait aux champs « [pour les cultiver], il versait des larmes en implorant « le ciel miséricordieux. » Pourquoi implorait-il le ciel en versant des larmes ?

MENG-TSEU dit : Il se plaignait [de ne pas être aimé de ses parents], et il pensait aux moyens de l'être.

*Wen-tchang* dit : Si son père et sa mère l'aimaient, il devait être satisfait, et ne pas oublier leur tendresse. Si son père et sa mère ne l'aimaient pas, il devait supporter ses chagrins sans se plaindre. S'il en est ainsi, *Chun* se plaignait donc de ses parents ?

MENG-TSEU répliqua : *Tchang-si*, interrogeant *Koung-ming-kao*, dit : En ce qui concerne ces expressions: *Lorsque Chun se rendait aux champs*, j'ai entendu là-dessus vos explications ; quant à celles-ci, *il versait des larmes en implorant le ciel miséricordieux*, j'en ignore le sens.

*Koung-ming-kao* dit : Ce n'est pas une chose que vous puissiez comprendre.

*Koung-ming-kao* (continua MENG-TSEU) pensait que le cœur d'un fils pieux ne pouvait être ainsi exempt de chagrins. « Pendant que j'épuise mes forces [se disait-il] à « cultiver les champs, je ne fais que remplir mes devoirs « de fils, et rien de plus. Si mon père et ma mère ne « m'aiment pas, y a-t-il de ma faute ? »

L'empereur (*Yao*) lui envoya ses fils, neuf jeunes gens vigoureux, et ses deux filles, et il ordonna à un grand nombre de magistrats ainsi que d'officiers publics de se rendre près de *Chun* avec des approvisionnements de bœufs, de moutons et de grains pour son service. Les lettrés de l'empire en très-grand nombre se rendirent près de lui.

L'empereur voulut en faire son ministre et lui transmettre l'empire. Ne recevant aucune marque de déférence [ou de soumission au bien] de ses père et mère, il était comme un homme privé de tout, qui ne sait où se réfugier.

Causer de la joie et de la satisfaction aux hommes dont l'intelligence est la plus éclairée dans l'empire, c'est ce que l'on désire le plus vivement, et cependant cela ne suffisait pas pour dissiper les chagrins [de *Chun*]. L'amour d'une jeune et belle femme est ce que les hommes désirent ardemment ; *Chun* reçut pour femmes les deux filles de l'empereur, et cependant cela ne suffisait pas pour dissiper ses chagrins. Les richesses sont aussi ce que les hommes désirent vivement ; en fait de richesses, il eut l'empire en possession, et cependant cela ne suffisait pas pour dissiper ses chagrins. Les honneurs sont ce que les hommes désirent ardemment ; en fait d'honneurs, il fut revêtu de la dignité de fils du Ciel [ou d'empereur], et cependant cela ne suffisait pas pour dissiper ses chagrins. Le sentiment de causer de la satisfaction et de la joie aux hommes de l'empire dont l'intelligence est la plus éclairée, l'amour de jeunes et belles femmes, les richesses et les honneurs, ne suffisaient pas pour dissiper les chagrins de *Chun*. Il n'y avait que la déférence de ses père et mère à ses bons conseils qui aurait pu dissiper ses chagrins.

L'homme, lorsqu'il est jeune, chérit son père et sa mère. Quand il sent naître en lui le sentiment de l'amour, alors il aime une jeune et belle adolescente ; quand il a une femme et des enfants, alors il aime sa femme et ses enfants ; quand il occupe un emploi public, alors il aime le prince. Si [dans ce dernier cas] il n'obtient pas la faveur du prince, alors il en éprouve une vive inquiétude.

Celui qui a une grande piété filiale aime jusqu'à son dernier jour son père et sa mère. Jusqu'à cinquante ans, chérir [son père et sa mère] est un sentiment de piété filiale que j'ai observé dans le grand *Chun*.

2. *Wen-tchang* continua ses questions :

Le *Livre des Vers* [1] dit :

« Quand un homme veut prendre une femme, que
« doit-il faire ?

« Il doit consulter son père et sa mère. »

Personne ne pouvait pratiquer plus fidèlement ces paroles que *Chun*. *Chun* cependant ne consulta pas ses parents avant de se marier. Pourquoi cela ?

MENG-TSEU répondit : S'il les avait consultés, il n'aurait pas pu se marier. La cohabitation ou l'union sous le même toit, de l'homme et de la femme, est le devoir le plus important de l'homme. S'il avait consulté ses parents, il n'aurait pas pu remplir ce devoir [2], le plus important de l'homme, et par là il aurait provoqué la haine de son père et de sa mère.

C'est pourquoi il ne les consulta pas.

*Wen-tchang* continua : J'ai été assez heureux pour obtenir de vous d'être parfaitement instruit des motifs qui empêchèrent *Chun* de consulter ses parents avant de se

---

[1] Ode *Nan-chan*, section *Koué-foung*.

[2] Parce qu'il n'aurait pas obtenu leur assentiment, et qu'il n'aurait pas voulu leur désobéir.

marier; maintenant comment se fit-il que l'empereur ne consulta pas également les parents de *Chun* avant de lui donner ses deux filles en mariage?

Meng-tseu dit : L'empereur savait aussi que, s'il les avait consultés, il n'aurait pas obtenu leur consentement au mariage.

*Wen-tchang* poursuivit : Le père et la mère de *Chun* lui ayant ordonné de construire une grange à blé, après avoir enlevé les échelles, *Kou-seou* [son père] y mit le feu. Ils lui ordonnèrent ensuite de creuser un puits, d'où il ne se fut pas plus tôt échappé [par une ouverture latérale qu'il s'était ménagée [1]], qu'ils le comblèrent.

*Siang* [2] dit : « C'est moi qui ai suggéré le dessein
« d'engloutir le prince de la résidence impériale (*Chun*);
« j'en réclame tout le mérite. Ses bœufs et ses moutons
« appartiennent à mon père et à ma mère; ses granges
« et ses grains appartiennent à mon père et à ma mère;
« son bouclier et sa lance, à moi; sa guitare, à moi; son
« arc ciselé, à moi; à ses deux femmes j'ordonnerai
« d'orner ma couche. »

*Siang* s'étant rendu à la demeure de *Chun* [pour s'emparer de ce qui s'y trouvait, le croyant englouti], il trouva *Chun* assis sur son lit, et jouant de la guitare.

*Siang* dit : « J'étais tellement inquiet de mon prince,
« que je pouvais à peine respirer; » et son visage se couvrit de rougeur. *Chun* lui dit : « Veuillez, je vous
« prie, diriger en mon nom cette foule de magistrats et
« d'officiers publics. » Je ne sais pas si *Chun* ignorait que *Siang* avait voulu le faire mourir.

Meng-tseu dit : Comment l'aurait-il ignoré? Il lui suffisait que *Siang* éprouvât de la peine pour en éprouver aussi, et qu'il éprouvât de la joie pour en éprouver aussi.

*Wen-tchang* répliqua : S'il en est ainsi, *Chun* aurait donc simulé une joie qu'il n'avait pas? — Aucunement.

---

[1] *Commentaire.*

[2] Frere cadet de *Chun*, mais d'une autre mère.

Autrefois des poissons vivants furent offerts en don à *Tseu-tchan,* du royaume de *Tching. Tseu-tchan* ordonna que les gardiens du vivier les entretinssent dans l'eau du lac. Mais les gardiens du vivier les firent cuire pour les manger. Étant venus rendre compte de l'ordre qui avait été donné, ils dirent : Quand nous avons commencé à mettre ces poissons en liberté, ils étaient engourdis et immobiles; peu à peu ils se sont ranimés et ont repris de l'agilité; enfin ils se sont échappés avec beaucoup de joie. *Tseu-tchan* dit : Ils ont obtenu leur destination! ils ont obtenu leur destination!

Lorsque les gardiens du vivier furent partis, ils se dirent entre eux : Qui donc disait que *Tseu-tchan* était un homme pénétrant? Après que nous avons eu fait cuire et mangé ses poissons, il dit : Ils ont obtenu leur destination! ils ont obtenu leur destination! Ainsi donc le sage peut être trompé dans les choses vraisemblables; il peut être difficilement trompé dans les choses invraisemblables ou qui ne sont pas conformes à la raison. *Siang* étant venu près de *Chun* avec toutes les apparences d'un vif sentiment de tendresse pour son frère aîné, celui-ci y ajouta une entière confiance et s'en réjouit. Pourquoi aurait-il eu de la dissimulation?

3. *Wen-tchang* fit cette nouvelle question : *Siang* ne pensait chaque jour qu'aux moyens de faire mourir *Chun.* Lorsque *Chun* fut établi fils du Ciel [ou empereur], il l'exila loin de lui; pourquoi cela?

Meng-tseu dit : Il en fit un prince vassal. Quelques-uns dirent qu'il l'avait exilé loin de lui.

*Wen-tchang* dit : *Chun* exila le président des travaux publics (*Koung-kong*) à *Yeou-tcheou;* il relégua *Houan-teou* à *Tsoung-chan;* il fit périr [le roi des] *San-miao* à *San-wei;* il déporta *Kouan* à *Yu-chan.* Ces quatre personnages étant châtiés, tout l'empire se soumit, en voyant les méchants punis. *Siang* était un homme très-méchant, de la plus grande inhumanité; pour qu'il fût établi prince vassal de la terre de *Yeou-pi,* il fallait que les hommes de *Yeou-pi* fussent eux-mêmes bien criminels. L'homme qui serait véritablement humain agirait-il ainsi? En ce qui concerne les autres personnages [coupables], *Chun* les punit; en ce qui concerne son frère, il le fit prince vassal !

MENG-TSEU répondit : L'homme humain ne garde point de ressentiments envers son frère ; il ne nourrit point de haine contre lui. Il l'aime, le chérit comme un frère, et voilà tout.

Par cela même qu'il l'aime, il désire qu'il soit élevé aux honneurs ; par cela même qu'il le chérit, il desire qu'il ait des richesses. *Chun*, en établissant son frère prince vassal des *Yeou-pi*, l'éleva aux honneurs et l'enrichit. Si pendant qu'il était empereur son frère cadet fût resté homme privé, aurait-on pu dire qu'il l'avait aimé et chéri ?

— Oserais-je me permettre de vous faire encore une question? dit *Wen-tchang*. « Quelques-uns dirent qu'il « l'avait exilé loin de lui. » Que signifient ces paroles ?

MENG-TSEU dit : *Siang* ne pouvait pas posséder la puissance souveraine dans son royaume. Le fils du Ciel [l'empereur] fit administrer ce royaume par un délégué, et c'est de celui-ci dont il exigeait les tributs. C'est pourquoi on dit que son frère [ainsi privé d'autorité] avait été exilé. Comment *Siang* aurait-il pu opprimer le peuple de ce royaume [dont il n'était que le prince nominal]? Quoique les choses fussent ainsi, *Chun* désirait le voir souvent; c'est pourquoi *Siang* allait le voir à chaque instant. *Chun* n'attendait pas l'époque où l'on apportait les tributs, ni celle où l'on rendait compte des affaires administratives, pour recevoir le prince vassal des *Yeou-pi*. Voilà ce que signifient les paroles que vous avez citées.

4. *Hian-khieou-meng* (disciple de MENG-TSEU) lui fit une question en ces termes : Un ancien proverbe dit : « Les lettrés [quelque] éminents et doués de vertus qu'ils « soient, ne peuvent pas faire d'un prince un sujet, et

« d'un père un fils [en attribuant la supériorité au seul mérite]. » Cependant, lorsque *Chun* se tenait la face tournée vers le midi [c'est-à-dire présidait solennellement à l'administration de l'empire], *Yao*, à la tête des princes vassaux, la tête tournée vers le nord, lui rendait hommage ; *Kou-seou*, aussi la tête tournée vers le nord, lui rendait hommage. *Chun*, en voyant son père *Kou-seou*, laissait paraître sur son visage l'embarras qu'il éprouvait. KHOUNG-TSEU disait à ce propos : « En ce « temps-là, l'empire était dans un danger imminent ; « il était bien près de sa ruine. » Je ne sais si ces paroles sont véritables.

MENG-TSEU dit : Elles ne le sont aucunement. Ces paroles n'appartiennent point à l'homme éminent auquel elles sont attribuées. C'est le langage d'un homme grossier des contrées orientales du royaume de *Thsi*.

*Yao* étant devenu vieux, *Chun* prit en main l'administration de l'empire. Le *Yao-tian* [1] dit : « Lorsque, après « vingt-huit ans [de l'administration de *Chun*], le prince « aux immenses vertus (*Yao*) mourut, toutes les familles « de l'empire, comme si elles avaient porté le deuil de « leur père ou de leur mère décédés, le pleurèrent « pendant trois ans, et les peuples qui parcourent les « rivages des quatre mers s'arrêtèrent et suspendirent « dans le silence les huit sons. »

KHOUNG-TSEU dit : « Le ciel n'a pas deux soleils ; le « peuple n'a pas deux souverains. » Cependant, si *Chun* fut élevé à la dignité de fils du Ciel, et qu'en outre, comme chef des vassaux de l'empire, il ait porté trois ans le deuil de *Yao*, il y eut donc en même temps deux empereurs.

*Hian-khieou-meng* dit. J'ai été assez heureux pour obtenir de vous de savoir que *Chun* n'avait pas fait *Yao* son sujet. Le *Livre des Vers* [2] dit :

---

[1] Chapitre du *Chou-king*.
[2] Ode *Pe-chan*, section *Siao-ya*.

« Si vous parcourez l'empire,

« Vous ne trouverez aucun lieu qui ne soit le terri-
« toire de l'empereur;

« Si vous suivez les rivages de la terre, vous ne trou-
« verez aucun homme qui ne soit le sujet de l'empe-
« reur. »

Mais, dès l'instant que *Chun* fut empereur, permettez-moi de vous demander comment *Kou-seou* [son père] ne fut pas son sujet.

MENG-TSEU dit : Ces vers ne disent pas ce que vous pensez qu'ils disent. Des hommes qui consacraient leurs labeurs au service du souverain, et qui ne pouvaient pas s'occuper des soins nécessaires à l'entretien de leur père et de leur mère [les ont composés]. C'est comme s'ils avaient dit : Dans ce que nous faisons, rien n'est étranger au service du souverain; mais nous seuls, qui possédons des talents éminents, nous travaillons pour lui [; cela est injuste].

C'est pourquoi ceux qui expliquent les vers ne doivent pas, en s'attachant à un seul caractère, altérer le sens de la phrase, ni, en s'attachant trop étroitement à une seule phrase, altérer le sens général de la composition. Si la pensée du lecteur [ou de celui qui explique les vers] va au-devant de l'intention du poète, alors on saisit le véritable sens. Si l'on ne s'attache qu'à une seule phrase, celle de l'ode qui commence par ces mots : *Que la voie lactée s'étend loin dans l'espace* [1], et qui est ainsi conçue [2] : *Des débris de la population aux cheveux noirs de Tcheou, il ne reste pas un enfant vivant*, signifierait, en la prenant à la lettre, qu'il n'existe plus un seul individu dans l'empire de *Tcheou !*

S'il est question du plus haut degré de la piété filiale, rien n'est aussi élevé que d'honorer ses parents. S'il est question de la plus grande marque d'honneur que l'on

---

[1] Ode *Yun-han*, section *Ta-ya*.
[2] C'est *Li-wang* qui est ici désigné. (*Glose.*)

puisse témoigner à ses parents, rien n'est comparable à l'entretien qu'on leur procure sur les revenus de l'État. Comme [*Kou-seou*] était le père du fils du Ciel, le combler d'honneurs était pour ce dernier la plus haute expression de sa piété filiale ; et comme il l'entretint avec les revenus de l'empire, il lui donna la plus grande marque d'honneur qu'il pouvait lui donner.

Le *Livre des Vers*[1] dit :
« Il pensait constamment à avoir de la piété filiale,
« Et par sa piété filiale il fut un exemple à tous. »
Voilà ce que j'ai voulu dire.

On lit dans le *Chou-king*[2] :
« Toutes les fois que *Chun* visitait son père *Kou-seou*
« pour lui rendre ses devoirs, il éprouvait un sentiment
« de respect et de crainte. *Kou-seou* aussi déférait à ses
« conseils. » Cela confirme [ce qui a été dit précédemment] que l'on ne peut pas faire d'un père un fils.

5. *Wen-tchang* dit : Est-il vrai que l'empereur *Yao* donna l'empire à *Chun*?

MENG-TSEU dit : Aucunement. Le fils du Ciel ne peut donner ou conférer l'empire à aucun homme.

*Wen-tchang* dit : Je l'accorde ; mais alors *Chun* ayant possédé l'empire, qui le lui donna?

MENG-TSEU dit : Le ciel le lui donna.

*Wen-tchang* continua : Si c'est le ciel qui le lui donna, lui conféra-t-il son mandat par des paroles claires et distinctes?

MENG-TSEU répliqua : Aucunement. Le ciel ne parle pas ; il fait connaître sa volonté par les actions ainsi que par les hauts faits [d'un homme] ; et voilà tout.

*Wen-tchang* ajouta : Comment fait-il connaître sa volonté par les actions et les hauts faits [d'un homme]?

MENG-TSEU dit : Le fils du Ciel peut seulement proposer un homme au ciel ; il ne peut pas ordonner que le ciel

---

[1] Ode *Hia-wou*, section *Ta-ya*.
[2] Chapitre *Ta-yu-mo*, p. 52, des *Livres sacrés de l'Orient*.

lui donne l'empire. Les vassaux de l'empire peuvent proposer un homme au fils du Ciel; ils ne peuvent pas ordonner que le fils du Ciel lui confère la dignité de prince vassal. Le premier fonctionnaire [*ta-fou*] d'une ville peut proposer un homme au prince vassal; il ne peut pas ordonner que le prince vassal lui confère la dignité de premier magistrat.

Autrefois *Yao* proposa *Chun* au ciel, et le ciel l'accepta; il le montra au peuple couvert de gloire, et le peuple l'accepta. C'est pourquoi je disais : « Le ciel ne « parle pas; il fait connaître sa volonté par les actions et les hauts faits d'un homme; et voilà tout. »

*Wen-tchang* dit : Permettez-moi une nouvelle question. Qu'entendez-vous par ces mots : *Il le proposa au ciel, et le ciel l'accepta; il le montra au peuple couvert de gloire, et le peuple l'accepta?*

Meng-tseu dit : Il lui ordonna de présider aux cérémonies des sacrifices, et tous les esprits [1] eurent ses sacrifices pour agréables : voilà l'*acceptation du ciel*. Il lui ordonna de présider à l'administration des affaires publiques, et les affaires publiques étant par lui bien administrées, toutes les familles de l'empire furent tranquilles et satisfaites : voilà l'*acceptation du peuple*. Le ciel lui donna l'empire, et le peuple aussi le lui donna. C'est pourquoi je disais : *Le fils du Ciel ne peut pas à lui seul donner l'empire à un homme.*

*Chun* aida *Yao* dans l'administration de l'empire pendant vingt-huit ans. Ce ne fut pas le résultat de la puissance de l'homme, mais du ciel.

*Yao* étant mort, et le deuil de trois ans achevé, *Chun* se sépara du fils de *Yao*, et se retira dans la partie méridionale du fleuve méridional [pour lui laisser l'empire]. Mais les grands vassaux de l'empire, qui venaient au printemps et en automne jurer foi et hommage, ne se

---

[1] *Pe-chin*, littéralement, les *cent esprits;* ce sont les esprits du ciel, de la terre, des montagnes et des fleuves. (*Glose*)

rendaient pas près du fils de *Yao*, mais près de *Chun*. Ceux qui portaient des accusations ou qui avaient des procès à vider ne se présentaient pas au fils de *Yao*, mais à *Chun*. Les poëtes qui louaient les hauts faits dans leurs vers, et qui les chantaient, ne célébraient point et ne chantaient point le fils de *Yao*, mais ils célébraient et chantaient les exploits de *Chun*. C'est pourquoi j'ai dit que *c'était le résultat de la puissance du ciel*. Après cela, *Chun* revint dans le royaume du milieu ¹, et monta sur le trône du fils du Ciel. Si, ayant continué d'habiter le palais de *Yao*, il avait opprimé et contraint son fils, c'eût été usurper l'empire et non le recevoir du ciel.

Le *Tai-tchi* ² dit : « Le ciel voit ; mais il voit par [les « yeux de] mon peuple. Le ciel entend ; mais il entend « par [les oreilles de] mon peuple. » C'est là ce que j'ai voulu dire.

6. *Wen-tchang* fit une autre question en ces termes : Les hommes disent : Ce ne fut que jusqu'à *Yu* [que l'intérêt public fut préféré par les souverains à l'intérêt privé] ; ensuite, la vertu s'étant affaiblie, l'empire ne fut plus transmis au plus sage, mais il fut transmis au fils. Cela n'est-il pas vrai ?

Meng-tseu dit : Aucunement ; cela n'est pas ainsi. Si le ciel donne l'empire au sage, alors [l'empereur] le lui donne ; si le ciel le donne au fils, alors [l'empereur] le lui donne.

Autrefois *Chun* proposa *Yu* au ciel [en le faisant son ministre]. A la dix-septième année de son administration, *Chun* mourut. Les trois années de deuil étant écoulées, *Yu* se sépara du fils de *Chun*, et se retira dans la contrée de *Yang-tching*. Les populations de l'empire le suivirent, comme, après la mort de *Yao*, elles n'avaient pas suivi son fils, mais *Chun*.

¹ *Tchoung-kouë* c'est-à-dire le royaume suzerain qui se trouvait placé au milieu de tous les autres royaumes feudataires qui formaient avec lui l'empire chinois.
² Un des chapitres du *Chou-king*, p. 84, lieu cité.

*Yu* proposa *Y* au ciel [en le faisant son ministre]. A la septième année de son administration, *Yu* mourut. Les trois années de deuil étant écoulées, *Y* se sépara du fils de *Yu*, et se retira dans la partie septentrionale du mont *Ki-chan*. Ceux qui au printemps et en automne venaient à la cour porter leurs hommages, qui accusaient quelqu'un ou avaient des procès à vider, ne se rendirent pas près de *Y*, mais ils se présentèrent à *Khi* [fils de *Yu*], en disant : C'est le fils de notre prince. Les poëtes qui louent les hauts faits dans leurs vers, et qui les chantent, ne célébrèrent et ne chantèrent pas *Y*, mais ils chantèrent *Khi* en disant: C'est le fils de notre prince [1].

*Than-tchou* (fils de *Yao*) était bien dégénéré des vertus de son père; le fils de *Chun* était aussi bien dégénéré. *Chun* en aidant *Yao* à administrer l'empire, *Yu* en aidant *Chun* à administrer l'empire, répandirent pendant un grand nombre d'années leurs bienfaits sur les populations. *Khi*, étant un sage, put accepter et continuer avec tout le respect qui lui était dû le mode de gouvernement de *Yu*. Comme *Y* n'avait aidé *Yu* à administrer l'empire que peu d'années, il n'avait pas pu répandre longtemps ses bienfaits sur le peuple [et s'en faire aimer]. Que *Chun*, *Yu* et *Y* diffèrent mutuellement entre eux par la durée et la longueur du temps [pendant lequel ils ont administré l'empire]; que leurs fils aient été, l'un un sage, les autres des fils dégénérés : ces faits sont l'œuvre du ciel, et non celle qui dépend de la puissance de l'homme. Celui qui opère ou produit des effets sans action appa-

---

[1] Pour le philosophe chinois, les intentions du ciel concernant la succession à l'empire se manifestaient par le vœu populaire, qui se produisait sous trois formes : l'adhésion des grands vassaux ; celle du commun du peuple, qui se choisit le dispensateur de la justice ; et enfin les chants des poetes, qui sanctionnent, pour ainsi dire, les deux premières formes du vœu populaire, et le transmettent à la postérité. La question serait de savoir si ces trois formes du vœu populaire sont toujours véritablement et sincèrement produites,

rente, c'est le ciel; ce qui arrive sans qu'on l'ait fait venir, c'est la destinée [1].

Pour qu'un simple et obscur particulier arrive à posséder l'empire, il doit, par ses qualités et ses vertus, ressembler à *Yao* et à *Chun*, et en outre il doit se trouver un fils du Ciel [ou empereur] qui le propose à l'acceptation du peuple. C'est pour cela [c'est-à-dire parce qu'il ne fut pas proposé à l'acceptation du peuple par un empereur], que TCHOUNG-NI [ou KHOUNG-TSEU] ne devint pas empereur [quoique ses vertus égalassent celles de *Yao* et de *Chun*].

Pour que celui qui, par droit de succession ou par droit héréditaire, possède l'empire soit rejeté par le ciel, il faut qu'il ressemble aux tyrans *Kie* et *Cheou*. C'est pourquoi *Y-yin* et *Tcheou-koung* ne possédèrent pas l'empire.

*Y-yin*, en aidant *Thang*, le fit régner sur tout l'empire. *Thang* étant mort, *Thaï-ting* [son fils aîné] n'avait pas été [avant de mourir aussi] constitué son héritier, et *Ngaï-ping* n'était âgé que de deux ans, *Tchoung-jin* que de quatre. *Thaï-kia* [fils de *Thaï-ting*] ayant renversé et foulé aux pieds les institutions et les lois de *Thang*, *Y-yin* le relégua dans le palais nommé *Thoung* [2] pendant trois années. Comme *Thaï-kia*, se repentant de ses fautes passées, les avait prises en aversion et s'en était corrigé; comme il avait cultivé, dans le palais de *Thoung*, pendant trois ans, les sentiments d'humanité, et qu'il était passé à des sentiments d'équité et de justice en écoutant avec docilité les instructions de *Y-yin*, ce dernier le fit revenir à la ville de *Po*, sa capitale.

*Tcheou-koung* n'eut pas la possession de l'empire par les mêmes motifs qui en privèrent *Y* sous la dynastie *Hia*, et *Y-yin* sous celle des *Chang*.

KHOUNG-TSEU disait : « *Thang* [*Yao*] et *Yu* [*Chun*] trans-

---

[1] *Ming*, ordre donné et reçu, mandat.
[2] Où était élevé le monument funéraire du roi son père.

« férèrent l'empire [à leurs ministres]; les empereurs
« des dynasties *Hia, Heou-yin* [ou second *Chang*] et
« *Tcheou* le transmirent à leurs descendants; les uns
« et les autres se conduisirent par le même principe
« d'équité et de justice. »

7. *Wen-tchang* fit une question en ces termes : On dit que ce fut par son habileté à préparer et à découper les viandes que *Y-yin* parvint à obtenir la faveur de *Thang;* cela est-il vrai ?

MENG-TSEU répondit : Aucunement; il n'en est pas ainsi. Lorsque *Y-yin* s'occupait du labourage dans les champs du royaume de *Yeou-sin,* et qu'il faisait ses délices de l'étude des institutions de *Yao* et de *Chun,* si les principes d'équité et de justice [que ces empereurs avaient répandus] n'avaient pas régné alors, si leurs institutions fondées sur la raison n'avaient pas été établies, quand même on l'aurait rendu maître de l'empire, il aurait dédaigné cette dignité; quand même on aurait mis à sa disposition mille quadriges de chevaux attelés, il n'aurait pas daigné les regarder. Si les principes d'équité et de justice répandus par *Yao* et *Chun* n'avaient pas régné alors, si leurs institutions fondées sur la raison n'avaient pas été établies, il n'aurait pas donné un fétu aux hommes, et il n'aurait pas reçu un fétu d'eux.

*Thang* ayant envoyé des exprès avec des pièces de soie afin de l'engager à venir à sa cour, il répondit avec un air de satisfaction, mais de désintéressement : A quel usage emploierais-je les pièces de soie que *Thang* m'offre pour m'engager à aller à sa cour? Y a-t-il pour moi quelque chose de préférable à vivre au milieu des champs et à faire mes délices des institutions de *Yao* et de *Chun?*

*Thang* envoya trois fois des exprès pour l'engager à venir à sa cour. Après le départ des derniers envoyés, il fut touché de cette insistance, et, changeant de résolution, il dit : « Au lieu de passer ma vie au milieu des champs, et de faire mon unique plaisir de l'étude des institutions si sages de *Yao* et de *Chun*, ne vaut-il pas mieux pour moi de faire en sorte que ce prince soit un prince semblable à ces deux grands empereurs? Ne vaut-il pas mieux pour moi de faire en sorte que ce peuple [que je serai appelé à administrer] ressemble au peuple de *Yao* et de *Chun?* Ne vaut-il pas mieux que je voie moi-même par mes propres yeux ces institutions pratiquées par le prince et par le peuple? Lorsque le ciel [poursuivit *Y-yin*] fit naître ce peuple, il voulut que ceux qui les premiers connaîtraient les principes des actions ou des devoirs moraux instruisissent ceux qui devaient les apprendre d'eux ; il voulut que ceux qui les premiers auraient l'intelligence des lois sociales la communiquassent à ceux qui devaient ne l'acquérir qu'ensuite. Moi, je suis des hommes de tout l'empire celui qui le premier ait cette intelligence. Je veux, en me servant des doctrines sociales de *Yao* et de *Chun*, communiquer l'intelligence de ces doctrines à ce peuple qui les ignore. Si je ne lui en donne pas l'intelligence, qui la lui donnera?

Il pensait que si parmi les populations de l'empire il se trouvait un simple homme ou une simple femme qui ne comprît pas tous les avantages des institutions de *Yao* et de *Chun*, c'était comme s'il l'avait précipité lui-même dans le milieu d'une fosse ouverte sous ses pas. C'est ainsi qu'il entendait se charger du fardeau de l'empire. C'est pourquoi en se rendant près de *Thang* il lui parla de manière à le déterminer à combattre le dernier roi de la dynastie *Hia* et à sauver le peuple de son oppression.

Je n'ai pas encore entendu dire qu'un homme, en se conduisant d'une manière tortueuse, ait rendu les autres hommes droits et sincères; à plus forte raison ne le pourrait-il pas s'il s'était déshonoré lui-même[1]. Les ac-

---

[1] En s'introduisant près du prince sous le prétexte de bien cuire et de bien découper les viandes, comme on le supposerait de *Y-yin*.
(*Glose.*)

tions des saints hommes ne se ressemblent pas toutes. Les uns se retirent à l'écart et dans la retraite, les autres se produisent et se rapprochent du pouvoir; les uns s'exilent du royaume, les autres y restent. Ils ont tous pour but de se rendre purs, exempts de toute souillure, et rien de plus.

J'ai toujours entendu dire que *Y-yin* avait été recherché par *Thang* pour sa grande connaissance des doctrines de *Yao* et de *Chun;* je n'ai jamais entendu dire que ce fut par son habileté dans l'art de cuire et de découper les viandes.

Le *Y-hiun*[1] dit : « Le ciel ayant décidé sa ruine, « *Thang* commença par combattre *Kie* dans le *Palais des* « *pasteurs*[2]; moi, j'ai commencé à *Po*[3]. »

8. *Wen-tchang* fit cette question : Quelques-uns prétendent que KHOUNG-TSEU, étant dans le royaume de *Wei*, habita la maison d'un homme qui guérissait les ulcères; et que dans le royaume de *Thsi* il habita chez un eunuque du nom de *Tsi-hoan*. Cela est-il vrai?

MENG-TSEU dit : Aucunement; cela n'est pas arrivé ainsi. Ceux qui aiment les inventions ont fabriqué celles-là.

Étant dans le royaume de *Wei*, il habita chez *Yan-tcheou-yeou*[4]. Comme la femme de *Mi-tseu* et celle de *Tseu-lou* [disciple de KHOUNG-TSEU] étaient sœurs, *Mi-tseu*, s'adressant à *Tseu-lou*, lui dit : Si KHOUNG-TSEU logeait chez moi[5], il pourrait obtenir la dignité de *King* ou de premier dignitaire du royaume de *Wei*.

*Tseu-lou* rapporta ces paroles à KHOUNG-TSEU. KHOUNG-TSEU dit : « Il y a un mandat du ciel, une destinée. » KHOUNG-TSEU ne recherchait les fonctions publiques que

---

[1] Chapitre du *Chou-king*, qui rapporte les faits de *Y-yin*.
[2] *Mou-kong*, palais de *Kie*, ainsi nommé.
[3] *Po*, la capitale de *Thang*.
[4] Homme d'une sagesse reconnue, et premier magistrat du royaume de *Wei*. (*Glose*.)
[5] Il était le favori du roi de *Wei*.

selon les rites ou les convenances ; il ne les quittait que selon les convenances. Qu'il les obtînt ou qu'il ne les obtînt pas, il disait : Il y a une destinée. Mais s'il avait logé chez un homme qui guérissait les ulcères et chez l'eunuque *Tsi-hoan*, il ne se serait conformé ni à la justice ni à la destinée.

Khoung-tseu n'aimant plus à habiter dans les royaumes de *Lou* et de *Wei*, il les quitta, et il tomba dans le royaume de *Soung* entre les mains de *Hoaan*, chef des chevaux du roi, qui voulait l'arrêter et le faire mourir. Mais ayant revêtu des habits légers et grossiers, il se rendit au delà du royaume de *Soung*. Dans les circonstances difficiles où il se trouvait alors, Khoung-tseu alla demeurer chez le commandant de ville *Tching-tseu*, qui était ministre du roi *Tcheou*, du royaume de *Tchin*.

J'ai souvent entendu tenir ces propos : « Vous con-
« naîtrez les ministres qui demeurent près du prince,
« d'après les hôtes qu'ils reçoivent chez eux ; vous con-
« naîtrez les ministres éloignés de la cour, d'après les
« personnes chez lesquelles ils logent. » Si Khoung-tseu avait logé chez l'homme qui guérissait les ulcères et chez l'eunuque *Tsi-hoan*, comment aurait-il pu s'appeler Khoung-tseu ?

9. *Wen-tchang* fit encore cette question : Quelques-uns disent que *Pe-li-hi*[1] se vendit pour cinq peaux de mouton à un homme du royaume de *Thsin* qui gardait les troupeaux ; et que, pendant qu'il était occupé lui-même à faire paître les bœufs, il sut se faire reconnaître et appeler par *Mou-koung*, roi de *Thsin*. Est-ce vrai ?

Meng-tseu dit : Aucunement ; cela ne s'est pas passé ainsi. Ceux qui aiment les inventions ont fabriqué celles-là.

*Pe-li-hi* était un homme du royaume de *Yu*. Les

---

[1] Sage du royaume de *Yu*.

hommes du royaume de *Thsin* ayant, avec des présents composés de pierres précieuses de la région *Tchoui-ki*, et de coursiers nourris dans la contrée nommée *Kiouè*, demandé au roi de *Yu* de leur permettre de passer par son royaume pour aller attaquer celui de *Kouè, Koung-tchi* en détourna le roi; *Pe-li-hi* ne fit aucune remontrance.

Sachant que le prince de *Yu* [dont il était ministre] ne pouvait pas suivre les bons conseils qu'il lui donnerait dans cette occasion, il quitta son royaume pour passer dans celui de *Thsin*. Il était alors âgé de soixante et dix ans. S'il n'avait pas su, à cette époque avancée de sa vie, que de rechercher la faveur de *Mou-koung* en menant paître des bœufs était une action honteuse, aurait-il pu être nommé doué de sagesse et de pénétration? Comme les remontrances [au roi de *Yu*] ne pouvaient être suivies, il ne fit pas de remontrances; peut-il pour cela être appelé un homme imprudent? Sachant que le prince de *Yu* était près de sa perte, il le quitta le premier; il ne peut pas pour cela être appelé imprudent.

En ces circonstances il fut promu dans le royaume de *Thsin*. Sachant que *Mou-koung* pourrait agir de concert avec lui, il lui prêta son assistance; peut-on l'appeler pour cela imprudent? En étant ministre du royaume de *Thsin*, il rendit son prince illustre dans tout l'empire, et sa renommée a pu être transmise aux générations qui l'ont suivi. S'il n'avait pas été un sage, aurait-il pu obtenir ces résultats? Se vendre pour rendre son prince accompli est une action que les hommes les plus grossiers du village, qui s'aiment et se respectent, ne feraient pas; et celui que l'on nomme un sage l'aurait faite!

## CHAPITRE IV.

COMPOSÉ DE 9 ARTICLES.

1. MENG-TSEU dit : Les yeux de *Pe-i* ne regardaient point les formes ou les objets qui portaient au mal; ses oreilles n'entendaient point les sons qui portaient au mal. Si son prince n'était pas digne de l'être[1], il ne le servait pas; si le peuple [qu'on lui confiait] n'était pas digne d'être gouverné, il ne le gouvernait pas. Quand les lois avaient leur cours, alors il acceptait des fonctions publiques; quand l'anarchie régnait, alors il se retirait dans la solitude. Là où une administration perverse s'exerçait, là où un peuple pervers habitait, il ne pouvait pas supporter de demeurer. Il pensait, en habitant avec les hommes des villages, que c'était comme s'il se fût assis dans la boue ou sur de noirs charbons avec sa robe de cour et son bonnet de cérémonies.

A l'époque du tyran *Cheou-(sin)*, il habitait sur les bords de la mer septentrionale, en attendant la purification de l'empire. C'est pourquoi ceux qui par la suite ont entendu parler des mœurs de *Pe-i*, s'ils étaient ignorants et stupides, sont [par son exemple] devenus judicieux; et, s'ils étaient d'un caractère faible, ont acquis une intelligence ferme et persévérante.

*Y-yin* disait : Qui servirez-vous, si ce n'est le prince? Qui gouvernerez-vous, si ce n'est le peuple?

Quand les lois avaient leur cours, il acceptait des fonctions publiques; quand l'anarchie régnait, il acceptait également des fonctions publiques.

Il disait[2] : « Lorsque le ciel fit naître ce peuple, il voulut que ceux qui les premiers connaîtraient les prin-

---

[1] Voyez livre Ier, chap. III.
[2] Voyez le chapitre précédent, § 7

cipes des actions, ou les devoirs sociaux, instruisissent ceux qui devaient les apprendre d'eux; il voulut que ceux qui les premiers auraient l'intelligence des lois sociales la communiquassent à ceux qui devaient ne l'acquérir qu'ensuite. Moi, je suis des hommes de tout l'empire celui qui le premier ai cette intelligence. Je veux, en me servant des doctrines sociales de *Yao* et de *Chun*, communiquer l'intelligence de ces doctrines à ce peuple qui les ignore. »

Il pensait que si parmi les populations de l'empire il se trouvait un seul homme ou une seule femme qui ne comprît pas tous les avantages des institutions de *Yao* et de *Chun*, c'était comme s'il les avait précipités lui-même dans une fosse ouverte sous leurs pas. C'est ainsi qu'il entendait se charger du fardeau de l'empire.

*Lieou-hia-hoei* ne rougissait pas de servir un prince vil, il ne repoussait pas une petite magistrature. S'il entrait en place, il ne retenait pas les sages dans l'obscurité, et il se faisait un devoir de suivre toujours la droite voie. S'il était négligé, délaissé, il n'en conservait point de ressentiment; s'il se trouvait jeté dans le besoin et la misère, il ne se plaignait point, ne s'en affligeait point. S'il lui arrivait d'habiter parmi les hommes du village, ayant toujours l'air satisfait, il ne voulait pas les quitter pour aller demeurer ailleurs. Il disait : Vous, agissez comme vous l'entendez; moi, j'agis comme je l'entends [1]. Quand même, les bras nus et le corps sans vêtements, vous viendriez vous asseoir à mes côtés, comment pourriez-vous me souiller ?

C'est pourquoi ceux qui par la suite ont entendu parler des mœurs de *Lieou-hia-hoei*, s'ils étaient pusillanimes, sont [par son exemple] devenus pleins de courage; et s'ils étaient froids et insensibles, ils sont devenus aimants et affectueux.

---

[1] *Eulh weï eulh. ngo weï ngo;* littéralement, *vous, pour vous ; moi, pour moi.*

Khoung-tseu, voulant quitter le royaume de *Thsi,* prit dans sa main une poignée de riz passé dans l'eau, et se mit en route. Lorsqu'il voulut quitter le royaume de *Lou,* il dit : « Je m'éloigne lentement. » C'est le devoir de celui qui s'éloigne du royaume de son père et de sa mère [1]. Quand il fallait se hâter, se hâter; quand il fallait s'éloigner lentement, s'éloigner lentement; quand il fallait mener une vie privée, mener une vie privée; quand il fallait occuper un emploi public, occuper un emploi public : voilà Khoung-tseu.

Meng-tseu dit : *Pe-i* fut le plus pur des saints; *Y-yin* en fut le plus patient et le plus résigné; *Lieou-hia-hoei* en fut le plus accommodant; et Khoung-tseu fut de tous celui qui sut le mieux se conformer aux circonstances [en réunissant en lui toutes les qualités des précédents [2]].

Khoung-tseu peut être appelé le grand ensemble de tous les sons musicaux [qui concourent à former l'harmonie]. Dans le grand ensemble de tous les sons musicaux, les instruments d'airain produisent les sons, et les instruments de pierres précieuses les mettent en harmonie. Les sons produits par les instruments d'airain commencent le concert; l'accord que leur donnent les instruments de pierres précieuses termine ce concert. Commencer le concert est l'œuvre d'un homme sage; terminer le concert est l'œuvre d'un saint, ou d'un homme parfait.

Si on compare la prudence à quelque autre qualité, c'est à l'habileté; si on compare la sainteté à quelque autre qualité, c'est à la force [qui fait atteindre au but proposé]. Comme l'homme qui lance une flèche à cent pas, s'il dépasse ce but, il est fort; s'il ne fait que l'atteindre, il n'est pas fort.

---

[1] Khoung-tseu naquit dans le royaume de *Lou;* c'était le royaume de son père et de sa mère. (*Glose.*)

[2] *Glose.*

2. *Pe-koung-ki*¹ fit une question en ces termes : Comment la maison de *Tcheou* ordonna-t-elle les dignités et les salaires ?

MENG-TSEU dit : Je n'ai pas pu apprendre ces choses en détail. Les princes vassaux qui avaient en haine ce qui nuisait à leurs intérêts et à leurs penchants ont de concert fait disparaître les règlements écrits de cette famille. Mais cependant, moi KHO, j'en ai appris le sommaire.

Le titre de *Thian-tseu*, fils du Ciel ² [ou empereur], constituait une dignité; le titre de *Koung*, une autre; celui de *Heou*, une autre; celui de *Pe*, une autre; celui de *Tseu* ou *Nan*, une autre : en tout, pour le même ordre, cinq degrés ou dignités ³.

---

¹ Homme de l'État de *Wei*.

² « Celui qui pour père a le ciel, pour mère la terre, et qui est constitue leur fils, c'est le *fils du Ciel*. » (*Glose*.)

³ On a quelquefois traduit ces quatre derniers titres par ceux de duc (*koung*), prince (*heou*), comte (*pe*), marquis et baron (*tseu* et *nan*); mais en supposant qu'autrefois ils aient pu avoir quelques rapports d'analogie pour les idées qu'ils représentaient, ils n'en auraient plus aucun de nos jours. Voici comment les définit la Glose chinoise que nous avons sous les yeux :

1° *Koung*, celui dont les fonctions consistaient à se dévouer complétement au bien public, sans avoir aucun égard à son intérêt privé;

2° *Heou*, celui dont les fonctions étaient de veiller aux affaires du dehors, et qui en même temps était prince;

3° *Pe*, celui qui avait des pouvoirs suffisants pour former l'éducation des citoyens (*Tchang-jin*) ;

4° *Tseu*, celui qui avait des pouvoirs suffisants pour pourvoir à l'entretien des citoyens ; et *nan*, celui qui en avait aussi de suffisants pour les rendre paisibles.

Voici comment la même Glose définit les titres suivants :

1° *Kiun* (prince), celui dont les proclamations (*tchu-ming*) suffisaient pour corriger et redresser la foule du peuple ;

2° *King*, celui qui savait donner et retirer les emplois publics, et dont la raison avait toujours accès près du prince ;

3° *Ta-fou*, ceux dont le savoir suffisait pour instruire et administrer des citoyens ;

4° *Chang-sse*, ceux dont les talents suffisaient pour administrer les citoyens ; trois commandements constituaient le *chang-sse* ;

5° *Tchoung-sse*, deux commandements le constituaient ;

6° *Hia-sse*, un commandement le constituait.

Le titre de prince (*kiun*) constituait une dignité d'un autre ordre; celui de président des ministères (*king*), une autre; celui de premier administrateur civil d'une ville (*ta-fou*), une autre; celui de lettré de premier rang (*chang-sse*), une autre; celui de lettré de second rang (*tchoung-sse*), une autre; celui de lettré de troisième rang (*hia-sse*), une autre : en tout, pour le même ordre, six degrés.

Le domaine constitué du fils du Ciel [1] était un territoire carré de mille *li* d'étendue sur chaque côté [2]; les *Koung* et les *Heou* avaient chacun un domaine de cent *li* d'étendue en tous sens; les *Pe* en avaient un de soixante et dix *li*; les *Tseu* et les *Nan*, de cinquante *li* : en tout, quatre classes. Celui qui ne possédait pas cinquante *li* de territoire ne pénétrait pas [de son propre droit [3]] jusqu'au fils du Ciel. Ceux qui dépendaient des *Heou* de tous rangs étaient nommés *Fou-young* ou vassaux.

Le domaine territorial que les *King*, ou présidents des ministères, recevaient de l'empereur était équivalent à celui des *Heou*; celui que recevaient les *Ta-fou*, commandants des villes, équivalait à celui des *Pe*; celui que recevaient les *Youan-sse* (ou *Chang-sse*), lettrés de premier rang, équivalait à celui des *Tseu* et des *Nan*.

Dans les royaumes des grands dont le territoire avait cent *li* d'étendue en tous sens [4], le prince [ou le chef, *Koung* et *Heou*] avait dix fois autant de revenus que les *King*, ou présidents des ministères; les présidents des ministères, quatre fois autant que les *Ta-fou*, ou premiers administrateurs des villes; les premiers adminis-

---

[1] Les revenus se percevaient sur les terres; c'est pourquoi on dit le *domaine* ou le *territoire* (*thu*).

[2] « Par le mot *fang* (carré), dit la Glose, il veut dire que les quatre côtés de ce territoire, à l'orient, à l'occident, au midi et au nord, avaient chacun d'étendue, en droite ligne, mille *li*, ou 100 lieues. »

[3] *Glose.*

[4] « Royaumes des *Koung* et des *Heou*. » (*Glose.*)

trateurs des villes, deux fois autant que les *Chang-sse,*
ou lettrés de premier rang ; les lettrés de premier rang,
deux fois autant que les *Tchoung-sse,* ou lettrés de second rang ; les lettrés de second rang, deux fois autant
que les *Hia-sse,* ou lettrés de troisième rang. Les lettrés
de troisième rang avaient les mêmes appointements que
les hommes du peuple qui étaient employés dans différentes magistratures. Ces appointements devaient être
suffisants pour leur tenir lieu des revenus agricoles qu'ils
auraient pu se procurer en cultivant la terre.

Dans les royaumes de second rang dont le territoire
n'avait que soixante et dix *li* d'étendue en tous sens, le
prince [ou le chef, *Pe*] avait dix fois autant de revenus
que les *King,* ou présidents des ministères ; les présidents
des ministères, trois fois autant que les premiers administrateurs des villes ; les premiers administrateurs des
villes, deux fois autant que les lettrés de premier rang ;
les lettrés de premier rang, deux fois autant que les lettrés de second rang ; les lettrés de second rang, deux
fois autant que les lettrés de troisième rang. Les lettrés
de troisième rang avaient les mêmes appointements que
les hommes du peuple qui étaient employés dans différentes magistratures. Ces appointements devaient être
suffisants pour leur tenir lieu des revenus agricoles qu'ils
auraient pu se procurer en cultivant la terre.

Dans les petits royaumes dont le territoire n'avait
que cinquante *li* d'étendue en tous sens, le prince [ou
chef, *Tseu* et *Non*] avait dix fois autant de revenus que
les présidents des ministères ; les présidents des ministères, deux fois autant que les premiers administrateurs
des villes ; les premiers administrateurs des villes, deux
fois autant que les lettrés du premier rang ; les lettrés
du premier rang, deux fois autant que les lettrés du second rang ; les lettrés du second rang, deux fois autant
que les lettrés du troisième rang. Les lettrés du troisième rang avaient les mêmes appointements que les
hommes du peuple qui étaient employés dans différentes

magistratures. Ces appointements devaient être suffisants pour leur tenir lieu des revenus agricoles qu'ils auraient pu se procurer en cultivant la terre.

Voici ce que les laboureurs obtenaient des terres qu'ils cultivaient. Chacun d'eux en recevait cent arpents [pour cultiver]. Par la culture de ces cent arpents, les premiers ou les meilleurs cultivateurs nourrissaient neuf personnes ; ceux qui venaient après en nourrissaient huit ; ceux de second ordre en nourrissaient sept ; ceux qui venaient après en nourrissaient six. Ceux de la dernière classe, ou les plus mauvais, en nourrissaient cinq. Les hommes du peuple qui étaient employés dans différentes magistratures recevaient des appointements proportionnés à ces différents produits.

3. *Wen-tchang* fit une question en ces termes : Oserais-je vous demander quelles sont les conditions d'une véritable amitié?

MENG-TSEU dit : Si vous ne vous prévalez pas de la supériorité de votre âge, si vous ne vous prévalez pas de vos honneurs, si vous ne vous prévalez pas de la richesse ou de la puissance de vos frères, vous pouvez contracter des liens d'amitié. Contracter des liens d'amitié avec quelqu'un, c'est contracter amitié avec sa vertu. Il ne doit pas y avoir d'autre motif de liaison d'amitié.

*Meng-hian-tseu* [1] était le chef d'une famille de cent chars. Il y avait cinq hommes liés entre eux d'amitié : *Yo-tching-khieou, Mou-tchoung* ; j'ai oublié le nom des trois autres. [*Meng*]-*hian-tseu* s'était aussi lié d'amitié avec ces cinq hommes, qui faisaient peu de cas de la grande famille de *Hian-tseu*. Si ces cinq hommes avaient pris en considération la grande famille de *Hian-tseu*, celui-ci n'aurait pas contracté amitié avec eux.

Non-seulement le chef d'une famille de cent chars doit agir ainsi, mais encore des princes de petits Etats devraient agir de même.

---

[1] Voyez *Ta-hio*, chap. x, § 21.

*Hoeï, Koung* de l'État de *Pi*, disait : Quant à *Tseu-ssè*, j'en ai fait mon précepteur; quant à *Yan-pan*, j'en ai fait mon ami. *Wang-chun* et *Tchang-si* [qui leur sont bien inférieurs en vertus] sont ceux qui me servent comme ministres.

Non-seulement le prince d'un petit État doit agir ainsi, mais encore des princes ou chefs de plus grands royaumes devraient aussi agir de même.

*Ping, Koung* de *Tçin,* avait une telle déférence pour *Haï-tang* [1], que lorsque celui-ci lui disait de rentrer dans son palais, il y rentrait; lorsqu'il lui disait de s'asseoir, il s'asseyait; lorsqu'il lui disait de manger, il mangeait. Quoique ses mets n'eussent été composés que du riz le plus grossier, ou de jus d'herbes, il ne n'en rassasiait pas moins, parce qu'il n'osait pas faire le contraire [tant il respectait les ordres du sage [2]]. Ainsi il avait pour eux la déférence la plus absolue, et rien de plus. Il ne partagea pas avec lui une portion de la dignité qu'il tenait du ciel [en lui donnant une magistrature [3]]; il ne partagea pas avec lui les fonctions de gouvernement qu'il tenait du ciel [en lui conférant une partie de ces fonctions [4]]; il ne consomma pas avec lui les revenus qu'il tenait du ciel [5]. En agissant ainsi, c'est honorer un sage à la manière d'un lettré, mais ce n'est pas l'honorer à la manière d'un roi ou d'un prince.

Lorsque *Chun* eut été élevé au rang de premier ministre, il alla visiter l'empereur. L'empereur donna l'hospitalité à son gendre dans le second palais, et même il mangea à la table de *Chun*. Selon que l'un d'eux visitait l'autre, ils étaient tour à tour hôte recevant et hôte

---

[1] Sage du royaume de *Tçin.*
[2] *Glose.*
[3] *Ibid.*
[4] *Ibid.*
[5] Ces trois expressions *thian-weï, dignité du ciel; thian-chi, fonctions du ciel; th'an-lou, revenus du ciel* équivalent à *dignité royale, fonctions royales, revenus royaux.*

reçu [sans distinction d'*empereur* et de *sujet*]. C'est ainsi que le fils du Ciel entretenait des liens d'amitié avec un homme privé.

Si, étant dans une position inférieure, on témoigne de la déférence et du respect à son supérieur, cela s'appelle *respecter la dignité;* si, étant dans une position supérieure, on témoigne de la déférence et du respect à son inférieur, cela s'appelle *honorer et respecter l'homme sage.* Respecter la dignité, honorer et respecter l'homme sage, le devoir est le même dans les deux circonstances.

4. *Wen-tchang* fit une question en ces termes : Oserais-je vous demander quel sentiment on doit avoir en offrant des présents [1] pour contracter amitié avec quelqu'un?

Meng-tseu dit : Celui du respect.

*Wen-tchang* continua : Refuser cette amitié et repousser ces présents à plusieurs reprises est une action considérée comme irrévérencieuse; pourquoi cela?

Meng-tseu dit : Lorsqu'un homme honoré [par sa position ou sa dignité] vous fait un don, si vous vous dites, avant de l'accepter : Les moyens qu'il a employés pour se procurer ces dons d'amitié sont-ils justes, ou sont-ils injustes? ce serait manquer de respect envers lui; c'est pourquoi on ne doit pas les repousser.

*Wen-tchang* dit : Permettez; je ne les repousse pas d'une manière expresse par mes paroles; c'est dans ma pensée que je les repousse. Si je me dis en moi-même : « Cet homme honoré par sa dignité, qui m'offre ces présents, les a extorqués [2] au peuple : cela n'est pas juste; » et que, sous un autre prétexte que je donnerai, je ne les reçoive pas : n'agirai-je pas convenablement?

Meng-tseu dit : S'il veut contracter amitié selon les

---

[1] Ce sont les rois et les princes qui invitent les sages à leur cour, en leur offrant de riches présents, dont il est ici question.

[2] *Thsiu, prendre;* et quand on suppose que c'est avec violence et impunité, *extorquer.*

principes de la raison, s'il offre des présents avec toute la politesse et l'urbanité convenables, KHOUNG-TSEU lui-même les eût acceptés.

*Wen-tchang* dit : Maintenant, je suppose un homme qui arrête les voyageurs dans un lieu écarté en dehors des portes de la ville, pour les tuer et les dépouiller de ce qu'ils portent sur eux : si cet homme veut contracter amitié selon les principes de la raison, et s'il offre des présents avec toute la politesse d'usage, sera-t-il permis d'accepter ces présents, qui sont le produit du vol?

MENG-TSEU dit : Cela ne sera pas permis. Le *Khang-kao* dit : « Ceux qui tuent les hommes et jettent leurs « corps à l'écart pour les dépouiller de leurs richesses, « et dont l'intelligence obscurcie et hébétée ne redoute « pas la mort, il n'est personne chez tous les peuples « qui ne les ait en horreur. » Ce sont là des hommes que, sans attendre ni instruction judiciaire ni explication, on fait mourir de suite. Cette coutume expéditive de faire justice des assassins sans discussions préalables, la dynastie *Yn* la reçut de celle de *Hia*, et la dynastie des *Tcheou* de celle de *Yin;* elle a été en vigueur jusqu'à nos jours. D'après cela, comment seriez-vous exposé à recevoir de pareils présents?

*Wen-tchang* poursuivit : De nos jours, les princes de tous rangs, extorquant les biens du peuple, ressemblent beaucoup aux voleurs qui arrêtent les passants sur les grands chemins pour les dépouiller [1]. Si, lorsque avec toutes les convenances d'usage ils offrent des présents au sage, le sage les accepte, oserais-je vous demander en quoi il place la justice [2]?

MENG-TSEU dit : Pensez-vous donc que si un souverain puissant apparaissait au milieu de nous, il rassemblerait tous les princes de nos jours et les ferait mourir pour les punir de leurs exactions? ou bien que si, après les avoir

---

[1] *Kin tchi tchou heou thsiu tchi iu min, yeou yu ye.*
[2] *Wen khi ho i. (Glose.)*

tous prévenus du châtiment qu'ils méritaient, ils ne se corrigeaient pas, ils les ferait périr? Appeler [comme vous venez de le faire] ceux qui prennent ce qui ne leur appartient pas *voleurs de grands chemins,* c'est étendre à cette espèce de gens la sévérité la plus extrême que comporte la justice [fondée sur la saine raison [1]].

Khoung-tseu occupait une magistrature dans le royaume de *Lou* [sa patrie]. Les habitants, lorsqu'ils allaient à la chasse, se disputaient à qui prendrait le produit de l'autre, et Khoung-tseu en faisait autant [2]. S'il est permis de se disputer de cette façon à qui prendra le gibier de l'autre lorsque l'on est à la chasse, à plus forte raison est-il permis de recevoir les présents qu'on vous offre.

*Wen-tchang* continua : S'il en est ainsi, alors Khoung-tseu, en occupant sa magistrature, ne s'appliquait sans doute pas à pratiquer la doctrine de la droite raison?

Meng-tseu répondit : Il s'appliquait à pratiquer la doctrine de la droite raison.

— Si son intention était de pratiquer cette doctrine, pourquoi donc, étant à la chasse, se querellait-il pour prendre le gibier des autres?

— Khoung-tseu avait le premier prescrit dans un livre, d'une manière régulière, que l'on emploierait certains vases en nombre déterminé dans le sacrifice aux ancêtres, et qu'on ne les remplirait pas de mets tirés à grands frais des quatre parties du royaume.

— Pourquoi ne quittait-il pas le royaume de *Lou?*

— Il voulait mettre ses principes en pratique. Une fois qu'il voyait que ses principes, pouvant être mis en

---

[1] *Glose.* Nous croyons devoir répéter ici que dans ces hardis passages si adroitement rédigés, comme dans tout l'ouvrage, nous ne nous sommes pas permis d'ajouter un seul mot au texte chinois sans le placer entre parentheses ; et dans ce dernier cas, il est toujours tiré de la Glose, ou du sens même de la phrase.

[2] La Glose dit : Cela signifie seulement qu'il ne s'opposait pas à cette coutume ; mais non que par lui-même il en fît autant.

pratique n'étaient cependant pas pratiqués, il quittait le royaume. C'est pourquoi il n'est jamais resté trois ans dans un royaume sans le quitter.

Lorsque KHOUNG-TSEU voyait que sa doctrine pouvait être mise en pratique, il acceptait des fonctions publiques; quand on le recevait dans un État avec l'urbanité prescrite, il acceptait des fonctions publiques; quand il pouvait être entretenu avec les revenus publics, il acceptait des fonctions publiques.

Voyant que sa doctrine pouvait être pratiquée par *Ki-houan-tseu* (premier ministre de *Ting, Koung* de *Lou*), il accepta de lui des fonctions publiques; ayant été traité avec beaucoup d'urbanité par *Ling, Koung* de *Wei*, il accepta de lui des fonctions publiques; ayant été entretenu avec les revenus publics par *Hiao, Koung* de *Wei*, il accepta de lui des fonctions publiques.

5. MENG-TSEU dit : On accepte et on remplit des fonctions publiques, sans que ce soit pour cause de pauvreté; mais il est des temps où c'est pour cause de pauvreté. On épouse une femme dans un tout autre but que celui d'en recevoir son entretien; mais il est des temps où c'est dans le but d'en recevoir son entretien.

Celui qui pour cause de pauvreté refuse une position honorable reste dans son humble condition, et en refusant des émoluments il reste dans la pauvreté.

Celui qui refuse une position honorable, et reste dans son humble condition; qui refuse des émoluments, et reste dans la pauvreté : que lui convient-il donc de faire? Il faut qu'il fasse le guet autour des portes de la ville, ou qu'il fasse résonner la crécelle de bois [pour annoncer les veilles de la nuit].

Lorsque KHOUNG-TSEU était *directeur d'un grenier public* [1], il disait : Si mes comptes d'approvisionnements et de distributions sont exacts, mes devoirs sont remplis.

---

[1] Voyez à ce sujet notre *Description historique*, etc., *de l'empire de la Chine*, déjà citée, vol. I, p. 123 et suiv.

Lorsqu'il était *administrateur général des campagnes* [1], il disait : Si les troupeaux sont en bon état, mes devoirs sont remplis.

Si lorsqu'on se trouve dans une condition inférieure on parle de choses bien plus élevées que soi [2], on est coupable [de sortir de son état [3]]. Si lorsqu'on se trouve à la cour d'un prince on ne remplit pas les devoirs que cette position impose, on se couvre de honte.

6. *Wen-tchang* dit : Pourquoi les lettrés [qui n'occupent pas d'emplois publics [4]] ne se reposent-ils pas du soin de leur entretien sur les princes des différents ordres [5]?

MENG-TSEU dit : Parce qu'ils ne l'osent pas. Les princes de différents ordres, lorsqu'ils ont perdu leur royaume, se reposent sur tous les autres princes du soin de leur entretien : c'est conforme à l'usage établi ; mais ce n'est pas conforme à l'usage établi que les lettrés se reposent sur les princes du soin de leur entretien.

*Wen-tchang* dit : Si le prince leur offre pour aliments du millet ou du riz, doivent-ils l'accepter?

— Ils doivent l'accepter.

— Ils doivent l'accepter ; et de quel droit [6]?

— Le prince a des devoirs à remplir envers le peuple dans le besoin ; il doit le secourir [7].

— Lorsqu'on offre un secours, on le reçoit ; et lorsque c'est un présent, on le refuse ; pourquoi cela?

— Parce qu'on ne l'ose pas [dans le dernier cas].

— Permettez-moi encore une question : On ne l'ose pas ; et comment cela ?

— Celui qui fait le guet à la porte de la ville, celui

---

[1] *Chin-tian.* Voyez a ce sujet le même ouvrage p. 125.
[2] « De la haute administration du royaume. » (*Glose.*)
[3] *Glose.*
[4] *Ibid.*
[5] *Tchou-heou*, les *Heou* en général.
[6] *Ho-i* ; littéralement, *de quelle justice ?*
[7] *Kiun tchi iu ming ye, ko tcheou tchi.*

qui fait résonner la crécelle de bois, ont, l'un et l'autre, un emploi permanent qui leur donne droit à être nourris aux dépens des revenus ou impôts du prince. Ceux qui, n'occupant plus d'emplois publics permanents, reçoivent des dons du prince sont considérés comme manquant du respect que l'on se doit à soi-même.

— Je sais maintenant que, si le prince fournit des aliments au lettré, il peut les recevoir; mais j'ignore si ces dons doivent être continués.

— *Mou-koung* se conduisit ainsi envers *Tseu-sse* : il envoyait souvent des hommes pour prendre des informations sur son compte [pour savoir s'il était en état de se passer de ses secours [1]]; et il lui envoyait souvent des aliments de viande cuite. Cela ne plaisait pas à *Tseu-sse*. A la fin, il prit les envoyés du prince par la main et les conduisit jusqu'en dehors de la grande porte de sa maison; alors, le visage tourné vers le nord, la tête inclinée vers la terre, et saluant deux fois les envoyés, sans accepter leurs secours, il dit : « Je sais dès maintenant que « le prince me nourrit, moi *Ki*, comme si j'étais un chien « ou un cheval. » Or, de ce moment-là, les gouverneurs et premiers administrateurs des villes n'ont plus alimenté [les lettrés]; cependant, si lorsqu'on aime les sages on ne peut les élever à des emplois, et qu'en outre on ne puisse leur fournir ce dont ils ont besoin pour vivre, peut-on appeler cela aimer les sages ?

*Wen-tchang* dit : Oserais-je vous faire une question : Si le prince d'un royaume désire alimenter un sage, que doit-il faire dans ce cas pour qu'on puisse dire qu'il est véritablement alimenté ?

MENG-TSEU dit : Le lettré doit recevoir les présents ou les aliments qui lui sont offerts par l'ordre du prince en saluant deux fois et en inclinant la tête. Ensuite les gardiens des greniers royaux doivent continuer les aliments, les cuisiniers doivent continuer d'envoyer de la viande

---

[1] *Glose.*

cuite, sans que les hommes chargés des ordres du prince les lui présentent de nouveau [1].

*Tseu-sse* se disait en lui-même : « Si pour des viandes cuites on me tourmente de manière à m'obliger à faire souvent des salutations de remercîments, ce n'est pas là un mode convenable de subvenir à l'entretien des sages. »

*Yao* se conduisit de la manière suivante envers *Chun* : il ordonna à ses neuf fils de le servir ; il lui donna ses deux filles en mariage ; il ordonna à tous les fonctionnaires publics de fournir des bœufs, des moutons, de remplir des greniers pour l'entretien de *Chun* au milieu des champs ; ensuite il l'éleva aux honneurs et lui conféra une haute dignité. C'est pourquoi il est dit avoir honoré un sage selon un mode convenable à un souverain ou à un prince.

7. *Wen-tchang* dit : Oserais-je vous faire une question : Pourquoi un sage ne va-t-il pas visiter les princes [2] ?

MENG-TSEU dit : S'il est dans leur ville principale, on dit qu'il est le sujet de la place publique et du puits public ; s'il est dans la campagne, on dit qu'il est le sujet des herbes forestières. Ceux qui sont dans l'un et l'autre cas sont ce que l'on nomme les hommes de la foule [3]. Les hommes de la foule qui n'ont pas été ministres, et n'ont pas encore offert de présents au prince, n'osent pas se permettre de lui faire leur visite ; c'est l'usage.

*Wen-tchang* dit : Si le prince appelle les hommes de la foule pour un service exigé, ils vont faire ce service. Si le prince, désirant les voir, les appelle auprès de lui, ils ne vont pas le voir ; pourquoi cela ?

MENG-TSEU dit : Aller faire un service exigé est un de-

---

[1] « Afin de ne pas l'obliger à répéter a chaque instant ses salutations et ses remercîments. » (*Commentaire.*)

[2] Il fait allusion a son maître.

[3] Tous ceux qui n'occupent aucun emploi public.

voir de justice [1] ; aller faire des visites [au prince] n'est pas un devoir de justice.

Par conséquent, pourquoi le prince désirerait-il que les lettrés lui fissent des visites ?

*Wen-tchang* dit : Parce qu'il est fort instruit, parce que lui-même est un sage.

MENG-TSEU dit : Si parce qu'il est fort instruit [il veut l'avoir près de lui pour s'instruire encore [2]], alors le fils du Ciel n'appelle pas auprès de lui son précepteur ; à plus forte raison un prince ne l'appellera-t-il pas. Si parce qu'il est sage [il veut descendre jusqu'aux sages [3]], alors je n'ai pas encore entendu dire qu'un prince, désirant voir un sage, l'ait appelé auprès de lui.

*Mou-koung* étant allé, selon l'usage, visiter *Tseu-sse*, dit : Dans l'antiquité, comment un prince de mille quadriges [4] faisait-il pour contracter amitié avec un lettré ?

*Tseu-sse*, peu satisfait de cette question, répondit : Il y a une maxime d'un homme de l'antiquité qui dit : « Que le prince *le serve* [*en le prenant pour son maître*], *et qu'il l'honore. A-t-il dit, qu'il contracte amitié avec lui ?* »

*Tseu-sse* était peu satisfait de la question du prince ; n'était-ce pas parce qu'il s'était dit en lui-même : « Quant
« à la dignité, au rang que vous occupez, vous êtes
« prince, et moi je suis sujet [5] ; comment oserais-je
« former des liens d'amitié avec un prince ? Quant à la
« vertu, c'est vous qui êtes mon inférieur, qui devez

---

[1] « Aller faire un service exigé est un devoir pour les hommes de la foule ; ne pas aller faire des visites (au prince) est d'un usage consacré pour les lettrés. » (TCHOU-HI.)

[2] Supplément de la Glose.

[3] *Ibid.*

[4] C'étaient les princes du rang de *Heou*. Ces expressions chinoises, *un prince de cent quadriges, un prince de mille quadriges, un prince de dix mille quadriges*, sont tout à fait analogues à celles dont nous nous servons pour désigner la puissance relative des machines à vapeur de *la force de vingt, de cinquante, de cent chevaux*, etc.

[5] « Par ce mot de *tchin, sujet* il veut désigner la condition (*fen*) des hommes de la foule. » (*Glose.*)

« me servir; comment pourriez-vous contracter des
« liens d'amitié avec moi? » Si les princes de mille quadriges qui cherchaient à contracter des liens d'amitié avec les lettrés ne pouvaient y parvenir, à plus forte raison ne pouvaient-ils pas les appeler à leur cour.

*King, Koung* de *Thsi*[1], voulant aller à la chasse, appela les gardiens des parcs royaux avec leur étendard. Comme ils ne se rendirent pas à l'appel, il avait résolu de les faire mourir.

« L'homme dont la pensée est toujours occupée de son
« devoir [lui représenta KHOUNG-TSEU] n'oublie pas qu'il
« sera jeté dans un fossé ou dans une mare d'eau [s'il le
« transgresse]; l'homme au courage viril n'oublie pas
« qu'il perdra sa tête. »

Pourquoi KHOUNG-TSEU prit-il la défense de ces hommes? Il la prit parce que les gardiens n'ayant pas été avertis avec leur propre signal, ils ne s'étaient pas rendus à l'appel.

*Wen-tchang* dit : Oserais-je vous faire une question : De quel objet se sert-on pour appeler les gardiens des parcs royaux?

MENG-TSEU dit. On se sert d'un bonnet de poil ; pour les hommes de la foule, on se sert d'un étendard de soie rouge sans ornement ; pour les lettrés, on se sert d'un étendard sur lequel sont figurés deux dragons ; pour les premiers administrateurs, on se sert d'un étendard orné de plumes de cinq couleurs qui pendent au sommet de la lance.

Comme on s'était servi du signal des premiers administrateurs pour appeler les gardiens des parcs royaux, ceux-ci, même en présence de la mort [qui devait être le résultat de leur refus], n'osèrent pas se rendre à l'appel. Si on s'était servi du signal des lettrés pour appeler les hommes de la foule, les hommes de la foule auraient-ils osé se rendre à l'appel? Bien moins encore ne s'y ren-

---

[1] Voyez precedemment, liv. I, chap. VI,

drait-il pas, si on s'était servi du signal d'un homme dépourvu de sagesse [1], pour appeler un homme sage !

Si lorsqu'on désire recevoir la visite d'un homme sage on n'emploie pas les moyens convenables [2], c'est comme si en désirant qu'il entrât dans sa maison on lui en fermait la porte. L'équité ou le devoir est la voie; l'urbanité est la porte. L'homme supérieur ne suit que cette voie, ne passe que par cette porte. Le *Livre des Vers* [3] dit :

« La voie royale, la grande voie, est plane comme une
« pierre qui sert à moudre le blé ;
« Elle est droite comme une flèche :
« C'est elle que foulent les hommes supérieurs ;
« C'est elle que regardent de loin les hommes de la foule [4]. »

*Wen-tchang* dit : KHOUNG-TSEU, se trouvant appelé par un message du prince, se rendait à son invitation sans attendre son char. S'il en est ainsi, KHOUNG-TSEU agissait-il mal ?

MENG-TSEU dit : Ayant été promu à des fonctions publiques, il occupait une magistrature ; et c'est parce qu'il occupait une magistrature qu'il était invité à la cour.

8. MENG-TSEU, interpellant *Wen-tchang*, dit : Le lettré vertueux d'un village se lie spontanément d'amitié avec les lettrés vertueux de ce village ; le lettré vertueux d'un royaume se lie spontanément d'amitié avec les lettrés vertueux de ce royaume ; le lettré vertueux d'un empire

---

[1] « Par *homme dépourvu de sagesse*, dit la Glose, il indique celui qui désire recevoir la visite d'un sage, et lui fait un appel à ce sujet. »

[2] L'*Explication* du *Kiang-i-pi-tchi* dit à ce sujet : « C'est pourquoi le prince d'un royaume qui désire recevoir la visite d'un homme sage doit suivre la marche convenable : ou le sage habite son voisinage, et alors il doit le visiter lui-même ; ou il est éloigné, et alors il doit lui envoyer des exprès pour l'engager à se rendre à sa cour. »

[3] Ode *Ta-toung*, section *Ta-ya*.

[4] Il y a encore maintenant en Chine des routes destinées uniquement au service de l'empereur et de sa cour.

se lie spontanément d'amitié avec les lettrés vertueux de cet empire.

Pensant que les liens d'amitié qu'il contracte avec les lettrés vertueux de l'empire ne sont pas encore suffisants, il veut remonter plus haut, et il examine les œuvres des hommes de l'antiquité ; il récite leurs vers, il lit et explique leurs livres. S'il ne connaissait pas intimement ces hommes, en serait-il capable? C'est pourquoi il examine attentivement leur siècle [1]. C'est ainsi qu'en remontant encore plus haut il contracte de plus nobles amitiés.

9. *Siouan*, roi de *Thsi*, interrogea MENG-TSEU sur les premiers ministres (*King*).

Le Philosophe dit : Sur quels premiers ministres le roi m'interroge-t-il?

Le roi dit : Les premiers ministres ne sont-ils pas tous de la même classe?

MENG-TSEU répondit : Ils ne sont pas tous de la même classe. Il y a des premiers ministres qui sont unis au prince par des liens de parenté; il y a des premiers ministres qui appartiennent à des familles différentes de la sienne.

Le roi dit : Permettez-moi de vous demander ce que sont les premiers ministres consanguins.

MENG-TSEU répondit : Si le prince a commis une grande faute [qui puisse entraîner la ruine du royaume [2]], alors ils lui font des remontrances. S'il retombe plusieurs fois dans la même faute sans vouloir écouter leurs remontrances, alors ces ministres le remplacent dans sa dignité et lui ôtent son pouvoir.

Le roi, ému de ces paroles, changea de couleur. MENG-TSEU ajouta : Que le roi ne trouve pas mes paroles extraordinaires. Le roi a interrogé un sujet; le sujet n'a pas osé lui répondre contrairement à la droiture et à la vérité.

---

[1] Les actions et les hauts faits qu'ils ont accomplis dans leur génération. (*Glose.*)

[2] *Commentaire.*

Le roi, ayant repris son air habituel, voulut ensuite interroger le Philosophe sur les premiers ministres de familles différentes.

Meng-tseu dit : Si le prince a commis une grande faute, alors ils lui font des remontrances; s'il retombe plusieurs fois dans les mêmes fautes, sans vouloir écouter leurs remontrances, alors ils se retirent.

## CHAPITRE V.

#### COMPOSÉ DE 20 ARTICLES.

1. *Kao-tseu* dit : La nature de l'homme ressemble au saule flexible; l'équité ou la justice ressemble à une corbeille; on fait avec la nature de l'homme l'humanité et la justice, comme on fait une corbeille avec le saule flexible.

Meng-tseu dit : Pouvez-vous, en respectant la nature du saule, en faire une corbeille? Vous devez d'abord rompre et dénaturer le saule flexible pour pouvoir ensuite en faire une corbeille. S'il est nécessaire de rompre et de dénaturer le saule flexible pour en faire une corbeille, alors ne sera-t-il pas nécessaire aussi de rompre et de dénaturer l'homme pour le faire humain et juste? Certainement vos paroles porteraient les hommes à détruire en eux tout sentiment d'humanité et de justice.

2. *Kao-tseu* continuant : La nature de l'homme ressemble à une eau courante : si on la dirige vers l'orient, elle coule vers l'orient; si on la dirige vers l'occident, elle coule vers l'occident. La nature de l'homme ne distingue pas entre le bien et le mal, comme l'eau ne distingue pas entre l'orient et l'occident.

Meng-tseu dit : L'eau, assurément, ne distingue pas entre l'orient et l'occident; ne distingue-t-elle pas non plus entre le haut et le bas? La nature de l'homme est naturellement bonne, comme l'eau coule naturellement en bas. Il n'est aucun homme qui ne soit naturellement bon, comme il n'est aucune eau qui ne coule naturellement en bas.

Maintenant, si en comprimant l'eau avec la main vous la faites jaillir, vous pourrez lui faire dépasser la hauteur de votre front. Si en lui opposant un obstacle vous la faites refluer vers sa source, vous pourrez alors la faire dépasser une montagne. Appellerez-vous cela la nature de l'eau? C'est de la contrainte.

Les hommes peuvent être conduits à faire le mal; leur nature le permet aussi.

3. *Kao-tseu* dit : La vie [1], c'est ce que j'appelle nature.

MENG-TSEU dit : Appelez-vous la vie nature, comme vous appelez le blanc blanc?

*Kao-tseu* dit : Oui.

MENG-TSEU dit : Selon vous, la blancheur d'une plume blanche est-elle comme la blancheur de la neige blanche? et la blancheur de la neige blanche est-elle comme la blancheur de la pierre blanche nommée *Yu?*

*Kao-tseu* dit : Oui.

MENG-TSEU dit : S'il en est ainsi, la nature du chien est donc la même que la nature du bœuf, et la nature du bœuf est donc la même que la nature de l'homme?

4. *Kao-tseu* dit : Les aliments et les couleurs appartiennent à la nature; l'humanité est intérieure, non extérieure; l'équité est extérieure, et non intérieure?

MENG-TSEU dit : Comment appelez-vous l'humanité intérieure et l'équité extérieure.

*Kao-tseu* répondit : Si cet homme est un vieillard, nous disons qu'il est un vieillard; sa vieillesse n'est pas en nous; de même que si tel objet est blanc, nous le disons blanc, parce que sa blancheur est en dehors de lui. C'est ce qui fait que je l'appelle extérieure.

[1] Par le mot *seng, vie,* dit *Tchou hi,* « il désigne ce par quoi l'homme et les autres êtres vivants connaissent, comprennent, sentent et se meuvent. »

Meng-tseu dit : Si la blancheur d'un cheval blanc ne diffère pas de la blancheur d'un homme blanc, je doute si vous ne direz pas que la vieillesse d'un vieux cheval ne diffère pas de la vieillesse d'un vieil homme! Le sentiment de justice qui nous porte à révérer la vieillesse d'un homme existe-t-il dans la vieillesse elle-même ou dans nous?

*Kao-tseu* dit : Je me suppose un frère cadet, alors je l'aime comme un frère ; que ce soit le frère cadet d'un homme de *Thsin*, alors je n'éprouve aucune affection de frère pour lui. Cela vient de ce que cette affection est produite par une cause qui est en moi. C'est pourquoi je l'appelle intérieure.

Je respecte un vieillard de la famille d'un homme de *Thsou*, et je respecte également un vieillard de ma famille ; cela vient de ce que ce sentiment est produit par une cause hors de moi, la vieillesse. C'est pourquoi je l'appelle extérieure.

Meng-tseu dit : Le plaisir que vous trouveriez à manger la viande rôtie préparée par un homme de *Thsin* ne diffère pas du plaisir que vous trouveriez à manger de la viande rôtie préparée par moi. Ces choses ont, en effet, la même ressemblance. S'il en est ainsi, le plaisir de manger de la viande rôtie est-il aussi extérieur ?

5. *Meng-ki-tseu*, interrogeant *Koung-tou-tseu*, dit : Pourquoi [Meng-tseu] appelle-t-il l'équité intérieure ?

*Koung-tou-tseu* dit : Nous devons tirer de notre propre cœur le sentiment de respect que nous portons aux autres ; c'est pourquoi il l'appelle intérieur.

— Si un homme du village est d'une année plus âgé que mon frère aîné, lequel devrai-je respecter ?

— Vous devez respecter votre frère aîné.

— Si je leur verse du vin à tous deux, lequel devrai-je servir le premier ?

— Vous devez commencer par verser du vin à l'homme du village.

— Si le respect pour la qualité d'aîné est représenté

dans le premier exemple, et la déférence ou les égards dans le second, l'un et l'autre consistent réellement dans un sujet extérieur et non intérieur.

*Koung-tou-tseu* ne sut que répondre. Il fit part de son embarras à Meng-tseu. Meng-tseu dit : Demandez-lui auquel, de son oncle ou de son frère cadet, il témoigne du respect ; il vous répondra certainement que c'est à son oncle.

Demandez-lui si son frère cadet représentait l'esprit de son aïeul [1] [dans les cérémonies que l'on fait en l'honneur des défunts], auquel des deux il porterait du respect ; il vous répondra certainement que c'est à son frère cadet.

Mais si vous lui demandez quel est le motif qui lui fait révérer son frère cadet plutôt que son oncle, il vous répondra certainement que c'est parce que son frère cadet représente son aïeul.

Vous, dites-lui aussi que c'est parce que l'homme du village représentait un hôte, qu'il lui devait les premiers égards. C'est un devoir permanent de respecter son frère aîné ; ce n'est qu'un devoir accidentel et passager de respecter l'homme du village.

*Ki-tseu*, après avoir entendu ces paroles, dit : Devant respecter mon oncle, alors je le respecte ; devant respecter mon frère cadet, alors je le respecte : l'une et l'autre de ces deux obligations sont constituées réellement dans un sujet extérieur et non intérieur.

*Koung-tou-tseu* dit : Dans les jours d'hiver, je bois de l'eau tiède ; dans les jours d'été, je bois de l'eau fraîche. D'après cela, l'action de boire et de manger résiderait donc aussi dans un sujet extérieur ?

6. *Koung-tou-tseu* dit : Selon *Kao-tseu*, la nature [dans les commencements de la vie [2]] n'est ni bonne ni mauvaise.

---

[1] *Wei-chi* littéralement, *faire le mort.*
[2] *Glose.*

Les uns disent : La nature peut devenir bonne, elle peut devenir mauvaise. C'est pourquoi, lorsque *Wen* et *Wou* apparurent, le peuple aima en eux une nature bonne ; lorsque *Yeou* et *Li* apparurent, le peuple aima en eux une nature mauvaise.

D'autres disent : Il est des hommes dont la nature est bonne, il en est dont la nature est mauvaise. C'est pourquoi, pendant que *Yao* était prince, *Siang* n'en existait pas moins ; pendant que *Kou-seou* était mauvais père, *Chun* n'en existait pas moins. Pendant que *Cheou-(sin)* régnait comme fils du frère aîné [de la famille impériale], existaient cependant aussi *Wei-tseu-ki* et *Pi-kan*, de la famille impériale.

Maintenant vous dites : La nature de l'homme est bonne. S'il en est ainsi, ceux [qui ont exprimé précédemment une opinion contraire] sont-ils donc dans l'erreur ?

MENG-TSEU dit : Si l'on suit les penchants de sa nature, alors on peut être bon. C'est pourquoi je dis que la nature de l'homme est *bonne*. Si l'on commet des actes vicieux, ce n'est pas la faute de la faculté que l'homme possède [de faire le bien].

Tous les hommes ont le sentiment de la miséricorde et de la pitié ; tous les hommes ont le sentiment de la honte et de la haine du vice ; tous les hommes ont le sentiment de la déférence et du respect ; tous les hommes ont le sentiment de l'approbation et du blâme.

Le sentiment de la miséricorde et de la pitié, c'est de l'humanité ; le sentiment de la honte et de la haine du vice, c'est de l'équité ; le sentiment de la déférence et du respect, c'est de l'urbanité ; le sentiment de l'approbation et du blâme, c'est de la sagesse. L'humanité, l'équité, l'urbanité, la sagesse, ne sont pas fomentées en nous par les objets extérieurs ; nous possédons ces sentiments d'une manière fondamentale et originelle : seulement nous n'y pensons pas.

C'est pourquoi l'on dit : « Si vous cherchez à éprouver

« ces sentiments, alors vous les éprouverez; si vous les
« négligez, alors vous les perdez. »

Parmi ceux qui n'ont pas développé complétement ces
facultés de notre nature, les uns diffèrent des autres
comme du double, du quintuple; d'autres, d'un nombre
incommensurable.

Le *Livre des Vers* [1] dit :

« Le genre humain, créé par le ciel,

« A reçu en partage la faculté d'agir et la règle de ses
« actions;

« Ce sont, pour le genre humain, des attributs uni-
« versels et permanents

« Qui lui font aimer ces admirables dons. »

KHOUNG-TSEU dit : Celui qui composa ces vers connaissait bien la droite voie [c'est-à-dire la nature et les penchants de l'homme]. C'est pourquoi, *si on a la faculté
d'agir,* on doit nécessairement *avoir aussi la règle de ses
actions,* ou les moyens de les diriger. *Ce sont là, pour le
genre humain, des attributs universels et permanents*; c'est
pourquoi *ils lui font aimer ces admirables dons.*

7. MENG-TSEU dit : Dans les années d'abondance, le
peuple fait beaucoup de bonnes actions; dans les années
de stérilité, il en fait beaucoup de mauvaises; non pas
que les facultés qu'il a reçues du ciel diffèrent à ce point;
c'est parce que les passions qui ont assailli et submergé
son cœur l'ont ainsi entraîné dans le mal.

Maintenant je suppose que vous semez du froment, et
que vous avez soin de le bien couvrir de terre. Le
champ que vous avez préparé est partout le même; la
saison dans laquelle vous avez semé a aussi été la même.
Ce blé croît abondamment, et quand le temps du solstice
est venu, il est mûr en même temps. S'il existe quelque
inégalité, c'est dans l'abondance et la stérilité partielles
du sol, qui n'aura pas reçu également la nourriture de la
pluie et de la rosée, et les labours de l'homme.

[1] Ode *Tching-min* section *Ta ya.*

C'est pourquoi toutes les choses qui sont de même espèce sont toutes respectivement semblables [sont de même nature]. Pourquoi en douter seulement en ce qui concerne l'homme? Les saints hommes nous sont semblables par l'espèce.

C'est pour cela que *Louny-tseu* disait : Si quelqu'un fait des pantoufles tressées à une personne, sans connaître son pied, je sais qu'il ne lui fera pas un panier. Les pantoufles se ressemblent toutes; les pieds de tous les hommes de l'empire se ressemblent.

La bouche, quant aux saveurs, éprouve les mêmes satisfactions. *Y-ya* [1] fut le premier qui sut trouver ce qui plaît généralement à la bouche. Si en appliquant son organe du goût aux saveurs, cet organe eût différé par sa nature de celui des autres hommes, comme de celui des chiens et des chevaux, qui ne sont pas de la même espèce que nous, alors comment tous les hommes de l'empire, en fait de goût, s'accorderaient-ils avec *Y-ya* pour les saveurs?

Ainsi donc, quant aux saveurs, tout le monde a nécessairement les mêmes goûts que *Y-ya*, parce que le sens du goût de tout le monde est semblable.

Il en est de même pour le sens de l'ouïe. Je prends pour exemple les sons de musique ; tous les hommes de l'empire aiment nécessairement la mélodie de l'intendant de la musique nommé *Kouang*, parce que le sens de l'ouïe se ressemble chez tous les hommes.

Il en est de même pour le sens de la vue. Je prends pour exemple *Tseu-tou* [2]; il n'y eut personne dans l'empire qui n'appréciât sa beauté. Celui qui n'aurait pas apprécié sa beauté eût été aveugle.

C'est pourquoi je dis : La bouche, pour les saveurs, a

---

[1] C'était un magistrat du royaume de *Thsi*, sous le prince *Wenkong*. Il devint célèbre, comme Brillat-Savarin, par son art de préparer les mets.

[2] Très-beau jeune homme, dont la beauté est célébrée dans le *Livre des Vers*.

le même goût; les oreilles, pour les sons, ont la même audition; les yeux, pour les formes, ont la même perception de la beauté. Quant au cœur, seul ne serait-il pas le même, pour les sentiments, chez tous les hommes?

Ce que le cœur de l'homme a de commun et de propre à tous, qu'est-ce donc? C'est ce qu'on appelle la *raison naturelle*, l'*équité naturelle*. Les saints hommes ont été seulement les premiers à découvrir [comme *Y-ya* pour les saveurs] ce que le cœur de tous les hommes a de commun. C'est pourquoi la raison naturelle, l'équité naturelle, plaisent à notre cœur, de même que la chair préparée des animaux qui vivent d'herbes et de grains plaît à notre bouche.

8. MENG-TSEU dit : Les arbres du mont *Nieou-chan* [1] étaient beaux. Mais parce que ces beaux arbres se trouvaient sur les confins du grand royaume, la hache et la serpe les ont atteints. Peut-on encore les appeler beaux? Ces arbres qui avaient crû jour et nuit, que la pluie et la rosée avaient humectés, ne manquaient pas [après avoir été coupés] de repousser des rejetons et des feuilles. Mais les bœufs et les moutons y sont venus paître et les ont endommagés. C'est pourquoi la montagne est aussi nue et aussi dépouillée qu'on la voit maintenant. L'homme qui la voit ainsi dépouillée pense qu'elle n'a jamais porté d'arbres forestiers. Cet état de la montagne est-il son état naturel?

Quoiqu'il en soit ainsi pour l'homme, les choses qui se conservent dans son cœur, ne sont-ce pas les sentiments d'humanité et d'équité? Pour lui, les passions qui lui ont fait déserter les bons et nobles sentiments de son cœur sont comme la hache et la serpe pour les arbres de la montagne, qui chaque matin les attaquent. [Son âme, après avoir ainsi perdu sa beauté,] peut-on encore l'appeler belle?

Les effets d'un retour au bien, produits chaque jour au

---

[1] *Montagne des bœufs* dans le royaume de *Thsi*.

souffle tranquille et bienfaisant du matin, font que, sous le rapport de l'amour de la vertu et de la haine du vice, on se rapproche un peu de la nature primitive de l'homme [comme les rejetons de la forêt coupée]. Dans de pareilles circonstances, ce que l'on fait de mauvais dans l'intervalle d'un jour empêche de se développer et détruit les germes de vertu qui commençaient à renaître.

Après avoir ainsi empêché à plusieurs reprises les germes de vertu qui commençaient à renaître de se développer, alors ce souffle bienfaisant du soir ne suffit plus pour les conserver. Dès l'instant que le souffle bienfaisant du soir ne suffit plus pour les conserver, alors le naturel de l'homme ne diffère pas beaucoup de celui de la brute. Les hommes, voyant le naturel de cet homme semblable à celui de la brute, pensent qu'il n'a jamais possédé la faculté innée de la raison. Sont-ce là les sentiments véritables et naturels de l'homme?

C'est pourquoi, si chaque chose obtient son alimentation naturelle, il n'en est aucune qui ne prenne son accroissement; si chaque chose ne reçoit pas son alimentation naturelle, il n'en est aucune qui ne dépérisse.

Khoung-tseu disait : « Si vous le gardez, alors vous « le conservez; si vous le délaissez, alors vous le per- « dez. Il n'est pas de temps déterminé pour cette perte « et cette conservation. Personne ne connaît le séjour qui lui est destiné. » Ce n'est que du cœur de l'homme qu'il parle.

9. Meng-tseu dit : N'admirez pas un prince qui n'a ni perspicacité ni intelligence.

Quoique les produits du sol de l'empire croissent facilement, si la chaleur du soleil ne se fait sentir qu'un seul jour, et le froid de l'hiver dix, rien ne pourra croître et se développer. Mes visites [près du prince] étaient rares. Moi parti, ceux qui refroidissaient [ses sentiments pour le bien] arrivaient en foule. Que pouvais-je faire des germes qui existaient en lui pour le bien?

Maintenant le jeu des échecs est un art de calcul, un art médiocre toutefois. Si cependant vous n'y appliquez pas toute votre intelligence, tous les efforts de votre volonté, vous ne saurez pas jouer ce jeu. *I-thsieou* est de tous les hommes de l'empire celui qui sait le mieux jouer ce jeu. Si pendant que *I-thsieou* enseigne à deux hommes le jeu des échecs, l'un de ces hommes applique toute son intelligence et toutes les forces de sa volonté à écouter les leçons de *I-thsieou*, tandis que l'autre homme, quoique y prêtant l'oreille, applique toute son attention à rêver l'arrivée d'une troupe d'oies sauvages, pensant, l'arc tendu et la flèche posée sur la corde de soie, à les tirer et à les abattre, quoiqu'il étudie en même temps que l'autre, il sera bien loin de l'égaler. Sera-ce à cause de son intelligence, de sa perspicacité [moins grandes] qu'il ne l'égalera pas? Je réponds : Non, il n'en est pas ainsi.

10. MENG-TSEU dit : Je désire avoir du poisson ; je désire aussi avoir du sanglier sauvage. Comme je ne puis les posséder ensemble, je laisse de côté le poisson, et je choisis le sanglier [que je préfère].

Je désire jouir de la vie, je désire posséder aussi l'équité. Si je ne puis les posséder ensemble, je laisse de côté la vie, et je choisis l'équité.

En désirant la vie, je desire également quelque chose de plus important que la vie [comme l'équité]; c'est pourquoi je la préfère à la vie.

Je crains la mort, que j'ai en aversion ; mais je crains quelque chose de plus redoutable encore que la mort [l'iniquité]; c'est pourquoi la mort serait là en face de moi, que je ne la fuirais pas [pour suivre l'iniquité].

Si de tout ce que les hommes désirent rien n'était plus grave, plus important que la vie, alors croit-on qu'ils n'emploieraient pas tout ce qui pourrait leur faire obtenir ou prolonger la vie ?

Si de tout ce que les hommes ont en aversion rien n'était plus grave, plus important que la mort, alors croit-on qu'ils n'emploieraient pas tout ce qui pourrait leur faire éviter cette affliction ?

Les choses étant ainsi, alors, quand même on conserverait la vie [dans le premier cas], on n'en ferait pas usage ; quand même [dans le second cas] on pourrait éviter la mort, on ne le ferait pas.

C'est pourquoi ces sentiments naturels, qui font que l'on aime quelque chose plus que la vie, que l'on déteste quelque chose plus que la mort, non-seulement les sages, mais même tous les hommes les possèdent ; il n'y a de différence que les sages peuvent s'empêcher de les perdre.

Si un homme, pressé par la faim, obtient une petite portion de riz cuit, une petite coupe de bouillon, alors il vivra ; s'il ne les obtient pas, il mourra.

Si vous appelez à haute voix cet homme, quand même vous suivriez le même chemin que lui, pour lui donner ce peu de riz et de bouillon, il ne les acceptera pas ; si, après les avoir foulés aux pieds, vous les lui offrez, le mendiant les dédaignera.

Je suppose que l'on m'offre un don de dix mille mesures de riz ; alors, si, sans avoir égard aux usages et à l'équité, je les reçois, à quoi me serviront ces dix mille mesures de riz ? Les emploierai-je à me construire un palais, à l'embellissement de ma maison, à l'entretien d'une femme et d'une concubine ; ou les donnerai-je aux pauvres et aux indigents que je connais ?

Il n'y a qu'un instant, ce pauvre n'a pas voulu recevoir, même pour s'empêcher de mourir, les aliments qu'on lui offrait ; et maintenant, moi, pour construire un palais ou embellir ma maison, je recevrais ce présent ?

Il n'y a qu'un instant, le pauvre n'a pas voulu recevoir, même pour s'empêcher de mourir, les aliments qu'on lui offrait ; et maintenant, moi, pour entretenir une femme et une concubine, je recevrais ce présent ?

Il n'y a qu'un instant, le pauvre n'a pas voulu recevoir, même pour s'empêcher de mourir, les aliments qu'on lui offrait ; et maintenant, moi, pour secourir les pauvres et les indigents que je connais, je recevrais ce présent ? Ne puis-je donc pas m'en abstenir ? Agir ainsi, c'est ce qu'on appelle avoir perdu tout sentiment de pudeur.

11. MENG-TSEU dit : L'humanité, c'est le cœur de l'homme ; l'équité, c'est la voie de l'homme. Abandonner sa voie, et ne pas la suivre ; perdre [les sentiments naturels de] son cœur, et ne pas savoir les rechercher : ôh ! que c'est une chose à déplorer !

Si l'on perd une poule ou un chien, on sait bien les rechercher ; si on perd les sentiments de son cœur, on ne sait pas les rechercher !

Les devoirs de la philosophie pratique[1] ne consistent qu'à rechercher ces sentiments du cœur que nous avons perdus ; et voilà tout.

12. MENG-TSEU dit : Maintenant je prends pour exemple le doigt qui n'a pas de nom [2]. Il est recourbé sur lui-même, et ne peut s'allonger. Il ne cause aucun malaise, et ne nuit point à l'expédition des affaires. S'il se trouve quelqu'un qui puisse le redresser, on ne regarde pas le voyage du royaume de *Thsin* et de *Thsou* comme trop long, parce que l'on a un doigt qui ne ressemble pas à celui des autres hommes.

Si l'on a un doigt qui ne ressemble pas à celui des autres hommes, alors on fait chercher les moyens de le redresser ; mais si son cœur [par sa perversité] n'est pas semblable à celui des autres hommes, alors on ne sait pas chercher à recouvrer les sentiments d'équité et de droiture que l'on a perdus. C'est ce qui s'appelle ignorer les différentes espèces de défauts.

13. MENG-TSEU dit : Les hommes savent comment on doit planter et cultiver l'arbre nommé *Thoung*, que l'on

---

[1] En chinois *Hio-wen*, littéralement, *étudier, interroger*, ces deux mots signifient ensemble, dit la Glose, la doctrine de la science et des œuvres appliquée au devoir.

[2] « C'est le quatrième. » (*Commentaire*.)

tient dans ses deux mains, et l'arbre nommé *Tse,* que l'on tient dans une seule main ; mais, pour ce qui concerne leur propre personne, ils ne savent pas comment la cultiver. Serait-ce que l'amour et les soins que l'on doit avoir pour sa propre personne n'équivalent pas à ceux que l'on doit aux arbres *Thoung* et *Tse?* C'est là le comble de la démence !

14. MENG-TSEU dit : L'homme, quant à son propre corps, l'aime dans tout son ensemble ; s'il l'aime dans tout son ensemble, alors il le nourrit et l'entretient également dans tout son ensemble. S'il n'en est pas une seule pellicule de la largeur d'un pouce qu'il n'aime, alors il n'en est pas également une seule pellicule d'un pouce qu'il ne nourrisse et n'entretienne. Pour examiner et savoir ce qui lui est bon et ce qui ne lui est pas bon, s'en repose-t-il sur un autre que sur lui ? Il ne se conduit en cela que d'après lui-même, et voilà tout.

Entre les membres du corps, il en est qui sont nobles, d'autres vils ; il en est qui sont petits, d'autres grands [1]. Ne nuisez pas aux grands en faveur des petits ; ne nuisez pas aux nobles en faveur des vils. Celui qui ne nourrit que les petits [la *bouche* et le *ventre*] est un petit homme, un homme vulgaire ; celui qui nourrit les grands [l'*intelligence* et la *volonté*] est un grand homme.

Je prends maintenant un jardinier pour exemple : S'il néglige les arbres *Ou* et *Kia* [2], et qu'il donne tous ses soins au jujubier, alors il sera considéré comme un vil jardinier qui ignore son art.

Si quelqu'un, pendant qu'il prenait soin d'un seul de ses doigts, eût négligé ses épaules et son dos, sans savoir qu'ils avaient aussi besoin de soins, on pourrait le comparer à un loup qui s'enfuit [sans regarder derrière lui].

---

[1] « Par membres *nobles* et *grands* dit la Glose, il désigne le *cœur* ou l'*intelligence* et la *volonté* ; par membres *vils* et *petits,* il indique la *bouche* et le *ventre.* »

[2] Deux arbres très-beaux dont le bois est très-estimé.

Les hommes méprisent et traitent de vils ceux d'entre eux qui sont adonnés à la boisson et à la bonne chère, parce que ces hommes, en ne prenant soin que des moindres parties de leur corps, perdent les grandes.

Si les hommes adonnés à la boisson et à la bonne chère pouvaient ne pas perdre ainsi les plus nobles parties de leur être, estimeraient-ils tant leur bouche et leur ventre, même dans leur moindre pellicule?

15. *Koung-tou-tseu* fit une question en ces termes : Les hommes se ressemblent tous. Les uns sont cependant de grands hommes, les autres de petits hommes ; pourquoi cela?

MENG-TSEU dit : Si l'on suit les inspirations des grandes parties de soi-même, on est un grand homme ; si l'on suit les penchants des petites parties de soi-même, on est un petit homme.

*Koung-tou-tseu* continua : Les hommes se ressemblent tous. Cependant les uns suivent les inspirations des grandes parties de leur être, les autres suivent les penchants des petites ; pourquoi cela?

MENG-TSEU dit : Les fonctions des oreilles et des yeux ne sont pas de penser, mais d'être affectés par les objets extérieurs. Si les objets extérieurs frappent ces organes, alors ils les séduisent, et c'en est fait. Les fonctions du cœur [ou de l'intelligence] sont de penser [1]. S'il pense, s'il réfléchit, alors il arrive à connaître la raison des actions [auxquelles les sens sont entraînés]. S'il ne pense pas, alors il n'arrive pas à cette connaissance. Ces organes sont des dons que le ciel nous a faits. Celui qui s'est d'abord attaché fermement aux parties principales de son être [2] ne peut pas être entraîné par les petites [3]. En agis-

---

[1] «Le cœur (*sin*), par la pensée ou la méditation, forme la science. ».
(*Glose.*)

[2] « Le cœur ou l'intelligence et la pensée. » (*Glose.*)

[3] « Les organes des sens, ceux de l'ouïe, de la vue. »

sant ainsi, on est un grand homme [un saint ou un sage[1]] ; et voilà tout.

16. MENG-TSEU dit : Il y a une dignité céleste[2], comme il y a des dignités humaines [ou conférées par les hommes]. L'humanité, l'équité, la droiture, la fidélité ou la sincérité, et la satisfaction que l'on éprouve à pratiquer ces vertus sans jamais se lasser, voilà ce qui constitue la dignité du ciel. Les titres de *Koung* [*chef d'une principauté*], de *King* [*premier ministre*], et de *Ta-fou* [*premier administrateur*], voilà quelles sont les dignités conférées par les hommes.

Les hommes de l'antiquité cultivaient les dignités qu'ils tenaient du ciel, et les dignités des hommes les suivaient.

Les hommes de nos jours cultivent les dignités du ciel pour chercher les dignités des hommes. Après qu'ils ont obtenu les dignités des hommes, ils rejettent celles du ciel. C'est là le comble de la démence. Aussi à la fin doivent-ils périr dans l'égarement.

17. MENG-TSEU dit : Le désir de la noblesse[3] ou de la distinction et des honneurs est un sentiment commun à tous les hommes : chaque homme possède la noblesse en lui-même[4], seulement il ne pense pas à la chercher en lui.

Ce que les hommes regardent comme la noblesse, ce n'est pas la véritable et noble noblesse. Ceux que *Tchao-meng* [premier ministre du roi de *Thsi*] a faits nobles, *Tchao-meng* peut les avilir.

Le *Livre des Vers*[5] dit :

---

[1] *Glose.*

[2] « La dignité céleste, dit *Tchou-hi*, est celle que donnent la vertu et l'équité, qui font que l'on est noble et distingué par soi-même. »

[3] *Kouei*. Ce mot renferme l'idée d'une noblesse conférée par les emplois que l'on occupe, ou par les dignités dont elle n'est jamais séparée.

[4] « La noblesse possédée en soi-même, ce sont les dignités du ciel. » (TCHOU-HI.)

[5] Ode *Ki-tsouï*, section *Ta-ya*.

« Il nous a enivrés de vin ;
« Il nous a rassasiés de vertus ! »

Cela signifie qu'il nous a rassasiés d'humanité et d'équité. C'est pourquoi le sage ne désire pas se rassasier de la saveur de la chair exquise ou du millet. Une bonne renommée et de grandes louanges deviennent son partage ; c'est ce qui fait qu'il ne désire pas porter les vêtements brodés.

18. MENG-TSEU dit : L'humanité subjugue l'inhumanité, comme l'eau subjugue ou dompte le feu. Ceux qui de nos jours exercent l'humanité sont comme ceux qui, avec une coupe pleine d'eau, voudraient éteindre le feu d'une voiture chargée de bois, et qui, voyant que le feu ne s'éteint pas, diraient : « L'eau ne dompte pas le feu. » C'est de la même manière [c'est-à-dire aussi faiblement, aussi mollement] que ceux qui sont humains aident ceux qui sont arrivés au dernier degré de l'inhumanité ou de la perversité à dompter leurs mauvais penchants.

Aussi finissent-ils nécessairement par périr dans leur iniquité.

19. MENG-TSEU dit : Les cinq sortes de céréales sont les meilleurs des grains ; mais s'ils ne sont pas arrivés à leur maturité, ils ne valent pas les plantes *Thi* et *Paï*. L'humanité [arrivée à sa perfection] réside aussi dans la maturité, et rien de plus.

20. MENG-TSEU dit : Lorsque *Y* [l'habile archer] enseignait aux hommes à tirer de l'arc, il se faisait un devoir d'appliquer toute son attention à tendre l'arc. Ses élèves aussi devaient appliquer toute leur attention à bien tendre l'arc.

Lorsque *Ta-thsiang* [1] enseignait les hommes [dans un art], il se faisait un devoir de se servir de la règle et de l'équerre. Ses apprentis devaient aussi se servir de la règle et de l'équerre.

---

[1] C'était un *Koung-sse*, littéralement, *maître ès arts*.

## CHAPITRE VI.

#### COMPOSÉ DE 16 ARTICLES.

1. Un homme du royaume de *Jin* interrogea *Ouo-liu-tseu* [1] en ces termes : Est-il d'une plus grande importance d'observer les rites que de prendre ses aliments ?

Il répondit : Les rites sont d'une plus grande importance.

— Est-il d'une plus grande importance d'observer les rites que les plaisirs du mariage ?

— Les rites sont d'une plus grande importance.

— [Dans certaines circonstances] si vous ne mangez que selon les rites, alors vous périssez de faim ; et si vous ne vous conformez pas aux rites pour prendre de la nourriture, alors vous pouvez satisfaire votre appétit. Est-il donc nécessaire de suivre les rites ?

Je suppose le cas où si un jeune homme allait lui-même au-devant de sa fiancée [2], il ne l'obtiendrait pas pour épouse ; et si, au contraire, il n'allait pas lui-même au-devant d'elle, il l'obtiendrait pour épouse. Serait-il obligé d'aller lui-même au-devant de sa fiancée ?

*Ouo-liu-tseu* ne put pas répondre. Le lendemain, il se rendit dans le royaume de *Thsou*, afin de faire part de ces questions à MENG-TSEU.

MENG-TSEU dit : Quelle difficulté avez-vous donc trouvée à répondre à ces questions ?

En n'ayant pas égard à sa base, mais seulement à son sommet, vous pouvez rendre plus élevé un morceau de bois d'un pouce carré que le faîte de votre maison.

« L'or est plus pesant que la plume. » Pourra-t-on

---

[1] Disciple de MENG-TSEU.

[2] C'est une des six observances ou cérémonies du mariage d'aller soi-même au-devant de sa fiancée pour l'introduire dans sa demeure,

dire cependant qu'un bouton d'or pèse plus qu'une voiture de plumes ?

Si en prenant ce qu'il y a de plus important dans le boire et le manger, et ce qu'il y a de moins important dans les rites, on les compare ensemble, trouvera-t-on que le boire et le manger ne sont seulement que d'une plus grande importance ? Si, en prenant ce qu'il y a de plus important dans les plaisirs du mariage, et ce qu'il y a de moins important dans les rites, on les compare ensemble, trouvera-t-on que les plaisirs du mariage ne sont seulement que d'une plus grande importance ?

Allez, et répondez à celui qui vous a interrogé par ces paroles : Si, en rompant un bras à votre frère aîné, vous lui prenez des aliments, alors vous aurez de quoi vous nourrir; mais si, en ne le lui rompant pas, vous ne pouvez obtenir de lui des aliments, le lui romprez-vous ?

Si en pénétrant à travers le mur dans la partie orientale [1] d'une maison voisine, vous en enlevez la jeune fille, alors vous obtiendrez une épouse ; si vous ne l'enlevez pas, vous n'obtiendrez pas d'épouse ; alors l'enlèverez-vous ?

2. *Kiao* [frère cadet du roi] de *Thsao* fit une question en ces termes : Tous les hommes, dit-on, peuvent être des *Yao* et des *Chun;* cela est-il vrai ?

MENG-TSEU dit : Il en est ainsi.

*Kiao* dit : Moi *Kiao*, j'ai entendu dire que *Wen-wang* avait dix pieds de haut, et *Thang* neuf [2]; maintenant, moi *Kiao*, j'ai une taille de neuf pieds quatre pouces, je mange du millet, et rien de plus [je n'ai pas d'autres talents que cela]. Comment dois-je faire pour pouvoir être [un *Yao* ou un *Chun*] ?

MENG-TSEU dit : Pensez-vous que cela consiste dans la taille ? Il faut faire ce qu'ils ont fait, et rien de plus.

---

[1] Partie occupée par les femmes.

[2] Ces deux rois sont placés par les Chinois immédiatement après *Yao* et *Chun*.

Je suppose un homme en ce lieu. Si ses forces ne peuvent pas lutter contre celles du petit d'un canard, alors c'est un homme sans forces. Mais s'il dit : Je puis soulever un poids de cent *K'un* [ou trois cents livres chinoises], c'est un homme fort. S'il en est ainsi, alors il soulève le poids que soulevait le fameux *Ou-hoë* ; c'est aussi par conséquent un autre *Ou-hoë*, et rien de plus. Pourquoi cet homme s'affligerait-il de ne pas surpasser (*Yao* et *Chun*) en forces corporelles ? c'est seulement de ne pas accomplir leurs hauts faits et pratiquer leurs vertus qu'il devrait s'affliger.

Celui qui, marchant lentement, suit ceux qui sont plus avancés en âge, est appelé plein de déférence ; celui qui, marchant rapidement, devance ceux qui sont plus avancés en âge, est appelé sans déférence. Une démarche lente [pour témoigner sa déférence] dépasse-t-elle le pouvoir de l'homme ? Ce n'est pas ce qu'il ne peut pas, mais ce qu'il ne fait pas. La principale règle de conduite de *Yao* et de *Chun* était la piété filiale, la déférence envers les personnes plus âgées, et rien de plus.

Si vous revêtez les habillements de *Yao*, si vous tenez les discours de *Yao*, si vous pratiquez les actions de *Yao*, vous serez *Yao*, et rien de plus.

Mais si vous revêtez les habillements de *Kie*, si vous tenez les discours de *Kie*, si vous pratiquez les actions de *Kie*, vous serez *Kie*, et rien de plus.

*Kiao* dit : Si j'obtenais l'autorisation de visiter le prince de *Thseou*, et que je pusse y prolonger mon séjour, je désirerais y vivre et recevoir de l'instruction à votre école.

MENG-TSEU dit : La voie droite [1] est comme un grand chemin ou une grande route. Est-il difficile de la connaître ? Une cause de douleur pour l'homme est seulement de ne pas la chercher. Si vous retournez chez vous, et que vous la cherchiez sincèrement, vous aurez de reste un précepteur pour vous instruire.

---

[1] La voie de conduite morale que suivirent *Yao* et *Chun*.

3. *Koung-sun-tcheou* fit une question en ces termes : *Kao-tseu* disait : « L'ode *Siao-pan* [1] est une pièce de « vers d'un homme bien médiocre. »

MENG-TSEU dit : Pourquoi *Kao-tseu* s'exprime-t-il ainsi ?

— Parce que celui qui parle dans cette ode éprouve un sentiment d'indignation contre son père.

MENG-TSEU répliqua : Comme ce vieux *Kao-tseu* a mal compris et interprété ces vers !

Je suppose un homme en ce lieu. Si un autre homme du royaume de *Youei*, l'arc tendu, s'apprêtait à lui lancer sa flèche, alors moi je m'empresserais, avec des paroles gracieuses, de l'en détourner. Il n'y aurait pas d'autre motif à ma manière d'agir, sinon que je lui suis étranger. Si, au contraire, mon frère aîné, l'arc tendu, s'apprêtait à lui lancer sa flèche, alors je m'empresserais, avec des larmes et des sanglots, de l'en détourner. Il n'y aurait pas d'autre motif à cela, sinon que je suis lié à lui par des liens de parenté.

L'indignation témoignée dans l'ode *Siao-pan* est une affection de parent pour un parent. Aimer ses parents comme on doit les aimer est de l'humanité. Que ce vieux *Kao-tseu* a mal compris et expliqué ces vers !

*Koung-sun-tcheou* dit : Pourquoi, dans l'ode *Kaï-foung*, le même sentiment d'indignation n'est-il pas exprimé ?

MENG-TSEU dit : Dans l'ode *Kaï-foung*, la faute des parents est très-légère ; dans l'ode *Siao-pan*, la faute des parents est très-grave. Quand les fautes des parents sont graves, si l'on n'en éprouve pas d'indignation, c'est un signe qu'on leur devient de plus en plus étranger. Quand les fautes des parents sont légères, si l'on en éprouve de l'indignation, c'est un signe que l'on ne supporte pas une légère faute. Devenir étranger à ses parents est un manque de piété filiale ; ne pas supporter une faute légère est aussi un manque de piété filiale.

KHOUNG-TSEU disait en parlant de *Chun* : Que sa piété

---

[1] Section *Ta-ya*.

filiale était grande ! A l'âge de cinquante ans, il chérissait encore vivement ses parents.

4. *Soung-kheng* [1] voulant se rendre dans le royaume de *Thsou*, MENG-TSEU alla au-devant de lui dans la région *Che-khieou*.

MENG-TSEU lui dit : Maître, où allez-vous ?

*Soung-kheng* répondit : J'ai entendu dire que les royaumes de *Thsin* et de *Thsou* allaient se battre. Je veux voir le roi de *Thsou*, et lui parler pour le détourner de la guerre. Si le roi de *Thsou* n'est point satisfait de mes observations, j'irai voir le roi de *Thsin*, et je l'exhorterai à ne pas faire la guerre. De ces deux rois, j'espère qu'il y en aura un auquel mes exhortations seront agréables.

MENG-TSEU dit : Moi KHO, j'ai une grâce à vous demander ; je ne désire pas connaître dans tous ses détails le discours que vous ferez, mais seulement le sommaire. Que lui direz-vous ?

*Soung-kheng* dit : Je lui dirai que la guerre qu'il veut faire n'est pas profitable.

MENG-TSEU dit : Votre intention, maître, est une grande intention ; mais le motif n'en est pas admissible.

Maître, si vous parlez gain et profit aux rois de *Thsin* et de *Thsou*, et que les rois de *Thsin* et de *Thsou*, prenant plaisir à ces profits, retiennent la multitude de leurs trois armées, les soldats de ces trois armées se réjouiront d'être retenus loin des champs de bataille, et se complairont dans le gain et le profit.

Si celui qui est serviteur ou ministre sert son prince pour l'amour du gain ; si celui qui est fils sert son père pour l'amour du gain ; si celui qui est frère cadet sert son frère aîné pour l'amour du gain : alors le prince et ses ministres, le père et le fils, le frère aîné et le frère cadet, dépouillés enfin de tout sentiment d'humanité et d'équité, n'auront des égards l'un pour l'autre que pour

---

[1] « Docteur qui, pendant que les royaumes étaient en guerre, les parcourait pour répandre sa doctrine. » (*Glose*.)

le seul amour du gain. Agir ainsi, et ne pas tomber dans les plus grandes calamités, c'est ce qui ne s'est jamais vu.

Maître, si vous parlez d'humanité et d'équité aux rois de *Thsin* et de *Thsou*, et que les rois de *Thsin* et de *Thsou*, prenant plaisir à l'humanité et à l'équité, retiennent la multitude de leurs armées, les soldats de ces trois armées se réjouiront d'être retenus loin des champs de bataille, et se complairont dans l'humanité et l'équité.

Si celui qui est serviteur ou ministre sert son prince pour l'amour de l'humanité et de l'équité; si celui qui est fils sert son père pour l'amour de l'humanité et de l'équité ; si celui qui est fils cadet sert son frère aîné pour l'amour de l'humanité et de l'équité : alors le prince et ses ministres, le père et le fils, le frère aîné et le frère cadet, ayant repoussé d'eux l'appât du gain, n'auront des égards l'un pour l'autre que pour le seul amour de l'humanité et de l'équité. Agir ainsi, et ne pas régner en souverain sur tout l'empire, c'est ce qui ne s'est jamais vu.

Qu'est-il besoin de parler gain et profit?

5. Pendant que MENG-TSEU habitait dans le royaume de *Thseou*, *Ki-jin* [frère cadet du roi de *Jin*], qui était resté à la place de son frère pour garder le royaume de *Jin*, lui fit offrir des pièces d'étoffes de soie [sans le visiter lui-même]. MENG-TSEU les accepta sans faire de remercîments.

Un jour qu'il se trouvait dans la ville de *Phing-lo* [du royaume de *Thsi*], *Tchou-tseu*, qui était ministre, lui fit offrir des pièces d'étoffes de soie. Il les accepta sans faire de remercîments.

Un autre jour, étant passé du royaume de *Thseou* dans celui de *Jin*, il alla rendre visite à *Ki-tseu* [pour le remercier de ses présents]. Étant passé de la ville de *Phing-lo* dans la capitale du royaume de *Thsi*, il n'alla pas rendre visite à *Tchou-tseu*.

*Ouo-liu-tseu*, se réjouissant en lui-même, dit : Moi *Lian*, j'ai rencontré l'occasion que je cherchais.

Il fit une question en ces termes : Maître, étant passé

dans le royaume de *Jin*, vous avez visité *Ki-tseu;* étant passé dans le royaume de *Thsi*, vous n'avez pas visité *Tchou-tseu;* est-ce parce qu'il était ministre ?

MENG-TSEU dit : Aucunement. Le *Chou-king* [1] dit : « Lorsqu'on fait des présents à un supérieur, on doit em-« ployer la plus grande urbanité, la plus grande politesse « possible. Si cette politesse n'est pas équivalente aux « choses offertes, on dit que l'on n'a pas fait de présents « à son supérieur. Seulement on ne les a pas présentés « avec les intentions prescrites. »

C'est parce qu'il n'a pas rempli tous les devoirs prescrits dans l'offre des présents à des supérieurs.

*Ouo-liu-tseu* fut satisfait. Il répondit à quelqu'un qui demandait de nouvelles explications : *Ki-tseu* ne pouvait pas se rendre dans le royaume de *Thseou*[2]*; Tchou-tseu* pouvait se rendre dans la ville de *Phing-lo.*

6. *Chun-yu-kouen* dit : Placer en premier lieu la renommée de son nom et le mérite de ses actions, c'est agir en vue des hommes ; placer en second lieu la renommée de son nom et le mérite de ses actions, c'est agir en vue de soi-même [de la vertu seule [3]]. Vous, maître, vous avez fait partie des trois ministères supérieurs, et lorsque vous avez vu que votre nom et le mérite de vos actions ne produisaient aucun bien ni près du prince ni dans le peuple [4], vous avez résigné vos fonctions. L'homme humain se conduit-il véritablement de cette manière?

MENG-TSEU dit : Celui qui, étant dans une condition inférieure, n'a pas voulu, comme sage, servir un prince dégénéré, c'est *Pe-i.* Celui qui cinq fois se rendit auprès de *Thang*, celui qui cinq fois se rendit auprès de *Kie*, c'est *Y-yin.* Celui qui ne haïssait pas un prince dépravé,

---

[1] Chapitre *Lo-kao.*

[2] Pour visiter lui-même MENG-TSEU, considéré comme son supérieur par sa sagesse.

[3] *Glose.*

[4] Littéralement, *en haut et en bas.*

qui ne refusait pas un petit emploi, c'est *Lieou-hia-hoeï*. Ces trois hommes, quoique avec une règle de conduite différente, n'eurent qu'un seul but. Ce seul but, quel était-il ? c'est celui qu'on appelle l'humanité[1]. L'homme supérieur ou le sage est humain ; et voilà tout. Qu'a-t-il besoin de ressembler aux autres sages ?

*Chun-yu-kouen* dit : Du temps de *Mo, Koung* de *Lou*, pendant que *Koung-i-tseu* avait en main toute l'administration de l'empire, que *Tseu-lieou* et *Tseu-sse* étaient ministres, le royaume de *Lou* perdit beaucoup plus de son territoire qu'auparavant. Si ces faits sont véritables, les sages ne sont donc d'aucune utilité à un royaume ?

MÈNG-TSEU dit : Le roi de *Yu*, n'ayant pas employé [le sage] *Pe-li-hi*, perdit son royaume. *Mou, Koung* de *Thsin*, l'ayant employé, devint chef des princes vassaux. S'il n'avait pas employé des sages dans ses conseils, alors il aurait perdu son royaume. Comment la présence des sages dans les conseils des princes pourrait-elle occasionner une diminution de territoire ?

*Chun-yu-kouen* dit : Lorsque autrefois *Wang-pao* habitait près du fleuve *Ki*, les habitants de la partie occidentale du fleuve Jaune devinrent habiles dans l'art de chanter sur des notes basses. Lorsque *Mian-kiu* habitait dans le *Kao-tang*, les habitants de la partie droite du royaume de *Thsi* devinrent habiles dans l'art de chanter sur des notes élevées. Les épouses de *Hoa-tcheou* et de *Ki-liang*[2], qui étaient habiles à déplorer la mort de leurs maris sur un ton lugubre, changèrent les mœurs des hommes du royaume. Si quelqu'un possède en lui-même un sentiment profond, il se produira nécessairement à l'extérieur. Je n'ai jamais vu, moi *Kouen*, un homme pratiquer les sentiments de vertu qu'il possède intérieure-

---

[1] « Par le mot *jin* (*humanité*), dit *Tchou-hi*, il indique un état du cœur sans passions ou intérêts privés, et comprenant en soi la raison céleste. »

[2] « Deux hommes qui, étant ministres du roi de *Thsi*, avaient été tués dans un combat par *Kiu*. » (*Glose.*)

ment, sans que ses mérites soient reconnus. C'est pourquoi, lorsqu'ils ne sont pas reconnus, c'est qu'il n'y a pas de sage [1]. S'il en existait, moi *Kouen*, je les connaîtrais certainement.

Meng-tseu dit : Lorsque Khoung-tseu était ministre de la justice dans le royaume de *Lou*, le prince ne tenait aucun compte de ses conseils. Un sacrifice eut bientôt lieu [dans le temple dédié aux ancêtres]. Le reste des viandes offertes ne lui ayant pas été envoyé [comme l'usage le voulait], il résigna ses fonctions, et partit sans avoir même pris le temps d'ôter son bonnet de cérémonies. Ceux qui ne connaissaient pas le motif de sa démission pensèrent qu'il l'avait donnée à cause de ce qu'on ne lui avait pas envoyé les restes du sacrifice; ceux qui crurent le connaître pensèrent que c'était à cause de l'impolitesse du prince. Quant à Khoung-tseu, il voulait se retirer sous le prétexte d'une faute imperceptible de la part du prince; il ne voulait pas que l'on crût qu'il s'était retiré sans cause. Quand le sage fait quelque chose, les hommes de la foule, les hommes vulgaires n'en comprennent certainement pas les motifs [2].

7. Meng-tseu dit : Les cinq chefs des grands vassaux [3] furent des hommes coupables envers les trois grands souverains [4]. Les différents princes régnants de nos jours sont des hommes coupables envers les cinq chefs des grands vassaux. Les premiers administrateurs de nos jours sont des hommes coupables envers les différents princes régnants.

Les visites [5] que le fils du Ciel faisait aux différents princes régnants s'appelaient *visites d'enquêtes* [*suncheou*];

---

[1] *Kouen* fait allusion à Meng-tseu.
[2] Il fait allusion à *Kouen*.
[3] « Meng-tseu designe *Houan, Koung* ou prince de *Thsi; Wan,* de *Tçin; Mou*, de *Tchin; Siang*, de *Soung*, *Tchouang*, de *Thsou*. » (*Glose.*)
[4] « Il désigne *Yu, Wen* et *Wou* (fils) de *Thang.* » (*Glose.*)
[5] Voyez précédemment, liv. I. chap. ii, p. 244.

l'hommage que les différents princes régnants venaient rendre au fils du Ciel s'appelait *visite de comptes-rendus* [*chou-tchi*].

Au printemps, l'empereur visitait les laboureurs, et il assistait ceux qui n'avaient pas le suffisant. En automne, il visitait ceux qui récoltaient les fruits de la terre, et il aidait ceux qui n'avaient pas de quoi se suffire.

Si, lorsqu'il entrait dans les confins du territoire des princes régnants qu'il visitait, il trouvait la terre dépouillée de broussailles ; si les champs, si les campagnes étaient bien cultivés ; si les vieillards étaient entretenus sur les revenus publics, et les sages honorés ; si les hommes les plus distingués par leurs talents occupaient les emplois publics : alors il donnait des récompenses aux princes, et ces récompenses consistaient en un accroissement de territoire.

Mais si au contraire, en entrant sur le territoire des princes régnants qu'il visitait, il trouvait la terre inculte et couverte de broussailles ; si ces princes négligeaient les vieillards, dédaignaient les sages ; si des exacteurs et des hommes sans probité occupaient les emplois publics : alors il châtiait ces princes.

Si ces princes manquaient une seule fois de rendre leur visite d'*hommage et de comptes rendus* à l'empereur, alors celui-ci les faisait descendre d'un degré de leur dignité. S'ils manquaient deux fois de rendre leur visite d'hommage à l'empereur, alors celui-ci diminuait leur territoire. S'ils manquaient trois fois de faire leur visite d'hommage à l'empereur, alors six corps de troupes de l'empereur allaient les changer.

C'est pourquoi le fils du Ciel punit ou châtie les différents princes régnants sans les combattre par les armes ; les différents princes régnants combattent par les armes, sans avoir par eux-mêmes l'autorité de punir ou de châtier un rebelle. Les cinq princes chefs de grands vassaux se liguèrent avec un certain nombre de princes régnants pour combattre les autres princes régnants. C'est pourquoi je disais que les cinq chefs des grands vassaux furent coupables envers les trois souverains.

De ces chefs de grands vassaux c'est *Houan-koung* qui fut le plus puissant. Ayant convoqué à *Koueï-khieou* les différents princes régnants [pour former une alliance entre eux], il attacha la victime au lieu du sacrifice, plaça sur elle le livre [qui contenait les différents statuts du pacte fédéral], sans toutefois passer sur les lèvres des fédérés du sang de la victime.

La première obligation était ainsi conçue : « Faites
« mourir les enfants qui manqueront de piété filiale ;
« n'ôtez pas l'hérédité au fils légitime pour la donner à un
« autre ; ne faites pas une épouse de votre concubine. »

La seconde obligation était ainsi conçue : « Honorez
« les sages [en les élevant aux emplois et aux dignités] ;
« donnez des traitements aux hommes de talent et de
« génie ; produisez au grand jour les hommes vertueux. »

La troisième obligation était ainsi conçue : « Respectez
« les vieillards ; chérissez les petits enfants ; n'oubliez pas
« de donner l'hospitalité aux hôtes et aux voyageurs. »

La quatrième obligation était ainsi conçue : « Que les
« lettrés n'aient pas de charges ou magistratures héré-
« ditaires ; que les devoirs de différentes fonctions publi-
« ques ne soient pas remplis par la même personne [1]. En
« choisissant un lettré pour lui confier un emploi public,
« vous devez préférer celui qui a le plus de mérites ; ne
« faites pas mourir de votre autorité privée les premiers
« administrateurs des villes. »

La cinquième obligation était ainsi conçue : « N'élevez
« pas des monticules de terre dans les coins de vos champs ;
« n'empêchez pas la vente des fruits de la terre ; ne con-
« férez pas une principauté à quelqu'un sans l'autorisa-
« tion de l'empereur. »

*Houan-koung* dit : « Vous tous qui avec moi venez de
« vous lier par un traité, ce traité étant sanctionné par

---

[1] Défense du cumul des emplois publics.

« vous, emportez chacun chez vous des sentiments de
« concorde et de bonne harmonie. »

Les différents princes d'aujourd'hui transgressent tous ces cinq obligations. C'est pourquoi j'ai dit que les différents princes de nos jours étaient coupables envers les cinq chefs des grands vassaux.

Augmenter les vices des princes [par ses adulations ou ses flatteries] est une faute légère ; aller au-devant des vices des princes [en les encourageant par ses conseils ou ses exemples] est une faute grave. De nos jours, les premiers administrateurs vont tous au-devant des vices de leur prince; c'est pourquoi j'ai dit que les premiers administrateurs de nos jours étaient coupables envers les différents princes régnants.

8. Le prince de *Lou* voulait faire *Chin-tseu* son général d'armée. MENG-TSEU dit : Se servir du peuple sans qu'on l'ait instruit auparavant [des rites et de la justice], c'est ce qu'on appelle pousser le peuple à sa perte. Ceux qui poussaient le peuple à sa perte n'étaient pas tolérés par la génération de *Yao* et de *Chun*.

En supposant que dans un seul combat vous vainquiez les troupes de *Thsi*, et que vous occupiez *Nan-yang* [ville de ce royaume]; dans ce cas même, vous ne devriez pas encore agir comme vous en avez le projet.

*Chin-tseu*, changeant de couleur à ces paroles qui ne lui faisaient pas plaisir, dit : « Voilà ce que j'ignore. »

MENG-TSEU dit : Je vous avertis très-clairement que cela ne convient pas. Le territoire du fils du Ciel consiste en mille *li* d'étendue sur chaque côté. S'il n'avait pas mille *li*, il ne suffirait pas à recevoir tous les différents princes.

Le territoire des *Tchou-heou*, ou différents princes, consiste en cent *li* d'étendue de chaque côté. S'il n'avait pas cent *li*, il ne suffirait pas à observer les usages prescrits dans le livre des statuts du temple dédié aux ancêtres.

*Tcheou-koung* accepta une principauté dans le royaume de *Lou*, qui consistait en cent *li* d'étendue sur chaque côté. Ce territoire était bien loin de ne pas lui suffire, quoiqu'il ne consistât qu'en cent *li* d'étendue sur chaque côté.

*Thaï-koung* reçut une principauté dans le royaume de *Thsi*, qui ne consistait aussi qu'en cent *li* d'étendue sur chaque côté. Ce territoire était bien loin de ne pas lui suffire, quoiqu'il ne consistât qu'en cent *li* d'étendue sur chaque côté.

Maintenant le royaume de *Lou* a cinq fois cent *li* d'étendue sur chaque côté. Pensez-vous que si un nouveau souverain apparaissait au milieu de nous, il diminuerait l'étendue du royaume de *Lou* ou qu'il l'augmenterait?

Quand même on pourrait prendre [la ville de *Nan-yang*] sans coup férir, et l'adjoindre au royaume de *Lou*, un homme humain ne le ferait pas; à plus forte raison ne le ferait-il pas s'il fallait la prendre en tuant des hommes.

L'homme supérieur qui sert son prince [comme il doit le servir] doit exhorter son prince à se conformer à la droite raison, à appliquer sa pensée à la pratique de l'humanité, et rien de plus.

9. MENG-TSEU dit : Ceux qui aujourd'hui servent les princes [leurs ministres] disent : « Nous pouvons, pour « notre prince, épuiser la fécondité de la terre, et rem- « plir les greniers publics. » Ce sont ceux-là que l'on appelle aujourd'hui de bons ministres, et qu'autrefois on appelait des spoliateurs du peuple.

Si les ministres cherchent à enrichir le prince qui n'aspire pas à suivre la droite raison, ni à appliquer sa pensée à la pratique de l'humanité, c'est chercher à enrichir le tyran *Kie*.

Ceux qui disent : « Nous pouvons pour notre prince « faire des traités avec des royaumes ; si nous engageons « une guerre, nous avons l'assurance de vaincre : » ce sont ceux-là que l'on nomme aujourd'hui de bons ministres, et qu'autrefois on appelait des spoliateurs des peuples.

Si les ministres cherchent à livrer des batailles pour le prince qui n'aspire pas à suivre la droite raison, ni à appliquer sa pensée à la pratique de l'humanité, c'est adjoindre des forces au tyran *Kie*.

Si ce prince suit la règle de conduite des ministres d'aujourd'hui, et qu'il ne change pas les usages actuels, quand même vous lui donneriez l'empire, il ne pourrait pas seulement le conserver un matin.

10. *Pe-kouei* dit : Moi je désirerais, sur vingt, ne prélever qu'un. Qu'en pensez-vous?

Meng-tseu dit : Votre règle pour la levée de l'impôt est la règle des barbares des régions septentrionales.

Dans un royaume de dix mille maisons, si un seul homme exerce l'art de la poterie, pourra-t-il suffire à tous les besoins ?

*Pe-kouei* dit : Il ne le pourra pas. Les vases qu'il fabriquera ne pourront suffire à l'usage de toutes les maisons.

Meng-tseu dit : Chez les barbares du nord, les cinq sortes de céréales ne croissent point; il n'y a que le millet qui y croisse. Ces barbares n'ont ni villes fortifiées, ni palais, ni maisons, ni temples consacrés aux ancêtres, ni cérémonies des sacrifices ; ils n'ont ni pièces d'étoffe de soie pour les princes des différents ordres, ni festins à donner; ils n'ont pas une foule de magistrats ou d'employés de toutes sortes à rétribuer : c'est pourquoi, en fait d'impôts ou de taxes, ils ne prennent que le vingtième du produit, et cela suffit.

Maintenant, si le prince qui habite le royaume du milieu rejetait tout ce qui constitue les différentes relations entre les hommes [1], et qu'il n'eût point d'hommes distingués par leur sagesse ou leurs lumières pour l'aider à administrer le royaume [2], comment pourrait-il l'administrer lui seul ?

S'il ne se trouve qu'un petit nombre de fabricants de

---

[1] « Il fait allusion aux *villes fortifiées,* aux *palais,* aux *maisons,* etc. »(Glose.)

[2] « Il fait allusion aux *magistrats* et *employés,* etc. » (Glose.)

poterie, le royaume ne pourra pas ainsi subsister ; à plus forte raison, s'il manquait d'hommes distingués par leur sagesse et leurs lumières [pour occuper les emplois publics].

Si nous voulions rendre l'impôt plus léger qu'il ne l'est d'après le principe de *Yao* et de *Chun* [qui exigeaient le *dixième* du produit], il y aurait de grands barbares septentrionaux et de petits barbares septentrionaux, tels que nous.

Si nous voulions rendre l'impôt plus lourd qu'il ne l'est d'après le principe de *Yao* et de *Chun,* il y aurait un grand tyran du peuple nommé *Kie,* et de petits tyrans du peuple, nouveaux *Kie,* tels que nous.

11. *Pe-kouei* dit : Moi *T'an,* je surpasse *Yu* dans l'art de maîtriser et de gouverner les eaux.

MENG-TSEU dit : Vous êtes dans l'erreur. L'habileté de *Yu* dans l'art de maîtriser et de diriger les eaux consistait à les faire suivre leur cours naturel et rentrer dans leur lit.

C'est pour cette raison que *Yu* fit des quatre mers le réceptacle des grandes eaux ; maintenant, mon fils, ce sont les royaumes voisins que vous aviez faits le réceptacle des eaux [1].

Les eaux qui coulent en sens contraire ou hors de leur lit sont appelées *eaux débordées ;* les eaux débordées sont les *grandes eaux,* ou les eaux de la grande inondation du temps de l'empereur *Yao.* C'est une de ces calamités que l'homme humain abhorre. Mon fils, vous êtes dans l'erreur.

12. MENG-TSEU dit : Si l'homme supérieur n'a pas une confiance ferme dans sa raison, comment, après avoir embrassé la vertu, pourrait-il la conserver inébranlable ?

13. Comment le prince de *Lou* désirait que *Lo-tching-tseu* (disciple de MENG-TSEU) prît en main toute l'administration du royaume, MENG-TSEU dit : Moi, depuis

---

[1] C'est-à-dire qu'il n'a fait que déverser les eaux dans les royaumes voisins.

que j'ai appris cette nouvelle, je n'en dors pas de joie.

*Koung-sun-tcheou* dit : *Lo-tching-tseu* a-t-il de l'énergie ?

MENG-TSEU dit : Aucunement.

— A-t-il de la prudence et un esprit apte à combiner de grands desseins ?

— Aucunement.

A-t-il beaucoup étudié, et ses connaissances sont-elles étendues ?

— Aucunement.

— S'il en est ainsi, pourquoi ne dormez-vous pas de joie ?

— Parce que c'est un homme qui aime le bien.

— Aimer le bien suffit-il ?

— Aimer le bien, c'est plus qu'il ne faut pour gouverner l'empire ; à plus forte raison pour gouverner le royaume de *Lou !*

Si celui qui est préposé à l'administration d'un État aime le bien, alors les hommes de bien qui habitent entre les quatre mers regarderont comme une tâche légère de parcourir mille *li* pour venir lui conseiller le bien.

Mais s'il n'aime pas le bien, alors les hommes se prendront à dire : « C'est un homme suffisant qui répète [à « chaque avis qu'on lui donne] : Je sais déjà cela depuis « longtemps. » Ce ton et cet air suffisant repoussent les bons conseillers au delà de mille *li*. Si les lettrés [ou les hommes de bien en général [1]] se retirent au delà de mille *li*, alors les calomniateurs, les adulateurs, les flatteurs [2] [les courtisans de toutes sortes] arrivent en foule. Si, se trouvant continuellement avec des flatteurs, des adulateurs et des calomniateurs, il veut bien gouverner, comment le pourra-t-il ?

14. *Tchin-tseu* dit : Comment les hommes supérieurs de l'antiquité acceptaient-ils et géraient-ils un ministère ?

MENG-TSEU dit : Trois conditions étaient exigées pour

---

[1] *Glose.*

[2] Littéralement, *ceux dont le visage donne toujours un assentiment.*

accepter un ministère, et trois pour s'en démettre.

D'abord : Si le prince en recevant ces hommes supérieurs leur avait témoigné des sentiments de respect, s'il avait montré de l'urbanité ; si, après avoir entendu leurs maximes, il se disposait à les mettre aussitôt en pratique, alors ils se rendaient près de lui. Si, par la suite, sans manquer d'urbanité, le prince ne mettait pas leurs maximes en pratique, alors ils se retiraient.

Secondement : Quoique le prince n'eût pas encore mis leurs maximes en pratique, si en les recevant il leur avait témoigné du respect et montré de l'urbanité, alors ils se rendaient près de lui. Si ensuite l'urbanité venait à manquer, ils se retiraient.

Troisièmement : Si le matin le prince laissait ses ministres sans manger, s'il les laisssait également le soir sans manger ; que, exténués de besoins, ils ne pussent sortir de ses États, et que le prince, en apprenant leur position, dise : « Je ne puis mettre en pratique leurs doctrines, « qui sont pour eux la chose la plus importante ; je ne « puis également suivre leurs avis ; mais cependant, faire « en sorte qu'ils meurent sur mon territoire, c'est ce « dont je ne puis m'empêcher de rougir ; » si, dis-je dans ces circonstances ils vient à leur secours [en leur donnant des aliments], ils peuvent en accepter pour s'empêcher de mourir, mais rien de plus.

15. MENG-TSEU dit : *Chun* se produisit avec éclat dans l'empire, du milieu des champs ; *Fou-youé* fut élevé au rang de ministre, de maçon [1] qu'il était ; *Kiao-he* [2] fut élévé [au rang de conseiller de *Wen-wang*], du milieu des poissons et du sel qu'il vendait ; *Kouan-i-ou* fut élevé au rang de ministre, de celui de geôlier des prisons ; *Sun-cho-ngao* fut élevé à une haute dignité, du rivage de la mer [où il vivait ignoré] ; *Pe-li-hi* fut élevé au rang de conseiller d'Etat, du sein d'une échoppe.

---

[1] Sous le règne de *Wou-ting*, de la dynastie des *Chang*.
[2] Sous *Wen-wang*.

C'est ainsi que, lorsque le ciel veut conférer une grande magistrature [ou une grande mission] à ces hommes d'élite, il commence toujours par éprouver leur âme et leur intelligence dans l'amertume de jours difficiles; il fatigue leurs nerfs et leurs os par des travaux pénibles; il torture dans les tourments de la faim leur chair et leur peau; il réduit leur personne à toutes les privations de la misère et du besoin; il ordonne que les résultats de leurs actions soient contraires à ceux qu'ils se proposaient d'obtenir. C'est ainsi qu'il stimule leur âme, qu'il endurcit leur nature, qu'il accroît et augmente leurs forces d'une énergie sans laquelle ils eussent été incapables d'accomplir leur haute destinée.

Les hommes commencent toujours par faire des fautes avant de pouvoir se corriger. Ils éprouvent d'abord des angoisses de cœur, ils sont arrêtés dans leurs projets, et ensuite ils se produisent. Ce n'est que lorsqu'ils ont lu sur la figure des autres, et entendu ce qu'ils disent, qu'ils sont éclairés sur leur propre compte.

Si, dans l'intérieur d'un État, il n'y a pas de familles gardiennes des lois [1] et des hommes supérieurs par leur sagesse et leur intelligence [2] pour aider le prince [dans l'administration de l'État]; si au dehors il ne se trouve pas de royaumes qui suscitent des guerres, ou d'autres calamités extérieures, l'État périt d'inanition.

Ainsi il faut savoir de là que l'on vit de peines et d'épreuves, et que l'on périt par le repos et les plaisirs.

16. MENG-TSEU dit : Il y a un grand nombre de manières de donner des enseignements. Il est des hommes que je crois indignes de recevoir mes enseignements, et que je refuse d'enseigner ; et par cela même je leur donne une instruction, sans autre effort de ma part.

---

[1] *Fa-kia.* « Ce sont, dit *Tchou-hi*, des ministres (de familles), qui de génération en génération font exécuter les lois (près du prince). »
[2] *Sse,* lettrés, ainsi plusieurs fois définis par les commentateurs chinois.

## CHAPITRE VII.

### COMPOSÉ DE 46 ARTICLES.

1. MENG-TSEU dit : Celui qui développe toutes les facultés de son principe pensant connaît sa nature rationnelle ; une fois que l'on connaît sa nature rationnelle, alors on connaît le ciel [1].

Conserver son principe pensant, alimenter sa nature rationnelle, c'est en agissant ainsi que l'on se conforme aux intentions du ciel.

Ne pas considérer différemment une vie longue et une vie courte, s'efforcer d'améliorer sa personne en attendant l'une ou l'autre, c'est en agissant ainsi que l'on constitue le mandat que l'on a reçu du ciel [ou que l'on accomplit sa destinée].

2. MENG-TSEU dit : Il n'arrive rien sans qu'il soit décrété par le ciel. Il faut accepter avec soumission ses justes décrets. C'est pourquoi celui qui connaît les justes décrets du ciel ne se placera pas sous un mur qui menace ruine.

Celui qui meurt après avoir pratiqué dans tous ses points la loi du devoir, la règle de conduite morale qui est en nous, accomplit le juste décret du ciel. Celui qui meurt dans les entraves imposées aux criminels n'accomplit pas le juste décret du ciel.

3. MENG-TSEU dit : Cherchez, et alors vous trouverez ; négligez tout, et alors vous perdrez tout. C'est ainsi que

---

[1] « Le *cœur*, ou *principe pensant* (*Sin*), dit *Tchou-hi*, c'est la partie spirituelle et intelligente de l'homme, ce qui constitue la raison dans la foule des êtres, et influe sur toutes les actions. La *nature rationnelle* (*Sing*), c'est alors la raison qui caractérise le *cœur* (ou principe pensant) ; et le *ciel* (*Thien*), c'est la source d'où la *raison* procède. »

chercher sert à trouver ou obtenir, si nous cherchons les choses qui sont en nous [1].

Il y a une règle, un principe sûr pour faire ses recherches ; il y a une loi fatale dans l'acquisition de ce que l'on cherche. C'est ainsi que chercher ne sert pas à obtenir, si nous cherchons des choses qui sont hors de nous [2].

4. MENG-TSEU dit : Toutes les actions de la vie ont en nous [3] leur principe ou leur raison d'être. Si, après avoir fait un retour sur soi-même, on les trouve parfaitement vraies, parfaitement conformes à notre nature, il n'y a point de satisfaction plus grande.

Si on fait tous ses efforts pour agir envers les autres comme on voudrait les voir agir envers nous, rien ne fait plus approcher de l'humanité, lorsqu'on la cherche, que cette conduite.

5. MENG-TSEU dit : Oh ! qu'ils sont nombreux ceux qui agissent sans avoir l'intelligence de leurs actions ; qui étudient sans comprendre ce qu'ils étudient ; qui, jusqu'à la fin de leurs jours, marchent sans connaître la droite voie !

6. MENG-TSEU dit : L'homme ne peut pas ne point rougir de ses fautes. Si une fois il a honte de ne pas avoir eu honte de ses fautes, il n'aura plus de motifs de honte.

7. MENG-TSEU dit : La pudeur ou la honte est d'une très-grande importance dans l'homme.

Ceux qui exercent les arts de ruses et de fourberies n'éprouvent plus le sentiment de la honte. Ceux qui n'éprouvent plus le sentiment de la honte ne sont plus semblables aux autres hommes. En quoi leur ressembleraient-ils ?

8. MENG-TSEU dit : Les sages rois de l'antiquité ai-

---

[1] « Comme l'humanité, l'équité, etc. » (*Glose.*)

[2] « Comme les richesses, les honneurs, le gain, l'avancement. » (*Glose.*)

[3] C'est-à-dire dans notre nature. » (*Glose.*)

maient la vertu et oubliaient leur autorité. Les sages lettrés de l'antiquité auraient-ils agi seuls d'une manière contraire? Ils se plaisaient à suivre leur droite voie, et ils oubliaient l'autorité des hommes [1]. C'est pourquoi, si les rois et les *Koung* ou grands vassaux ne leur témoignaient pas des sentiments de respect, s'ils n'observaient pas envers eux toutes les règles de la politesse et de l'urbanité, alors souvent ces princes n'obtenaient pas la faculté de les voir. Par conséquent, si souvent ils n'obtenaient pas la faculté de les voir, à plus forte raison n'auraient-ils pas obtenu d'en faire leurs agents ou leurs sujets.

9. MENG-TSEU, s'adressant à *Soung-keou-tsian*, dit : Aimez-vous à voyager pour enseigner vos doctrines? moi je vous enseignerai à voyager ainsi.

Si les hommes [les princes] auxquels vous enseignez vos doctrines en prennent connaissance et les pratiquent, conservez un visage tranquille et serein; s'ils ne veulent ni les connaître ni les pratiquer, conservez également un visage tranquille et serein?

*Soung-keou-tsian* dit : Comment faire pour conserver toujours ainsi un visage tranquille et serein. [2]

MENG-TSEU dit : Si vous avez à vous honorer de votre vertu, si vous avez à vous réjouir de votre équité, alors vous pourrez conserver un visage tranquille et serein.

C'est pourquoi si le lettré [ou l'homme distingué par sa sagesse et ses lumières] se trouve accablé par la misère, il ne perd jamais de vue l'équité; et s'il est promu aux honneurs, il ne s'écarte jamais de la voie droite.

« S'il se trouve accablé par la misère, il ne perd jamais « de vue l'équité; » c'est pourquoi l'homme distingué par sa sagesse et ses lumières possède toujours l'empire qu'il doit avoir sur lui-même. « S'il est promu aux hon-

---

[1] « Ils oubliaient la dignité et le rang des rois dont ils faisaient peu de cas. » (*Glose.*)

neurs, il ne s'écarte jamais de sa voie droite; » c'est pourquoi le peuple ne perd pas les espérances de bien-être qu'il avait conçues de son élévation.

Si les hommes de l'antiquité[1] obtenaient la réalisation de leurs desseins, ils faisaient participer le peuple aux bienfaits de la vertu et de l'équité. S'ils n'obtenaient pas la réalisation de leurs desseins, ils s'efforçaient d'améliorer leur propre personne, et de se rendre illustres dans leur siècle par leurs vertus. S'ils étaient dans la pauvreté, alors ils ne s'occupaient qu'à améliorer leur personne par la pratique de la vertu. S'ils étaient promus aux honneurs ou aux emplois, alors ils ne s'occupaient qu'à faire régner la vertu et la félicité dans tout l'empire.

10. MENG-TSEU dit : Ceux qui attendent l'apparition d'un roi comme *Wen-wang* pour secouer la torpeur de leur âme et se produire dans la pratique du bien, ceux-là sont des hommes vulgaires. Les hommes distingués par leur sagesse et leurs lumières n'attendent pas l'apparition d'un *Wen-wang* pour se produire.

11. MENG-TSEU dit : Si vous donnez à un homme toutes les richesses et la puissance des familles de *Han* et de *Wei*, et qu'il se considère toujours avec la même humilité qu'auparavant, alors cet homme dépasse de beaucoup les autres hommes.

12. MENG-TSEU dit : Si un prince ordonne au peuple des travaux dans le but de lui procurer un bien-être à lui-même, quand même ces travaux seraient très-pénibles, il ne murmurera pas. Si, dans le but de conserver la vie aux autres, il fait périr quelques hommes du peuple, quand même celui-ci verrait mourir quelques-uns des siens, il ne s'irritera pas contre celui qui aura ordonné leur mort.

13. MENG-TSEU dit : Les peuples ou les sujets des

---

[1] « Par les hommes de l'antiquité, il indique les lettrés du temps des trois (premières) dynasties. » (*Glose.*)

chefs des grands vassaux sont contents et joyeux; les sujets des rois souverains sont pleins de joie et de satisfaction[1].

Quoique le prince fasse faire quelques exécutions [nécessaires], le peuple ne s'en irrite pas; quoiqu'il lui procure des avantages, il n'en sent pas le mérite. Le peuple chaque jour fait des progrès dans le bien, et il ne sait pas qui les lui fait faire.

[Au contraire] partout où le sage souverain se transporte, le peuple se convertit au bien; partout où il réside, il agit comme les esprits [d'une manière occulte]. L'influence de sa vertu se répand partout en haut et en bas comme celle du ciel et de la terre. Comment dira-t-on que ce sont là de petits bienfaits [tels que ceux que peuvent conférer les petits princes]?

14. MENG-TSEU dit : Les paroles d'humanité ne pénètrent pas si profondément dans le cœur de l'homme qu'un renom d'humanité; on n'obtient pas aussi bien l'affection du peuple par un bon régime, une bonne administration et de bonnes lois, que par de bons enseignements et de bons exemples de vertu.

Le peuple craint de bonnes lois, une bonne administration; le peuple aime de bons enseignements, de bons exemples de vertu. Par de bonnes lois, une bonne administration, on obtient de bons revenus [ou impôts] du peuple; par de bons enseignements, de bons exemples de vertu, on obtient le cœur du peuple.

15. MENG-TSEU dit : Ce que l'homme peut faire sans études est le produit de ses facultés naturelles[2]; ce qu'il connaît sans y avoir longtemps réfléchi, sans l'avoir médité, est le produit de sa science naturelle[3].

---

[1] Dans ce paragraphe et les suivants, MENG-TSEU signale la différence qu'il avait trouvée entre le régime des princes chefs de vassaux, et le régime des rois souverains.

[2] « Qui n'ont d'autre origine que le ciel, qui ne procèdent d'aucune source, si ce n'est du ciel. » (*Commentaire*.)

[3] *Commentaire.*

Il n'est aucun enfant de trois ans qui ne sache aimer ses parents; ayant atteint l'âge de cinq ou six ans, il n'en est aucun qui ne sache avoir des égards pour son frère aîné. Aimer ses parents d'un amour filial, c'est de la tendresse; avoir des égards pour son frère aîné, c'est de l'équité. Aucune autre cause n'a fait pénétrer ces sentiments dans les cœurs de tous les habitants de l'empire.

16. MENG-TSEU dit : Lorsque *Chun* habitait dans les retraites profondes d'une montagne reculée, au milieu des rochers et des forêts; qu'il passait ses jours avec des cerfs et des sangliers, il différait bien peu des autres hommes rustiques qui habitaient les retraites profondes de cette montagne reculée. Mais lui, lorsqu'il avait entendu une parole vertueuse, une parole de bien, ou qu'il avait été témoin d'une action vertueuse, il sentait bouillonner dans son sein les nobles passions du bien, comme les ondes des grands fleuves *Kiang* et *Ho*, après avoir rompu leurs digues, se précipitent dans les abîmes sans qu'aucune force humaine puisse les contenir !

17. MENG-TSEU dit : Ne faites pas ce que vous ne devez pas faire [comme étant contraire à la raison][1]; ne désirez pas ce que vous ne devez pas désirer. Si vous agissez ainsi, vous avez accompli votre devoir.

18. MENG-TSEU dit : L'homme qui possède la sagacité de la vertu et la prudence de l'art, le doit toujours aux malheurs et aux afflictions qu'il a éprouvés.

Ce sont surtout les ministres orphelins [ou qui sont les fils de leurs propres œuvres] et les enfants naturels[2] qui maintiennent soigneusement toutes les facultés de leur âme dans les circonstances difficiles, et qui mesurent leurs peines jusque dans les profondeurs les plus cuisantes. C'est pourquoi ils sont pénétrants.

19. MENG-TSEU dit : Il y a des hommes qui dans le ser-

---

[1] « Ce que la raison ne prescrit pas. » (*Glose.*)
[2] *Nothi pulli sunt optimi.* (COLUMELLE.)

vice de leur prince [comme ministres] ne s'occupent uniquement que de lui plaire et de le rendre satisfait d'eux-mêmes.

Il y a des ministres qui ne s'occupent que de procurer de la tranquillité et du bien-être à l'État ; cette tranquillité et ce bien-être seuls les rendent heureux et satisfaits.

Il y a un peuple qui est le peuple du ciel [1], et qui, s'il est appelé à remplir les fonctions publiques, les accepte pour faire le bien, s'il juge qu'il peut le faire.

Il y a de grands hommes, d'une vertu accomplie, qui, par la rectitude qu'ils impriment à toutes leurs actions, rendent tout ce qui les approche [prince et peuple] juste et droit.

20. MENG-TSEU dit : L'homme supérieur éprouve trois contentements ; et le gouvernement de l'empire comme souverain n'y est pas compris.

Avoir son père et sa mère encore subsistants, sans qu'aucune cause de trouble et de dissension existe entre le frère aîné et le frère cadet, est le premiers de ces contentements.

N'avoir à rougir ni en face du ciel ni en face des hommes est le second de ces contentements.

Être assez heureux pour rencontrer parmi les hommes de sa génération des hommes de talents et de vertus dont on puisse augmenter les vertus et les talents par ses instructions, est le troisième de ces contentements.

Voilà les trois contentements de l'homme supérieur ; et le gouvernement de l'empire comme souverain n'y est pas compris.

21. MENG-TSEU dit : L'homme supérieur désire un ample territoire et un peuple nombreux ; mais il ne trouve pas là un véritable sujet de contentement.

L'homme supérieur se complaît en demeurant dans

---

[1] « Ce sont les hommes d'élite sans emplois publics qui donnent à la raison céleste, qui est en nous, tous les développements qu'elle comporte : on le nomme *le peuple du ciel.* » (TCHOU-HI.)

l'empire, à pacifier et rendre stables les populations situées entre les quatre mers; mais ce qui constitue sa nature n'est pas là.

Ce qui constitue la nature de l'homme supérieur n'est pas augmenté par un grand développement d'action, n'est pas diminué par un long séjour dans l'état de pauvreté et de dénûment, parce que la portion [de substance rationnelle qu'il a reçue du ciel [1]] est fixe et immuable.

Ce qui constitue la nature de l'homme supérieur : l'humanité, l'équité, l'urbanité, la prudence, ont leur fondement dans le cœur [ou le principe pensant]. Ces attributs de notre nature se produisent dans l'attitude, apparaissent dans les traits du visage, couvrent les épaules et se répandent dans les quatre membres; les quatre membres les comprennent sans les enseignements de la parole.

22. MENG-TSEU dit : Lorsque *Pe-i*[2], fuyant la tyrannie de *Cheou-(sin)*, habitait les bords de la mer septentrionale, il apprit l'élévation de *Wen-wang*[3]; et, se levant avec émotion il dit : Pourquoi n'irais-je pas me soumettre à lui? J'ai entendu dire que le chef des grands vassaux de l'occident excellait dans la vertu d'entretenir les vieillards.

Lorsque *Tai-kong*, fuyant la tyrannie de *Cheou-(sin)*, habitait les bords de la mer orientale, il apprit l'élévation de *Wen-wang*; et, se levant avec émotion, il dit : Pourquoi n'irais-je pas me soumettre à lui? J'ai entendu dire que le chef des grands vassaux de l'occident excellait dans la vertu d'entretenir les vieillards.

S'il se trouve dans l'empire un homme qui ait la vertu d'entretenir les vieillards, alors tous les hommes pleins d'humanité s'empresseront d'aller se soumettre à lui.

Si dans une habitation de cinq arpents de terre vous plantez des mûriers au pied des murs, et que la femme

---

[1] *Commentaire.*
[2] Voyez liv. II, chap. 1, § 13.
[3] Comme chef des grands vassaux des provinces occidentales de l'empire.

de ménage élève des vers à soie, alors les vieillards pourront se couvrir de vêtements de soie ; si vous nourrissez cinq poules et deux porcs femelles, et que vous ne négligiez pas les saisons [de l'incubation et de la conception], alors les vieillards pourront ne pas manquer de viande. Si un simple particulier cultive un champ de cent arpents, une famille de huit bouches pourra ne pas souffrir de la faim.

Ces expressions [des deux vieillards], *le chef des vassaux de l'occident excelle dans la vertu d'entretenir les vieillards,* signifiaient qu'il savait constituer à chacun une propriété privée composée d'un champ [de cent arpent [1]] et d'une habitation [de cinq [2]] ; qu'il savait enseigner aux populations l'art de planter [des mûriers] et de nourrir [des poules et des pourceaux] ; qu'en dirigeant par l'exemple les femmes et les enfants, il les mettait à même de nourrir et d'entretenir leurs vieillards. Si les personnes âgées de cinquante ans manquent de vêtements de soie, leurs membres ne seront pas réchauffés. Si les septuagénaires manquent de viande pour aliments, ils ne seront pas bien nourris. N'avoir pas ses membres réchauffés [par ses vêtements], et ne pas être bien nourri, cela s'appelle avoir froid et faim. Parmi les populations soumises à *Wenwang,* il n'y avait point de vieillards souffrants du froid et de la faim. C'est ce que les expressions citées précédemment veulent dire.

23. MENG-TSEU dit : Si l'on gouverne les populations de manière à ce que leurs champs soient bien cultivés ; si on allége les impôts [en n'exigeant que le dixième du produit [3]], le peuple pourra acquérir de l'aisance et du bien-être.

S'il prend ses aliments aux heures du jour convenables [4], et qu'il ne dépasse ses revenus que selon les rites

---

[1] *Glose.*
[2] *Ibid.*
[3] *Ibid.*
[4] « Le matin et le soir. » (*Glose.*)

prescrits, ses revenus ne seront pas dépassés par sa consommation.

Si le peuple est privé de l'eau et du feu, il ne peut vivre. Si pendant la nuit obscure un voyageur frappe à la porte de quelqu'un pour demander de l'eau et du feu, il ne se trouvera personne qui ne les lui donne, parce que ces choses sont partout en quantité suffisante. Pendant que les saints hommes gouvernaient l'empire, ils faisaient en sorte que les pois et autres légumes de cette espèce, ainsi que le millet, fussent aussi abondants que l'eau et le feu. Les légumes et le millet étant aussi abondants que l'eau et le feu parmi le peuple, comment s'y trouverait-il des hommes injustes et inhumains?

24. MENG-TSEU dit : Lorsque KHOUNG-TSEU gravissait la montagne *Toung-chan*, le royaume de *Lou* lui paraissait bien petit ; lorsqu'il gravissait la montagne *Taï-chan* [1], l'empire lui-même lui paraissait bien petit.

C'est ainsi que, pour celui qui a vu les mers, les eaux des rivières et même des fleuves peuvent à peine être considérées comme des eaux ; et pour celui qui a passé par la porte des saints hommes [qui a été à leur école], les paroles ou les instructions des autres hommes peuvent à peine être considérées comme des instructions.

Il y a un art de considérer les eaux : on doit les observer dans leurs courants et lorsqu'elles s'échappent de leur source. Quand le soleil et la lune brillent de tout leur éclat, leurs reflets les font scintiller dans leurs profondes cavités.

L'eau courante est un élément de telle nature, que si on ne la dirige pas vers les fossés ou les réservoirs [dans lesquels on veut la conduire], elle ne s'y écoule pas. Il en est de même de la volonté de l'homme supérieur appliquée à la pratique de la droite raison : s'il ne lui donne pas son complet développement, il n'arrivera pas au suprême degré de sainteté.

---

[1] La plus élevée de l'empire.

25. MENG-TSEU dit : Celui qui, se levant au chant du coq, pratique la vertu avec la plus grande diligence, est un disciple de *Chun*.

Celui qui, se levant au chant du coq, s'occupe du gain avec la plus grande diligence, est un disciple du voleur *Tché*.

Si vous voulez connaître la différence qu'il y a entre l'empereur *Chun* et le voleur *Tché*, elle n'est pas ailleurs que dans l'intervalle qui sépare le gain de la vertu.

26. MENG-TSEU dit : *Yang-tseu* fait son unique étude de l'intérêt personnel, de l'amour de soi. Devrait-il arracher un cheveu de sa tête pour procurer quelque avantage public à l'empire, il ne l'arracherait pas.

*Me-tseu* aime tout le monde ; si en abaissant sa tête jusqu'à ses talons il pouvait procurer quelque avantage public à l'empire, il le ferait.

*Tseu-mo* tenait le milieu. Tenir le milieu, c'est approcher beaucoup de la droite raison. Mais tenir le milieu sans avoir de point fixe [tel que la tige d'une balance], c'est comme si l'on ne tenait qu'un côté.

Ce qui fait que l'on déteste ceux qui ne tiennent qu'un côté, ou qui suivent une voie extrême, c'est qu'ils blessent la droite raison ; et que pendant qu'ils s'occupent d'une chose, ils en négligent ou en perdent cent.

27. MENG-TSEU dit : Celui qui a faim trouve tout mets agréable ; celui qui a soif trouve toute boisson agréable : alors l'un et l'autre n'ont pas le sens du goût dans son état normal, parce que la faim et la soif le dénaturent. N'y aurait-il que la bouche et le ventre qui fussent sujets aux funestes influences de la faim et de la soif ? Le cœur de l'homme a aussi tous ces inconvénients.

Si les hommes pouvaient se soustraire aux funestes influences de la faim et de la soif, et ne pas dénaturer leur cœur, alors ils ne s'affligeraient pas de ne pouvoir atteindre à la vertu des hommes supérieurs à eux par leur sainteté et leur sagesse.

28. MENG-TSEU dit : *Lieou-hia-hoei* n'aurait pas échangé

son sort contre celui des trois premiers grands dignitaires de l'empire [1].

29. MENG-TSEU dit : Celui qui s'applique à faire une chose est comme celui qui creuse un puits. Si, après avoir creusé un puits jusqu'à soixante et douze pieds, on ne va pas jusqu'à la source, on est dans le même cas que si on l'avait abandonné.

30. MENG-TSEU dit : *Yao* et *Chun* furent doués d'une nature parfaite ; *Thang* et *Wou* s'incorporèrent ou perfectionnèrent la leur par leurs propres efforts ; les cinq princes chefs des grands vassaux n'en eurent qu'une fausse apparence.

Ayant eu longtemps cette fausse apparence d'une nature accomplie, et n'ayant fait aucun retour vers la droiture, comment auraient-ils su qu'ils ne la possédaient pas ?

31. *Koung-sun-tcheou* dit : *Y-yin* disait : « Moi je n'ai « pas l'habitude de visiter souvent ceux qui ne sont pas « dociles [aux préceptes de la raison]. » Il relégua *Thaï-kia* dans le palais où était élevé le tombeau de son père, et le peuple en fut très-satisfait. *Thaï-kia* s'étant corrigé, il le fit revenir à la cour, et le peuple en éprouva une grande joie.

Lorsqu'un sage est ministre de quelque prince, si ce prince n'est pas sage [ou n'est pas docile aux conseils de la raison [2]], peut-il, à l'exemple de *Y-yin*, le reléguer loin du siége du gouvernement ?

MENG-TSEU dit : S'il a les intentions de *Y-yin*, [c'est-à-dire son amour du bien public [3]], il le peut ; s'il n'a pas les intentions de *Y-yin*, c'est un usurpateur.

32. *Koung-sun-tcheou* dit : On lit dans le *Livre des Vers* [4] :

---

[1] Les trois *Koung* : ce sont les *Thaï-sse, Thaï-fou* et *Thaï-po*.
(Glose.)

[2] *Glose.*

[3] *Ibid.*

[4] Ode *Fa-chen*, section *Kouë-foung*.

« Que personne ne mange inutilement [1]. »

L'homme supérieur ne laboure pas, et cependant il mange; pourquoi cela?

MENG-TSEU dit : Lorsqu'un homme supérieur habite un royaume, si le prince l'emploie dans ses conseils, alors l'État est tranquille, le trésor public est rempli, le gouvernement est honoré et couvert de gloire. Si les fils et les frères cadets du royaume suivent les exemples de vertu qu'il leur donne, alors ils deviennent pieux envers leurs parents, pleins de déférence pour leurs aînés, de droiture et de sincérité envers tout le monde. Ce n'est pas là *manger inutilement* [les produits ou les revenus des autres]. Qu'y a-t-il au contraire de plus grand et de plus digne?

33. *Tian*, fils du roi de *Thsi*, fit une question en ces termes : A quoi sert le lettré?

MENG-TSEU dit : Il élève ses pensées.

*Tian* dit : Qu'appelez-vous *élever ses pensées?*

MENG-TSEU dit : C'est les diriger vers la pratique de l'humanité, de l'équité et de la justice; et voilà tout. Tuer un innocent, ce n'est pas de l'humanité; prendre ce qui n'est pas à soi, ce n'est pas de l'équité. Quel est le séjour permanent de l'âme? c'est l'humanité. Quelle est sa voie? l'équité. S'il habite l'humanité, s'il marche dans l'équité, les devoirs du grand homme [ou de l'homme d'État] sont remplis.

34. MENG-TSEU dit : Si sans équité vous eussiez donné le royaume de *Thsi* à *Tchoung-tseu*, il ne l'aurait pas accepté. Tous les hommes eurent foi en sa sagesse. Ce refus [d'accepter le royaume de *Thsi*], c'est de l'équité, comme celle de refuser une écuelle de riz cuit ou de bouillon. Il n'y a pas de faute plus grave pour l'homme que d'oublier les devoirs qui existent entre les pères et mères et les en-

---

[1] « Que personne, sans les avoir mérités, ne reçoive des traitements du prince. » (*Glose.*)

[2] On pourrait traduire cette pensée ancienne par cette formule moderne, *que personne ne consomme sans avoir produit*, qui lui est équivalente.

fants, entre le prince et les sujets, entre les supérieurs et les inférieurs [4]. Est-il permis de croire un homme grand et consommé dans la vertu, lorsque sa vertu n'est que médiocre?

35. *Tiao-yng* fit une question en ces termes : Si pendant que *Chun* était empereur, *Kao-yao* avait été président du ministère de la justice, et que *Kou-seou* [père de *Chun*] eût tué un homme, alors qu'aurait fait *Kao-yao*?

Meng-tseu répondit : Il aurait fait observer la loi; et voilà tout.

*Tiao-yng* dit : S'il avait voulu agir ainsi, *Chun* ne l'en aurait-il pas empêché?

Meng-tseu dit : Comment *Chun* aurait-il pu l'en empêcher? Il avait reçu cette [loi du ciel [2], avec son mandat, pour la faire exécuter].

*Tiao-yng* dit : S'il en est ainsi, alors comment *Chun* se serait-il conduit?

Meng-tseu dit : *Chun* aurait regardé l'abandon de l'empire comme l'abandon de sandales usées par la marche; et, prenant secrètement son père sur ses épaules [3], il serait allé se réfugier sur une plage déserte de la mer, en oubliant, le cœur satisfait, jusqu'à la fin de sa vie, son empire et sa puissance.

36. Meng-tseu étant passé de la ville de *Fan* dans la capitale du royaume de *Thsi*, il y vit de loin le fils du roi. A cette vue il s'écria en soupirant : Comme le séjour de la cour change l'aspect d'un homme, et comme un régime opulent change sa corpulence! Que le séjour dans un lieu est important! Cependant tous les fils ne sont-ils pas également enfants des hommes?

---

[1] *Tchoung-tseu* s'attachait exclusivement à la vertu de l'équité, et il négligeait les autres : il quitta sa mère et son frère aîné, refusa d'accepter un emploi et un traitement du roi de *Thsi*, et encourut ainsi plusieurs reproches.

[2] *Glose.*

[3] Comme Énée s'enfuit de Troie en portant son père Anchise sur ses épaues.

MENG-TSEU dit : La demeure, l'appartement, les chars, les chevaux, les habillements du fils du roi, ont beaucoup de ressemblance avec ceux des fils des autres hommes; et puisque le fils du roi est tel [que je viens de le voir], il faut que ce soit le séjour à la cour qui l'ait ainsi changé : quelle influence doit donc avoir le séjour de celui qui habite dans la vaste demeure de l'empire!

Le prince de *Lou* étant passé dans le royaume de *Soung*, il arriva à la porte de la ville de *Tiei-tche*, qu'il ordonna à haute voix d'ouvrir. Les gardiens dirent : « Cet « homme n'est pas notre prince; comment sa voix res- « semble-t-elle à celle de notre prince? » Il n'y a pas d'autre cause à cette ressemblance, sinon que le séjour de l'un et de l'autre prince se ressemblait[1].

37. MENG-TSEU dit : Si le prince entretient un sage sans avoir de l'affection pour lui, il le traite comme il traite ses pourceaux. S'il a de l'affection pour lui sans lui témoigner le respect qu'il mérite, il l'entretient comme ses propres troupeaux.

Des sentiments de vénération et de respect doivent être témoignés [au sage par le prince] avant de lui offrir des présents.

Si les sentiments de vénération et de respect que le prince lui témoigne n'ont point de réalité, le sage ne peut être retenu près de lui par de vaines démonstrations.

38. MENG-TSEU dit : Les diverses parties saillantes du corps[2] et les sens[3] constituent les facultés de notre nature que nous avons reçues du ciel[4]. Il n'y a que les

---

[1] C'est-à-dire que rien ne ressemble tant à un prince régnant qu'un autre prince régnant, parce que l'un et l'autre ont les mêmes habitudes, le même entourage, et le même genre de vie.

[2] « Telles que les oreilles, les yeux, les mains, les pieds et autres de cette espèce. » (*Glose*.)

[3] « Tels que la vue, l'ouïe, etc. » (*Glose*.)

[4] *Thian-sing*, COELI NATURA.

saints hommes [ou ceux qui parviennent à la perfection] qui puissent donner à ces facultés de notre nature leur complet développement.

39. *Siouan-wang*, roi de *Thsi*, voulait abréger son temps de deuil. *Koung-sun-tcheou* lui dit : N'est-il pas encore préférable de porter le deuil pendant une année que de s'en abstenir complétement ?

MENG-TSEU dit : C'est comme si vous disiez à quelqu'un qui tordrait le bras de son frère aîné : « Pas si vite, pas si vite ! » Enseignez-lui la piété filiale, la déférence fraternelle et bornez-vous à cela.

Le fils du roi étant venu à perdre sa mère, son précepteur sollicita pour lui [de son père] la permission de porter le deuil pendant quelques mois.

*Koung-sun-tcheou* dit : Pourquoi pendant quelques mois seulement ?

MENG-TSEU dit : Le jeune homme avait désiré porter le deuil pendant les trois années prescrites, mais il n'en avait pas obtenu l'autorisation de son père. Quand même il n'aurait obtenu de porter le deuil qu'un jour, c'était encore préférable pour lui à s'abstenir complétement de le porter.

40. MENG-TSEU dit : Les enseignements de l'homme supérieur sont au nombre de cinq.

Il est des hommes qu'il convertit au bien de la même manière que la pluie qui tombe en temps convenable fait croître les fruits de la terre.

Il en est dont il perfectionne la vertu ; il en est dont il développe les facultés naturelles et les lumières.

Il en est qu'il éclaire par les réponses qu'il fait à leurs questions.

Il en est enfin qui se convertissent d'eux-mêmes au bien et se rendent meilleurs [entraînés qu'ils sont par son exemple].

Voilà les cinq manières dont l'homme supérieur instruit les hommes

41. *Koung-sun-tcheou* dit : Que ces voies [du sage] sont

hautes et sublimes! qu'elles sont admirables et dignes d'éloges ! La difficulté de les mettre en pratique me paraît aussi grande que celle d'un homme qui voudrait monter au ciel sans pouvoir y parvenir. Pourquoi ne rendez-vous pas ces voies faciles, afin que ceux qui veulent les suivre puissent les atteindre, et que chaque jour ils fassent de nouveaux efforts pour en approcher ?

MENG-TSEU dit : Le charpentier habile ne change ni ne quitte son aplomb et son cordeau à cause d'un ouvrier incapable. *Y*, l'habile archer, ne changeait pas la manière de tendre son arc à cause d'un archer sans adresse.

L'homme supérieur apporte son arc, mais il ne tire pas. Les principes de la vertu brillent soudain aux yeux de ceux qui la cherchent [comme un trait de flèche]. Le sage se tient dans la voie moyenne [entre les choses difficiles et les choses faciles [1]] ; que ceux qui le peuvent le suivent.

42. MENG-TSEU dit : Si dans un empire règnent les principes de la raison, le sage accommode sa personne à ces principes ; si dans un empire ne règnent pas les principes de la raison [s'il est dans le trouble et l'anarchie [2]], le sage accommode les principes de la raison au salut de sa personne.

Mais je n'ai jamais entendu dire que le sage ait accommodé les principes de la raison ou les ait fait plier aux caprices et aux passions des hommes !

43. *Koung-tou-tseu* dit : Pendant que *Theng-keng* [2] suivait vos leçons, il paraissait être du nombre de ceux que l'on traite avec urbanité : cependant vous n'avez pas répondu à une question qu'il vous a faite : pourquoi cela?

MENG-TSEU dit : Ceux qui se fient sur leur noblesse ou sur leurs honneurs interrogent ; ceux qui se fient sur leur

---

[1] *Glose.*
[2] *Ibid.*
[3] Frere cadet du roi de *Theng.*

sagesse ou leurs talents interrogent ; ceux qui se fient sur leur âge plus avancé interrogent ; ceux qui se fient sur les services qu'ils croient avoir rendus à l'Etat interrogent ; ceux qui se fient sur d'anciennes relations d'amitié avec des personnes en charge interrogent : tous ceux-là sont des gens auxquels je ne réponds pas. *Theng-keng* se trouvait dans deux de ces cas [1].

44. MENG-TSEU dit : Celui qui s'abstient de ce dont il ne doit pas s'abstenir, il n'y aura rien dont il ne s'abstienne ; celui qui reçoit avec froideur ceux qu'il devrait recevoir avec effusion de tendresse, il n'y aura personne qu'il ne reçoive froidement ; ceux qui s'avancent trop précipitamment reculeront encore plus vite.

45. MENG-TSEU dit : L'homme supérieur ou le sage aime tous les êtres qui vivent [2], mais il n'a point pour eux les sentiments d'humanité qu'il a pour les hommes ; il a pour les hommes des sentiments d'humanité, mais il ne les aime pas de l'amour qu'il a pour ses père et mère. Il aime ses père et mère de l'amour filial, et il a pour les hommes des sentiments d'humanité ; il a pour les hommes des sentiments d'humanité, et il aime tous les êtres qui vivent.

46. MENG-TSEU dit : L'homme pénétrant et sage n'ignore rien ; il applique toutes les forces de son intelligence à apprendre les choses qu'il lui importe de savoir. Quant à l'homme humain, il n'est rien qu'il n'aime ; il s'applique de toutes ses forces à aimer ce qui mérite d'être aimé.

*Yao* et *Chun* étaient sages et pénétrants, toutefois leur pénétration ne s'étendait pas à tous les objets. Ils appliquaient les forces de leur intelligence à ce qu'il y avait de plus important [et négligeaient le reste]. *Yao* et *Chun* étaient pleins d'humanité, mais cette humanité

---

[1] « Il était vain de sa dignité (de frère de prince), et il était également vain de sa prétendue sagesse. » (*Glose.*)

[2] « Il indique les oiseaux, les bêtes, les plantes, les arbres. » (*Glose.*)

n'allait pas jusqu'à aimer également tous les hommes ; ils s'appliquaient principalement à aimer les sages d'un amour filial.

Il est des hommes qui ne peuvent porter le deuil de leurs parents pendant trois ans, et qui s'informent soigneusement du deuil de trois mois ou de celui de cinq ; ils mangent immodérément, boivent abondamment, et vous interrogent minutieusement sur le précepte des rites : *Ne déchirez pas la chair avec les dents.* Cela s'appelle ignorer à quoi il est le plus important de s'appliquer.

## CHAPITRE VIII.

### COMPOSÉ DE 38 ARTICLES.

1. MENG-TSEU dit : Oh! que *Hoei-wang* de *Liang* [1] est inhumain! L'homme [ou le prince] humain arrive par ceux qu'il aime à aimer ceux qu'il n'aimait pas. Le prince inhumain, au contraire, arrive par ceux qu'il n'aime pas à ne pas aimer ceux qu'il aimait.

*Koung-sun-tcheou* dit : Qu'entendez-vous par là ?.

MENG-TSEU dit : *Hoei-wang* de *Liang*, ayant voulu livrer une bataille pour cause d'agrandissement de territoire, fut battu complétement, et laissa les cadavres de ses soldats pourrir sur le champ du combat sans leur faire donner la sépulture. Il aurait bien voulu recommencer de nouveau, mais il craignit de ne pouvoir vaincre lui-même. C'est pourquoi il poussa son fils, qu'il aimait, à sa perte fatale [2] en l'excitant à le venger. C'est ce que j'appelle *arriver par ceux que l'on n'aime pas à ne pas aimer ceux que l'on aimait.*

2. MENG-TSEU dit : Dans le livre intitulé *le Printemps et*

---

[1] Ou *Hoeï*, roi de *Liang*.
[2] Conferez liv. I, chap. 1, p. 229.

*l'Automne* ¹, on ne trouve aucune guerre juste et équitable. Il en est cependant qui ont une apparence de droit et de justice; mais on ne doit pas moins les considérer comme injustes.

Les actes de redressement ² sont des actes par lesquels un supérieur déclare la guerre à ses inférieurs pour redresser leurs torts. Les royaumes qui sont égaux entre eux ne se redressent point ainsi mutuellement.

3. MENG-TSEU dit : Si l'on ajoute une foi entière, absolue, aux livres [historiques], alors on n'est pas dans une condition aussi avantageuse que si l'on manquait de ces livres.

Moi, dans le chapitre du *Chou-king* intitulé *Wou-tching* ³, je ne prends que deux ou trois articles, et rien de plus.

L'homme humain, n'a point d'ennemi dans l'empire ⁴.

Comment donc, lorsqu'un homme souverainement humain [comme *Wou-wang*] en attaque un souverainement inhumain [comme *Cheou-sin*], y aurait-il un si grand carnage que les boucliers de bois flotteraient dans le sang ⁵ ?

4. MENG-TSEU dit : S'il y a un homme qui dise : « Je sais « parfaitement ordonner et diriger une armée ; je sais « parfaitement livrer une bataille : » cet homme est un grand coupable.

Si le prince qui gouverne un royaume aime l'humanité, il n'aura aucun ennemi dans l'empire.

Lorsque *Tching-thang* rappelait à leurs devoirs les habitants des régions méridionales, les barbares des régions septentrionales se plaignaient [d'être négligés par lui]; lorsqu'il rappelait à leurs devoirs les habitants des régions

---

¹ Le *Tchun-tsieou* de KHOUNG-TSEU.

² *Tching-tche.*

³ Voyez *Livres sacrés de l'Orient*, p. 87.

⁴ Tous les hommes s'empressent de se soumettre à lui sans combattre.

⁵ Ces motifs du doute historique du philosophe MENG-TSEU paraîtront sans doute peu convaincants.

orientales, les barbares des régions occidentales se plaignaient en disant : *Pourquoi nous réserve-t-il pour les derniers ?*

Lorsque *Wou-wang* attaqua la dynastie de *Yin*, il n'avait que trois cents chars de guerre et trois mille vaillants soldats.

*Wou-wang* [en s'adressant aux populations] leur dit : « Ne craignez rien; je vous apporte la paix et la tranquil- « lité; je ne suis pas l'ennemi des cent familles [du peuple « chinois]. » Et aussitôt les populations prosternèrent leurs fronts vers la terre, comme des troupeaux de bœufs labourent le sol de leurs cornes.

Le terme *(tching)* par lequel on désigne l'action de *redresser* ou *rappeler à leur devoir* par les armes ceux qui s'en sont écartés, signifie *rendre droits, corriger (tching)*. Quand chacun désire *se redresser* ou *se corriger soi-même*, pourquoi recourir à la force des armes afin d'arriver au même résultat ?

5. MENG-TSEU dit : Le charpentier et le charron peuvent donner à un homme leur règle et leur équerre, mais ils ne peuvent pas le rendre immédiatement habile dans leur art.

6. MENG-TSEU dit : *Chun* se nourrissait de fruits secs et d'herbes des champs, comme si toute sa vie il eût dû conserver ce régime. Lorsqu'il fut fait empereur[1], les riches habits brodés qu'il portait, la guitare dont il jouait habituellement, les deux jeunes filles qu'il avait comme épouses à ses côtés, ne l'affectaient pas plus que s'il les avait possédées dès son enfance.

7. MENG-TSEU dit : Je sais enfin maintenant que de tuer les proches parents d'un homme est un des crimes les plus graves [par ses conséquences].

En effet, si un homme tue le père d'un autre homme, celui-ci tuera aussi le père du premier. Si un homme tue le frère aîné d'un autre homme, celui-ci tuera aussi le

---

[1] *Thian-tseu*, fils du Ciel.

frère aîné du premier. Les choses étant ainsi, ce crime diffère bien peu de celui de tuer ses parents de sa propre main.

8. MENG-TSEU dit : Les anciens qui construisirent des portes aux passages des confins du royaume avaient pour but d'empêcher des actes de cruauté et de dévastation ; ceux de nos jours qui font construire ces portes de passages ont pour but d'exercer des actes de cruauté et d'oppression [1].

9. MENG-TSEU dit : Si vous ne suivez pas vous-même la voie droite [2], elle ne sera pas suivie par votre femme et vos enfants. Si vous donnez des ordres qui ne soient pas conformes à la voie droite [3], ils ne doivent pas être exécutés par votre femme et vos enfants.

10. MENG-TSEU dit : Ceux qui sont approvisionnés de toutes sortes de biens ne peuvent mourir de faim dans les années calamiteuses ; ceux qui sont approvisionnés de toutes sortes de vertus ne seront pas troublés par une génération corrompue.

11. MENG-TSEU dit : Les hommes qui aiment la bonne renommée peuvent céder pour elle un royaume de mille quadriges. Si un homme n'a pas ce caractère, son visage témoignera de sa joie ou de ses regrets pour une écuelle de riz et de bouillon.

12. MENG-TSEU dit : Si on ne confie pas [les affaires et l'administration du royaume] à des hommes humains et sages, alors le royaume sera comme s'il reposait sur le vide.

Si on n'observe pas les règles et les préceptes de l'urbanité et de l'équité, alors les supérieurs et les inférieurs sont dans le trouble et la confusion.

Si l'on n'apporte pas un grand soin aux affaires les plus

---

[1] Il fait allusion aux droits, ou impôts injustes que les différents princes imposaient sur les voyageurs et les marchandises à ces différents passages.

[2] « *Tchang-jan tchi-li*, la raison, les principes du devoir. » (*Glose.*)

[3] « A la raison, aux principes du devoir. » (*Glose.*)

importantes¹, alors les revenus ne pourront suffire à la consommation.

13. MENG-TSEU dit : Il a pu arriver qu'un homme inhumain obtînt un royaume ; mais il n'est encore jamais arrivé qu'un homme inhumain conquît l'empire.

14. MENG-TSEU dit : Le peuple est ce qu'il y a de plus noble dans le monde ² ; les esprits de la terre et les fruits de la terre ne viennent qu'après ; le prince est de la moindre importance ³.

C'est pourquoi, si quelqu'un se concilie l'amour et l'affection du peuple des collines [ou des campagnes ⁴], il deviendra fils du Ciel [ou empereur] ; s'il arrive à être fils du Ciel, ou empereur, il aura pour lui les différents princes régnants ; s'il a pour lui les différents princes régnants, il aura pour lui les grands fonctionnaires publics.

Si les différents princes régnants [par la tyrannie qu'ils exercent sur le peuple] mettent en péril les autels des esprits de la terre et des fruits de la terre, alors le fils du Ciel les dépouille de leur dignité et les remplace par de sages princes.

Les victimes opimes étant prêtres, les fruits de la terre

---

¹ D'après un commentateur chinois, cité par M. Stan. Julien, ces affaires sont, par exemple, de constituer à chacun une propriété privée suffisante pour le faire vivre avec sa famille, d'enseigner comment on doit élever les animaux domestiques, d'assigner des traitements aux uns, de distribuer des terres, d'accomplir les différents sacrifices, d'inviter les sages à sa cour par l'envoi de présents, etc.

² *Min wei kouei.* La Glose dit à ce sujet : « Le mot *kouei*, *noble*, donne l'idée de ce qu'il y a de plus grave et de plus important. »

³ Voici le texte chinois tout entier de ce paragraphe : « *Meng-tseu* « *youei ; min weï kouei ; che, tsie, thseu tchi ; kiun weï king* ; mot « à mot : MENG-TSEU dit : *populus est præ-omnibus-nobilis; terræ-spi-* « *ritus, frugum-spiritus secundarii illius ; Princeps est levioris-mo-* « *menti.* » Il serait difficile de trouver dans les écrits des plus hardis penseurs modernes de pareilles propositions.

Il y a longtemps, comme on le voit, que les principes sur lesquels sera fondé l'avenir politique du monde ont été proclamés, et dans des pays que nous couvrons de nos orgueilleux et injustes dédains.

⁴ *Commentaire.*

étant disposés dans les vases préparés, et le tout étant pur, les sacrifices sont offerts selon les saisons. Si cependant la terre est desséchée par la chaleur de l'air, ou si elle est inondée par l'eau des pluies, alors le fils du Ciel détruit les autels des esprits pour en élever d'autres en d'autres lieux.

15. MENG-TSEU dit : Les saints hommes sont les instituteurs de cent générations. *Pe-i* et *Lieou-hia-hoei* sont de ce nombre. C'est pourquoi ceux qui ont entendu parler des grandes vertus de *Pe-i* sont devenus modérés dans leurs désirs, de grossiers et avides qu'ils étaient, et les hommes sans courage ont senti s'affermir leur intelligence; ceux qui ont entendu parler des grandes vertus de *Lieou-hia-hoei* sont devenus les hommes les plus doux et les plus humains, de cruels qu'ils étaient ; et les hommes d'un esprit étroit sont devenus généreux et magnanimes. Il faudrait remonter cent générations pour arriver à l'époque de ces grands hommes, et, après cent générations de plus écoulées, il n'est personne qui, en entendant le récit de leurs vertus, ne sente son âme émue et disposée à les imiter. S'il n'existait jamais de saints hommes, en serait-il de même? Et combien doivent être plus excités au bien ceux qui les ont approchés de près et ont pu recueillir leurs paroles !

16. MENG-TSEU dit : Cette humanité dont j'ai si souvent parlé, c'est l'homme [c'est la raison qui constitue son être [1]]; si l'on réunit ces deux termes ensemble [l'humanité et l'homme [2]], c'est la voie [3].

17. MENG-TSEU dit : KHOUNG-TSEU, en s'éloignant du royaume de *Lou*, disait : « Je m'éloigne lentement. » C'est la *voie* pour s'éloigner du royaume de son père et de sa mère. En s'éloignant de *Thsi*, il prit dans sa main

---

[1] *Commentaire.*

[2] *Glose.*

[3] C'est la conformité de toutes ses actions aux lois de notre nature. Conférez le *Tchoung-young*, chap. I, § 1.

du riz macéré dans l'eau, et il se mit en route. C'est la *voie* pour s'éloigner d'un royaume étranger.

18. Meng-tseu dit : L'homme supérieur [Khoung-tseu] souffrit les privations du besoin [1] dans les royaumes de *Tchin* et de *Thsai*, parce qu'il ne trouva aucune sympathie ni chez les princes ni chez leurs ministres.

19. *Ke-ki* dit : Moi *Ki*, je fais excessivement peu de cas des murmures et de l'improbation des hommes.

Meng-tseu dit : Ils ne blessent aucunement. Les hommes distingués par leurs vertus, leurs talents et leurs lumières sont encore bien plus exposés aux clameurs de la multitude. Le *Livre des Vers* [2] dit :

« J'éprouve dans mon cœur une profonde tristesse ;
« Je suis en haine près de cette foule dépravée. »
Voilà ce que fut Khoung-tseu.
« Il ne put fuir la jalousie et la haine des hommes,
« Qui cependant n'ôtèrent rien à sa renommée [3]. »
Voilà ce que fut *Wen-wang !*

20. Meng-tseu dit : Les sages [de l'antiquité] éclairaient les autres hommes de leurs lumières ; ceux de nos jours les éclairent de leurs ténèbres !

21. Meng-tseu, s'adressant à *Kao-tseu,* lui dit : Si les sentiers des montagnes sont fréquentés par les hommes, si on y passe souvent et sans interruption, ils deviennent viables ; mais si, dans un court intervalle de temps, ils ne sont pas fréquentés, alors les herbes et les plantes y croissent et les obstruent ; aujourd'hui ces herbes et ces plantes obstruent votre cœur.

22. *Kao-tseu* dit : La musique de *Yu* surpasse la musique de *Wen-wang*.

Meng-tseu dit : Pourquoi dites-vous cela?

*Kao-tseu* dit : Parce que les anneaux des clochettes [des instruments de musique de *Yn*] sont usés.

---

[1] Pendant sept jours, il manqua des nécessités de la vie.
[2] Ode *Pe-tcheou,* section *Peï-foung.*
[3] *Livre des Vers,* ode *Mian,* section *Ta-ya.*

MENG-TSEU dit : Cela suffit-il [pour porter un tel jugement] ? Les ornières des portes des villes ont-elles été creusées par le passage d'un seul quadrige ?

23. Pendant que le royaume de *Thsi* éprouvait une famine, *Tchin-tsin* dit : Tous les habitants du royaume espèrent que vous, maître, vous ferez ouvrir une seconde fois les greniers publics de la ville de *Thang*. Peut-être ne pouvez-vous pas faire de nouveau [cette demande au prince] ?

MENG-TSEU dit : Si je faisais de nouveau cette demande, je serais un autre *Foung-fou*. Ce *Foung-fou* était un homme de *Tçin* très-habile dans l'art de prendre des tigres avec les mains. Ayant fini par devenir un sage lettré, il se rendit un jour dans les champs situés hors de la ville au moment où une multitude d'hommes était à la poursuite d'un tigre. Le tigre s'était retranché dans le défilé d'une montagne, où personne n'osait aller le poursuivre. Aussitôt que la foule aperçut de loin *Foung-fou*, elle courut au-devant de lui, et *Foung-fou*, étendant les bras, s'élança de son char. Toute la foule fut ravie de joie. Mais les sages lettrés qui se trouvèrent présents se moquèrent de lui [1].

24. MENG-TSEU dit : La bouche est destinée à goûter les saveurs ; les yeux sont destinés à contempler les couleurs et les formes des objets ; les oreilles sont destinées à entendre les sons ; les narines sont destinées à respirer les odeurs ; les quatre membres [les pieds et les mains] sont destinés à se reposer de leurs fatigues. C'est ce qui constitue la nature de l'homme en même temps que sa destination. L'homme supérieur n'appelle pas cela sa *nature*.

L'humanité [2] est relative aux pères et aux enfants ; l'équité [3] est relative au prince et aux sujets ; l'urbanité [4]

---

[1] « Parce qu'il ne sut pas persister dans l'état qu'il avait embrassé. » (TCHOU-HI.)

[2] *Jin*. L'*humanité*, dit la Glose, consiste principalement dans l'*amour* c'est pourquoi elle appartient aux pères et aux enfants.

[3] *I*. L'*équité* consiste principalement dans le *respect ;* c'est pourquoi elle appartient au prince et aux sujets. (*Glose*.)

[4] *Li*. L'*urbanité* consiste principalement dans la bienveillance et

est relative aux hôtes et aux maîtres de maison; la prudence[1] est relative aux sages; le saint homme appartient à la voie du ciel [qui comprend toutes les vertus précédentes]. C'est l'accomplissement de ces vertus, de ces différentes destinations, qui constitue le mandat du ciel en même temps que notre nature. L'homme supérieur ne l'appelle pas *mandat* du ciel.

25. *Hao-seng*, dont le petit nom était *Pou-hai*, fit une question en ces termes : Quel homme est-ce que *Lo-tching-tseu?*

MENG-TSEU dit : C'est un homme simple et bon, c'est un homme sincère et fidèle.

— Qu'entendez-vous par être simple et bon? qu'entendez-vous par être sincère et fidèle?

— Celui qui est digne d'envie, je l'appelle bon. Celui qui possède réellement en lui la bonté, je l'appelle sincère.

Celui qui ne cesse d'accumuler en lui les qualités et les vertus précédentes est appelé excellent.

Celui qui à ces trésors de vertus joint encore de l'éclat et de la splendeur est appelé grand.

Celui qui est grand, et qui efface complétement les signes extérieurs ou les vestiges de sa grandeur, est appelé saint.

Celui qui est saint, et qui en même temps ne peut être connu par les organes des sens, est appelé esprit.

*Loc-tching-tseu* est arrivé au milieu des deux premiers degrés [de cette échelle de sainteté [2]]; il est encore au-dessous des quatre degrés plus élevés.

26. MENG-TSEU dit : Ceux qui se séparent du [sectaire] *Mé* se réfugient nécessairement près du [sectaire] *Yang* [3];

---

l'affabilité ; c'est pourquoi elle appartient aux maîtres de maison qui reçoivent des hôtes. (*Glose.*)

[1] *Tchi*. La *prudence* consiste principalement dans l'art de distinguer, de discerner (le bien du mal) : c'est pourquoi elle appartient aux sages. (*Glose.*)

[2] Il désigne la bonté et la sincérité... (*Glose.*)

[3] Conférez ci-devant, liv. II, chap. VII, p. 440.

ceux qui se séparent de *Yang* se réfugient nécessairement près des *Jou* [1] ou lettrés. Ceux qui se réfugient ainsi près des lettrés doivent être accueillis favorablement ; et voilà tout.

Ceux d'entre les lettrés qui disputent aujourd'hui avec *Yang* et *Me* se conduisent comme si, se mettant à la poursuite d'un petit pourceau échappé, ils l'étranglaient après qu'il serait rentré à son étable.

27. MENG-TSEU dit : Il y a un tribut consistant en toile de chanvre et en soie dévidée ; il y a un tribut de riz, et un autre tribut qui se paye en corvées. L'homme supérieur [ou le prince qui aime son peuple] n'exige que le dernier de ces tributs, et diffère les deux premiers. S'il exige ensemble les deux premiers, alors le peuple est consumé de besoins ; s'il exige les trois genres de tributs en même temps, alors le père et le fils sont obligés de se séparer [pour vivre].

28. MENG-TSEU dit : Il y a trois choses précieuses pour les princes régnants de différents ordres : le territoire [2], les populations [3], et une bonne administration [4]. Ceux qui regardent les perles et les pierreries comme des choses précieuses seront certainement atteints de grandes calamités.

29. *Y-tching*, dont le petit nom était *Kouo*, occupait une magistrature dans le royaume de *Thsi*.

MENG-TSEU dit : *Y-tching-kouo* mourra.

*Y-tching-kouo* ayant été tué, les disciples du Philosophe lui dirent : Maître, comment saviez-vous que cet homme serait tué ?

MENG-TSEU dit : C'était un homme de peu de vertu ; il

---

[1] Les *Jou* sont ceux qui suivent les doctrines de KHOUNG-TSEU et des premiers grands hommes de la Chine. Ces doctrines des *Jou*, dit la Glose, sont la raison du grand milieu et de la souveraine rectitude.

[2] « Pour constituer le royaume. » (*Glose*.)

[3] « Pour conserver et protéger le royaume. » (*Glose*.)

[4] « Pour gouverner le royaume. » (*Glose*.)

n'avait jamais entendu enseigner les doctrines de l'homme supérieur; alors il était bien à présumer que [par ses actes contraires à la raison] il s'exposerait à une mort certaine.

30. Meng-tseu [1], se rendant à *Theng*, s'arrêta dans le palais supérieur. Un soulier, que l'on était en train de confectionner, avait été posé sur le devant de la croisée. Le gardien de l'hôtellerie le chercha, et ne le trouva plus.

Quelqu'un interrogeant Meng-tseu, lui dit : Est-ce donc ainsi que vos disciples cachent ce qui ne leur appartient pas ?

Meng-tseu répondit : Pensez-vous que nous sommes venus ici pour soustraire un soulier ?

Point du tout. Maître, d'après l'ordre d'enseignement que vous avez institué, vous ne recherchez point les fautes passées, et ceux qui viennent à vous [pour s'instruire] vous ne les repoussez pas. S'ils sont venus à vous avec un cœur sincère, vous les recevez aussitôt au nombre de vos disciples, sans autre information.

31. Meng-tseu dit : Tous les hommes ont le sentiment de la commisération. Étendre ce sentiment à tous leurs sujets de peine et de souffrance, c'est de l'humanité. Tous les hommes ont le sentiment de ce qui ne doit pas être fait. Étendre ce sentiment à tout ce qu'ils font, c'est de l'équité.

Que tous les hommes puissent réaliser par des actes ce sentiment qui nous porte à désirer de ne pas nuire aux autres hommes, et ils ne pourront suffire à tout ce que l'humanité réclame d'eux. Que tous les hommes puissent réaliser dans leurs actions ce sentiment que nous avons de ne pas percer les murs des voisins [ pour les voler ], et ils ne pourront suffire à tout ce que l'équité réclame d'eux.

---

[1] *Chang-koung*, hôtellerie pour recevoir les voyageurs de distinction.

Que tous les hommes puissent constamment et sincèrement ne jamais accepter les appellations singulières de la seconde personne, *tu, toi*[1], et, partout où ils iront, ils parleront selon l'équité.

Si le lettré, lorsque son temps de parler n'est pas encore venu, parle, il surprend la pensée des autres par ses paroles; si, son temps de parler étant venu, il ne parle pas, il surprend la pensée des autres par son silence. Ces deux sortes d'actions sont de la même espèce que celle de percer le mur de son voisin.

32. MENG-TSEU dit : Les paroles dont la simplicité est à la portée de tout le monde et dont le sens est profond sont les meilleures. L'observation constante des vertus principales, qui sont comme le résumé de toutes les autres, et la pratique des actes nombreux qui en découlent, est la meilleure règle de conduite.

Les paroles de l'homme supérieur ne descendent pas plus bas que sa ceinture [s'appliquent toujours aux objets qui sont devant ses yeux], et ses principes sont également à la portée de tous.

Telle est la conduite constante de l'homme supérieur: il ne cesse d'améliorer sa personne, et l'empire jouit des bienfaits de la paix.

Le grand défaut des hommes est d'abandonner leurs propres champs pour ôter l'ivraie de ceux des autres. Ce qu'ils demandent des autres [de ceux qui les gouvernent[2]] est important, difficile, et ce qu'ils entreprennent eux-mêmes est léger, facile.

33. MENG-TSEU dit : *Yao* et *Chun* reçurent du ciel une nature accomplie; *Thang* et *Wou* rendirent la leur accomplie par leurs propres efforts.

Si tous les mouvements de l'attitude et de la démarche sont conformes aux rites, on a atteint le comble de la vertu

---

[1] En chinois *eulh, jou*, que l'on emploie dans le langage familier ou lorsque l'on traite quelqu'un injurieusement et avec mépris.
[2] *Glose*.

parfaite. Quand on gémit sur les morts, ce n'est pas à cause des vivants que l'on éprouve de la douleur. On ne doit pas se départir d'une vertu inébranlable, inflexible, pour obtenir des émoluments du prince. Les paroles et les discours du sage doivent toujours être conformes à la vérité, sans avoir pour but de rendre ses actions droites et justes.

L'homme supérieur en pratiquant la loi [qui est l'expression de la raison céleste [1]] attend [avec indifférence] l'accomplissement du destin; et voilà tout.

34. MENG-TSEU dit : S'il vous arrive de vous entretenir avec nos hommes d'Etat [2], méprisez-les intérieurement. Gardez-vous d'estimer leur somptueuse magnificence.

Ils possèdent des palais hauts de quelques toises, et dont les saillies des poutres ont quelques pieds de longueur; si j'obtenais leur dignité, et que j'eusse des vœux à réaliser, je ne me construirais pas un palais. Les mets qu'ils se font servir à leurs festins occupent un espace de plus de dix pieds; quelques centaines de femmes les aissistent dans leurs débauches; moi, si j'obtenais leur dignité, et que j'eusse des vœux à remplir, je ne me livrerais pas comme eux à la bonne chère et à la débauche. Ils se livrent à tous les plaisirs et aux voluptés de la vie, et se plongent dans l'ivresse; ils vont à la chasse entraînés par des coursiers rapides; des milliers de chars les suivent [3]; moi, si j'obtenais leur dignité, et que j'eusse des vœux à réaliser, ce ne seraient pas ceux-là. Tout ce qu'ils ont en eux sont des choses que je ne voudrais pas posséder; tout ce que j'ai en moi appartient à la saine doctrine des anciens : pourquoi donc les craindrais-je?

[1] *Glose.*

[2] *Ta-jin*, hommes qui occupent une position *élevée.* « Il fait allusion aux hommes qui, de son temps, étaient distingués par leurs emplois et leurs dignités. »

(TCHOU-HI.)

Quelques commentateurs prétendent que MENG-TSEU désigne les princes de son temps.

[3] Ces détails ne peuvent guère se rapporter qu'aux princes.

35. MENG-TSEU dit : Pour entretenir dans notre cœur le sentiment de l'humanité et de l'équité, rien n'est meilleur que de diminuer les désirs. Il est bien peu d'hommes qui, ayant peu de désirs, ne conservent pas toutes les vertus de leur cœur ; et il en est aussi bien peu qui, ayant beaucoup de désirs, conservent ces vertus.

36. *Thseng-tsi* aimait beaucoup à manger le fruit du jujubier, mais *Thsêng-tseu* ne pouvait pas supporter d'en manger.

*Koung-sun-tcheou* fit cette question : Quel est le meilleur d'un plat de hachis ou de jujubes ?

MENG-TSEU dit : C'est un plat de hachis.

*Koung-sun-tcheou* dit : S'il en est ainsi, alors pourquoi *Thsêng-tseu*, en mangeant du hachis, ne mangeait-il pas aussi des jujubes ?

— Le hachis est un plat commun [ dont tout le monde mange ] ; les jujubes sont un plat particulier [ dont peu de personnes mangent ]. Nous ne proférons pas le petit nom de nos parents, nous prononçons leur nom de famille, parce que le nom de famille est commun et que le petit nom est particulier.

37. *Wen-tchang* fit une question en ces termes : Lorsque KHOUNG-TSEU se trouvait dans le royaume de *Tchin* [ pressé par le besoin ], il disait : « Pourquoi ne retour-
« né-je pas dans mon pays ? Les disciples que j'ai laissés
« dans mon village sont très-intelligents, ils ont de hautes
« conceptions, et ils les exécutent sommairement ; ils
« n'oublient pas le commencement et la fin de leurs
« grandes entreprises. » Pourquoi KHOUNG-TSEU, se trouvant dans le royaume de *Tchin*, pensait-il à ses disciples, doués d'une grande intelligence et de hautes pensées, du royaume de *Lou* ?

MENG-TSEU dit : Comme KHOUNG-TSEU ne trouvait pas dans le royaume de *Tchin* des hommes tenant le milieu de la droite voie, pour s'entretenir avec eux, il dut reporter sa pensée vers des hommes de la même classe qui avaient l'âme élevée et qui se proposaient la pratique du bien. Ceux qui ont l'âme élevée forment de grandes conceptions; ceux qui se proposent la pratique du bien s'abstiennent de commettre le mal. KHOUNG-TSEU ne désirait-il pas des hommes qui tinssent le milieu de la droite voie ? Comme il ne pouvait pas en trouver, c'est pour cela qu'il pensait à ceux qui le suivent immédiatement.

Oserais-je vous demander [ continua *Wen-tchang* ] quels sont les hommes que l'on peut appeler *hommes à grandes conceptions ?*

MENG-TSEU dit : Ce sont des hommes comme *Khin-tchang*, *Tsheng-si* et *Mou-phi;* ce sont ceux-là que KHOUNG-TSEU appelait *hommes à grandes conceptions.*

— Pourquoi les appelait-il hommes à grandes conceptions?

Ceux qui ne rêvent que de grandes choses, qui ne parlent que de grandes choses, ont toujours à la bouche ces grands mots : *Les hommes de l'antiquité! les hommes de l'antiquité!* Mais si vous comparez leurs paroles avec leurs actions, vous trouverez que les actions ne répondent pas aux paroles.

Comme KHOUNG-TSEU ne pouvait trouver des hommes à conceptions élevées, il désirait du moins rencontrer des hommes intelligents qui évitassent de commettre des actes dont ils auraient eu à rougir, et de pouvoir s'entretenir avec eux. Ces hommes sont ceux qui s'attachent fermement à la pratique du bien et à la fuite du mal; ce sont aussi ceux qui suivent immédiatement les hommes qui tiennent le milieu de la droite voie.

KHOUNG-TSEU disait : Je ne m'indigne pas contre ceux qui, passant devant ma porte, n'entrent pas dans ma maison; ces gens-là sont seulement les plus honnêtes de tout le village [1] ! Les plus honnêtes de tout le village sont la peste de la vertu.

---

[1] « Ceux que tout le village, trompé par l'apparence de leur fausse vertu, appelle les hommes les meilleurs du village. »
(*Commentaire.*)

Quels sont donc les hommes [ poursuivit *Wen-tchang* ] que vous appelez les plus honnêtes de tout le village?

Meng-tseu répondit : Ce sont ceux qui disent [ aux *hommes à grandes conceptions* ] : «Pourquoi êtes-vous donc
« toujours guindés sur les grands projets et les grands
« mots de vertus? nous ne voyons point vos actions dans
« vos paroles, ni vos paroles dans vos actions. A chaque
« instant, vous vous écriez : *Les hommes de l'antiquité!*
« *les hommes de l'antiquité!* (et aux hommes qui s'at-
« tachent fermement à la pratique du bien) : Pourquoi
« dans vos actions et dans toute votre conduite êtes-vous
« d'un si difficile accès et si austères? »

Pour moi, je veux [continue Meng-tseu] que celui qui est né dans un siècle soit de ce siècle. Si les contemporains le regardent comme un honnête homme, cela doit lui suffire. Ceux qui font tous leurs efforts pour ne pas parler et agir autrement que tout le monde sont des adulateurs de leur siècle; ce sont les plus honnêtes gens de leur village !

*Wen-tchang* dit : Ceux que tout leur village appelle *les plus honnêtes gens* sont toujours d'honnêtes gens partout où ils vont ; Khoung-tseu les considérait comme la peste de la vertu ; pourquoi cela?

Meng-tseu dit : Si vous voulez les trouver en défaut, vous ne saurez pas où les prendre ; si vous voulez les attaquer par un endroit, vous n'en viendrez pas à bout. Ils participent aux mœurs dégénérées et à la corruption de leur siècle. Ce qui habite dans leur cœur ressemble à la droiture et à la sincérité ; ce qu'ils pratiquent ressemble à des actes de tempérance et d'intégrité. Comme toute la population de leur village les vante sans cesse, ils se croient des hommes parfaits, et ils ne peuvent entrer dans la voie de *Yao* et de *Chun*. C'est pourquoi Khoung-tseu les regardait comme la peste de la vertu.

Khoung-tseu disait : « Je déteste ce qui n'a que l'appa-
« rence sans la réalité ; je déteste l'ivraie, dans la crainte
« qu'elle ne perde les récoltes ; je déteste les hommes ha-

« biles, dans la crainte qu'ils ne confondent l'équité ; je
« déteste une bouche diserte, dans la crainte qu'elle ne
« confonde la vérité; je déteste les sons de la musique
« *tching*, dans la crainte qu'ils ne corrompent la musique ;
« je déteste la couleur violette, dans la crainte qu'elle ne
« confonde la couleur pourpre ; je déteste les plus hon-
« nêtes gens des villages, dans la crainte qu'ils ne confon-
« dent la vertu. »

L'homme supérieur retourne à la règle de conduite immuable, et voilà tout. Une fois que cette règle de conduite immuable aura été établie comme elle doit l'être, alors la foule du peuple sera excitée à la pratique de la vertu; une fois que la foule du peuple aura été excitée à la pratique de la vertu, alors il n'y aura plus de perversité et de fausse sagesse.

38. MENG-TSEU dit : Depuis *Yao* et *Chun* jusqu'à *Thang* (ou *Tching-thang*), il s'est écoulé cinq cents ans et plus. *Yu* et *Kao-yao* apprirent la règle de conduite immuable en la voyant pratiquer [par *Yao* et *Chun*] ; *Thang* l'apprit par la tradition.

Depuis *Thang* jusqu'à *Wen-wang* il s'est écoulé cinq cents ans et plus. *Y-yin* et *Lai-tchou* apprirent cette doctrine immuable en la voyant pratiquer par *Tching-thang;* *Wen-wang* l'apprit par la tradition.

Depuis *Wen-wang* jusqu'à KHOUNG-TSEU il s'est écoulé cinq cents ans et plus. *Thai-koung-wang* et *San-y-seng* apprirent cette doctrine immuable en la voyant pratiquer par *Wen-wang;* KHOUNG-TSEU l'apprit par la tradition.

Depuis KHOUNG-TSEU jusqu'à nos jours il s'est écoulé cent ans et plus. La distance qui nous sépare de l'époque du saint homme n'est pas bien grande; la proximité de la contrée que nous habitons avec celle qu'habitait le saint homme est plus grande [1] ; ainsi donc, parce qu'il n'existe

---

[1] Le royaume de *Lou*, qui était la patrie de KHOUNG-TSEU, et le

plus personne [qui ait appris la doctrine immuable en la voyant pratiquer par le saint homme], il n'y aurait personne qui l'aurait apprise et recueillie par la tradition !

royaume de *Tseou*, qui était celle de MENG-TSEU, étaient presque contigus

FIN.

# TABLE.

Ta-hio, ou la Grande Étude.................................. 41
Tchoung-young, ou l'Invariabilité dans le milieu..... 65
Lun-yu, ou les Entretiens philosophiques............ 105
Meng-tseu............................................... 222

# Catalogue de la BIBLIOTHÈQUE CHARPENTIER.

## LITTÉRATURE FRANÇAISE.

### XVe au XVIIIe siècle.

| | | vol. |
|---|---|---|
| LE ROI LOUIS XI. | 100 Nouvelles nouv. | 1 |
| RABELAIS. | OEuvres | 2 |
| MONTAIGNE. | Essais, éd. complète. | 2 |
| MALHERBE. | Édit. Andr. Chénier. | 1 |
| Satire Ménippée. | Édition Ch. Labitte. | 1 |
| CORNEILLE (P. et T.) | OEuvres | 2 |
| MOLIÈRE. | OEuvres complètes. | 3 |
| PASCAL. | Pensées | 1 |
| — | Lettres provinciales. | 1 |
| LA BRUYÈRE | Caractères. | 1 |
| J. RACINE. | Théâtre complet | 1 |
| BOILEAU. | OEuvres poétiques. | 1 |
| LA FONTAINE. | Fables | 1 |
| BOSSUET. | Histoire … | 1 |
| LESAGE. | Gil Blas | 1 |
| PRÉVOST (L'ABBÉ). | Manon Lescaut. | 1 |
| VOLTAIRE. | Siècle de Louis XV. | 1 |
| J.-J. ROUSSEAU. | Émile. | 1 |
| — | Nouvelle Héloïse. | 1 |
| — | Confessions | 1 |
| ANDRÉ CHÉNIER. | Poésies complètes. | 1 |
| M. J. CHÉNIER. | Poésies | 1 |

### XIXe siècle.

| | | |
|---|---|---|
| AIMÉ MARTIN. | Éducation des mères. | 1 |
| ANCELOT. | Poésies | 2 |
| BALZAC (H. DE). | Physiol. du mariage. | 1 |
| — | Scènes de province. | 2 |
| — | … | |
| — | Lambert, Séraphîta. | 1 |
| — | Eugénie Grandet. | 1 |
| — | Histoire des Treize. | 1 |
| — | Peau de chagrin. | 1 |
| — | César Birotteau. | 1 |
| — | Médecin de campag. | 1 |
| — | Lys dans la vallée. | 1 |
| — | Rech. de l'Absolu. | 1 |
| — | Le père Goriot. | 1 |
| BARANTE (DE). | Tableau de la littérature | 1 |
| BRILLAT-SAVARIN. | Physiologie du Goût. | 1 |
| CAPEFIGUE. | H. de la Restauration. | 4 |
| BENJAM. CONSTANT. | Adolphe | 1 |
| CASIM. DELAVIGNE | Messéniennes. | 1 |
| — | Théâtre. | 3 |
| CHARRIÈRE (Mme). | Caliste | 1 |
| DELÉCLUZE. | Romans, contes, etc. | 1 |
| DESPLACES (A.). | Les Poètes vivants. | 1 |
| DURAS (Mme DE). | Ourika-Édouard | 1 |
| FERRY. | Voyage au Mexique. | 1 |
| GAUTIER (THÉOPH.) | Poésies complètes | 1 |
| — | Voyage en Espagne. | 1 |
| — | Nouvelles. | 1 |
| — | Mademois. Maupin. | 1 |
| GÉRARD DE NERVAL. | Voyage en Orient | 2 |
| GIRARDIN (Mme DE). | Poésies complètes. | 1 |
| — | Lettres parisiennes. | 1 |
| GUIZOT. | Essais sur l'histoire. | 1 |
| HOUSSAYE (A.). | Portr. du 18e siècle. | 1 |
| JURIEN | Guerres maritimes. | 2 |
| KRUDNER (Mme DE). | Valérie. | 1 |
| LAPRADE (V. DE) | Poèmes évangéliques. | 1 |
| LAVALLÉE (THÉOP.). | Hist. des Français. | 4 |
| — | Géographie. | 1 |
| MAISTRE (JOSEPH). | Du Pape. | 1 |
| MAISTRE (XAVIER). | OEuvres complètes. | 1 |
| MARMIER (X.). | Nouveaux Souvenirs. | 1 |
| MÉRIMÉE (P.). | Chroniq. Charles IX. | 1 |
| — | Colomba, etc., etc. | 1 |
| — | Clara Gazul | 1 |
| MILLEVOYE. | Poésies | 1 |
| MUSSET (ALFRED). | Premières poésies. | 1 |
| — | Poésies nouvelles. | 1 |
| — | Comédies, éd. compl. | 2 |
| — | Confess. d'un Enfant. | 1 |
| — | Nouvelles. | 1 |
| — | Contes | 1 |
| MUSSET (PAUL). | Les Originaux. | 1 |
| — | Femmes de la Régence | 1 |
| — | Mémoires de Gozzi. | 1 |

| | | vol. |
|---|---|---|
| PLANCHE (GUST.). | Portraits et critiques. | 2 |
| REBOUL (JEAN). | Poésies nouvelles. | 1 |
| ROUSSAT (Mme). | Éducation des femmes. | 1 |
| S.-MARC-GIRARDIN. | Cours de littérature. | 2 |
| — | Essais de littérature. | 2 |
| SAINTE-BEUVE. | Tabl. de la poésie. | 1 |
| — | Volupté. | 1 |
| — | Poésies complètes. | 1 |
| SANDEAU. | Picciola. | 1 |
| — | Marianna | 1 |
| — | Docteur Herbeau | 1 |
| — | Fernand. | 1 |
| — | Vaillance et Richar | 1 |
| — | Valcreuse. | 1 |
| — | Chasse au roman. | 1 |
| — | Mme de Sommerville | 1 |
| — | Madeleine. | 1 |
| — | Mlle de la Seiglière. | 1 |
| SENANCOUR. | Obermann. | 1 |
| STAEL (Mme DE). | Corinne | 1 |
| — | Delphine. | 1 |
| — | De l'Allemagne. | 1 |
| — | Révolution française. | 1 |
| — | Mémoires. | 1 |
| — | De la littérature. | 1 |
| TOPFFER. | Nouvelles genevoises. | 1 |
| VALMORE (Mme). | Poésies | 1 |
| VIGNY (ALFRED). | Cinq-Mars. | 1 |
| — | Stello | 1 |
| — | Nouvelles. | 1 |
| — | Théâtre. | 1 |
| — | Poésies | 1 |
| VITET. | Études et beaux-arts. | 2 |

### Bibliothèque latine-française.

| | | |
|---|---|---|
| TACITE. | OEuvr. compl., trad. Louandre. | 2 |

Sous presse :

| | |
|---|---|
| JULES CÉSAR. | |
| VIRGILE. | |
| HORACE. | Traductions nouvelles. |
| TÉRENCE. | |
| PLAUTE. | |
| SUÉTONE. | |

### Bibliothèque grecque-française.

| | | |
|---|---|---|
| ARISTOPHANE. | Comédies, t. Artaud. | 2 |
| ARISTOTE. | Politique, etc., etc. | 1 |
| DÉMOSTHÈNES. | Chefs-d'œuvre. | 1 |
| DIODORE DE SICILE. | Biblioth. historique. | 4 |
| DIOGÈNE LAERCE. | Vies & Philosophes. | 2 |
| ESCHYLE. | Théâtre, tr. Pierron | 1 |
| EURIPIDE. | Théâtre, tr. Artaud. | 1 |
| HÉRODOTE. | Histoire, tr. Larcher. | 2 |
| HOMÈRE. | Iliade, tr. Dacier. | 1 |
| — | Odyssée, tr. Dacier. | 1 |
| LUCIEN. | OEuvres choisies. | 1 |
| MARC-AURÈLE. | OEuvr., tr. Pierron. | 1 |
| MORALISTES GRECS. | Socrate, Épictète. | 1 |
| ORATEURS GRECS. | Choix de Harangues. | 1 |
| PLATON. | La République. | 1 |
| — | Les Lois. | 1 |
| — | Dialogues biograph. | 1 |
| — | Dialogues métaphys. | 1 |
| PLUTARQUE. | Grands Hommes, traduction Pierron | 4 |
| — | Traités de morale. | 2 |
| POLYBE. | Histoire, t. Bouchot. | 3 |
| SOPHOCLE. | Théâtre, tr. Artaud. | 1 |
| THUCYDIDE. | Histoire, tr. nouv. | 2 |
| XÉNOPHON. | OEuvres, tr. Dacier. | 1 |

### Bibliothèque anglo-française.

| | | |
|---|---|---|
| MISS B. STOWE. | Oncle Tom, t. Belloc. | 2 |
| — | Nouvelles américaines. | 1 |
| LINGARD. | Hist. d'Angleterre. | 8 |
| MILTON. | Paradis perdu. | 1 |
| STERNE. | OEuvres | 1 |
| ROBERT BURNS. | Poésies, tr. Wailly. | 1 |
| GOLDSMITH. | Vicaire de Wakefield. | 1 |
| FIELDING. | Tom Jones, t. Wuilly. | 2 |

| | | vol. |
|---|---|---|
| MISS BURNEY. | Evelina, tr. Wailly. | 1 |
| WALTER-SCOTT. | OEuvres, trad. Wailly. | |
| — | Waverley. | 1 |
| — | Guy Mannering. | 1 |
| — | L'Antiquaire. | 1 |
| — | Rob Roy | 1 |
| — | Les Puritains. | 1 |
| — | Le Nain noir. | 1 |
| — | Prison d'Édimbourg. | 1 |
| — | La Fiancée. | 1 |
| — | L'Officier. | 1 |
| — | Ivanhoé. | 1 |
| — | Le Monastère. | 1 |
| — | L'Abbé. | 1 |
| — | Kenilworth | 1 |
| — | Quentin Durward. | 1 |

### Biblioth. allemande-française.

| | | |
|---|---|---|
| GOETHE. | Théâtre, t. Marmier. | 1 |
| — | Faust, tr. H. Blaze. | 1 |
| — | Wilhem Meister, t. n. | 2 |
| — | Werther, t. P. Leroux. | 1 |
| — | Affinités, t. Carlowitz | 1 |
| — | Poésies, tr. H. Blaze. | 1 |
| — | Mémoires. | 1 |
| SCHILLER. | Théâtre, tr. Marmier. | 1 |
| — | Guerre de 30 ans | 1 |
| — | Poésies, tr. Marmier. | 1 |
| KLOPSTOCK. | La Messiade, tr. n. | 1 |
| HOFFMANN. | Contes, tr. Marmier. | 1 |
| POÈTES DU NORD. | Chants populaires. | 1 |
| CONTEURS ALLEM. | Nouvelles allemandes. | 1 |

### Biblioth. italien.-espag.-franç.

| | | |
|---|---|---|
| LE DANTE. | Divine Comédie, etc. | 1 |
| LE TASSE. | Jérusalem délivrée. | 1 |
| MANZONI. | Les Fiancés. | 1 |
| SILVIO PELLICO. | Mes Prisons, t. Latour | 1 |
| MACHIAVEL. | Hist. de Florence. | 1 |
| — | OEuvres politiques. | 1 |
| — | OEuvres littéraires. | 1 |
| CALDERON. | Théâtre, tr. Hinard. | 3 |
| LOPE DE VEGA. | Théâtre, id. | |
| CERVANTÈS. | Don Quichotte, id. | 2 |
| CAMOENS. | Les Lusiades, tr. n. | 1 |

### Religion et Philosophie.

| | | |
|---|---|---|
| SAINT-AUGUSTIN. | Confessions, t. S.-V. | 1 |
| — | Cité de Dieu, tr. n. | 2 |
| BOSSUET. | Hist. des Variations. | 3 |
| — | Élévations (Mystèr.). | 1 |
| — | Méditations (Évang.) | 1 |
| — | OEuvres philosoph. | 1 |
| FÉNELON. | OEuvres philosoph. | 1 |
| DESCARTES. | OEuvres, éd. Simon. | 1 |
| MALEBRANCHE. | OEuvres, éd. Simon. | 1 |
| LEIBNITZ | OEuvres, éd. Jacques. | 1 |
| BACON. | OEuvres, éd. Rioux. | 1 |
| BUFFIER. | OEuvres, éd. Bouillier. | 1 |
| EDLER. | Lettres à une princesse | 1 |
| ARNAULD. | OEuvres, éd. Simon. | 1 |
| CLARKE. | OEuvres, éd. Jacques. | 1 |
| SPINOSA. | OEuvres, tr. Saisset. | 1 |
| LE PÈRE ANDRÉ. | OEuvres, éd. Cousin. | 1 |
| ÉMILE SAISSET. | Philosophie-Religion | 1 |

### Ouvrages divers.

| | | |
|---|---|---|
| CABANIS. | Physique et moral. | 1 |
| BICHAT | Vie et Mort. | 1 |
| ZIMMERMANN. | De la Solitude. | 1 |
| ROUSSEL. | Syst. de la Femme. | 1 |
| J. LIEBIG. | Lettres sur la Chimie. | 1 |
| — | Nouvelles lettres. | 1 |
| F. KLÉE. | Le Déluge. | 1 |
| MOUNIER. | Le Koran. | 1 |
| — | Les 4 liv. de la Chine. | 1 |
| D'HOUDETOT. | Le Chasseur rustique. | 1 |
| DAVID. | Hist. de la Sculpture. | 1 |
| — | Peinture au moyen âge. | 1 |
| — | Peint. en France. | 1 |
| — | de l'Architecture. | 1 |

Près de 300 vol. — Prix de chaque volume : 3 fr. 50 c.    G. GRATIOT, rue Mazarine, 30

www.ingramcontent.com/pod-product-compliance
Lightning Source LLC
Chambersburg PA
CBHW072124220426
43664CB00013B/2119